HISTOIRE

DES

LITTÉRATURES

ÉTRANGÈRES

HISTOIRE
DES
LITTÉRATURES
ÉTRANGÈRES

*

LITTÉRATURES SCANDINAVE — ALLEMANDE
HOLLANDAISE

DEPUIS LEURS ORIGINES JUSQU'EN 1850

PAR

Eugène HALLBERG
Professeur à la Faculté des Lettres de Toulouse

PARIS
ALPHONSE LEMERRE, ÉDITEUR
27-31, PASSAGE CHOISEUL, 27-31

—

M DCCC LXXIX

AVIS

'IMPRESSION de cet ouvrage était déjà fort avancée, lorsque nous avons reconnu la nécessité de le diviser, non plus en deux, mais en quatre volumes. Le public n'y perdra rien, nous l'espérons, car cette modification de notre plan primitif nous a permis de donner un peu plus de développement aux parties intéressantes de cette Histoire, et d'ajouter à chaque volume un tableau chronologique dont l'utilité ne sera contestée par aucun lecteur sérieux.

La division de l'ouvrage, indiquée dans la préface de ce volume, doit donc être rectifiée ainsi qu'il suit :

1er volume : LITTÉRATURES DU NORD, 1re et 2e parties (scandinave, allemande et hollandaise);

2ᵉ volume : LITTÉRATURES DU NORD, 3ᵉ et 4ᵉ parties (anglaise, anglo-américaine et slave);

3ᵉ volume : LITTÉRATURES DU MIDI, 1ʳᵉ et 2ᵉ parties (littératures grecque moderne et italienne);

4ᵉ volume : LITTÉRATURES DU MIDI, 3ᵉ et 4ᵉ parties (espagnole, portugaise et brésilienne).

PRÉFACE

NE *histoire abrégée, mais aussi complète qu'il est possible, des littératures étrangères, ne saurait être, en général, qu'un livre de seconde main : le devoir de l'auteur est de s'appuyer sur les historiens les plus compétents de chaque littérature, et de contrôler de son mieux leurs témoignages et leurs jugements avant de les accepter. Les ressources ne nous ont pas manqué pour ce livre ; nous ne citons pas nos autorités, sauf lorsqu'il nous a semblé utile d'emprunter textuellement quelques lignes aux princes de la critique moderne.*

Il y a pourtant des parties de cet ouvrage pour lesquelles nous revendiquons une certaine originalité, parce que nous les avons traitées avec la plus entière indépendance : ce sont celles que nous avons consacrées aux auteurs de premier ordre. Tout en consultant les critiques qui font autorité en pareille matière, nous avons cru que le mieux était de relire et de juger les grands écrivains par nous-même.

Le classement des auteurs offre toujours une certaine difficulté, lorsqu'il s'agit de littératures aussi riches que celles de l'Allemagne et de l'Angleterre : nous avons tâché de le faire le plus logique, le moins arbitraire, et nous nous sommes séparé, sur ce point, de la plupart des auteurs qui nous ont précédé. Notre méthode consiste surtout à ne pas morceler les écrivains, comme le font volontiers les historiens allemands et anglais : il s'agit, selon nous, de présenter les auteurs dans leur ensemble et avec leur œuvre entière, et non en trois ou quatre chapitres différents, selon les genres divers qu'ils ont traités. Ce plan, qui est plus rationnel, est aussi bien plus commode pour le lecteur.

On pourrait nous accuser de ne pas avoir suffisamment observé les proportions, parce que certains chapitres, consacrés aux grands écrivains, semblent plus longs que ne le comporterait le cadre même de cet ouvrage. Mais nous croyons indispensable de donner une importance, même exagérée si l'on veut, à ces auteurs qui ont mené leur siècle et toute la littérature de leurs pays, à ces « maistres du chœur » qui s'appellent Schiller, Gœthe, Shakspeare, Milton. D'autres, moins illustres, nous ont paru mériter le même honneur, à cause de l'influence qu'ils ont exercée sur leur temps, parfois aussi à cause de l'originalité de leur physionomie. On avouera, du reste, que, sans ces hors-d'œuvre, un abrégé comme le nôtre risquerait fort de tomber dans la sécheresse.

C'est pour ce motif que nous racontons quelques biographies, ce qui semble, au premier abord, dépasser les limites d'une histoire aussi sommaire : nous ne l'avons fait que pour les écrivains hors ligne, dont l'œuvre est étroitement liée à leur vie et expliquée par elle, ou pour ceux dont la vie honore l'humanité comme les lettres, et peut servir de leçon de morale.

Il en est de même pour les analyses d'ouvrages,

les citations et les extraits : nous ne pouvions nous les interdire absolument, ni les multiplier autant que nous aurions voulu : nous nous sommes borné à citer, de temps à autre, quelque passage caractéristique tiré des ouvrages moins connus ou de la correspondance des grands auteurs, et nous avons préféré passer plus rapidement quelquefois sur l'analyse et l'appréciation des œuvres universellement admirées.

Pour la période la plus voisine de nous, dans la littérature anglaise, nous avons cru pouvoir être un peu plus bref que pour la période analogue de la littérature allemande, qui, d'abord, nous semble avoir une importance plus grande, et qui, de plus, n'est pas aussi connue en France que l'autre. Les articles de Revues et les publications intéressantes n'ont pas manqué chez nous, depuis une trentaine d'années, à la littérature anglaise contemporaine ; sauf un ou deux ouvrages remarquables, l'Allemagne n'a pas eu là même bonne fortune. C'est pour ce motif aussi que nous dépassons un peu la date de 1850 pour la littérature allemande, tandis que nous nous y arrêtons pour la littérature anglaise.

Peut-être nous accusera-t-on d'avoir abusé des dates : nous avouons qu'il vaudrait mieux en donner un moins grand nombre — dans l'intérêt de la beauté typographique de ce volume ; — mais les dates nous paraissent utiles, et même indispensables, pour fixer et préciser dans l'esprit les faits principaux de l'histoire littéraire. En voyant les dates de la naissance et de la mort des écrivains, ou celles des principaux chefs-d'œuvre, on s'habitue à ne plus reléguer les auteurs et les époques dans une sorte de pénombre vague et confuse, et l'on est plus disposé à rattacher l'histoire littéraire, comme il convient, à celle *des faits politiques, des mœurs et des institutions.*

La partie la plus délicate de notre tâche est, à coup sûr, l'appréciation de certains auteurs et de certains ouvrages sur lesquels on porte encore aujourd'hui des jugements fort divers. Nous avons voulu être impartial avant tout, mais non indifférent. Autant que possible, nos appréciations sont purement littéraires, et ne peuvent blesser ni la croyance ni les idées de nos lecteurs, quels qu'ils soient : c'est là le vrai rôle du critique; mais, dans certains cas où l'impartialité ressemblerait au scepticisme, nous avons cru pouvoir prendre parti pour ou contre les écrivains et les doctrines. On a beau répéter le mot de Quintilien, que « l'historien doit raconter, et non plaider », il n'en est pas moins permis — nous dirons même prescrit — à l'histoire de marquer sa réprobation pour tout ce qui lui paraît contraire à la dignité de l'homme et aux mœurs publiques.

22 Avril 1877.

HISTOIRE
DES LITTÉRATURES
ÉTRANGÈRES

INTRODUCTION

'HISTOIRE des littératures européennes, en dehors de la littérature française, comprend généralement, au point de vue géographique, deux grandes parties : l'histoire littéraire des peuples du Nord et celle des peuples du Midi. C'est là la division la plus élémentaire, la plus commode et la plus vulgairement acceptée

Au point de vue scientifique, il ne faut pas oublier que la presque totalité des langues parlées en Europe appartient à la grande famille des langues *indo-européennes*, que l'on appelait autrefois *indo-persanes* ou *indo-germaniques*, et que l'on nomme plus volontiers aujourd'hui langues *aryennes*. Leur mère commune est la langue *védique* ou le *sanscrit*, et les divers idiomes parlés aujourd'hui en Europe, qui en dérivent, peuvent se grouper ainsi qu'il suit :

1° *Langues celtiques* (*gaëlique* dans certaines parties de la Grande-Bretagne et de l'Irlande, *breton* dans la Bretagne française, peut-être aussi le *basque* des Pyrénées) ;

2° *Langues germaniques*, embrassant le *scandinave* et ses dérivés (*danois, suédois*, etc.), le *teutonique* ou *allemand*, avec ses nombreux dialectes, et l'*anglo-saxon* ou *anglais* (la langue *hollandaise* se rattache en ligne droite à l'allemand) ;

3° *Langues slaves* (*russe, polonais, serbe, tchèque* ou *bohême*, etc.) ;

4° *Langues gréco-romaines*, qui sont représentées par le *grec*, le *latin*, l'*italien*, l'*espagnol*, le *portugais*, le *français*, etc.

Le premier groupe n'a pas de littérature écrite, ou, du moins, les monuments fort intéressants de sa poésie populaire, une des plus riches de l'Europe, ne sont encore ni assez connus ni assez compris pour que nous puissions nous en occuper avec fruit dans notre abrégé. Les divers idiomes celtiques offrent, on le sait, de sérieuses difficultés aux philologues qui s'en occupent avec ardeur depuis quelque temps.

L'histoire des littératures du deuxième et du troisième groupe fait l'objet de ce volume, et nous donnons dans le suivant l'histoire des principales littératures modernes du quatrième groupe, moins la littérature française.

On le voit : les littératures du Nord sont constituées par les langues germaniques et slaves, et cette division, adoptée par la science contemporaine, répond, jusqu'à un certain point, aux divisions géographiques de l'Europe actuelle. Nous ferons remarquer cependant que les langues slaves ne méritent pas une place aussi importante que celle que l'on doit attribuer aux langues germaniques. L'Allemagne et l'Angleterre ont précédé et surpassé la Pologne et la Russie dans le développement littéraire : elles ont, en outre, des affinités plus grandes avec notre génie national, et devraient déjà, par ce seul fait, avoir le pas sur les autres contrées. Nous avons donc divisé cette histoire en quatre parties, de longueur et d'importance très-inégales : 1° *Littérature scandinave;* 2° *Littérature allemande* (à laquelle nous rattachons la littérature *hollandaise);* 3° *Littérature anglaise* (que nous faisons suivre d'un rapide aperçu de la littérature *anglo-américaine);* 4° *Littérature slave.*

On remarquera que nous avons laissé de côté les littératures finnoise et hongroise, qui n'appartiennent pas au groupe européen. Mais, d'autre part, nous avons cru devoir étudier la littérature de l'Amérique du Nord, dont la langue est purement européenne, et qui fait, en réalité, partie intégrante de la littérature anglaise.

LITTÉRATURES
DU NORD.

PREMIÈRE PARTIE
LITTÉRATURE SCANDINAVE

CHAPITRE UNIQUE

E Danemark, la Norvège et la Suède, habités par les descendants des Scandinaves, appartiennent en réalité au groupe des contrées germaniques, et leur littérature, ainsi que leur langue, peut être considérée comme ayant produit celle de l'Allemagne : ce sont les ancêtres communs des Danois, des Suédois et des Allemands qui ont, les premiers, occupé le nord de l'Europe, d'où ils sont descendus, à une époque antérieure à l'ère chrétienne, jusqu'au Danube et au Rhin, sans parler des nombreuses et redou-

tables incursions qu'ils ont faites pendant tout le moyen âge, sous le nom de Danois et de Normands, en France, en Angleterre, en Italie.

La littérature scandinave primitive a eu son âge d'or à une époque très-reculée, et nous pouvons la juger d'après des monuments aussi complets que précieux, tels que nulle autre littérature n'en présente à ses origines. Il paraît donc logique d'exposer ici l'histoire sommaire de la littérature scandinave ancienne, et des deux littératures danoise et suédoise, qui en dérivent, avant de passer à l'histoire des littératures germaniques, ou allemande et anglaise.

§ Ier. — *Origines communes des littératures scandinave et germanique. — La Mythologie du Nord. — Les Eddas.*

Le monument le plus ancien des littératures européennes, en dehors de l'antiquité classique, est la collection des poèmes sacrés appelés *Eddas*. Le mot *Edda*, que l'on a voulu rapprocher de l'indien *véda* ou même du grec *odê* (*chant*), signifie simplement *bisaïeule*, et les anciens Scandinaves marquaient par cette dénomination le respect que leur inspiraient ces chants religieux, ainsi que leur antiquité, leur sagesse et leur autorité [1].

Reculant devant les progrès du christianisme et de la monarchie absolue, une partie des conquérants du Danemark, de la Norvège et de la Suède avaient fini, au IXe siècle de notre ère, par se réfugier dans l'Islande, qui venait seulement d'être découverte par leurs marins : les mœurs anciennes et les traditions natio-

---

[1] D'après M. Edel. Du Méril, le mot *edda* se retrouverait en hébreu, en arabe, en sanscrit, en grec (εἴδω), en latin (*video*), en allemand (*wissen*), en anglais (*wit*), etc., et signifierait *science* ou *sagesse*. Ce serait donc un mot antérieur à la division des langues, car l'arabe et l'hébreu appartiennent au groupe sémitique.

nales se réfugièrent avec eux dans cette île lointaine, et y fleurirent encore pendant plus d'un siècle, avant d'être inquiétées par la foi nouvelle et la culture occidentale. Bien plus : quand, au xie siècle, le christianisme finit par s'introduire en Islande, il ne se montra nullement hostile aux vieilles traditions, contrairement à ce qui s'était passé ailleurs quelques siècles auparavant : ce fait ne nous étonnera pas si nous songeons qu'il était victorieux alors dans presque toute l'Europe ; il pouvait désormais user de ménagements envers un ennemi perdu sans ressource. Ce sont des prêtres islandais qui nous ont ainsi conservé le dépôt des vieilles croyances et des premières épopées du monde germanique. Les divers poèmes ou chants de l'Edda (qu'il ne faut pas confondre avec la poésie savante que les skaldes chantaient à la cour des princes, en Norvège surtout) furent conservés par les chanteurs populaires, et rédigés pour la première fois par SOEMUND *Sigfusson, le Sage,* au xie siècle : ce premier recueil, appelé l'*ancienne Edda,* ou l'*Edda de Sœmund,* contient un certain nombre de poèmes, dans leur forme primitive, et complets, sauf quelques lacunes. Au siècle suivant, SNORRI *Sturlason* fit un recueil en prose, à l'usage des jeunes skaldes, où il résumait et expliquait les principales légendes scandinaves : c'est l'*Edda nouvelle,* ou *Edda de Snorri,* dont la valeur est évidemment bien inférieure à celle de la précédente.

L'ancienne Edda peut se diviser en deux parties, dont l'une contient les poèmes relatifs aux dieux, et l'autre les poèmes relatifs aux héros. Les premiers sont le résumé de la mythologie du Nord, dont l'exposé le plus complet, quoique le moins développé, se trouve dans la *Vœluspa,* ou prédiction de la *Vala* (*devineresse*). Les seconds forment toute une série, assez suivie, de récits épiques, dont il sera parlé plus loin.

SECTION Ire. — *Mythes scandinaves.* — Le *mythe* est produit par le mélange de la foi et de la poésie : c'est une œuvre essentiellement populaire, et dont on retrouve des vestiges dans tous les pays, aux époques primitives. Dans les âges postérieurs, la poésie savante et l'érudition s'en emparent et cherchent à l'expliquer, en dégageant du mythe les faits ou les phénomènes naturels qui ont frappé l'imagination du peuple encore enfant, et la signification raisonnable qu'il est possible de donner à ces premières manifestations de la poésie. Étudier les mythes d'un peuple, c'est donc étudier par le fait ses croyances les plus anciennes, et l'état primitif de sa science, de sa raison, de sa culture intellectuelle.

Ce qui donne un intérêt particulier à la mythologie scandinave, c'est qu'elle est, à certains égards, commune à toute la race germanique, y compris l'Angleterre et quelques parties de la France : c'est à la *mythologie comparée* que revient la tâche de montrer les liens qui existent entre les mythes des divers peuples ; nous nous bornons ici à résumer en quelques mots la cosmogonie et la théogonie du Nord [1].

I. *Création et vie première de la nature.* — A l'origine, le monde n'existait pas, et il n'y avait rien qu'un vide immense nommé *Ginnungagap*, c'est-à-dire le *bâillement du vide*. Mais, comme l'imagination humaine se refuse toujours à admettre le vide parfait ou le néant, les mythes scandinaves parlent en même temps de deux régions qui se trouvaient aux confins

---

1. De nombreux travaux, aussi intéressants que savants, ont été publiés sur cette matière, dans les vingt dernières années, par des érudits étrangers, notamment par Hans Hildebrand, en Suède, Ch. Simrock et Lüning, en Allemagne, et Gubernatis, en Italie. Signalons aussi la nouvelle revue mythologique qui paraît depuis quelques mois en France, sous le titre de *Mélusine*. Il semble démontré que les mythologies indoue, grecque, slave, scandinave, et même finnoise, ont un fonds commun, qui se retrouve plus ou moins dans les traditions bibliques.

de *Ginnungagap* ; l'une, au nord, était la patrie des frimas, des neiges et des vents : on l'appelait *Niflheim*, c'est-à-dire pays de la neige ; l'autre, au sud de l'abîme, appelée *Muspelheim*, était la région du feu. Remarquons en passant que ce mythe, outre l'idée d'une matière quelconque, évidemment contemporaine du néant, admet aussi l'idée d'une puissance divine, latente si l'on veut, mais antérieure et supérieure aux forces de la nature.

De la région du Nord, de *Niflheim*, sortaient de grands fleuves qui répandaient leurs eaux dans toutes les directions et qui nous font songer à ces premiers versets de la Bible où l'historien sacré nous montre « l'esprit de Dieu porté sur les eaux de l'abîme ». Ces fleuves, à peine sortis de leurs sources, se gelèrent au nord de *Ginnungagap* et accumulèrent dans toute cette région des montagnes de glace. Mais de la région du Sud venaient en même temps d'innombrables étincelles, dont la chaleur vivifiante parvint à fondre les glaces du nord ; celles-ci, en se fondant, s'animèrent et prirent peu à peu une forme gigantesque, qui fut appelée *Ymir* ou *Œrgelmir*.

Dans ce premier mythe, on le voit, l'eau est considérée, avec le feu, comme l'élément primordial : c'est l'eau qui, en s'échauffant, produit tout d'abord la matière et la vie.

La masse informe d'*Ymir* se mit à suer et donna ainsi naissance à des êtres organisés qui furent les géants. Mais, à côté d'*Ymir*, la glace, en se fondant, produisait encore un être animé, gigantesque comme lui : c'est la vache *Audhumla*, qui nourrissait *Ymir* de son lait et se nourrissait elle-même en léchant les blocs de glace salée. A force de lécher cette glace, elle fit apparaître des cheveux, puis, quelque temps après, une tête, et enfin le corps entier d'un homme, grand, beau et fort, qui fut nommé *Buri*, et dont le fils, *Bœr*, épousant une fille des géants, donna naissance aux trois dieux *Odin*, *Wili* et *Wé*.

Le géant de glace, *Ymir*, est un être malfaisant et

maudit, comme le froid dont il est issu. Il a les deux sexes et offre ainsi une grande ressemblance avec le dieu *Tuisco*, que les Germains, d'après Tacite, regardaient comme l'auteur de leur race. On sait que *Tuisco* n'était qu'un surnom (le *double*), et tout nous porte à croire que ce surnom désignait un des attributs d'*Ymir* — attribut et surnom qui, du reste, pouvaient convenir aussi bien à *Buri*, le premier homme, découvert dans la glace par la vache *Audhumla* [1].

La trinité divine des fils de *Bœr*, nommés par les Scandinaves *Odin*, *Wili* et *Wé*, correspond à celle que Tacite mentionne comme ayant présidé à la religion des Germains sous les noms d'*Inguio*, *Istio* et *Irmino* : il est à noter que l'allitération est analogue en tête de ces deux groupes de noms, dont l'un a des initiales en *i* et l'autre en *w*, si l'on a soin de rétablir la première orthographe du nom d'Odin, qui était *Wodhin* ou *Wuotan*.

Les trois petits-fils de *Buri*, que nous venons de nommer, tuèrent le géant *Ymir* et jetèrent ses membres dispersés au milieu de l'abîme de *Ginnungagap* : le sang du monstre, après avoir inondé l'abîme et produit un déluge où périt toute sa descendance, sauf un seul couple, forma la mer et les fleuves de la terre; celle-ci fut tirée de sa chair; ses os devinrent les montagnes ; son crâne, élevé en l'air, fit le ciel, aux quatre coins duquel les jeunes dieux placèrent quatre nains chargés de donner la direction aux quatre vents cardinaux.

La terre eut la forme d'un disque complétement entouré par le monde des eaux, et sur ses rivages circulaires fut reléguée à tout jamais la race des géants, qui avait refleuri de plus belle après le déluge. La

---

1. Celle-ci représente l'élément nourricier par excellence, la terre; et la grammaire comparée n'hésite pas à rapprocher le mot allemand *kuh* (vache) du mot grec γαία (terre), en faisant observer que le *k* et le *g* se mettent constamment l'un pour l'autre.

demeure des hommes, au centre de la terre, fut protégée contre les incursions des géants par la forteresse *Midgard* ou *Mittelgart*, bâtie avec les sourcils d'*Ymir*.

Ce qui doit nous frapper surtout dans ce mythe, c'est la double appellation et le rôle donnés aux petits-fils de *Buri* : on les appelle tantôt *hommes*, tantôt *ases*, c'est-à-dire *dieux*, et leur premier acte est le meurtre d'*Ymir*. La divinité de ces êtres surnaturels ne saurait être mise en doute d'après les légendes de l'*Edda* ; mais, en même temps, ils appartiennent à l'humanité par leur constitution, leurs actes, leur histoire entière. Ils se rattachent en partie à la matière par leur origine, puisqu'ils descendent, en ligne maternelle, du géant *Ymir* ; du côté de *Buri*, leur aïeul, ils ont une origine pour ainsi dire immatérielle, car la légende considère *Buri* comme étant emprisonné primitivement dans la glace, dont il se dégage peu à peu par une force divine et créatrice ; cette glace est salée, et le sel est aussi un emblème de l'esprit : c'est l'esprit ou l'âme du monde qui sort de ses langes et va bientôt amener la rénovation de la matière.

Cette tâche est dévolue aux petits-fils de *Buri*, qui tuent le géant *Ymir* et distribuent ses membres dans toute la nature, c'est-à-dire qui font cesser le chaos et organisent le monde.

Le déluge occasionné par l'effusion du sang d'*Ymir* rappelle évidemment la grande tradition du déluge universel, qui se retrouve dans toutes les histoires et dans toutes les littératures. Ici, comme dans le récit biblique, une seule famille est sauvée du déluge, celle du géant *Bergelmir*, et c'est aussi au moyen d'un bateau qu'elle y échappe. La principale différence est que ce déluge a lieu avant la naissance des hommes proprement dits, et que c'est un géant de glace, c'est-à-dire un être mauvais, qui parvient à se sauver. Il en est de même dans la mythologie grecque, où ce sont des Titans qui survivent au déluge.

Si l'on veut expliquer la partie du mythe d'après

laquelle les sourcils du géant *Ymir* servirent à construire la forteresse centrale de *Midgard*, où les premiers hommes se retranchèrent contre les incursions des géants, c'est-à-dire contre les intempéries de l'air et les attaques des bêtes fauves, on n'aura pas de peine à voir qu'il s'agit des montagnes boisées où la jeune humanité trouvait à la fois un abri et un refuge. Ainsi toutes les parties du chaos se trouvaient distribuées et utilisées au profit de l'homme par une providence amie.

Les traditions relatives au ciel et aux astres sont moins nettes et moins faciles à expliquer. D'après une des légendes de l'*Edda*, les corps célestes, le soleil, la lune et les étoiles, n'étaient que des amas d'étincelles venues de *Muspelheim*, la région du Sud, et fixés au ciel par Odin et ses frères. D'après une autre, le soleil et la lune sont deux êtres humains condamnés à mener leur char dans le ciel et sans cesse poursuivis par des loups qui menacent de les dévorer. Dans la langue norse [1], comme dans l'allemand, qui en dérive, le mot *lune* (*der Mond*) est du masculin, et le mot *soleil* du féminin (*die Sonne*); la lune était donc le fils et le soleil la fille d'un des premiers hommes, qui, trop vain de la beauté de ses enfants, avait osé les comparer aux dieux mêmes; les dieux punirent ses enfants en les condamnant à cette course à perpétuité dans le ciel. Une tradition postérieure explique cette condamnation, qui peut d'abord sembler bizarre, en représentant le soleil et la lune comme deux endroits destinés, l'un pour sa chaleur excessive, l'autre pour son froid rigoureux, au supplice des coupables après leur mort.

1. On désigne assez souvent par le mot *norse* la langue primitive des Scandinaves, qui s'est conservée jusqu'à nos jours en Islande. Certains auteurs l'appellent *norroène*, d'autres *islandaise*. Au moyen âge, on l'appelait la langue *danoise* ou *norwégienne*. C'est, en somme, la langue mère du gothique et des divers idiomes germaniques.

Quant au mythe des monstres qui, en voulant dévorer le soleil ou la lune, produisent les éclipses, on le retrouve dans toutes les mythologies. Qui ne connaît, par exemple, l'histoire des corybantes et de leurs brillantes cymbales ?

« Chez les Germains, dit Tacite, la nuit passe pour précéder le jour : *nox ducere diem videtur*. » Cette croyance des Germains s'explique sans peine par le mythe de leurs ancêtres les Scandinaves, d'après lequel la nuit a enfanté le jour, — en troisièmes noces seulement, il est vrai, — et le précède avec son char dans le ciel : allusion évidente à ce fait que les ténèbres, lors de la création du monde, ont précédé la lumière. Ce qui doit nous frapper davantage, c'est que le jour et la nuit — ou plutôt la nuit et le jour — ont chacun leur char, indépendamment de celui de la lune et du soleil, — exactement comme dans nos livres saints il est question de la création de la lumière antérieurement à celle du soleil et des étoiles, dont elle est distincte et indépendante.

Dans cette cosmogonie, tous les éléments, en tant qu'hostiles à l'humanité, sont représentés comme des géants contre lesquels les dieux soutiennent une lutte continuelle et qu'ils finissent par dompter peu à peu. Ces géants demeurent sur les glaciers et dans les forêts ; ils sont horribles à voir, armés de mains et de têtes nombreuses ; souvent, le plus souvent même, ils ont des formes de bêtes féroces ou d'oiseaux de proie monstrueux. C'est ainsi que les vents, fils de l'hiver (*wind, winter*), sont représentés tantôt comme des chiens, tantôt comme des aigles [1].

Si les géants sont horribles et malfaisants, il n'en est pas toujours de même des géantes, qui peuvent avoir de la beauté, parfois même du sentiment ; mais il leur est impossible de supporter l'éclat du jour, qui les change subitement en pierres : et plus d'une de ces

---

1. Les philologues ont remarqué, à ce sujet, une frappante anologie avec les deux mots latins *aquila* et *aquilo*.

infortunées, pour avoir voulu déserter sa sombre demeure et vivre sur la terre des humains, a été fixée, roche éternellement immobile, à la lisière même de la forêt paternelle.

D'après l'*Edda*, tous les géants ne sont pas en lutte avec les dieux ; il y en a qui se soumettent à leur empire et leur prêtent le concours de leur puissance : ce sont principalement les géants de la mer et des eaux, qui ont avec les hommes et les dieux des relations amicales et suivies. D'autres êtres, de nature et de noms différents, sont aussi considérés comme des génies bienfaisants : ce sont les *vanes*, ou puissances de l'onde, en qui les dieux trouvent toujours des alliés fidèles et qui connaissent l'avenir comme le passé ; ce sont les *elfes*, amis dévoués des hommes et des dieux, auxquels ils ressemblent par leur beauté ; ou encore les *nains*, affligés d'une rare laideur, mais industrieux, agiles, et habitant l'intérieur de la terre, dont ils exploitent toutes les richesses minérales.

Les *elfes*, dont le vrai nom est *elbes* ou *alfes* (en latin *albus*), sont les génies de l'innocence et de la bonté ; toujours actifs, ils rendaient autrefois de nombreux services aux hommes et ne dédaignaient pas de vivre dans leur société. Mais nos crimes les ont depuis longtemps éloignés de la terre.

Les nains, appelés aussi *hommes des montagnes* ou *hommes de la terre*, sont souvent considérés comme formant une classe d'elfes à part, les *elfes noirs*, c'est-à-dire ceux qui vivent sous terre et en qui se personnifient les forces du sol. L'*Edda* ne nous donne que des renseignements très-contradictoires sur leur origine ; mais elle abonde en détails sur le rôle qu'ils jouent dans la nature. Leur existence devant être purement souterraine, ils ne peuvent affronter la lumière du jour qu'en se couvrant la tête et le corps entier d'un manteau qui les rend invisibles. Eux aussi ont été irrités contre la corruption croissante de l'humanité ; mais, au lieu de s'éloigner des hommes, ainsi qu'ont fait les elfes, ils les tourmentent et les taquinent sans cesse. Les légendes du moyen âge sont remplies des mauvais tours que les nains s'amusent à nous jouer ; mais leur malice ne va jamais bien loin, et il leur reste toujours quelque chose de leur bonté primitive.

Pour terminer cette nomenclature des êtres naturels ou surnaturels dont la mythologie scandinave peuplait le monde en dehors des dieux et de l'humanité, il nous reste à dire quelques mots des *Nornes*, puissances redoutables entre toutes, avec qui les dieux mêmes avaient à compter.

Les *Nornes* étaient des divinités analogues aux Parques de la mythologie grecque ; leurs noms indiquent en partie leurs attributions, car elles s'appellent *Urd, Verdandi, Skuld*, c'est-à-dire le *passé*, le *présent*, l'*avenir*. Fatidiques régulatrices des destinées de la terre, elles imposent leurs volontés aux hommes, et les dieux eux-mêmes ne peuvent connaître leurs lois à l'avance. C'est à la fontaine des *Nornes* que les dieux tiennent leurs assises et rendent leurs jugements.

Quelquefois il est question, dans l'*Edda*, de *Nornes* particulières, indifféremment bonnes ou mauvaises, qui président à la destinée de tel ou tel homme, surtout des héros, et dont le nombre est illimité. C'est là l'origine des fées, dont il est si souvent parlé dans toutes les légendes du moyen âge, et qui jouent déjà un rôle important, sous d'autres noms, dans les premières épopées germaniques.

Il nous reste à montrer comment les Scandinaves entendaient et figuraient l'unité de leur monde au milieu de la diversité des conceptions relatives à ses nombreuses parties. La terre n'était, pour eux comme pour nous, qu'un point dans l'espace ; mais comment remplir cet espace avec le peu de connaissances astronomiques que l'on pouvait posséder dans ces froides régions ? L'imagination populaire supposa que d'autres régions, inaccessibles à l'humanité, s'étendaient au-dessus et au-dessous de la terre. Celle-ci était divisée en trois vastes contrées, dont la moins grande appartenait à l'homme, tandis que les deux autres formaient l'empire des géants et des *vanes*. Au-dessus de la terre étaient trois régions réservées aux dieux, et, au-dessous d'elle, trois autres régions qui constituaient le monde infernal. Cela faisait en tout neuf mondes qui s'étageaient les uns au-dessus des autres, depuis la base même de l'univers jusqu'au sommet de ce majestueux édifice.

Pour montrer comment toutes ces parties se reliaient entre elles et quelle admirable unité régnait dans cet ensemble, ce n'est pas à un édifice bâti par la main des hommes que l'*Edda* compare l'univers, mais à un arbre, à un frêne immense qui présente tous les caractères de la vie, de la mortalité, de la rénovation. Ce frêne, appelé *Ygdrasil*, repose sur trois racines gigantesques qui plongent dans les profondeurs de l'abîme ; près de l'une de ces racines coule éternellement la source d'*Urdar*, où habitent les Nornes et où les dieux viennent rendre la justice. Les Nornes ne cessent de puiser de l'eau à cette source et d'en arroser les autres racines de l'arbre, qui, rongées du côté de *Hel*, ou de l'enfer, par des serpents, des vers monstrueux et d'autres animaux malfaisants, ne tarderaient pas à périr et à entraîner l'arbre entier dans l'abîme, sans le soin que les Nornes ont de les raviver. Aussi la source où elles puisent est-elle appelée, dans quelques légendes, la *source de vie ;* son eau est d'une pureté parfaite et a le privilège de changer en or tout ce qu'on y plonge. D'après des poèmes plus modernes, cette eau est formée par une rosée de miel qui tombe des feuilles mêmes d'Ygdrasil.

Autour du tronc de cet arbre courent sans cesse des cerfs et une chèvre qui dévorent ses bourgeons, et dont le rôle semble être analogue à celui des monstres qui rongent ses racines ; mais la chèvre, en échange de la nourriture qu'elle dérobe au grand arbre, donne des ruisseaux de lait qui abreuvent les dieux et les héros.

Dans les branches et au sommet du frêne Ygdrasil perchent et voltigent de nombreux oiseaux presque tous prophétiques et divins, et ses rameaux les plus élevés se perdent dans le ciel, ou plutôt dans un espace où cesse la vie, où les dieux eux-mêmes ne peuvent atteindre.

On ne saurait se méprendre au caractère profondément symbolique de toute cette fiction : l'arbre lui-même est le symbole de l'espace et de la durée, et les animaux qui le rongent sans cesse indiquent le caractère passager des choses d'ici-bas, la mort qui détruit tout sans trêve ni repos. Mais, à côté de la mort, il y a la rénovation, et la même puissance qui a fait surgir la vie du sein du chaos la fait refleurir sans cesse du milieu même des tombeaux.

II. *Les dieux et les hommes*. — Les Scandinaves avaient primitivement l'idée d'un seul Dieu : ils en comptèrent bientôt trois, puis douze, puis davantage. Cela tient, comme chez les autres peuples, à ce que l'on finissait toujours par personnifier les divers attributs de la Divinité, ainsi que les éléments et les forces de la nature. Une autre cause de cette multiplication des dieux, c'est la réunion successive de peuplades différentes, dont le culte s'annexait à la religion première du pays où elles se fixaient. L'*Edda* parle presque toujours de douze dieux, mais il semble qu'il faille compter en dehors de ce nombre Odin ou le *Père universel* (*Allfader*), appelé aussi *Valfader* ou le père des prédestinés qui tombent sur les champs de bataille. Cette théogonie est, du reste, assez confuse dans ses origines, à cause des nombreux surnoms donnés à chacun de ces dieux, et qui ne permettent pas toujours d'établir nettement leur personnalité. L'ancienne Edda nous apprend que les profanes étaient fort en peine de s'y reconnaître : « Si je suis obligé, dit le poète, de faire devant les hommes assemblés le dénombrement des dieux, je puis distinguer les *ases* des *alfes*; un ignorant ne saurait point le faire. » Ailleurs on trouve une énumération qui montre mieux encore combien cette hiérarchie était vague et compliquée : « Le Père de tous est puissant, les alfes ont du discernement, les vanes sont savants, les Nornes indiquent sur leurs boucliers la marche du temps, les géantes enfantent, les hommes souffrent, les valkiries aspirent après les batailles [1]. »

Les dieux primitifs s'appellent *ases*, et les déesses *asines* [2]. Ce mot indique la personnification de l'intelligence aux prises avec les forces de la nature. Dans leur lutte continuelle contre les géants, les ases sont généralement victorieux; mais cette lutte doit se terminer, une première fois du moins, par la défaite des dieux; la division s'est introduite dans leur famille même, par l'opposition de *Loki*, le génie du mal, l'élément hostile qui amènera la ruine du monde.

Les ases ont une origine commune : ils sont tous es enfants du Dieu suprême ou Père universel, qui existait avant le ciel et la terre, mais sans manifester sa puissance, et qui ne se révèle que plus tard dans la personne d'Odin. L'*âge d'or des dieux*, c'est la première époque de leur existence; ils ont bâti la citadelle d'Idafeld, dans Asgard, et y mènent joyeuse vie, jouant aux dés et buvant de l'hydromel : symbole de l'enfance, qui ne songe qu'au développement matériel de son être. Puis, dit l'Edda, vinrent trois vierges du monde des géants : l'âge d'or finit, et les ases se mirent à créer, c'est-à-dire à étendre leur activité au dehors; ils créèrent d'abord les nains avec les membres d'Ymir, en d'autres termes, ils développèrent les

---

1. Poème du *Corbeau d'Odin*, dans l'ancienne Edda. Il faut se défier de la nouvelle Edda, qui semble avoir déjà des préoccupations chrétiennes : Snorri Sturlason cherchait sans doute à concilier la vieille mythologie avec la foi nouvelle, et ses indications sont souvent en désaccord avec celles de l'ancienne Edda.

2. C'est à ce mot que l'on rapporte parfois l'origine du nom d'*Asie*, donné à la contrée que les Scandinaves habitaient avant leur grande émigration en Europe.

forces bienfaisantes de la nature; plus tard, ils créeront les hommes. Cet âge d'or, qui finit avec l'apparition des Nornes, c'est l'intervention du temps et du destin; c'est aussi la première action du mal, dont les dieux eux-mêmes ne seront pas exempts : ils sont sujets au désir du gain et à d'autres vices; ils manquent de parole aux géants, qu'ils ont employés à construire leur forteresse.

Les dieux créèrent le premier homme et la première femme en les tirant de deux arbres, et ils appelèrent l'un *Ask*, ou frêne, et l'autre *Embla*, ou orme; ils leur assignèrent, à eux et à leur race, la citadelle de Midgard pour demeure [1].

Le chef des dieux, Odin, est l'être primordial qui pénètre toute la nature et dont les qualités ou les attributs sont innombrables. Tous les dieux sortent de lui et n'ont de valeur que par lui; c'est lui qui donne tous les biens et préside à toutes les actions. Aussi a-t-il des noms et des surnoms en abondance; on en connaît deux cents, dont soixante-quinze se trouvent dans l'Edda. Son nom principal, *Whôdan* ou *Wuôtan*, dont on a fait *Odin*, paraît venir du verbe *vôda*, pénétrer, et marque son action universelle et permanente sur la nature. Il est représenté comme un beau vieillard, de grande taille, au visage vénérable, avec une longue barbe; il n'a qu'un œil, car il a mis l'autre en gage dans le puits de Mimir, où sont cachées

---

[1]. Les traditions de l'ancienne Edda sur la création de l'homme sont obscures et confuses. D'après la nouvelle Edda, les trois dieux créateurs sont : Odin, qui donne à l'homme la vie et l'âme; Vili, qui lui donne la raison et la volonté; et Vé, de qui nous tenons le visage, l'ouïe, la vue et la parole. C'est une croyance populaire des Germains que les premiers hommes ont été produits par des arbres; Tacite la mentionne, et l'on faisait alors dériver *germani* de *germinare* (germer). Une vieille chanson saxonne dit que les jeunes filles poussent sur les arbres. On retrouve la même fiction dans certaines légendes orientales.

la raison et la sagesse, pour obtenir l'omniscience en buvant une gorgée de cette eau fatidique. En tenue de guerre, Odin a un casque d'or, un manteau bleu, une lance à la main, et il traverse la mêlée ou la tempête sur un cheval à huit jambes; sur ses épaules sont deux corbeaux, qu'il envoie par tout le monde pour lui rapporter ce qu'ils y voient. Quand il est à table, il a devant ses pieds deux loups, auxquels il donne la nourriture; lui-même se contente de boire de l'hydromel ou du vin. Il a plusieurs demeures, dont les noms symbolisent l'éclat qui entoure la résidence de la Divinité. En général, il voyage pour s'instruire et aime à changer de nom dans ses pérégrinations, qui doivent marquer sans doute la présence continuelle de Dieu dans la nature et au milieu des hommes. Il porte toujours un anneau merveilleux, fabriqué par les nains, et qui est le symbole de la fécondité dans le monde de la matière et dans celui de l'intelligence. Il est aussi le dieu de la guerre; il apprend à ses favoris, à ses *prédestinés*, à mourir bravement, et les recueille après leur mort dans le *Valhalla*.

Le Valhalla, ou *palais des prédestinés*, c'est-à-dire des élus d'Odin, est tellement élevé, qu'on en distingue à peine le faîte, couvert de boucliers dorés. Sa description donne une idée assez exacte des mœurs du Nord vers les premiers siècles de notre ère : tous les détails de cette riche demeure sont minutieusement indiqués dans l'Edda; tous les êtres animés, les objets inanimés, les instruments les plus vulgaires ont leur nom et pour ainsi dire leur personnalité dans cette mythologie : on y trouve, par exemple, le sanglier *Særimnir*, dont se nourrissent les bienheureux et qui cuit éternellement dans le chaudron *Eldrhimnir*, la porte *Valgrind*, par laquelle entrent les élus ou *Einheriers*, etc.[1] Ces héros passent leur temps à com-

---

[1]. La plupart de ces noms et de ces détails se retrouvent dans le poème des *Nibelungen*, dont il sera parlé plus loin (*Hist. de la litt. allem.*, chap. I, § 3). Dans l'ancienne Edda,

battre entre eux, à manger et à boire : leur existence céleste ne fait que continuer indéfiniment leur vie terrestre.

Ce sont les *Valkiries*, ou vierges des combats, qui sont chargées d'amener les guerriers au Valhalla et de leur servir à boire; ce sont elles aussi qu'Odin envoie pour décider du sort des batailles. Au-dessous de ces servantes du dieu suprême sont les valkiries terrestres, qui prennent part aux combats et s'unissent aux héros; elles ne sont plus alors que de simples et vulgaires mortelles, qui conservent pourtant encore quelques restes de leur condition première : ce sont ces Valkiries que l'on rencontre le plus souvent dans les ballades, relativement modernes, du Danemark et de l'Allemagne.

Odin est encore le dieu des *rûnes*, c'est-à-dire de la science et des manifestations de l'intelligence [1]. Le Dieu communique à quelques initiés les chants *runiques*, qui révèlent l'histoire du monde et les lois de la nature; il est ainsi l'inventeur de la poésie. En s'unissant à la déesse *Saga* (Renommée), il est devenu le père de l'histoire.

Nous laissons de côté ce qui est relatif aux trois épouses d'Odin et à ses nombreux enfants, dont quelques-uns seuls ont de l'importance au point de vue de la poésie des races germaniques. Tels sont: *Thôr* ou *Donar*, qui est à la fois le dieu du tonnerre, de l'agriculture et de la paix, et dont le puissant marteau, si redoutable aux géants, est si bienfaisant pour l'hu-

---

on doit consulter surtout, pour toute cette partie, outre la *Vœluspa*, les poèmes de *Grimner* et du *Corbeau d'Odin*.

1. *Rûn* est un mot gothique ou scandinave qui se retrouve aussi dans la langue finnoise et qui signifie *connaissance*. Les *bâtons runiques* servaient primitivement d'alphabet : sur ces bâtons, Odin, selon l'Edda, grave des caractères magiques, et les élus seuls peuvent lire leur assemblage. Dans la suite les caractères runiques, issus de ces signes primitifs, furent gravés sur le bois et sur la pierre.

manité; — *Baldr* ou *Baldur*, le dieu de la lumière, de la beauté, de la pureté, du printemps; — *Heimdall*, la sentinelle des dieux, etc.

D'autres dieux, non issus d'Odin, jouent un grand rôle dans la mythologie scandinave : ce sont Frey et sa sœur Freya, qui donnent la fécondité, l'un aux champs, l'autre aux femmes; Freya, la déesse la plus honorée des Germains, la Vénus du Nord, surnommée, comme la Vénus grecque, *fille de la mer*, et dont le nom est devenu en allemand le mot générique de *frau* (femme). Ce sont encore le vaillant et sage Tyr et le savant *vane* Niœrdh, « qui n'a point été élevé parmi les ases, et que les dieux ont reçu des vanes comme otage. » C'est surtout Loki, le mauvais principe, qui est probablement le même que Vé, le frère d'Odin, dont il a été parlé plus haut : c'est lui qui a donné à l'homme l'usage de ses sens; il est beau, brillant, ingénieux, éloquent, mais astucieux et pervers, source de tout mal dans l'humanité comme dans la nature. Il est le dieu du feu, considéré comme l'élément fatal au monde. Il est souvent le messager des dieux, et joue le rôle du Mercure grec; il leur est utile par ses ruses, mais finit par les irriter tous contre lui. Son plus grand crime est d'avoir causé la mort de Baldur, le dieu de la lumière, et d'avoir empêché sa résurrection; pour l'en punir, les dieux l'ont enchaîné sur un rocher, où un serpent l'arrose continuellement de son venin corrosif. Loki, cruellement torturé, secoue son corps de temps à autre, et cause ainsi les tremblements de terre.

Loki a de nombreux enfants, tous monstrueux: le loup Fenris, l'un des plus redoutables ennemis des dieux ; le serpent de Midgard, ainsi nommé parce que le Père universel l'a précipité dans la mer, où il s'est développé au point d'entourer de son corps toute la terre habitée, ou citadelle de Midgard; et la déesse infernale Hel (*Hœlle*, enfer), qui, reléguée au fond de l'abîme, sous la terre, y reçoit tous ceux qui sont morts de vieillesse ou de maladie, et y torture aussi les méchants, constamment inondés par le venin des serpents.

Les hommes ne jouent qu'un rôle très-secondaire dans cette mythologie ; ils ne se montrent même, à proprement parler, que dans les légendes les plus récentes. En Grèce, les dieux sont des hommes divinisés : ici, les héros sont plutôt des dieux humanisés, qui ont été revêtus peu à peu de noms historiques, mais dont la légende primitive se retrouve toujours dans la mythologie. Aussi n'est-il guère question, dans l'ancienne Edda, des rapports entre les hommes et les dieux, ni d'un culte bien déterminé. Le culte primitif consistait principalement dans l'imitation des vertus guerrières d'Odin. La prière n'était qu'un hommage extérieur ou une offrande aux dieux [1], et en priant, on avait soin de regarder vers le Nord, parce que, selon les Scandinaves, la demeure des dieux était dans cette direction. Pour les sacrifices expiatoires, les actions de grâces ou les demandes, on immolait des animaux et surtout des chevaux à de certains moments de l'année, ou après certaines périodes régulières, tous les neuf ans, par exemple ; on immolait aussi quelquefois des hommes : c'étaient primitivement des coupables, puis ce furent des prisonniers de guerre, ou même des femmes et des enfants choisis comme victimes expiatoires. Beaucoup de guerriers recherchaient volontairement ce genre de mort, dans l'espoir d'être mieux accueillis par Odin au Valhalla. Il n'y avait pas de temples : les sacrifices avaient lieu dans les bois sacrés, et les chefs guerriers remplissaient les fonctions de prêtres ou de sacrificateurs.

1. On a dérivé les mots *beten* et *bitten* (*prier*) du primitif *bieten* (*offrir*) : l'homme s'offre lui-même en sacrifice pour obtenir une grâce ou pour remercier Dieu. On les a expliqués aussi par le mot *bett* (*couche*), et ils marqueraient alors l'action de se prosterner à terre, de demander humblement une faveur.

III. *Fin et rénovation du monde.* — Nous ne pouvons que résumer ici en quelques mots la partie si intéressante des Eddas qui est relative à l'avenir du monde. Tout ce qui a eu un commencement doit périr : telle est la volonté du destin, que répètent et développent tous les oracles poétiques des Scandinaves. Les dieux succomberont à l'action des éléments, qui sont antérieurs à eux, et contre lesquels ils ne cessent jamais de lutter ; en outre, il y a parmi les dieux eux-mêmes un principe de dissolution, le mal, qui est inhérent à leur existence dans la personne de Loki et de ses enfants, qu'on n'a pu enchaîner que pour un temps. Les ases connaissent d'avance l'arrêt du sort et s'y résignent ; mais ils veulent finir avec gloire et les armes à la main ; ils ont conscience de leur imperfection, et semblent attendre une transformation et un plus haut développement de leur être, auxquels ne peuvent arriver que par une mort temporaire.

Les signes précurseurs de la fin du monde sont : d'abord, la mort de Baldur, qui a eu lieu dès l'origine ; puis, des hivers continuels, sans intervalles d'été ni de soleil ; le relâchement des mœurs, qui atteindra les dieux eux-mêmes ; la guerre et la mort, qui se répandront dans le monde entier, etc. Enfin arrive le jour de *Ragnarœkr*, ou le *crépuscule des dieux* : la terre tremble, la mer se soulève, le frêne du monde prend feu ; le serpent de Midgard bat les flots, qui inondent la demeure des hommes ; Loki et son engeance, déchaînés, se précipitent dans la mêlée : Odin va consulter le puits de Mimir et monte à cheval avec les dieux. Les géants, de leur côté, arrivent sur *Naglfar*[1], le vaisseau des morts, et les fils de Muspelheim sur leurs chevaux de feu conduits par Surt.

Le combat s'engage dans l'immense plaine de Vi-

---

1. *Naglfar* signifie le *vaisseau des ongles*, et les anciens mythes expliquent cette appellation en supposant qu'il est fait avec les ongles des morts.

grid : un terrible massacre a lieu, dans lequel périssent la plupart des ases; Odin est englouti par le loup Fenris; celui-ci est égorgé par Vidar. Tous les astres s'éteignent, le ciel se consume, et la terre s'abîme dans l'océan. L'humanité est détruite : les bons sont réunis dans un séjour bienheureux, et les méchants relégués dans la demeure des serpents, où Nidhœgg les ronge pour l'éternité.

Mais, dans la suite des temps, la terre reparaît du sein des flots, plus verte et plus belle; de nouveaux astres luisent aux cieux; les ases survivants, Vidar et Vali, occupent de nouveau Idafeld; Baldur ressuscite, ainsi que plusieurs autres divinités : l'âge d'or recommence, et les nouveaux dieux s'entretiennent du passé en consultant les rûnes d'Odin. Une nouvelle race humaine sort de deux hommes qui ont échappé à la conflagration universelle, et cette race est meilleure et plus heureuse que la première. Un dieu inconnu arrive alors, et fixe les destinées nouvelles du monde.

On remarquera, dans ces mythes, un certain nombre d'idées et de faits qui semblent se rapporter assez exactement aux données de la Bible et aux aspirations ou aux prophéties du christianisme : malgré la part que la religion nouvelle a pu avoir dans la rédaction de l'Edda de Snorri, rien ne prouve que le fond de ces mythes ne soit pas exclusivement scandinave, d'autant plus que l'ancienne Edda est presque toujours d'accord avec la nouvelle sur les points principaux. On sera frappé aussi de ce fait que, dans cette ruine et cette résurrection du monde, il n'est pas question du géant Mimir, qui est considéré comme antérieur et supérieur à tous les êtres comme à toutes les forces de la nature : c'est lui qui personnifie le destin, ou qui représente, si l'on veut, la divinité dans sa toute-puissance et son éternité.

Section II. — *Légendes héroïques de l'Edda.* — On a dit que la légende est la poésie du passé : elle en est aussi, jusqu'à un certain point, l'histoire; les chantres populaires sont les seuls historiens des âges primitifs. C'est à ce point de vue que se plaça Charlemagne, lorsqu'il fit recueillir les légendes du Nord, que son fils Louis proscrivit par un excès de zèle religieux. Ce sont des *légendes* et non des *mythes* : leurs personnages, comme nous l'avons déjà fait remarquer, ont un fond de réalité indubitable, sur lequel sont venues s'enter pour ainsi dire les fictions plus anciennes de la mythologie.

Il serait trop long de résumer ici les divers poèmes de l'Edda de Sœmund qui racontent les exploits des héros du Nord : il nous suffira d'en indiquer les caractères généraux. On peut les diviser en trois classes : 1° le poème sur *Vœlund*, où la scène se passe encore en partie dans le ciel, et qui contient déjà l'ébauche des histoires suivantes, relatives à Brynhild et à Gudrun ; 2° les trois poèmes sur *Helgi*, dont la couleur générale est plus douce et plus humaine, mais où les Nornes et les Valkiries jouent encore un rôle considérable ; enfin, 3° les divers poèmes sur *Sigurd, Brynhild* et *Gudrun*, où l'on s'éloigne de plus en plus du ciel et de la mythologie, malgré l'intervention de quelques divinités, et où l'histoire fait son apparition incontestable avec les Huns et leur roi, le légendaire Atli ou Attila. On voit que cette dernière partie est déjà relativement moderne ; mais il est souvent difficile de démêler dans tous ces poèmes ce qui a été chanté dès les premiers siècles de notre ère et ce qui a dû y être ajouté longtemps après : la tendance qu'avaient les poètes à faire entrer l'histoire contemporaine dans leurs récits y amène souvent la confusion et l'obscurité ; les noms subissent des modifications qui les rendent parfois méconnaissables ; les anachronismes abondent ; il semble que, pour l'imagination populaire, tous les faits se passent à une époque unique, indéterminée, comme, dans l'enfance de la peinture, tous les détails d'un tableau se trouvent sur un même plan.

Dans la plupart de ces récits, les scènes sont grandioses et terribles, les personnages féroces, mais souvent sublimes et toujours dramatiques ; la plupart se retrouvent, plus ou moins modifiés, dans les grandes épopées allemandes du moyen âge, comme les *Nibelungen* et *Gudrun*. C'est ainsi que nous faisons connaissance, dans l'Edda, avec Sigurd, l'homme du Sud, invulnérable comme Achille, et qui, comme lui, meurt jeune et couvert de gloire ; — avec Brynhild, cette femme belle et courageuse entre toutes, mais rude et sauvage, dévorée, comme Hermione, par l'amour et la jalousie ; — avec Gudrun, fille de l'artificieuse Grimhild, qui cause tous les malheurs de Sigurd, etc. D'autres personnages changeront de nom et de caractère en passant de l'Edda dans les Nibelungen, comme Atli, qui deviendra Etzel ou Attila, comme Gunnar, l'époux de Brynhild, etc. [1]

Nous n'insistons pas davantage sur ces poëmes, dont les caractères et les mœurs se retrouvent à peu près identiquement dans les épopées allemandes, et nous renvoyons le lecteur aux pages qui leur sont consacrées plus loin.

Section III. — *Influence de la mythologie scandinave sur les légendes germaniques du moyen âge.* — Tous ces vieux poèmes, nous l'avons dit, ont survécu à la chute de la société barbare qui les avait produits ; l'influence de ces mythes et de ces légendes se fera sentir longtemps encore dans le monde germanique. On en retrouve des traces, surtout, dans la poésie populaire de la Scandinavie, de l'Allemagne et de la Hollande [2]

---

1. Nous adoptons en général, pour tous ces noms mythiques ou légendaires, l'orthographe la plus simple et la plus commode. Nous n'avons pas la prétention de trancher, à leur sujet, des controverses qui dureront longtemps encore, et qui sont souvent fort inutiles.

2. Henri Heine, dans son *Allemagne*, a écrit quelques pages brillantes sur cette persistance de l'élément païen dans certaines contrées germaniques. Voir aussi le recueil des *Chants héroïques du Danemark* et les autres ouvrages des

Pour montrer jusqu'à quel point les vieilles croyances avaient poussé leurs racines dans le cœur de ces peuplades et y résistaient encore à l'action du christianisme, nous ne saurions mieux faire, en terminant, que de citer un morceau fort curieux, que nous extrayons des *Légendes des bords du Rhin*, recueillies par Simrock, et qui est intitulé : *Radbot, le prince des Frisons*.

Radbot, le sauvage roi des Frisons, se tenait près du fleuve et allait recevoir le baptême : autour de lui les prêtres se réjouissaient de voir sa conversion les payer enfin de leurs longues peines.

Déjà le roi met un pied dans les flots; tout à coup il s'arrête : « Je veux savoir une chose encore, seigneur évêque : mes pères et tous mes aïeux, dis-le moi franchement, où sont-ils allés après leur mort ?

— Dans l'enfer, répondit le saint évêque : oui, tous tes pères, ô roi Radbot, puisqu'ils sont morts païens, sont partis pour l'enfer. »

Ces mots indignèrent la vaillante épée : « Méchant prêtre s'écria-t-il; mes pères, oh ! mes pères ont été de valeureux guerriers ! Eh bien ! je le jure par Odin, j'aime mieux aller en enfer avec les héros, qu'avec vous dans votre paradis ! » Il dit, et s'éloigna plein de courroux.

§ II. — *Littérature danoise* [1].

Les écrivains danois du moyen âge emploient presque exclusivement le latin, et ne peuvent ainsi être

---

rères Grimm, leur *Mythologie* et leurs *Contes allemands*, entre autres, et les nombreux écrits de Simrock.

1. Nous avons parlé de l'Islande dans le § Ier, en donnant l'analyse des Eddas. La Norvège a fourni à la littérature danoise quelques écrivains qui seront mentionnés à leur place : l'union du Danemark et de la Norvège, rompue depuis un demi-siècle au point de vue politique, n'a jamais cessé d'être indissoluble au point de vue de la langue et de la littérature.

mentionnés dans cet abrégé. La plupart, comme *Swend* AAGESEN, qui s'appelle en latin *Sueno Agonis filius* (vers 1186), et SAXO *Grammaticus* (mort en 1204), se bornent, en écrivant l'histoire de leur pays, à suivre plus ou moins fidèlement les anciennes traditions ou sagas : Saxo, surtout, est presque uniquement poète dans la première moitié de son ouvrage. La poésie, du reste, était encore à cette époque l'aliment intellectuel de la foule, et le Danemark a fourni son bon contingent de chants populaires, dont nous avons dit quelques mots dans le paragraphe précédent. Les skaldes continuent pendant tout le moyen âge les traditions poétiques des premiers siècles, et ce sont leurs chants, dont la plupart sont restés longtemps populaires dans tout le Nord, qui forment le recueil des *Kœmpo-Viser*[1]. La langue de ces poésies primitives est encore l'idiome scandinave le plus ancien, auquel le danois ressemble plus, du reste, que le suédois.

L'éducation littéraire du pays ne commence qu'au xve siècle, avec la fondation de l'université de Copenhague (1479), qui, d'ailleurs, n'eut sa période brillante que longtemps après cette date, vers la fin du xvie siècle, lorsqu'elle eut été enrichie par Christian III des dépouilles du clergé catholique. Les premières tentatives faites au xve siècle pour créer une littérature nationale ne sont généralement pas heureuses ; c'est à peine si, au milieu de ces tâtonnements, parmi ces chroniqueurs déguisés en poètes, on peut trouver un nom à signaler : celui de *Christian* HANSEN, dont les essais dramatiques ressemblent assez à nos mystères du moyen âge.

Le xvie siècle amena, avec la Réforme, un plus grand empressement à écrire en langue vulgaire :

---

1. La rédaction la plus ancienne de ces *Kœmpo* (ou *Kœmpe*) *Viser* remonte probablement au xive siècle. On peut affirmer que ces chants ont presque tous été composés, ou du moins retouchés, après l'introduction du christianisme en Danemark.

comme en Allemagne, en Angleterre et en Pologne, les traductions de la Bible, dont la première est de 1550, deviennent des livres de lecture et de méditation usuelle, des instruments de perfectionnement pour la langue, et des sources de compositions littéraires. On tire alors des livres saints, des sermons, des ouvrages apologétiques, des cantiques, des récits, des drames ; mais la forme de toutes ces compositions laisse encore beaucoup à désirer, et l'on peut dire que la littérature danoise reste dans l'enfance jusqu'au xviie siècle.

Alors seulement se dessine avec un peu plus de netteté le mouvement littéraire qui devait aboutir vers la fin du siècle à quelques œuvres remarquables. Les poètes sont aussi médiocres que nombreux : l'évêque de Drontheim, Anders ARREBOE (1587-1637), emploie les loisirs de sa retraite, après avoir été déposé pour la légèreté de sa conduite, à écrire un *Poème sur Christian IV, vainqueur des Suédois*, une *Traduction des Psaumes de David*, un *Hexaméron*, imité de la *Semaine* de Du Bartas, et d'autres poèmes dont la langue est toujours rude et grossière ; BORDING (1619-1667) n'écrit que des poésies de circonstance, généralement peu intéressantes, et un journal en vers, le *Mercure danois*; Eric PONTOPPIDAN (1616-1675), évêque de Drontheim, versifie tantôt en latin, tantôt en danois[1] ; GERNER (1629-1700), auteur de quelques ouvrages d'érudition, donne une *Traduction d'Hésiode* en vers (1670) ; Thomas KINGO (1643-1703) se fait un nom et est comblé d'honneurs pour ses poésies sacrées et profanes, dont le style est presque toujours incorrect ; SORTERUP, DASS et d'autres rencontrent quelquefois

---

1. Son neveu *Louis* PONTOPPIDAN (1648-1706) se fit connaître également comme poète, et le fils de ce dernier, nommé aussi Éric, composa, au xviiie siècle, un grand nombre d'ouvrages en prose latine et danoise sur des sujets philosophiques et religieux.

une inspiration poétique, mais leurs vers n'ont presque jamais ni élégance, ni harmonie, ni correction.

Cependant le public s'intéressait de plus en plus aux progrès des lettres et des sciences, et la prose se développait assez rapidement. Au moment même où Tycho-Brahé illustrait le Danemark par ses travaux et par ses découvertes astronomiques, l'histoire et la critique littéraire faisaient de notables progrès, grâce aux écrits de VEDEL et de TORFESEN, qui recueillaient et traduisaient les anciennes légendes et les vieux manuscrits; et le pasteur DEBES (1623-1676) écrivait en style assez pur des ouvrages de géographie et des relations de voyages.

C'est au XVIIIe siècle que la littérature du Danemark s'élève enfin à une hauteur suffisante pour pouvoir entrer en ligne de compte avec celles des autres pays de l'Europe : elle le dut en grande partie à un seul homme, *Louis* HOLBERG (1684-1754), qui, s'il n'a pas été original dans tous les genres, a eu du moins le mérite d'exceller dans la plupart; il a été, en effet, historien, poète épique, satirique et surtout dramatique. Peu favorisé par la fortune à ses débuts, tourmenté d'une insatiable envie de voyager, il parcourut plusieurs fois l'Europe, en grande partie à pied, et ne parvint qu'avec peine à une modeste position de professeur à l'université de Copenhague. Ce fut alors (1720) qu'il publia son premier poème, *Pierre Paars*, épopée comique dont le succès fut immense, mais qui lui valut aussi quelques persécutions de la part des faux savants et des mauvais poètes, qui croyaient se reconnaître dans ses portraits satiriques. Holberg, qui, jusque-là, ne s'était essayé que dans l'histoire, se trouvait désormais lancé dans la poésie : dégoûté de la satire par les tribulations que lui avait values sa première œuvre en ce genre, il se tourna vers la comédie, et donna d'abord au théâtre des traductions et des imitations de Molière, comme *l'Avare* (1721), ou de Plaute et de Térence. C'était déjà rendre un grand service à son pays que de faire jouer pour la première fois des pièces écrites en danois sur le théâtre de Copenhague, où l'on n'avait eu jusque-là que des troupes et des comédies étrangères; mais Holberg ne s'arrêta pas en si bonne voie et se mit à composer des comédies entièrement originales, comme son *Ferblantier politique*, son *Jean de France* et d'autres, où il peignait avec un rare bonheur les mœurs danoises et couvrait de ridicule les travers ou les préjugés de ses compatriotes. Sa gloire comme sa fortune étaient alors au comble : il y ajouta encore par son *Histoire du Danemark*, ses *Fables morales*, son roman fantastique et humoristique du *Voyage souterrain de Niel* (ou *Nicolas*) *Klim*, et d'autres ouvrages, tous aussi populaires en Danemark, et dont quelques-uns le sont même dans le reste de l'Europe. Mais c'est comme poète comique que Holberg s'est acquis le plus de titres à l'admiration de la postérité : s'il a souvent imité Molière et les comiques latins, surtout pour l'intrigue et les procédés, on peut dire qu'il est original, presque toujours, par la conception et l'exécution des caractères, par la peinture des mœurs et par le style.

Il n'eut cependant pas de disciples, en ce sens que les auteurs danois de la seconde moitié du siècle se tournèrent de préférence vers les modèles allemands et anglais, dont l'imitation abusive amena un temps d'arrêt regrettable dans le développement de la littérature nationale. Le roi Frédéric V, le protecteur de Klopstock, sous les auspices duquel le grand poète allemand acheva sa *Messiade*, poussa ses sujets dans cette voie, et les encouragements de l'Académie de Copenhague semblèrent pendant quelque temps uniquement réservés à ceux qui traduisaient ou imitaient les poètes anglais les plus en renom à cette époque : le plus élégant de ces imitateurs fut *Christian* Tullin (1728-1785), qui s'inspira d'Young à ses débuts, dans son poème du *Jour de mai*, dans ses *Elégies* et ses *Idylles*, et même dans ses poèmes de *la Navigation* et de *la Création*.

Deux poètes de cette époque tâchent de réagir contre l'imitation des littératures étrangères et arrivent à une certaine originalité, l'un dans la poésie légère, l'autre dans le drame : ce sont WESSEL (1742-1782) et *Jean* EWALD (1747-1781). Le premier, dont la vie fut assez peu régulière, n'a laissé qu'un petit nombre de poésies, dont quelques-unes se distinguent par leur esprit et leur élégance, et des traductions d'opéras français, qu'il avait faites pour gagner quelque argent, malgré ses attaques souvent piquantes contre la manie de l'imitation française, surtout dans sa tragédie parodique de *l'Amour sans bas*; le second, dont l'existence ne fut guère plus édifiante que celle de Wessel, lui est supérieur par son talent comme par le nombre et la valeur de ses ouvrages. C'est lui qui, sur les conseils de Klopstock, tenta le premier de mettre sur la scène des drames tirés de la mythologie ou de l'histoire des Scandinaves : ces essais ne furent pas appréciés d'abord, parce que le public était encore sous l'empire du goût français; mais son *Rolf Krage* (1770) et sa *Mort de Baldur* (1773) n'en sont pas moins des pièces remarquables comme œuvres nationales et comme compositions vraiment dramatiques. Il eut plus de succès avec son drame lyrique des *Pêcheurs* et avec ses comédies du *Brutal claqueur*, d'*Arlequin patriote* et des *Célibataires*. Ses poésies lyriques, animées d'un souffle patriotique et religieux, sont au nombre des meilleures qu'ait produites la littérature danoise ; mais ce n'est qu'après sa mort, et surtout de notre temps, qu'Ewald a été apprécié à sa juste valeur.

L'exemple de ces deux poètes nationaux fut peu suivi : au milieu de la foule d'écrivains que vit surgir la seconde moitié du siècle, quelques-uns seulement s'abandonnent à leur imagination ou s'inspirent de la vieille poésie populaire; mais la langue et l'harmonie leur font presque toujours défaut. Tels sont : TODE (1736-1805), dont les *fables*, les *épîtres*, les *contes*, en prose et en vers, et les comédies sont généralement médiocres ; — *Christian* PRAM (1765-1821), dont les *odes* sont trop compassées, dont le poème épique *Stærkodder*, emprunté à l'histoire nationale, manque d'inspiration comme de couleur locale, et dont les tragédies (*Olinde et Sophronie, Frode et Fingal*, etc.), les opéras et les comédies ne valent guère mieux, mais qui s'est distingué, en prose, comme conteur humoristique et comme publiciste (revue littéraire de *Minerve*) ; — ZEITLITZ, auteur de chansons parfois gaies et pleines de verve, — et bien d'autres.

Cependant le goût public est formé par quelques bonnes revues périodiques, surtout la *Minerve*, que nous venons de mentionner, et le *Spectateur danois*, de *Knud* RAHBEK (1760-1830), esprit délicat et éclectique, formé par la lecture et les voyages, et qui fit beaucoup pour la critique dramatique en Danemark. Des érudits, comme NYERUP (1759-1830), ramènent l'attention des littérateurs sur les vieux monuments de la poésie nationale, dont l'Islandais *Arne* MAGNUSSEN (1663-1730) avait recueilli patiemment les matériaux ; malheureusement la plupart des manuscrits et des documents de Magnussen furent brûlés dans le grand incendie de Copenhague, en 1728, et il ne resta, en fait d'ouvrages importants de ce savant philologue, que sa *Traduction des Eddas*, accompagnée de commentaires et d'une *Vie de Sœmund*. Les travaux historiques et philologiques furent encouragés, vers la fin du siècle, par l'*Académie danoise*, fondée en 1743, et vivement poursuivis par la *Société historique*, le *Magasin danois* et la *Société des antiquaires du Nord*. Trois écrivains surtout se distinguèrent par le zèle et le talent avec lequel ils élucidèrent les origines et traitèrent l'histoire de leur pays : LANGEBEK (1710-1775), le fondateur du *Magasin danois* et de la grande *Collection des écrivains danois du moyen âge*; SUHM (1728-1798), dont les romans et les nouvelles sont oubliés, mais qui fit preuve d'autant de patience que de sagacité dans sa volumineuse *Histoire du Danemark*, et KALL (1743-1821), qui s'acquitta en conscience et souvent avec talent de ses fonctions d'historiographe de Danemark et de Norvège, en publiant de nombreux ouvrages, entre autres une *Histoire universelle* et des *Annales d'Islande*. Mentionnons encore Gram et Magens, qui rendirent des services signalés à l'histoire et à la langue par leurs travaux sur les antiquités et sur la grammaire.

Le xixe siècle devait, en Danemark comme dans les autres pays, voir la littérature se renouveler et se retremper aux sources historiques. Mais, au seuil même de cette époque, un poète d'un rare talent, *Jens* Baggesen (1764-1826), que nous retrouverons dans l'histoire de la littérature allemande, semble vouloir continuer les traditions poétiques de l'âge précédent. Sa vie fut voyageuse et accidentée ; son humeur, parfois gaie, souvent fantasque, le portait vers la satire, l'épigramme, la poésie légère, la narration humoristique et la parodie : il a écrit, en danois, un grand nombre de pièces de circonstance qu'il réunit sous le titre de *Travaux de jeunesse*, un opéra médiocre (*Ogier le Danois*), une piquante relation de voyage (*le Labyrinthe*), des *Contes en vers*, etc. Après avoir joui assez longtemps de la faveur publique, ou plutôt de la faveur des grands, il se vit préférer les poètes romantiques, et surtout Œhlenschlæger, contre lesquels il dirigea bon nombre de satires, d'épigrammes et de parodies.

Adam Gottlob Œhlenschlæger (1779-1850), qui a écrit aussi en allemand, comme Baggesen, se distingue de ce dernier en ce qu'il est un poète éminemment national, et ne cherche ses inspirations que dans l'histoire et les monuments littéraires du vieux Danemark. Dès ses débuts, il s'attache à mettre en drames ou en poèmes les principales légendes de l'Edda et des Sagas : poussé, lui aussi, par le démon des voyages ou plutôt par le désir de s'instruire et de former son goût, il parcourut l'Allemagne, la France, l'Italie, et revint dans son pays, après avoir conversé avec les grands écrivains et admiré les chefs-d'œuvre de l'étranger, muni d'un plus grand nombre d'idées et de connaissances, le goût perfectionné par ses études artistiques, mais plus décidé que jamais à tirer parti des ressources poétiques que lui offrait son propre pays. Ses compatriotes, qui admiraient alors Gœthe et les romantiques allemands, étaient préparés à la lecture d'un poète qui marchait dans une voie parallèle à la leur, et Œhlenschlæger se vit dès lors entouré de la faveur publique, gâté par tous comme il l'était par la nature, et proclamé le prince des poètes scandinaves. Professeur à l'université de Copenhague et conseiller d'État, il mourut dans un âge avancé, au comble des honneurs et de la gloire. Ses œuvres se composent de drames ou tragédies (*Palnatoke, Axel et Walborg, Hakon Jarl, Charlemagne, la Mort du Corrège,* etc.) ; de poèmes, empruntés aussi pour la plupart aux légendes et aux mythes du Nord, comme *Helgi* et *les Dieux du Nord*, ou quelquefois aux littératures étrangères, comme son conte oriental d'*Aladin ou la Lampe merveilleuse ;* de *ballades* et de *romances*, d'*idylles*, d'un *Art poétique*, etc. Il a écrit aussi des *comédies*, des *opéras*, et, en prose, des *Relations de voyages* et des *Mémoires* [1]. Sa fécondité, on le voit, est prodigieuse, et, sous ce rapport comme sous bien d'autres, on peut le comparer à Gœthe. Son style est généralement remarquable par sa pureté, son élégance et sa couleur nationale ; les critiques les plus sévères lui reprochent seulement des négligences impossibles à éviter quand on s'abandonne presque toujours, comme Œhlenschlæger, à l'improvisation.

La poésie danoise du XIXe siècle se résume presque tout entière dans cet écrivain hors ligne. Les poètes que l'on peut citer après lui ne se sont guère fait un nom que dans le roman, et c'est à ce titre surtout qu'on doit les citer. Tels sont: INGEMANN (né en 1789), dont

---

1. Œhlenschlæger a traduit en allemand, à la prière de Fichte et d'autres amis, plusieurs de ses poèmes, ainsi que les œuvres de Holberg.

les *Chants patriotiques* et l'épopée du *Chevalier noir* ont été goûtés quelque temps, ainsi que ses drames, mais qui est principalement resté populaire pour ses romans, au point qu'on l'a surnommé le Walter Scott danois (*Woldemar le Victorieux, Ogier le Danois, le Prince Othon*, etc.); Steen BLICHER, poète mélancolique et rêveur, connu surtout pour ses *Nouvelles* ; et, au-dessus de tous les autres, ANDERSEN (1805-1875), le conteur le plus populaire du Danemark, et dont les nouvelles, traduites en plusieurs langues, charment encore les lecteurs de tant de pays : nature douce et mélancolique, il avait commencé par écrire des *Élégies*, où se réflétait la tristesse de sa première existence, vouée à la pauvreté, aux mécomptes, aux difficultés de toute sorte; ses *Contes*, dont le charme principal est dans leur naïveté, lui valurent, sinon la fortune, du moins une certaine aisance et une gloire incontestée.

Citons encore, pour en finir avec les poètes, l'auteur dramatique *Jean-Louis* HEIBERG (1791-1860), qui commença, dans sa comédie de *Don Juan*, par imiter les littératures étrangères, mais qui entra bientôt dans une voie plus originale, et dota le théâtre danois d'un certain nombre de comédies et surtout de vaudevilles fort estimés. On a aussi de lui un poème fantastique, *le Potier*, un autre poëme, plutôt humoristique, intitulé *Une âme après la mort*, et des ouvrages de critique littéraire, d'érudition et même de philosophie. Son théâtre a été traduit en allemand.

La poésie, le roman et le théâtre, devenus désormais l'expression de la vie nationale, étaient aidés et poussés dans cette voie nouvelle par les travaux des historiens, des érudits et des philologues : les plus illustres d'entre eux, comme RASK (1787-1832), MULLER (1776-1834), MUNTHER (1761-1830), PETERSEN, GUDME (1771-1835), MOLBECH, ont rendu des services signalés, non-seulement à la littérature de leur pays, mais encore au monde savant tout entier, par leurs beaux travaux sur la langue et les antiquités islandaises, sur les Sagas et la mythologie du Nord, sur les origines, les traditions populaires, l'histoire et la littérature du Danemark. Ici, comme ailleurs à la même époque, le xixe siècle est avant tout historique et savant, et l'avenir de la poésie est tout entier dans ces tendances archéologiques et philosophiques qui donnent une vie nouvelle à l'intelligence publique.

§ III. — *Littérature suédoise.*

La Suède a été encore plus tardive que le Danemark dans le développement de sa littérature nationale. Elle a eu aussi au moyen âge sa poésie populaire, qui héritait des mythes et des légendes scandinaves des premiers temps, et dont les principaux monuments n'ont été recueillis avec quelque soin que dans notre siècle : ce sont ces chants nationaux ou *Folkvisor*, dont le caractère est généralement doux et mélancolique, et dont le *lek* ou dialogue lyrique est la manifestation la plus originale. Mais, lorsque plusieurs princes éclairés eurent donné le branle au mouvement intellectuel et littéraire de leur pays, ce ne fut pas à ces vieilles sources, toujours jeunes, que l'on alla puiser l'inspiration poétique ; on alla, comme en Danemark, demander à l'étranger non-seulement des modèles de style et de goût, mais encore des maîtres que l'on imitait et que l'on copiait servilement.

Le xvie siècle vit les premières tentatives littéraires vraiment dignes de ce nom, mais elles furent isolées ; le pays était livré aux dissensions religieuses et politiques, et, bientôt, quand des princes énergiques, tels que Gustave-Adolphe, Christine, Charles X et ses successeurs eurent établi solidement la suprématie du pouvoir royal en même temps que de la Réforme, la Suède se trouva entraînée dans des expéditions lointaines et aventureuses, qui pour longtemps, détournèrent l'attention publique de la poésie et de la littérature.

On a souvent dit que, dans les pays scandinaves,

les lettres étaient nées avec la Réforme : cette assertion a besoin d'être mitigée, car, s'il est vrai que là, comme ailleurs, la Réforme, en faisant appel à la raison individuelle et en répandant les moyens de connaître, a suscité un mouvement intellectuel très-prononcé, on ne peut conclure de là que la religion catholique, si elle avait subsisté, eût étouffé ou contrarié tout développement artistique. L'histoire des autres contrées du Nord donnerait un démenti à une pareille supposition. Dès le xie siècle, nous l'avons vu, un prêtre catholique d'Islande recueillait les vieux poëmes de l'Edda ; au xvie, le dernier évêque catholique d'Islande, *Ion* ARESON (1484-1550), qui mourut martyr de sa foi, essayait de faire revivre cette poésie dans ses chants. Ce qui est exact, c'est que la Suède, où la vie littéraire semblait devoir tarder si longtemps à renaître, fut tirée un instant de sa torpeur par les efforts des premiers réformateurs. Les deux chefs de la réforme luthérienne en Suède, *Laurent* PETRI et son frère *Olaüs* PETRI, contribuèrent pour leur bonne part à développer chez leurs compatriotes le goût de la lecture et des plaisirs de l'esprit, l'un par sa *Traduction de la Bible* (1541), l'autre par ses *sermons*, ses *cantiques* et son drame de *Tobie*, tiré des livres saints.

L'exemple d'Olaüs Petri fut suivi par quelques auteurs de l'âge suivant, et l'un d'eux, *Jean* MESSENIUS (1584-1637), sous le règne de Charles IX, qui protégea particulièrement le théâtre, s'essaya même, sans beaucoup de succès, à composer des drames historiques. Messenius écrivit aussi des *Chroniques* et une *Histoire de la Suède*, mais en latin. A ce moment même, les Suédois portaient leurs armes en Allemagne, sous le victorieux Gustave-Adolphe, et les relations qu'ils eurent, pendant cette guerre de trente ans, avec les Allemands et les Français, les éloignaient encore pour un siècle au moins de toute tentative littéraire un peu originale.

On sait que la reine Christine, qui régna de 1632

à 1654, fut entièrement soumise à l'influence du goût français et italien, et son exemple, joint à l'éclat littéraire du règne de Louis XIV, entraîna tous les écrivains suédois et les condamna à ne plus être que les imitateurs de la poésie française, imitateurs souvent maladroits et dénués de goût. C'est ainsi que ROSENHANE (1619-1684) compose des *sonnets* fort médiocres, imités tantôt de Ronsard, tantôt des Italiens ; que STIERNHIELM (1598-1672) écrit des *ballets*, des vers de circonstance, un poème d'*Hercule*, le tout correct, mais froid et maniéré ; que SPEGEL, enfin (1645-1715), imite *la Semaine* de Du Bartas et d'autres compositions des poètes de la Pléiade. On continuait à employer le latin pour la prose, témoin le savant PUFFENDORF (1632-1694), dont les œuvres politiques, philosophiques et historiques furent si longtemps admirées.

Le XVIII siècle, après les exploits et la triste fin de Charles XII, vit la Suède livrée à l'anarchie et aux plus mesquines intrigues, jusqu'au jour où un jeune prince énergique et intelligent, Gustave III, inaugura par un coup d'État un règne calme et glorieux, qui devait se terminer brusquement par l'assassinat de ce roi (1772-1792). Son successeur, Charles-Gustave IV, continua ses traditions et prodigua les encouragements à la littérature : c'est alors qu'est fondée l'*Académie suédoise* et que Stockholm possède enfin un théâtre permanent. Mais la littérature française continue à attirer non-seulement les hommages, mais encore l'imitation presque exclusive des écrivains.

L'élégance factice et la correction sont les seules qualités qui restent à ces imitateurs, parmi lesquels le plus en renom a été *Olaüs* DALIN (1708-1763), qui jouit tout particulièrement de la faveur publique et de la protection royale. Son poème de *la Liberté de la Suède*, ses tragédies, ses comédies (sauf *l'Envieux*), ses poésies lyriques, sont parfaitement oubliés aujourd'hui et méritaient de l'être. Son *Histoire de la Suède*, qui lui valut la charge d'historiographe du royaume, est inachevée ; elle présente quelques parties remarquables, et du moins le style en est pur. Dalin a traduit aussi la *Grandeur et Décadence des Romains*, de Montesquieu.

Si Dalin n'est pas poète, on peut en dire presque autant de Mme NORDENFLYCHT (1718-1762), qui, dans ses premières élégies, intitulées *la Tourterelle affligée*, sous l'empire d'une douleur profonde, avait trouvé quelquefois la note vraie, mais qui, dans la suite, gâtée par le succès de ses vers et par le mauvais goût des salons littéraires, se mit à faire de la poésie à froid, des idylles maniérées et des épithalames prétentieux. On abusait alors, à Stockholm, des coteries et des bureaux d'esprit ; les villes principales imitaient cet exemple, et partout, depuis l'Académie suédoise jusqu'à la dernière académie de province, le goût français régnait sans partage. C'est ainsi que KELLGREN (1751-1795), dans le *Courrier de Stockholm*, journal littéraire qu'il rédigeait avec talent, combattit vivement l'imitation des Anglais et des Allemands, vers laquelle étaient portés quelques jeunes esprits, tandis que lui-même ne sut point s'affranchir de l'imitation française dans ses tragédies et ses poésies lyriques : cela ne l'empêcha pas de se faire un nom et de jouir de la faveur de Gustave III, dont il fut le secrétaire et qui lui indiqua même le sujet et le plan de quelques-uns de ses meilleurs opéras.

Deux poètes, pourtant, semblent échapper au courant général et s'inspirent de leurs propres sentiments ; mais c'est au prix de l'insouciance et de l'immoralité, ou de la dégradation et de la souffrance : l'un, *Michel* BELLMANN (1740-1795), poète bachique, longtemps populaire, qui a chanté les plaisirs, et souvent les plaisirs les moins délicats, mais avec une verve et un talent incontestables, dans son *Temple de Bacchus*, ses *Hauteurs de Sion*, etc. ; l'autre, SIDNER (1759-1793), poète d'instinct, mélancolique et touchant, malheureux entre tous, mais toujours malheureux par sa faute, qui, dans les moments lucides que lui laissaient ses tristes habitudes de débauche, écrivit des odes remarquables, des poèmes de *la Guerre d'Amérique* et de *la Comtesse Spatara*, et d'autres productions souvent originales, toujours pleines de sentiment. Il s'essaya aussi dans le drame, mais avec moins de succès.

C'est à peine si, parmi les nombreux versificateurs qu'enfanta le règne de Gustave III, on peut encore distinguer un ou deux autres poètes, dont les œuvres ne soient pas inévitablement marquées au coin de l'imitation ou du mauvais goût : Mme LENNGREN, par exemple (1754-1817), honnête et bonne mère de famille, dont les *Poésies intimes* ont souvent de la valeur et se distinguent toujours par le charme du sentiment et de la sincérité; mais ceux dont la réputation est alors la plus brillante n'ont laissé que des œuvres aussi vides que sonores. Tel fut, surtout, ce *Charles-Gustave* DE LÉOPOLD (1756-1829), qui s'essaya dans tous les genres, et eut la malencontreuse idée de vouloir accommoder la mythologie scandinave à ses conceptions dramatiques : sa tragédie d'*Odin ou la Migration des Ases* ressemble fort à une parodie; ses autres drames, toujours écrits avec élégance, n'ont ni mouvement ni couleur dramatique.

Si la poésie ne donne pas de brillants résultats au XVIIIe siècle, la prose, en revanche, commence à se développer, quelquefois même avec éclat, grâce surtout aux travaux des historiens et des érudits. Déjà le roman avait fait son apparition avec une œuvre assez originale, *Adalric et Gothilde*, de MOERK (1714-1763); mais cette tentative resta longtemps isolée, et l'on se contenta, jusqu'à la fin du siècle, de traduire ou d'imiter les romans étrangers. L'histoire est représentée par quelques écrivains de talent, outre ceux que nous avons déjà mentionnés parmi les poètes : ce sont, entre autres : NORBERG (1677-1744), chapelain de Charles XII, qui donna, en 1740, une biographie de ce héros; — LAGERBRING (1707-1788), dont l'*Histoire de Suède*, malheureusement inachevée, est puisée aux meilleures sources ; — GEZELIUS (1732-1789), qui écrivit une *Biographie des hommes illustres de la Suède* ; — GJOERANSON, qui publia en 1747 un ouvrage remarquable sur *les Antiquités et la Religion du Nord* ; — enfin, *Gabriel* SILVERSTOLPE (1762-1816), historiographe du royaume, auteur de nombreux ouvrages, de biographies, d'une *Histoire de la Suède*, d'un *Journal de la littérature suédoise*, d'une *Grammaire*, etc., et de quelques poésies qui ne valent pas sa prose. On regretterait de ne pas mentionner ici, en terminant, le nom de Linné, le réformateur de la science botanique, qui a jeté un si vif éclat sur la Suède au siècle dernier, mais dont les ouvrages sont tous écrits en latin.

C'est avec le XIXe siècle, enfin, que la Suède commence à trouver sa voie, et c'est au romantisme qu'elle en est redevable : sous l'influence des auteurs étrangers qui, à cette époque, ramenaient partout la poésie à l'analyse du cœur humain, à l'observation de la nature, à l'étude de l'histoire nationale, la littérature vraiment suédoise prit son essor, et produisit, en un demi-siècle, un nombre plus considérable d'œuvres excellentes que dans toute la durée des âges précédents, semblable à ces étés du Nord qui, en quelques mois, réparent la nature et compensent, par leur rapide fécondité, la longue et infructueuse torpeur d'un hiver démesuré.

Les premiers symptômes de renaissance se montrent déjà dans les poésies lyriques de *Michel* FRANZÉN (né en 1772), qui, tout en ne parvenant pas à se dégager entièrement des traditions littéraires du XVIIIe siècle, commence pourtant à chanter ses impressions, ses sentiments et ses rêves dans une langue harmonieuse et originale. Mais il est moins heureux dans ses drames, ses comédies, ses essais épiques, où il est encore trop asservi au philosophisme français.

La lutte entre l'ancienne école, dite classique, et la nouvelle, ou le romantisme, eut ses phases diverses et intéressantes en Suède comme dans le reste de l'Europe ; des sociétés poétiques se formèrent, soutenues par des journaux littéraires, comme le *Polyphème* et le *Phosphoros* pour les romantiques, et par le *Journal de littérature* pour les classiques ; la *Société d'Iduna*, fondée en 1811, réunit dans son sein l'élite des jeunes poètes et des hommes d'avenir, dont la principale préoccupation était de rechercher les vieux monuments de la poésie nationale, pour mieux rattacher le présent au passé du pays ; et bientôt la victoire fut acquise au romantisme, c'est-à-dire à la vraie littérature suédoise. La plupart des poètes qui s'illustrèrent alors vivent encore aujourd'hui ; mais ils appartiennent néanmoins à l'histoire, car ils ont donné à peu près, avant 1850, tout ce que promettaient leurs débuts.

Daniel-Amédée ATTERBOM (né en 1790) a été l'un des chefs les plus brillants de la nouvelle école : ses odes, ses élégies, ses *Chants populaires* ou *Harpe du Nord,* et ses nombreux poèmes, surtout son *Ile du bonheur,* révèlent toujours une âme vraiment poétique, une riche imagination, jointe à un sentiment élevé, à une morale pure et à un soin tout particulier de l'harmonie. Quelquefois une légère teinte de mysticisme vient obscurcir les belles couleurs de sa poésie ou affaiblir un peu l'énergie de ses impressions ; mais ce sont là des défauts purement accidentels, et qui ne peuvent diminuer en rien l'admiration que l'on éprouve pour ce libre et gracieux talent.

Le mysticisme et même le fatalisme jouent un rôle bien plus considérable dans l'œuvre d'*Eric* STAGNELIUS (1793-1823), poète prime-sautier, lui aussi, qui se place presque au même rang qu'Atterbom. La faiblesse de sa santé, augmentée encore par les désordres de sa vie, qui hâtèrent sa fin et assombrirent ses derniers jours, ne lui laissa guère le temps de mûrir son talent ni de polir ses écrits ; mais, telles qu'elles sont, ses compositions n'en sont pas moins d'une valeur presque égale à leur abondance. Ses poésies lyriques, *les Lis de Saron,* ses élégies, ses sonnets, quoique empreints d'une profonde mélancolie, sont remplis de grâce et de charme; ses drames, dont les principaux sont *Sigurd Ring* (ou *l'Anneau de Sigurd*), *Wisbur, le Sentiment après la mort, les Martyrs*, offrent des caractères vrais et de belles situations, mais l'auteur y développe avec trop de complaisance les idées de Swedenborg sur le monde invisible. Son poème de *Wladimir le Grand*, avec des beautés de premier ordre, est fatigant à lire pour le même motif. C'est encore comme poète lyrique que Stagnelius est le plus irréprochable.

Un autre poète, mort à la fleur de l'âge, Éric SIOEBERG, qui prit le pseudonyme de VITALIS (1794-1828), se distingue aussi dans ses *Poésies sérieuses* et dans ses *Poésies comiques*, par la force et la vérité du sentiment. Plusieurs de ces poètes de l'Iduna se sont illustrés plutôt comme historiens, et nous les retrouverons un peu plus loin : LING (né en 1776), auteur du poème mythologique de *Gylfe*, dont la conception est ingénieuse, mais l'exécution médiocre et monotone, s'est fait un nom surtout par ses drames, empruntés la plupart aux vieux mythes scandinaves, remplis de situations intéressantes, mais souvent confus et désordonnés.

Le plus illustre, à coup sûr, de tous les poètes suédois modernes est *Isaïe* TEGNER (1782-1846), professeur à l'université de Lund, puis évêque de Vexiæ, qui, une fois prélat, renonça entièrement à la poésie pour se consacrer à ses devoirs épiscopaux. Sa période poétique s'étend de 1805 à 1824; pendant ces vingt années, il n'a donné que trois volumes, mais où se trouvent des chefs-d'œuvre : le poème de *la Suède, la Saga de Frithiof*, des poésies lyriques telles que *la Première communion, Axel*, des *Chants patriotiques*, des poésies de circonstance, etc. Partout il se distingue par le caractère national de son inspiration comme par la richesse et la pureté du style. La *Saga de Frithiof* surtout, qui a eu depuis 1825 d'innombrables éditions en Suède, et a été souvent traduite en allemand et en anglais, est un poème vraiment original et grandiose, avec sa variété de rythmes, qui reproduit à merveille la couleur tantôt lyrique, tantôt épique, de la vieille légende islandaise des amours de Frithiof et d'Ingeborg, et des exploits par lesquels le héros a reconquis sa fiancée. Cette œuvre seule suffirait à la gloire de Tegner.

Parmi les autres poètes modernes qui forment la brillante pléiade du romantisme suédois, nous citerons encore NICANDER (né en 1799), auteur d'excellents petits poèmes descriptifs et d'une remarquable tragédie, *le Glaive runique;* WALLIN, évêque d'Upsal (1799-1833), poète lyrique et élégiaque non moins élégant et gracieux que religieux et profond ; le pasteur BOERJESSON (1790-1866), qui se distingua dans le drame autant que dans la poésie sentimentale ; enfin le Finlandais RUNEBERG (né en 1804), qui jouit encore à l'heure actuelle d'une immense et légitime popularité pour ses *Élégies,* ses poèmes tantôt lyriques, tantôt dramatiques, sa tragédie antique des *Rois de Salamis* et tant d'autres œuvres écrites dans le suédois le plus pur et le plus élégant, toujours inspirées par le sentiment le plus vrai et le plus délicat.

La prose, qui avait devancé la poésie à la fin du siècle précédent, n'est pas restée en retard dans le nôtre : les savants et les historiens l'ont fixée par des travaux excellents, pendant que les romanciers l'assouplissaient encore dans leurs fictions. Un des meilleurs historiens de cette période a été GEIJER (né en 1783), qui s'est fait un nom aussi comme poète par ses *Odes,* ses *Élégies,* ses *Psaumes,* sa tragédie de *Macbeth,* mais qui s'est illustré encore plus par ses *Chroniques de Suède* et surtout par son admirable *Histoire du peuple suédois,* qui sera difficilement surpassée. Un peu au-dessous de lui se distinguent en grand nombre des savants, des chercheurs, des critiques, des écrivains aussi élégants que sérieux, tels que LILJEGRENN, HILDEBRAND, FRYXELL, STRINNHOLM et bien d'autres qui mériteraient une mention si les étroites limites de cet abrégé le permettaient.

Le roman, sans être aussi répandu qu'en France, en Angleterre et en Allemagne, a produit, dans la première moitié de ce siècle, quelques œuvres populaires et dignes de passer à la postérité, comme les récits de Mlle Frederica BREMER (1861-1866), qui nous fait connaître dans le plus grand détail, et avec un charme tout particulier, les mœurs et la vie intime de la Suède. Mais il est évident que là, comme dans la poésie, la littérature suédoise n'a pas encore dit son dernier mot : n'oublions pas que ses vrais débuts ne remontent même pas à un siècle, et que son âge d'or est peut-être encore à venir.

DEUXIÈME PARTIE
LITTÉRATURE ALLEMANDE

CHAPITRE PREMIER

ÉPOQUE DE PRÉPARATION OU ORIGINES
ET FORMATION DE LA LANGUE
ET DE LA LITTÉRATURE.

Ier. — *La nation germanique; ses vieilles traditions;
la langue primitive.*

ES écrivains allemands ont répété à l'envi les éloges que Tacite décerne à la race germanique; ils ont brodé sur le thème de la *Germanie*, et, à les en croire, le peuple allemand offre encore aujourd'hui le modèle de toutes les vertus patriarcales et de toutes les qualités intellectuelles. « La réflexion sérieuse, une fidélité constante, la profondeur du sentiment et un besoin de croire pareil à celui des enfants[1], » voilà, d'après eux, l'héritage incontestable qu'ils ont reçu des Germains, leurs ancêtres.

On ne saurait contester que les Allemands n'aient conservé au plus haut point le sentiment de la vie domestique, l'attachement à la famille, l'amour de l'existence intérieure, qui est un des caractères distinctifs de la race germanique; mais on doit ajouter

---

1 Wachler, *Hist. de la Littérature allemande*, 2e leçon.

qu'ils ont conservé tous les défauts de leurs pères, un acharnement incroyable pour tout ce qui a pu exciter leur convoitise, une obstination lente et inébranlable à poursuivre leurs idées, même les moins raisonnables, enfin une tendance mystique à idéaliser leurs sentiments et leurs passions, même les moins nobles.

Toute leur littérature est là, avec ses chefs-d'œuvre comme avec ses productions les plus informes et les plus grossières.

Il n'est pas impossible que le sol et le climat, comme le prétend la nouvelle école philosophique, influent considérablement sur le moral et, par suite, sur la littérature des peuples. On ne doit donc pas oublier que les Germains, venus de l'Orient avec une imagination très-puissante et des facultés extraordinaires, ont eu à lutter pendant des siècles contre une nature ingrate, un ciel inclément et brumeux, un sol infécond et rebelle, et que leur caractère a pu se ressentir de ces dures conditions extérieures. Ne voit-on pas le monde entier peuplé d'émigrés allemands qui se plient partout avec une merveilleuse facilité aux exigences de leurs nouvelles patries? Au bout de deux générations, et souvent moins, l'Allemand de Mexico ou de Paris n'a presque plus rien du Germain primitif. La France a été peuplée, en partie, par des Germains : et qui dira que l'on peut reconnaître, parmi les Français d'aujourd'hui, ceux qui, par hasard, seraient descendus en ligne directe des Francs?

Il ne faut donc pas négliger l'étude pour ainsi dire topographique de la littérature allemande, et l'on doit chercher en partie dans les vieilles forêts, dans les sombres montagnes et les froids hivers de la Germanie l'explication de la poésie allemande, depuis ses origines jusqu'à nos jours. La mythologie joue un rôle considérable dans l'histoire des peuples en général, et, pour les peuples du Nord en particulier, elle a une importance capitale, parce que leur imagination se développe d'autant plus librement qu'ils n'ont pas, pour la contenir, les habitudes de la vie commune et les exigences de la société. L'homme du Nord vit isolé, en présence d'une nature froide et morne qui le prédispose à la rêverie : son esprit la peuple volontiers de fantômes et de lutins, et, comme le domaine de l'horrible est infiniment plus vaste que celui du beau, l'imagination des Scandinaves et des Germains dut inventer un nombre bien plus considérable de divinités et de mythes que celle des Orientaux et des Grecs [1].

Si l'on en croit Tacite, les guerriers germains chantaient, au moment du combat, les exploits de leurs ancêtres et les aventures de leurs dieux : ces chants étaient surtout remarquables par l'expression que leur donnaient ces sauvages virtuoses, qui produisaient de l'effet par les sons inarticulés et les cris rauques dont ils accompagnaient leurs paroles. En contrôlant le témoignage de Tacite par celui des anciens poèmes qui nous sont parvenus, comme les *Nibelungen*, *Gudrun*, etc., on arrive à cette conviction que les Germains n'avaient pas, comme les peuples celtiques, des bardes attitrés, des poètes de profession, formant une caste avec ses traditions et ses privilèges. Tout guerrier devenait poète à l'occasion, au moment de la bataille ou dans d'autres circonstances critiques, et sa poésie ne lui appartenait pas en propre, car c'était une sorte de matière banale que chacun maniait à son gré, sans que personne y fît la moindre attention : tout dépendait de la voix du chanteur et de la puissance de son archet. Le guerrier chantait et jouait de la vielle exactement comme il frappait de son épée, sans s'inquiéter de la moindre règle, sans s'astreindre à aucune convention. Ce n'est que dans les âges suivants que la poésie se discipline et se localise.

Il n'est donc pas étonnant que la religion primitive des Scandinaves et des Germains n'ait point fourni

---

1. V. plus haut, p. 2 et suiv., le paragraphe relatif à la mythologie des Scandinaves, qui est, en grande partie, commune à tous les peuples du Nord.

aux vieux poèmes une matière uniforme et complète. On a vu, plus haut, quels étaient les principaux mythes des Scandinaves : nous n'ajouterons ici que quelques courtes réflexions sur la religion primitive des Germains.

On admet généralement que les dieux de la Germanie ont certaines ressemblances avec ceux de la Grèce : il y a évidemment au fond des deux mythologies un ensemble de croyances et de fictions venues de l'Orient, de l'Inde surtout. Le dieu Thor est, à l'occasion, un Mars ou plutôt un Arès germanisé ; Odin a de grands traits de ressemblance avec Zeüs ; la déesse Freya est une Aphrodite barbare. C'est parmi les divinités inférieures que se trouvent le plus grand nombre de créations originales : l'imagination populaire s'exerçait librement à leur sujet, et les guerriers dans leurs chants, comme les vieillards et les femmes dans les récits des veillées d'hiver, développaient avec complaisance le tissu fabuleux de leurs légendes.

Les êtres surnaturels qui peuplaient les montagnes, les eaux, l'air et le feu même vivent encore aujourd'hui dans le souvenir de certains cantons primitifs, disséminés au milieu des forêts du Harz et de la Westphalie : c'est là qu'il faut aller chercher quelques données, sinon précises, du moins approximatives, sur les traditions de la vieille Germanie. Cette tâche a été entreprise par de nombreux littérateurs, surtout depuis le mouvement poétique qui se produisit en Allemagne au commencement de ce siècle, sous le nom de *romantisme* ; mais deux hommes ont attaché leur nom à cette recherche savante autant que littéraire : ce sont les frères Grimm, dont le recueil de légendes est aujourd'hui le manuel le plus complet, sinon le plus scientifique, que nous ayons de l'ancienne mythologie allemande et scandinave.

Les fables scandinaves diffèrent sensiblement des légendes germaniques : dans les premières, on l'a vu, il n'est guère question que des dieux et des demi-dieux, et la scène se passe presque toujours dans le

Walhalla, dans les nuages du ciel ou au fond des noires cavernes ; dans les autres, la tradition historique occupe une plus large place, et les couleurs sont moins sombres : on sent le peuple qui a été en contact avec d'autres nations, et qui a une histoire.

Les traditions de la Germanie proprement dite ne sont ni aussi nombreuses ni aussi nettes que celles des Scandinaves, recueillies dans l'Edda ; nous savons que les dieux scandinaves furent en grande partie conservés par les diverses peuplades germaines, avec des modifications plus ou moins importantes de leurs noms ou de leurs caractères, comme pour Frey, dieu de la terre et de l'abondance, qui devenait *Tuisco* ou *Manni* (*Mond*), le dieu de la lune, ou encore *Sunna* (*Sonne*), la déesse du soleil.

Il ne nous est parvenu aucun texte relatif à ces divinités ; nous n'avons pas non plus les chants de guerre composés en l'honneur d'Arminius, et qui, du temps de Tacite, d'après le témoignage de cet historien, défrayaient les assemblées belliqueuses ou les festins victorieux.

Nous ne pouvons donc juger que par analogie de la langue primitive des Germains : les monuments les plus anciens que nous en ayons sont quelques mots qui sont restés intacts en passant dans la langue moderne, et quelques textes tronqués, assez récents d'ailleurs. La traduction de la Bible, par ULPHILAS, premier évêque des Goths, au IVe siècle, est le document le plus important que nous ayons de cette époque reculée. Le *Codex argenteus*, qui se trouve à la bibliothèque d'Upsal, nous a conservé sa version des quatre Évangiles, des Épîtres de saint Paul et de quelques fragments de l'Ancien Testament.

Tout ce que nous savons d'Ulphilas lui-même, c'est qu'il était arien, et qu'il mourut vers 388. Sa traduction fut un des premiers instruments de civilisation pour les peuplades sauvages du Danube : l'écriture était inconnue ou inusitée ; les *runes* ou caractères sacrés ne servaient que dans les mystères de la religion, et n'étaient d'ailleurs qu'en nombre très-insuffisant. Ulphilas les employa concurremment avec quelques lettres grecques pour créer un alphabet.

Quant à la langue elle-même, on l'a nommée *méso-gothique* pour indiquer par là qu'elle n'est qu'un dialecte de la langue gothique; mais on peut la considérer comme un spécimen assez exact de l'idiome qui se parlait généralement à cette époque dans toute la contrée du Danube et dans une partie de l'Allemagne actuelle. Sa richesse, ses harmonieuses consonnances, ses nombreuses inflexions la rapprochent du sanscrit, dont elle dérive évidemment.

Mais ce n'était pas l'allemand ni même un idiome semblable à l'allemand : dès le vi^e siècle, on comprenait à peine la langue d'Ulphilas; au ixe, elle était devenue inintelligible pour les diverses peuplades germaniques, qui se créaient à ce moment un dialecte nouveau, et chez lesquelles l'élément gothique avait fini par disparaître.

C'est alors que commence en réalité la langue allemande, et, dès ce moment aussi, elle se divise, dans les œuvres écrites comme dans l'idiome parlé, en deux dialectes parfaitement distincts : le haut allemand et le bas allemand, qui ne représentent nullement, comme leurs noms sembleraient l'indiquer, une plus ou moins grande pureté de la langue, mais indiquent seulement la nature particulière des pays et des habitants qui la parlent. Le christianisme a renversé, avec le culte païen, les rares monuments littéraires que ce culte avait pu produire : l'écriture est une importation chrétienne, et ne nous transmet que les poèmes postérieurs à la conversion des Germains, c'est-à-dire presque contemporains de Charlemagne.

§ II. — *Charlemagne et son époque; la littérature héroïque et religieuse.*

Le christianisme de la première moitié du moyen âge et le caractère de la race germanique semblent s'être résumés dans CHARLEMAGNE (742-814). Aussi est-ce autour de lui que se groupent les principales traditions poétiques comme les grandes légendes historiques de l'époque. C'est à lui aussi que nous devons faire remonter les premiers monuments authentiques de la langue allemande, qui lui doit pour ainsi dire sa création ou du moins sa forme moderne. On sait, en effet, que Charlemagne s'occupa spécialement de l'éducation intellectuelle de ses peuples de race germanique, et qu'il composa même une grammaire allemande.

On comprend que la grande physionomie de cet empereur et l'action prodigieuse qu'il exerça sur son siècle aient vivement frappé les imaginations, surtout dans les deux siècles qui suivirent son règne. Ce qui a toujours excité de préférence la production poétique chez les races germaniques, ce sont les grandes aventures militaires, les conquêtes et les invasions : à ce point de vue, Charlemagne n'a pas été autant une individualité que la personnification d'une des périodes les plus importantes de l'histoire. Si l'on étudie avec attention le mouvement poétique du moyen âge, on trouve qu'il a eu trois périodes principales, dont chacune a eu pour mobile un fait considérable : la première s'inspire des invasions germaniques ou sarrazines, et est essentiellement héroïque ; la deuxième a pour cause les croisades et la période d'aventures qu'elles font naître : c'est la période chevaleresque ; la troisième, presque uniquement satirique et prosaïque, se développe à la suite du mouvement communal.

Charlemagne a exercé une action religieuse, autant que politique et littéraire, sur l'Allemagne : on peut dire qu'il a été l'apôtre non-seulement des Saxons, mais de toute la race germanique, — apôtre violent et belliqueux, si l'on veut, mais dont la terrible épée a fait pénétrer profondément le christianisme dans la masse des barbares.

Aussi les premiers textes allemands que nous présente le moyen âge sont-ils des textes sacrés. Le seul monument de l'époque qui n'ait pas ce caractère religieux est le fameux *Serment de Charles le Chauve*; mais c'est à peine si l'on peut le considérer comme un document littéraire. Les *Formules d'abjuration*, contemporaines de saint Boniface, nous intéressent déjà davantage, parce qu'elles nous montrent le christianisme, récemment implanté en Allemagne, aux prises avec les anciennes superstitions, qu'il ne parviendra jamais à déraciner. La hache de saint Boniface a pu couper le tronc séculaire; mais du pied même de l'arbre ont repoussé presque aussitôt de nombreux rejetons, qui, au bout de quelques siècles, ont produit une forêt touffue. On ne saurait croire combien les souvenirs du paganisme, et surtout de Witikind, qui le représente le mieux à l'imagination des Allemands, sont restés vivaces dans la Saxe et la Westphalie. « Il existe en Westphalie des vieillards qui savent encore où sont enfouies les vieilles idoles. Quand je passai devant le Siegbourg, mon guide me dit : *C'est ici qu'habitait le roi Witikind!* et il soupira profondément. C'était un simple bûcheron, et je suis convaincu que cet homme se battra aujourd'hui encore, s'il le faut, pour le roi Witikind [1]. »

Le christianisme, d'ailleurs, se contenta de spiritualiser ou de moraliser les peuplades barbares de la Germanie, et s'empara de leur poésie et de leurs légendes sans presque les modifier. Les écrivains ecclésiastiques, seuls, portèrent leur imagination sur les traditions bibliques, et leur donnèrent, dans les forêts de la Germanie, un caractère à la fois sombre et mystique qu'elles n'eurent jamais ailleurs. Tel est le caractère, par exemple, de l'*Héliand*, œuvre éclose en plein IXe siècle, et qui peint d'après nature la société moitié chrétienne, moitié sauvage, de l'époque. Dans ces récits naïfs, où les Évangiles sont mis à la portée des plus vulgaires intelligences, il y a du sen-

---

[1] Henri Heine, *De l'Allemagne*.

timent, de l'imagination, mais nulle couleur locale. L'auteur, qui était selon toute probabilité un simple paysan de la Saxe, a vécu son œuvre, pour ainsi dire ; le Christ, les Apôtres, les Juifs, tous ces personnages de l'Evangile sont pris dans le ixe siècle, et l'on voit, malgré le pieux enthousiasme du poète, que sa foi n'était guère qu'à la hauteur de son imagination, encore grossière et matérielle.

L'*Harmonie des Évangiles,* du moine OTTFRIED, est une œuvre plus froide et plus compassée : l'auteur voudrait être artiste, et cette prétention le fait paraître encore plus grossier, en lui ôtant le bénéfice de la naïveté. Écrit en haut allemand, son poème se distingue du précédent par le rythme de l'allitération et par l'habitude de ramener certains refrains à des intervalles réguliers, ce qui fait supposer qu'il était destiné à être chanté. Il en est de même de certaines œuvres en prose rimée, dont il nous reste d'assez nombreux échantillons, et sur lesquelles nous ne croyons pas devoir nous arrêter. Le *Cantique* ou *Chant de saint Annon,* vers la fin du xiie siècle, sera comme un dernier écho de cette poésie chrétienne de la période primitive : il est surtout intéressant au point de vue de l'histoire de la langue. Nous laisserons de côté, aussi, tous les ouvrages écrits en latin, comme ceux de Raban-Maur, et les drames de la religieuse Rhotswhita, qui intéressent plus l'histoire des mœurs et de l'esprit public que celle de la littérature allemande proprement dite.

La prose, comme il est naturel, n'a que très-peu de représentants au ixe et au xe siècle : nous n'avons que des textes latins, comme celui du *moine de* SAINT-GALL, auteur d'une chronique sur la vie et les exploits de Charlemagne, où ce prince, quelques années seulement après sa mort, est grandi outre mesure, comme s'il était déjà passé dans le domaine de la légende. Ce fait montre à lui seul combien la personne et le règne du grand empereur avaient profondément impressionné l'imagination de ses contemporains. On éprouvait le besoin d'admirer des héros : Charlemagne et ses pairs n'eurent qu'à se montrer pour que l'admiration universelle s'emparât d'eux et les divinisât.

C'est ainsi que l'époque vraiment littéraire du moyen âge commence avec les conquêtes du glaive et de la foi, et que la première poésie germanique, à la fois héroïque et religieuse, ne semble être qu'une auréole resplendissante autour du front de Charlemagne.

CHAPITRE II

PREMIÈRE FLORAISON OU AGE CLASSIQUE DE LA LITTÉRATURE DU MOYEN AGE.

§ Ier. — *La féodalité et les premiers monuments de la poésie chevaleresque.*

Après Charlemagne, avec les approches de l'an mille, la littérature, qui avait semblé un instant vouloir s'élever au-dessus des simples et modestes compositions d'Ottfried et des autres écrivains monastiques, retomba dans l'enfance, ou plutôt disparut presque entièrement de la scène du monde. C'est tout au plus s'il sortait encore de temps à autre des couvents quelque hymne ou quelque paraphrase biblique, comme le *Cantique de saint Hannon*, ou la traduction des *Psaumes*, qui date probablement du XIe siècle.

D'ailleurs, sauf de rares exceptions, le latin était devenu la langue habituelle du clergé, c'est-à-dire de la seule classe qui, à cette époque, pût produire des œuvres littéraires. Il fallait, pour que la langue allemande fût cultivée avec fruit, que la poésie pénétrât la société laïque : c'est ce qui eut lieu vers le XIIe siècle, grâce à l'institution de la chevalerie.

On peut dire, dans un certain sens, que le sentiment chevaleresque ne fut jamais étranger à l'Allemagne, et que la féodalité s'y développa comme dans son élément naturel. Cependant la chevalerie n'aurait peut-être jamais affecté la forme définitive qu'elle eut en Allemagne comme en France, si les croisades n'étaient venues secouer les esprits, enflammer les imaginations, et mettre aux prises des peuples d'origines et de mœurs aussi diverses que les Germains et les Sarrazins. Née des croisades, la chevalerie se développa d'abord en Espagne, et se répandit de là dans le midi de la France et bientôt dans tout le reste de l'Europe. Les ordres militaires servirent de trait d'union entre la chevalerie et le clergé.

Les Allemands prirent une part active aux trois premières croisades : les hardies aventures de leurs chefs, l'étrangeté des circonstances et des pays qu'ils traversaient, le soleil plus ardent sous lequel ils vivaient, tout contribua dans ce temps à enflammer leur imagination, qui se trouva ainsi toute disposée à recevoir une culture nouvelle.

C'est des Hohenstaufen que date l'éducation intellectuelle et poétique de l'Allemagne au moyen âge. L'empereur Frédéric Ier, surnommé *Barberousse*, eut, en 1155, à Turin, une célèbre entrevue avec le comte Hugues de Baux ; de nombreux poètes provençaux assistaient à cette solennité, qu'ils embellirent de leurs chants. L'empereur et son entourage prirent dès lors le goût de ces nobles récréations, et les importèrent en Allemagne. Frédéric lui-même fut un brillant troubadour, et il nous reste quelques fragments de ses essais poétiques. L'exemple du prince porta ses fruits, et bientôt, dans les châteaux des seigneurs comme à la cour impériale, retentit en sons harmonieux le *minnegesang* ou chant d'amour. Tous les princes de la maison de Hohenstaufen, jusqu'au malheureux Conradin, encouragèrent et cultivèrent la poésie.

Cette poésie chevaleresque, qui fleurit depuis la fin du XIIe jusqu'à celle du XVe siècle, est généralement désignée sous le nom de *poésie souabe*, parce que la maison impériale qui contribua tant à son développement était originaire de la Souabe, et aussi parce que la plupart des poètes de cette période chantaient dans la langue souabe épurée ou haut allemand, qui se parlait à la cour des Hohenstaufen. Beaucoup, d'ailleurs, d'entre les *minnesinger* les plus estimés sont d'origine souabe ou suisse.

Bientôt la poésie d'amour, essentiellement lyrique, se répandit dans toute l'Allemagne : parmi les princes qui l'ont le plus encouragée, il faut citer le landgrave de Thuringe, Hermann, mort en 1215, et son épouse, Sophie ; ses gendres, Henri le Gros, duc d'Anhalt, et Henri, margrave de Meissen. Leurs serviteurs, leurs scribes et leurs chapelains brillent dans la liste des poètes souabes ou sont nommés avec éloge dans les œuvres de cette époque ; les *chanteurs* les plus renommés, tels que Wolfram von Eschenbach, Henri von Ofterdingen, Walther von der Vogelweide, vivaient habituellement à cette cour, que le tournoi poétique de la *Wartbourg* (1207) suffirait à immortaliser [1]. Les cours de Henneberg, d'Autriche, de Styrie, et bien d'autres, se sont illustrées par des passe-temps analogues. Le roi de Bohême WENTZEL (ou WENCESLAS), l'empereur HENRI VI (qui régna de 1190 à 1198), les comtes *Otto de* BOTENLAUBE (mort en 1254) et *Frédéric de* LEININGEN (mort en 1289) ne doivent pas non plus être oubliés dans l'énumération des poètes princiers qui ont embelli cette époque.

Si la forme poétique, le rythme, la couleur brillante des chants, a été importée en Allemagne des pays étrangers, on doit ajouter que le fond même de cette poésie, le choix des sujets et l'esprit qui anime les poètes révèlent généralement l'individualité des chanteurs et l'originalité de la poésie.

C'est, naturellement, du haut en bas de l'échelle sociale que se propage la poésie des *minnesinger* : cela tient à la constitution même de la nationalité allemande. Les empereurs, les princes, les seigneurs sont les premiers à cultiver la *douce science;* bientôt leur exemple est suivi par des hommes libres, d'une condition inférieure, mais d'une intelligence égale,

---

[1]. Le vieux poème de la *Guerre de la Wartbourg* a été récemment édité par Charles Simrock.

qui vivent en rapport avec eux ou sous leur protection. Cette circonstance amena peu à peu une révolution considérable dans la poésie allemande. Les grands seigneurs, plus lettrés que leurs émules, plus délicats et plus blasés, vont, plus que jamais, chercher leurs inspirations à l'étranger : les yeux fixés sur leurs modèles, ils perdent de vue la patrie et l'humanité, pour ne s'occuper que de détails passagers, de sujets d'actualité, de peintures de mœurs plus ou moins particulières. Les savants, parmi ces lettrés, se risquaient à composer des poèmes épiques ou didactiques; les plus habiles dans l'art de l'improvisation allaient de château en château émerveiller leurs auditeurs par l'exhibition de leur talent. Et, parmi ces habiles, combien ne savaient même pas écrire ! Wolfram von Eschenbach était obligé, lui-même, de recourir à un scribe.

D'autre part, les illettrés, qui, grâce à leur esprit et à leurs relations avec les grands, avaient fini par devenir poètes, dépassaient de beaucoup leurs maîtres et confrères par la richesse de leur imagination et la spontanéité de leur talent. A défaut de l'élégance soutenue et du savoir transcendant, leurs œuvres avaient le charme de la naïveté.

Il est à remarquer que cette poésie chevaleresque débute et finit par l'inspiration religieuse. Une de ses premières œuvres a été un *Hymne à la sainte Vierge*; la décadence de cette même poésie s'annonce, au xive siècle, par des poèmes mystiques, où le lyrisme est remplacé par des considérations théologiques sur le christianisme : c'est aussi l'époque des légendes sacrées et des traductions rimées de la Bible.

Lyrique d'abord, la poésie des *minnesinger* offrait une grande variété de sujets et d'images, malgré l'étroitesse apparente du cercle dans lequel elle était condamnée à se mouvoir. La beauté des dames et la douceur de l'amour en constituent le fond commun. Presque partout domine un sentiment pur et religieux, sans préjudice, néanmoins, de quelques pointes satiriques contre les préjugés du temps, les empiétements du pape ou les mœurs du clergé. Certains poètes ont un ton plus mondain, une tournure plus dégagée; d'autres mêlent à leurs images quelques tableaux de la vie réelle, entrecoupés de réflexions morales [1].

Parmi les poésies lyriques qui nous sont parvenues, beaucoup paraissent avoir été chantées par le peuple pendant ses danses, dont elles suivent les mouvements. Aussi peut-on admettre sans difficulté que ces chants, arrivés jusqu'à nous par la tradition orale, ont été le plus souvent mutilés et défigurés. On ne doit pas y chercher une prosodie bien régulière; les poètes usaient d'une grande liberté à cet égard. La rime y est employée avec une profusion et une variété prodigieuses. Quant à la langue elle-même, on lui faisait subir de nombreuses altérations dans l'intérêt du rythme et de l'harmonie. N'oublions pas que beaucoup de ces poésies étaient imitées ou traduites du provençal, et que ce travail a dû singulièrement assouplir la langue allemande. Ce n'est pas là un des moindres services que les *minnesinger* ont rendus à la littérature de leur pays [2].

On a pu dire pourtant, et non sans raison, que la poésie allemande était en retard alors sur toutes les autres, à cause des circonstances politiques où se trouvait l'Allemagne, à cause du manque de protection de la part des princes, et surtout à cause du caractère même des Allemands, qui ne les portait pas en

---

1. Nous retrouverons les principaux *minnesinger* parmi les poètes épiques au paragraphe suivant; nous ne mentionnerons pas ici les poètes lyriques moins connus ou simplement légendaires, comme le Tannhæuser, Klingsohr (ou Glichesœhre), etc.

2. Les chants des *minnesinger*, recueillis une première fois par MANESSE au XIVe siècle, ont été de nos jours l'objet d'un grand nombre de travaux et de publications. En 1803, L. Tieck édita les *Minnelieder de la Souabe ancienne*, et, depuis lors, le recueil de ces vieilles poésies s'est considérablement accru.

général vers les plaisirs littéraires. On a constaté que la population *allemanne* du Sud l'avait emporté de bonne heure en civilisation et en culture intellectuelle sur la population saxonne du Nord, et que la Souabe, sous la protection éclairée des Hohenstaufen, qui faisaient exception au milieu de l'indifférence habituelle des princes allemands, a joué un rôle brillant dans l'histoire des lettres germaniques, à une époque où l'Allemagne commençait à peine à entrevoir les premières lueurs de la civilisation : et, même sous ces Hohenstaufen, il fut à la mode d'écrire en langue romane, à cause des rapports fréquents que l'on avait avec l'Italie, la Lorraine et la Bourgogne; et ce fut là encore une cause d'infériorité pour la poésie allemande, qui eut grand peine à se développer dans son propre élément. Grâce au séjour de Frédéric Barberousse à Turin, les poètes provençaux firent école en Allemagne, et la poésie lyrique fut toujours plus ou moins entachée de cet élément étranger. Aussi ne faut-il pas s'étonner que le public ne lui ait pas long-temps conservé sa faveur, et que les *minnesinger* soient bientôt tombés dans le discrédit. Un de leurs derniers représentants, Conrad de Wurzbourg, se plaint dans ses œuvres du peu de faveur dont jouit la poésie, et accuse les *minnesinger* abâtardis d'avoir ravalé leur art au niveau d'un métier. Son meilleur ouvrage n'appartient déjà plus à la poésie lyrique : c'est un poème épique sur la guerre de Troie, qui se rattache à l'un des trois grands cycles en vogue dès cette époque, et qu'il a, d'ailleurs, emprunté à une légende italienne.

§ II. — *L'épopée chevaleresque et ses divers cycles.*

Il y avait, dès les temps les plus reculés, en Allemagne, un certain nombre de légendes nationales, vraiment germaniques, dont le fond était à peu près celui de toutes les légendes indo-européennes; mais ces traditions, ces mythes, ces matières poétiques furent bientôt et profondément modifiées par l'invasion, le christianisme et la chevalerie. Outre ces traditions nationales plus ou moins défigurées, il y eut aussi les légendes étrangères : bientôt même les légendes nationales furent proscrites par les successeurs de Charlemagne, et l'on n'en pourra plus retrouver les traces que dans les cloîtres, qui les conserveront pieusement. A partir du xie siècle, on néglige les sujets nationaux pour ne plus traiter que des légendes anciennes, sacrées et profanes : ainsi Alexandre, Hector, Énée deviennent les héros de prédilection des poètes allemands, en concurrence avec les personnages bibliques et avec la vierge Marie.

Nous venons de mentionner CONRAD *de Wurzbourg* (mort en 1287) et son épopée de la *Guerre de Troie;* ce poème gigantesque est resté inachevé au bout de ses cinquante mille vers. Le même sujet avait déjà tenté un autre poète, HERBORT *de Fritzlar* (vers 1200); aucun des deux n'a connu l'Iliade; le second n'a fait qu'un poème de fantaisie sur un roman français, comme le premier avait pris pour modèle un poème italien. Rien d'original, rien de classique; nul autre mérite qu'une imitation assez harmonieuse des littératures voisines.

Un des meilleurs poèmes du xiie siècle est l'*Alexandre* du *curé* LAMPRECHT ou *Lambert* (vers 1180); mais ici la langue est encore faible et indécise. C'est d'ailleurs un roman de pure chevalerie, et Alexandre s'y conduit en galant chevalier et en parfait chrétien. Certains épisodes de ce poème sont devenus justement célèbres, comme la lettre où Alexandre décrit à son précepteur, Aristote, toutes les merveilles de l'Asie, et la légende de la forêt enchantée, dont les fleurs se changent en jeunes filles. On reconnaît, à la couleur particulièrement brillante des récits et des paysages, l'effet produit sur les croisés par les expéditions de Terre-Sainte. Ce sont, du reste, les croisades qui ont surtout rendu populaires en Allemagne et dans l'Europe entière toutes les légendes relatives à l'histoire d'Alexandre.

Les poèmes chevaleresques foisonnent à cette époque : l'un des plus connus est l'*Énéide* de *Henri de* Weldeck (vers 1180), dont deux autres poèmes ont été longtemps populaires en Allemagne, l'un sur les infortunes d'Ernest, duc de Bavière, et l'autre sur la légende de saint Germain, évêque de Maestricht. Cette *Énéide* est un roman fade et langoureux, analogue à certaines de nos pastorales du xviie siècle; l'auteur, un des *minnesinger* qui vivaient à la cour de Clèves vers la fin du xiie siècle, ne connaissait pas l'Énéide latine, mais avait eu sous les yeux un roman français imité de Virgile; son principal mérite a été de fixer autant que possible la langue poétique du moyen âge.

Après le cycle de *Rome* ou de l'antiquité païenne, ceux de Charlemagne et d'Artus de Bretagne ou de la Table ronde étaient alors le plus souvent exploités en France. L'Allemagne puisa, elle aussi, à cette source abondante, mais ce ne furent guère que des œuvres empruntées qu'elle en retira. A la fin du xiie siècle, le prêtre Conrad imitait ou même traduisait notre chanson de Roland, à laquelle il donnait cependant un cachet tout particulier, en y célébrant la piété bien plus que l'héroïsme. Au xiiie siècle se produisait une nouvelle imitation ou, si l'on veut, un nouvel arrangement de la chanson de Roland, et cette copie était encore plus longue et moins artistement présentée que la première. Le nom de l'auteur est resté inconnu : nous n'avons que son surnom, le Stricker ou *l'arrangeur* (le même qui passe pour avoir écrit le poème satirique du *Curé Amis*).

Il y eut pourtant une velléité d'invention parmi tous ces poètes épiques qui travaillaient sur la matière de Charlemagne : un *minnesinger* inconnu trouva l'histoire de *Flore et Blanchefleur*, dont le fond est absolument idyllique, puisqu'il ne s'agit que des amours d'un païen et d'une chrétienne, et de la conversion du païen par celle qu'il aime; mais cette histoire aboutit à la naissance de Charlemagne, et nous rentrons ainsi, vers la fin du poème, dans la grande ornière épique.

Wolfram *d'Eschenbach* s'essaya, vers 1200, à traiter un sujet du cycle carolingien dans son poème de *Willehalm* ou Guillaume d'Aquitaine ; mais cette œuvre n'offre qu'un médiocre intérêt, comme toutes celles que l'histoire de France a inspirées aux Allemands. Ce cycle s'épuise enfin en Allemagne par l'immense compilation du *Karl Meinet*, qui n'offre plus aucun intérêt, avec ses trente-cinq mille vers.

Le cycle de la Table ronde, étranger, lui aussi, à l'histoire de l'Allemagne, ne put offrir que des sujets de développement poétique, des thèmes d'élégante imitation traités dans une langue harmonieuse et déjà presque savante, devant des cours polies et amoureuses de l'art. Aussi le succès de ces poèmes fut-il tout à fait passager.

Les romans les plus connus étaient ceux d'*Érek* et d'*Iwein*, qu'imita, vers la fin du xiie siècle, le célèbre Hartmann *von der Aue* (1170-1220), et qui ne sont que la glorification poétique du courage chevaleresque. Les poèmes de *Lancelot du Lac* et de *Wigalois* sont surtout fantastiques : le dernier est devenu populaire, grâce à une création originale, au type essentiellement allemand du chevalier de Mansfeld.

Gottfried (ou *Godefroy*) *de Strasbourg*, l'auteur de *Tristan et Yseult* (mort vers 1210), est un des poètes les plus remarquables que nous offre cette période. Chez lui, la fiction semble céder la place à l'observation psychologique. Il est, d'ailleurs, presque moderne par la langue, comme par les sentiments et par l'esprit d'analyse. Ce qui a dû nuire à son succès auprès de ses contemporains, c'est qu'il a choisi un sujet étranger, peu destiné à intéresser l'Allemagne. Ajoutez à cela le caractère peu moral de la légende, et l'on comprendra qu'elle ait pu réussir plutôt ailleurs, en Provence, par exemple, où l'on se souciait moins de la moralité des poèmes que sur les bords du Rhin.

A la même époque, nous trouvons, en Bavière, un autre poète de haute valeur, un aventureux chevalier sans fortune, qui arrive à la gloire par la seule distinction de son esprit : c'est Wolfram *d'Eschenbach*, que nous avons déjà mentionné comme auteur du *Willehalm*, et qui composa, en outre, un poème de *Parcival*. C'est un profond penseur, qui s'applique à trouver le sens caché des vieilles légendes; mais il ne savait même pas lire : aussi sa langue est-elle rude et grossière, même pour ses contemporains. Enthousiaste, sérieux et mystique, il aurait créé la vraie poésie nationale de l'Allemagne au moyen âge, si la forme ne lui avait pas manqué. Sans ce vice rédhibitoire, on aurait pu comparer Wolfram d'Eschenbach à Dante et à Gœthe : son poème de *Parcival* est l'épopée de la foi, mais écrite dans un style déplorable. S'il a imité, dans les détails de son œuvre, les trouvères français et même les troubadours, on peut dire que le fond mystique du *Parcival* lui appartient en propre.

C'est à lui qu'on attribue quelquefois le poème de *Titurel*; mais il n'en a composé qu'une centaine de strophes, et le reste a pour auteur un certain *Albert de* Scharfenberg, qui vivait à la fin du XIIIe siècle. C'est l'histoire des ancêtres de Parcival, et l'exagération, souvent ridicule, est le défaut principal de ces récits. Le fils de Parcival, *Lohengrin* ou le *Chevalier au Cygne*, est le héros d'un autre poème un peu postérieur au précédent, et qui forme l'une des dernières légendes de ce cycle, déjà mêlé, d'ailleurs, de quelques scories des légendes païennes.

D'autre part, le mysticisme se développait à son aise dans des légendes pieuses, telles que la *Vie de la vierge Marie*, du prêtre Wernher *de Tegernsee*, qui écrivit son poème en 1173 : le fond même de l'œuvre est attachant, la tendance, quoique mystique, est chevaleresque, et la forme est encore pure et sévère. C'est dans le même esprit que sont écrites plusieurs autres *Vies de la Vierge*, le *Départ* (ou *Assomption*) *de Notre-Dame*, l'*Enfance de Jésus*, l'*Histoire de Pilate* et quantité d'autres légendes tirées ou inspirées des Livres saints. Les auteurs de ces poèmes ne se préoccupent guère de la vérité historique ou canonique; il est à remarquer, pour les légendes relatives à la mort du Christ, que Judas Iscariot est presque délaissé au profit ou plutôt au détriment de Ponce Pilate, sur lequel se concentrent toutes les haines pieuses du moyen âge.

Parmi les légendes ecclésiastiques qui florissaient au XIIIe et au XIVe siècle, on doit signaler encore celle de *saint Alexis* et celle de *saint Sylvestre*, dans lesquelles se trouvent de belles parties, au milieu d'un véritable fatras de puérilités. Il n'en est pas de même de l'immense compilation du *Passionnal*, où l'on trouve une certaine unité, un mérite d'ensemble, de l'ordre, de la vie et presque du goût; mais dans ce vaste recueil de légendes pieuses, qui comprend cent mille vers, il est difficile de relever des parties brillantes ou des détails vraiment intéressants.

Vers cette époque, les dernières croisades étaient venues ranimer l'ardeur poétique des anciens chanteurs et inspirer de nouveaux poètes. Déjà auparavant nous trouvons les poésies mystiques de WALTHER *von der Vogelweide* (1165-1230), relevées par un style simple et naïf, et attachantes, en somme, malgré la couleur tout à fait religieuse qui y prédomine. De même pour RODOLPHE *d'Ems*, dont le poème, intitulé *Barlaam et Josaphat*, révèle l'inspiration des croisades et le souvenir des légendes de l'Orient. Un autre poète de la même école, HARTMANN *von der Aue*, dont nous avons déjà dit quelques mots à propos de ses poèmes tirés du cycle d'Arthur, a traité la légende de *saint Grégoire du Rocher*, dont il a fait une sorte d'Œdipe chrétien. Mais, chez ce même auteur, le sentiment commence à l'emporter sur le dogme, et *le Pauvre Henri*, son chef-d'œuvre, intéresse par la peinture des sentiments les plus naturels mêlée au récit des aventures les plus extraordinaires. CONRAD *de Wurtzbourg*, l'auteur de la *Guerre de Troie*, reprit, quelque temps après, l'idée du *Pauvre Henri*, et ne parvint qu'à la dénaturer dans son *Engelhard et Engeltrud*.

La poésie de sentiment, du reste, ne dura pas longtemps au moyen âge; elle dégénéra bientôt en poésie morale et allégorique, qui, elle-même, devint promptement satirique. C'est ainsi que les poèmes de *Salomon et Marolt* et du *Bon Gérard* aboutissent aux sentences morales et aux allégories des poèmes de *la Modération* (Bescheidenheit), de Freidank, puis du *Coureur*, de Hugo de Trinberg, à la fin du xiiie siècle, et, en dernier lieu, à l'épopée satirique du *Prêtre Amis*.

L'école des *minnesinger* se prolonge encore jusqu'au xve siècle, mais ses représentants *in extremis* sont isolés et peu remarquables : les plus connus sont le sire de Bregen et *Oswald de* Wolkenstein. Les derniers vestiges de la chevalerie se trouvent, au commencement du xvie siècle, dans le *Theuerdank* de l'empereur Maximilien [1].

§ III. — *L'épopée nationale et populaire : les Nibelungen; Gudrun.*

A côté ou mieux en dehors des œuvres savantes et de convention que les poètes de l'âge chevaleresque ont tirées des cycles mentionnés ci-dessus, l'imagination populaire conservait et développait certaines traditions nationales, d'où sortirent deux poèmes supérieurs à tous les autres. L'un d'eux surtout nous est parvenu avec l'auréole d'une gloire extraordinaire, et sa réputation n'a fait que grandir encore depuis un demi-siècle : c'est le poème des *Nibelungen*, épopée grandiose qui, née des vieux chants populaires et embellie par le génie d'un homme supérieur, a pu aboutir

---

[1]. Nous négligeons, à dessein, de mentionner ici les œuvres en langue latine, aussi et peut-être plus nombreuses que les poèmes en langue vulgaire, surtout au xie et au xiie siècle. Les *Chroniques* écrites en latin du xie au xve siècle représentent à peu près seules la prose dans la littérature de l'Allemagne durant cette période.

à une sorte de perfection relative dont nulle autre œuvre de cette période n'approcha jamais.

Le fond de ce poème se rattache au mythe de *Sigurd*, légende scandinave dont nous avons parlé plus haut, et aux traditions épiques réunies dans le *Livre des Héros*, recueil des légendes, moitié païennes, moitié chrétiennes, qui furent mises en vers par des poètes, la plupart inconnus, du VIIIe au XIIe siècle : l'histoire poétique d'Attila figure au premier rang parmi ces légendes, mais il s'agit, bien entendu, d'un Attila tout à fait embelli et dénaturé par l'imagination populaire. Ces traditions et ces chants se modifièrent et se transformèrent à travers les âges jusqu'au jour où un poète s'en empara pour les coordonner, les réunir et en faire une œuvre d'art, parfaitement agencée, dont on ne peut contester le plan et l'unité.

Nous ne savons pas quel a été cet Homère de la Germanie : on attribue les *Nibelungen* tantôt à Conrad de Wurtzbourg, tantôt à Wolfram d'Eschenbach, ou à Henri d'Ofterdingen, ou au Hongrois Klingsœhr. Aucun nom n'a paru assez grand pour désigner l'auteur d'un pareil poème, et, en désespoir de cause, quelques érudits ont voulu faire comme pour Homère, et supposer que cette épopée était l'œuvre commune de plusieurs bardes inconnus. Si nous ne pouvons pas nommer positivement l'auteur des *Nibelungen*, nous pouvons affirmer du moins que cet auteur a été un seul et unique poète, et que toute idée d'une collaboration quelconque doit paraître absurde à ceux qui ont simplement lu le poème. L'œuvre porte aussi sa date en elle-même : on ne saurait la regarder comme antérieure au XIIe siècle ni comme postérieure au XIIIe [1].

---

[1]. Les principaux manuscrits du *Nibelungen-Lied* (lied, chant) sont du XIIIe siècle. Les *Aventures* dont se compose ce poème étaient sans doute chantées à cette époque dans les grandes réunions de guerriers ou dans les congrès solennels des princes. Leur popularité est incontestable ; elle était presque universelle dans le monde germanique, comme le

Le poème se compose de trente-neuf *Aventures*, formant un total de 9,665 vers dans le manuscrit le plus complet. La versification n'en est pas toujours très-régulière, mais elle offre une symétrie assez agréable, avec ses strophes de quatre vers, semblables à nos alexandrins, mais rendus plus expressifs par l'alternance des syllabes fortes et des syllabes faibles, plus variés par la rime ou l'allitération des hémistiches.

On donne quelquefois à cette épopée les noms de *Nibelungen-Hort* et de *Nibelungen-Not* : le premier désigne, à proprement parler, le *trésor* des *Nibelungen*; le second s'applique uniquement à la dernière partie du poème, où sont racontés les malheurs des Bourguignons (*noth*, calamité) et leur massacre à la cour d'Attila. Quant au nom lui-même de *Nibelungen*, on le dérive du vieux mot gothique *Niblung* ou *Niflung*, qui veut dire *ténèbres*, et il désignerait la Norvège (*pays nébuleux*) d'où les héros principaux sont originaires, ou bien encore la famille des possesseurs du trésor. Ce qui est certain, c'est que ce nom avait perdu depuis longtemps sa signification, qu'il est donné indistinctement, dans le poème, aux Francs et aux Bourguignons, et qu'à l'époque même de Charlemagne, il y avait un célèbre comte Niblung, le propre neveu de Pépin le Bref.

Il y a dans le poème un fond mythique et un fond historique : celui-ci rappelle assez exactement la fameuse querelle des reines d'Austrasie et de Neustrie, Frédégonde et Brunehaut. Mais, d'autre part, la plupart des traits appliqués au héros principal, Sigfrid (peut-être Sigeberg, roi d'Austrasie), sont empruntés à la légende de Sigurt, le vainqueur du dragon, que chantent tous les poèmes héroïques du Nord.

rouvent des peintures murales récemment découvertes dans un château du Tyrol, et qui représentent les principaux épisodes du poème. Les auteurs du moyen âge font, en outre, de fréquentes allusions aux *Nibelungen*, dont la tradition subsiste encore dans certaines contrées du Nord.

Il en est de même de l'épopée anonyme de *Gudrun* [1], probablement postérieure à celle des *Nibelungen*, et qui, empruntée plus spécialement à la mythologie et à l'histoire de l'extrême Nord, ne resta pas, comme son aînée, en possession de la faveur publique après le XIIIe siècle. La légende sur laquelle repose ce poème lui a survécu jusqu'à nos jours ; plusieurs de ses épisodes font l'objet de chants populaires célèbres, et tout récemment encore on en retrouvait des traces dans le Mecklembourg. Quant au poème, il s'était perdu de bonne heure, et l'on n'a pu en conserver qu'un seul manuscrit, copié par les ordres de Maximilien Ier, en 1502, avec quelques autres monuments de la littérature allemande. Il se compose de trente-deux *Aventures* et d'environ 6,800 vers, divisés en strophes et rythmés comme ceux des *Nibelungen* ; on peut distinguer trois parties dans l'action : 1° l'enlèvement et le retour de Hagen ; 2° l'enlèvement de sa fille Hilda par Hettel, roi de Hegelingen ; 3° l'enlèvement de la fille de ce dernier prince, Gudrun, par Hartmuth de Normandie, et sa délivrance par Herwig de Sélande. La scène se passe presque toujours sur le littoral de la mer Baltique.

C'est un poème chrétien avec des superstitions païennes ; mais les mœurs sont presque exclusivement celles de l'âge héroïque et maritime. Les caractères y sont admirablement observés et décrits ; celui de Gudrun, surtout, est d'une grande beauté. On l'a souvent comparé à l'Odyssée, comme les *Nibelungen* à l'Iliade : ce qui manque, malheureusement, aux deux épopées germaniques pour ressembler tout à fait aux poèmes d'Homère, c'est la langue et le style, qui sont encore informes et dans l'enfance.

---

1. Certains éditeurs écrivent *Kudrun* ou *Kutrun* ; nous avons préféré garder l'ancienne orthographe.

§ IV. — *Les Meistersænger ou Maîtres chanteurs.*

La littérature allemande du moyen âge peut se diviser en trois périodes, qui correspondent, au point de vue historique, à trois âges successifs de la nation allemande elle-même : d'abord, l'âge des prêtres et des moines; puis, celui des chevaliers; enfin, celui de la bourgeoisie, avec lequel se termine le moyen âge.

Le conflit inévitable entre les deux puissances qui avaient régné sur le monde, entre les prêtres et les chevaliers, ou, pour parler comme l'histoire, entre le sacerdoce et l'empire, eut pour résultat de préparer l'avénement de la bourgeoisie et d'arrêter le développement de la poésie. Le mouvement littéraire, commencé pendant l'ère religieuse de Charlemagne, continué pendant l'ère chevaleresque des Hohenstaufen, fut suspendu à la suite des querelles qui éclatèrent entre les papes et les empereurs. Bannie de la cour et des châteaux féodaux, la poésie, dès le xive siècle, descend, des hauteurs habitées par les chevaliers, aux maisons des bourgeois et aux ateliers des artisans : c'est là l'origine des *meistersænger*. Telle était la puissance de la poésie, que, dans le pays féodal par excellence, elle allait pour ainsi dire anoblir les bourgeois et les simples ouvriers!

Il faut reconnaître cependant, pour être juste, que les *meistersænger* ne méritent en rien d'être assimilés aux chevaliers et aux *minnesinger* : leur poésie n'est, en somme, qu'une poésie d'artisans, et le seul mérite qu'on puisse accorder à cette caste littéraire, c'est d'avoir fait pénétrer le goût de la poésie dans tous les esprits comme dans toutes les demeures de l'Allemagne. C'est là, en définitive, un service réel qu'ils ont rendu à leur pays, et dont l'influence s'est fait sentir jusqu'à nos jours.

L'âge d'or des *meistersænger* a duré de 1400 à 1550; leur capitale a été d'abord Nuremberg, puis Augsbourg. On voit ainsi que le midi de l'Allemagne était toujours le siége des principales écoles poétiques. Les plus connus de leurs représentants sont trois *Hans* (ou Jean), qui se distinguent chacun par un caractère particulier. Le premier, *Hans* Rosenblüt (vers 1450), a pour apanage les chansons bachiques; le second, *Hans* Foltz (vers 1480), a jeté son dévolu sur la poésie morale et patriotique; le troisième enfin, *Hans* Sachs, qui a écrit en plein xvie siècle, n'a aucune originalité, si l'on veut, mais se distingue par la douceur, la bonhomie et la facilité. On comprend, du reste, que ce Hans Sachs n'ait rien d'original, puisqu'il représente une époque de transition, et n'a été que l'écho des idées de son temps sur la plupart des questions qui l'intéressaient. C'est ainsi qu'il s'est fait le champion de la Réforme, et a chanté Luther, qu'il appelait, en 1523, le *rossignol de Wittemberg*.

On sait que Hans Sachs était savetier, et qu'il tint à honneur de conserver sa profession manuelle, tout en faisant des vers. Il mourut à l'âge de quatre-vingt-deux ans, en 1576. La versification (nous n'osons pas trop dire la poésie) était un véritable besoin pour lui, et son bagage littéraire se compose d'environ six mille pièces de vers, dont quelques-unes, comme ses comédies, ont une certaine importance. Il n'est pas étonnant que des œuvres si nombreuses et si rapidement écrites laissent fort à désirer pour l'invention, pour l'élégance, pour l'harmonie et même pour la correction; mais il faut reconnaître cependant qu'elles renferment en somme plus de poésie, plus d'imagination et plus de bon sens que la plupart des compositions émanées de ses confrères : on y trouve surtout plus de goût, plus de décence et plus de moralité.

Ce qui nuisit principalement à ces *maîtres chanteurs*, ce qui empêcha le développement de leur talent naturel et l'émancipation de leur poésie, c'est la régularité désespérante à laquelle ils se condamnaient, et qui se retrouvait dans leurs habitudes littéraires comme dans leur organisation sociale. Tous ces poètes ouvriers, qui vivaient dans les villes libres de Nuremberg, Mayence, Strasbourg, Colmar, Francfort, Wurtzbourg, Ratisbonne, Ulm, Munich, Breslau, et qui n'auraient dû avoir entre eux d'autre lien que le commun désir de s'élever au-dessus de leurs vulgaires occupations par la noblesse de leur passe-temps ; tous ces braves et naïfs bourgeois, qui pouvaient vivre dans une si complète indépendance à tous égards, ne semblaient avoir qu'un souci : celui d'entraver leur inspiration et de se renfermer dans les limites étroites d'une caste intolérante. Ils avaient leur législation poétique, qu'ils appelaient *tablature* ; toute réunion avait ses rites, ses initiations, ses signes distinctifs, ses grades et ses diplômes. Le *maître chanteur* portait gravement sa chaîne d'argent, avec le médaillon représentant le roi David, et il s'exposait à se voir retirer le médaillon et la chaîne s'il se permettait la moindre infraction aux statuts ou aux traditions de la confrérie.

On comprend qu'une pareille institution n'ait jamais pu produire des œuvres originales ni même bien remarquables : c'est surtout comme signe des temps, et comme témoignage d'une profonde révolution dans les esprits, que la société des *meistersænger* mérite d'être mentionnée avec honneur dans une histoire littéraire de l'Allemagne ; rien ne marque mieux, en effet, l'état de transition où se trouvait alors la littérature en même temps que la société féodale en Allemagne.

§ V. — *La poésie morale et populaire; la satire et le drame.*

Les *meistersænger* ont vulgarisé et pour ainsi dire sécularisé la poésie : grâce à leurs corporations, le goût des choses de l'esprit ne tarda pas à se répandre dans le peuple, et bientôt l'Allemagne fut inondée de *chansons à boire*, de *souhaits de nouvel an*, de *chants de chasseur* et d'autres compositions, moitié lyriques, moitié didactiques ; puis vinrent les *sentences morales*,

les *proverbes*, les *priamel* [1], qui sont des séries de vers procédant par énumération pour aboutir à une maxime, comme celle-ci : « Qui veut blanchir un corbeau et s'y applique de toutes ses forces ; qui veut durcir de la neige au soleil, et renfermer tout le vent du ciel dans un flacon ; qui veut faire un pacte avec le malheur, ou attacher les fous à une corde, ou tondre le crâne d'un chauve : celui-là fait volontiers de la besogne inutile. »

Nous avons déjà nommé plus haut le poème du *Coureur* (*Renner*), composé à Bamberg, vers l'an 1300, par Hugo de Trimberg. L'auteur lui avait donné ce nom parce qu'il le destinait à courir à travers tous les pays ; il en avait puisé l'idée dans le *Freidank*. C'est un mélange assez bizarre de réflexions morales, d'observations satiriques, de récits et de contes, qui représente mieux que tout autre poème d'alors la tendance de la poésie allemande au XIVe siècle. Il commence par une longue allégorie : on voit un poirier dont les fruits tombent les uns dans une mare, d'autres dans un ruisseau, d'autres sur les épines, d'autres enfin sur le gazon ; ces poires figurent les hommes et la destinée qu'ils se font eux-mêmes par la manière dont ils observent les lois divines. L'allégorie est suivie d'un long sermon et se termine par une prière. Dans ce cadre, l'auteur fait rentrer toutes sortes de questions morales, politiques et sociales, qui coudoient les contes les plus variés et les sentences les plus profondes. Parmi les contes, il y en a d'ingénieux, comme celui de *la Jeune Folle*, ou de touchants, comme *la Méchante Hôtesse et les Brigands*. La chevalerie et ses romans sont raillés avec finesse, et l'on voit déjà poindre ici l'ironie de l'âge suivant. L'ouvrage est écrit avec verve et simplicité, et peut compter parmi les meilleures productions du moyen âge.

Le *Vaisseau des fous*, qui lui est postérieur d'un

---

[1]. *Priamel* (*priambel*) est la corruption du mot *préambule*.

siècle, mérite aussi d'être cité avec honneur. Écrit à Strasbourg, vers 1494, par *Sébastien* BRANDT, ce poème a joui longtemps en Allemagne d'une immense réputation. L'auteur était un des grands personnages du temps, et vécut de 1458 à 1521 : docteur en droit de l'université de Strasbourg, honoré par ses concitoyens et par l'empereur, il avait exercé de hautes fonctions et reçu la dignité de juge impérial, de chancelier et de comte palatin. Humaniste distingué, il a laissé divers ouvrages d'érudition fort estimés, et, ce qui est rare chez les savants de cette époque, il resta jusqu'à la fin dans le giron de l'Eglise catholique.

Son *Vaisseau des fous* est un tableau vivant de son siècle, une peinture animée de toutes les conditions sociales et de tous les travers du temps. La critique y est souvent acerbe ou morose, la franchise en est rude et brusque ; mais il y a beaucoup de justesse dans les moralités. L'auteur suppose qu'il embarque dans un grand vaisseau tous les fous des divers ordres, avec une clochette au cou et une marotte au front : il compte jusqu'à cent onze catégories diverses de ces malheureux passagers ; mais il a soin, pour n'offenser personne, de monter le premier sur son navire, comme « fou amateur de livres », qui ne sait tirer aucun profit de ses innombrables lectures. Puis on vogue, en devisant de choses et d'autres, vers des pays imaginaires, tels que *Schlaraffenland, Montefiascone, Narragonia*

Il est regrettable que Sébastien Brandt ait écrit son poème dans la langue si rude et si incorrecte de l'Alsace, que la versification en soit si généralement défectueuse, et que ses traits d'esprit manquent si souvent de sel attique ; mais, malgré son peu de valeur poétique, l'œuvre n'en reste pas moins un des monuments les plus intéressants de la littérature allemande d'alors. Elle fut tellement populaire, que deux prédicateurs en renom, GEILER *de Keysersberg* et *Thomas* MURNER, la prirent pour texte de leurs sermons ou s'en inspirèrent.

La fin de ce xve siècle vit éclore une œuvre moins

originale, mais plus hardie, où la satire, naïve et sans amertume, n'en a que plus de force et de portée : c'est le roman ou poëme de *Reineke Vos*, ou du *Renard*, dont l'auteur est un certain *Henri* d'ALKMAR, qui l'écrivit, en bas allemand, à Lubeck, vers 1498. Le même sujet fut traité, à la même époque, en haut allemand, par *Nicolas* BAUMANN, qui se contenta de traduire le poëme néerlandais, mais librement et en y mettant une certaine originalité.

L'idée et le plan de cette œuvre étaient loin d'être neufs, car le Renard avait déjà eu les honneurs de nombreux poèmes, surtout en France, au XIIe et au XIIIe siècle : cependant l'antique légende a été habilement remaniée, et sa forme nouvelle, en Allemagne, lui donne un regain de jeunesse. Il ne faut pas juger du poëme du moyen âge par l'imitation un peu froide et maniérée que Gœthe en a faite depuis. Dans le roman du XVe siècle abondent les traits d'esprit et les sentences morales, encore célèbres à l'heure qu'il est. Les animaux y échappent à l'allégorie : ils restent encore naturels, bien que l'auteur mette dans leur bouche un grand nombre d'allusions piquantes aux désordres de la noblesse et du clergé. La conclusion est plus vraisemblable que morale : le Renard, après avoir échappé vingt fois au juste châtiment de ses méfaits, finit par être élevé aux premières dignités et par jouir de toute la faveur du roi. L'histoire de cette triste époque ne peut-elle pas servir de commentaire au roman ?

D'autres satires populaires, comme l'histoire du *Curé de Kahlenberg*, rédigée au XIVe siècle par un auteur surnommé FRANKFÜRTER, et, longtemps après, le *Lallenbuch*, peuvent à peine être considérées comme des œuvres littéraires.

À côté de la satire se place la légende purement comique et narquoise, l'histoire de *Til Eulenspiegel*, tout imprégnée de sel germanique, et que les Allemands affectionnent encore aujourd'hui comme une de leurs meilleures productions. Elle date de 1483 : l'auteur y a accumulé toutes les farces, voire même toutes les niaiseries possibles, et son héros, le paysan Til Eulenspiegel, est le type le plus achevé du frondeur d'outre-Rhin, raillant avec une bonhomie et une bêtise apparentes tous les vices de ses maîtres et seigneurs. Il voyage à travers tous les pays, grâce aux professions diverses qu'il exerce tour à tour : ses bourdes amusent ceux qui vivent près de lui, et lui-même est le premier à en rire; il pousse l'amour de la plaisanterie tellement loin, qu'il fait encore des farces à ses derniers instants, et qu'avant de mourir il se moque de son confesseur.

L'histoire du mouvement poétique populaire qui se produisit au xve siècle doit être complétée par celle des origines du drame, dont nous aurons occasion de parler plus longuement dans la suite. Elles se rattachent étroitement à la poésie populaire, morale et satirique de cette époque. Le drame avait commencé, de même qu'en France et partout ailleurs, par être exclusivement religieux; mais les *Mystères* ne s'étaient régulièrement établis en Allemagne qu'au xive siècle, c'est-à-dire deux cents ans plus tard que dans le reste de l'Europe. On jouait la *Vie de Jésus*, le *Jeu des trois Mages*, de *la Passion*, de *Pâques*; la *Vie de la vierge Marie*, des Apôtres et des Saints. Tous ces mystères étaient d'abord écrits en latin : peu à peu des strophes en langue vulgaire s'intercalèrent dans les scènes, et l'on finit par avoir des *Jeux* entièrement écrits en allemand. A partir de ce moment, il y eut des intermèdes profanes; puis, à côté de l'église où se jouait le mystère, s'élevèrent des tréteaux où l'on donna des *mascarades*, des *carnavalades*, des *jeux de nouvel an* et d'autres pièces analogues aux *sotties* et aux *moralités* de la France. C'est dans ces jeux que s'illustrèrent surtout Hans Foltz, Hans Rosenblüt et Hans Sachs. Dès lors, le théâtre national était en voie de formation.

CHAPITRE III

ÉPOQUE DE TRANSITION ENTRE LE MOYEN AGE ET LES TEMPS MODERNES.

§ Ier. — *Progrès des sciences; naissance de la prose. La Renaissance et la Réforme.*

La poésie allemande, depuis un siècle environ, semblait se tourner de préférence vers les sujets moraux : il y a là un signe des temps. Quand la poésie devient principalement morale, elle est bien près de céder sa place à la prose. C'est ce qui arrive en Allemagne vers la fin du xve et au commencement du xvie siècle. On éprouve le besoin de traduire en prose bon nombre de romans qui, sous forme de poèmes, avaient charmé les générations précédentes [1]. On y ajoute des romans originaux, souvent satiriques; puis on se met à écrire l'histoire. On a le goût des sciences, qui, égaré d'abord par les illusions de l'alchimie, se porte bientôt vers des objets plus sérieux, et amène la découverte de la poudre et celle de l'imprimerie [2].

La presse devait modifier singulièrement la littérature de tous les pays où elle faisait son apparition; mais nulle part, peut-être, cette modification ne fut

---

1. Les poèmes ainsi traduits étaient généralement d'origine française, et se rattachaient surtout à l'histoire de Roland et d'Artus de Bretagne.

2. Nous adoptons la thèse, généralement admise par les historiens allemands, de la découverte de la poudre à canon par le moine Berthold Schwartz à la fin du xive siècle, et de l'invention de l'imprimerie par Guttemberg, vers 1438, à Strasbourg.

aussi rapide ni aussi radicale qu'en Allemagne. Son premier effet fut de vulgariser la langue nationale et de donner à tous le désir comme les moyens de travailler à leur culture intellectuelle. Ses conséquences immédiates furent la Renaissance et la Réforme.

La Renaissance s'est distinguée en Allemagne par un caractère polémique qu'elle n'a pas eu au même degré dans les autres pays. Tandis que la France et surtout l'Italie s'abandonnent presque sans réserve à ce culte des anciens, à cette restauration des littératures latine et grecque qui signalent le xvi⁰ siècle, l'Allemagne discute et raisonne cette passion, et ses plus illustres savants deviennent pamphlétaires pour les besoins de leur cause. Mais leurs pamphlets, écrits en latin, échappent à une histoire de la littérature allemande. Il nous suffira de citer les *Colloques* et *l'Éloge de la folie*, d'Érasme ; les *Lettres des hommes obscurs*, d'Ulrich de Hutten ; les nombreux ouvrages de Reuchlin et de Jean Schnitter (dit Agricola), pour montrer combien le monde savant était alors partagé entre la vieille scolastique et l'érudition nouvelle. La cause fut cependant gagnée par les novateurs, grâce surtout aux spirituelles railleries d'Érasme et d'Ulrich de Hutten, et le clergé catholique, en se passionnant pour la défense du moyen âge, c'est-à-dire de la routine et de l'ignorance, commit la faute de jeter les humanistes du côté de la Réforme.

Nous aurions tort d'affirmer que ces humanistes, avec leurs ouvrages latins, sont restés absolument en dehors du mouvement littéraire qui prépara à cette époque l'avénement de la littérature allemande moderne. Leurs livres ont contribué d'une manière très-efficace, bien qu'indirecte, au triomphe de la littérature nationale : ils ont déblayé le terrain, effacé les derniers vestiges du moyen âge, et travaillé ainsi, peut-être sans le vouloir, à l'établissement d'un nouvel ordre de choses dans le domaine des lettres comme dans celui des mœurs, de la religion et de la philosophie.

Mais ce fut la Réforme qui frappa les plus grands

coups, et ce fut elle aussi qui amassa les plus nombreux matériaux du nouvel édifice. L'opposition religieuse se manifestait déjà depuis deux siècles au moins lorsque Luther vint lui donner le concours de sa redoutable éloquence. Il y a plus : la prose didactique, qui devait achever de se former sous la plume des réformateurs, était déjà née avant les luttes du xvie siècle; et ce n'étaient pas les novateurs qui avaient eu tout le mérite de cette création. Les ordres monastiques, et surtout les dominicains, en luttant contre les doctrines suspectes, avaient employé la langue vulgaire, et lui avaient donné ainsi un commencement de consistance, quelques-unes des qualités qui lui étaient nécessaires pour devenir une langue d'action et une langue scientifique. Un de ceux qui ont eu au plus haut point ce mérite a été le célèbre prédicateur *Jean* TAULER, qui au xive siècle provoqua, par son exemple, une réforme déjà sensible de l'éloquence chrétienne. Nous avons nommé, en outre, au chapitre précédent, deux autres prédicateurs catholiques, Geiler et Murner, qui brillèrent, l'un à la fin du xve siècle, l'autre au commencement du xvie.

D'autre part, les novateurs, même dissimulés, avaient compris la nécessité de rendre les choses de la foi accessibles à tous les esprits, et avaient tenté, à diverses reprises, de traduire la Bible en langue vulgaire : une de ces traductions, répandue d'abord dans les couvents et les collèges, dès la fin du xive siècle, fut imprimée en 1466, et précéda d'une cinquantaine d'années la célèbre traduction de Luther.

Mais, malgré ces tentatives isolées, malgré cet instinct qui poussait les hommes convaincus des deux camps à porter le débat devant le grand public, le latin restait encore la langue savante, et nous avons vu qu'il ne tenait qu'aux auteurs de la Renaissance de lui laisser longtemps encore ce privilège. C'est Luther, c'est la Réforme qui adopta définitivement et exclusivement la langue allemande, et qui lui donna les moyens d'éclipser sa rivale.

Nous ne dirons rien de la Réforme, de ses causes, de ses champions ni de ses effets historiques et politiques : toutes ces considérations sont du domaine de l'histoire et non de la littérature. On doit faire remarquer seulement, au point de vue qui nous occupe, que la Réforme, après avoir été d'abord populaire, après avoir fait appel aux passions comme à la raison de la foule, trahit bientôt ses premiers alliés pour s'attacher aux grands et aux princes. On sait quels terribles soulèvements eurent lieu dans toute l'Allemagne quelques années après la révolte de Luther et au nom même de ses principes ; on sait aussi comment le réformateur, dans l'intérêt de sa cause, dut sacrifier les plus dangereux, mais peut-être les plus conséquents de ses disciples. L'effet naturel de ces luttes et des guerres religieuses qui éclatèrent dans le sein du protestantisme naissant, fut d'étouffer toute poésie et de retarder son réveil jusqu'au siècle suivant. La poésie religieuse seule put se développer à l'aise au milieu de ce tumulte et laisser des monuments remarquables surtout par la véhémence de l'imagination et l'inébranlable conviction de la foi. Tels sont les *Cantiques* de *Martin* LUTHER (1483-1546) et de ses premiers disciples, que l'Allemagne chante encore aujourd'hui, et que beaucoup de ses critiques admirent outre mesure, plutôt peut-être par reconnaissance et par passion religieuse que par une appréciation éclairée de leurs beautés. Il y a cependant de beaux passages dans les poésies religieuses ou didactiques du réformateur et de tous ceux qui, de son temps, mirent les vers au service des idées nouvelles, comme ZWINGLI, *Erasmus* ALBERUS, *Paul* EBER, *Jean* FISCHART, ANDREÆ, WECKHERLIN, *Ulrich de* HUTTEN. On peut citer aussi des cantiques et des chants populaires dont nous ne connaissons pas les auteurs, et qui sont remarquables surtout par leur tendance également frondeuse et morale. Mais tout cela ne constitue pas, en somme, une littérature vraiment poétique.

La prose, en revanche, se développe et s'épure d'une

manière vraiment remarquable; Luther la fixe à peu près définitivement dans sa traduction de la Bible (commencée en 1521, terminée en 1534), qui devient, dès l'origine, le livre le plus populaire de l'Allemagne. Cette popularité tient à ce que Luther a employé une langue destinée à être comprise par la majeure partie des lecteurs. L'idiome saxon dont il se sert a déjà été mis en vogue précédemment par Tauler et par quelques autres écrivains; au moment même où éclate la Réforme, la Saxe a été appelée pendant quelques années à occuper la première place dans l'empire, lorsque son électeur, Frédéric le Sage, qui n'avait pas voulu être empereur, fut chargé de l'intérim en l'absence de Maximilien. Le dialecte saxon, grâce à l'autorité de la Réforme et à l'éloquence du réformateur, devient pour ainsi dire la langue officielle de l'Allemagne protestante, et le haut allemand a désormais une suprématie incontestée sur le bas allemand.

C'est cette claire et vigoureuse prose qui servit d'instrument de guerre aux contemporains et aux successeurs de Luther, au mystique *Jacob* BOEHME, au moraliste *George* WICKRAM (auteur du *Fil d'or*), à tant d'autres, et aux livres populaires, comme la légende du *Docteur Faust*, l'*Histoire des Schildbourgeois*, etc.

Enfin, l'un des effets les plus durables de la Réforme, en même temps que la constitution de la prose, a été la fondation d'écoles savantes et de grandes universités, où l'esprit scientifique et moderne put se développer à son aise. Il est vrai que cet esprit dégénéra bientôt en pédantisme, comme la théologie finit par tomber dans les subtilités; mais l'élan était donné, les intelligences étaient réveillées, et du chaos des contradictions et des luttes barbares devait sortir une Allemagne littéraire, de même qu'une Europe moderne se dégagea, au XVIIe siècle, des longues et douloureuses péripéties de la guerre de trente ans.

§ II. — *La littérature savante et artificielle au XVIIe siècle ; les écoles silésiennes.*

Cette guerre de trente ans, dont nous venons d'indiquer la conséquence politique en Europe, exerça naturellement la plus funeste influence sur la littérature allemande. Les ravages et le désespoir qu'elle occasionna, l'habitude que prirent les Allemands d'appeler les étrangers au milieu de leur pays, le goût de la vie aventureuse et guerrière qui resta longtemps l'apanage d'une bonne partie de la nation et la poussa même souvent à se vendre au dehors pour une modique solde, enfin la corruption de la langue, qui, au lieu de se développer dans le sens national, comme elle l'avait fait avec Luther, se mêla d'une foule de locutions étrangères, et la tendance générale des auteurs à chercher leurs modèles littéraires au dehors : telles furent les principales causes de l'infériorité réelle où se trouva la littérature allemande au XVIIe et pendant une partie du XVIIIe siècle.

La poésie populaire n'existe plus pour ainsi dire, et est remplacée par la poésie savante, c'est-à-dire par l'imitation des littératures étrangères et anciennes ; car imiter la France, au XVIIe siècle, c'était imiter les Grecs et les Romains, et la mythologie classique envahit la poésie allemande de façon à ne plus lui laisser le moindre cachet de nationalité. Les auteurs employaient la langue allemande, et c'était là leur seul mérite : pour le reste, ils étaient absolument cosmopolites, et surtout Grecs et Romains, très-disposés, d'ailleurs, à mettre leur muse au service des princes, et à conquérir le grade de *poètes de cour* par des pièces de circonstance aussi ridicules que platement serviles. Le goût lui-même avait disparu dans ce naufrage de toute dignité.

On ne peut cependant pas dire que cette période ait été complétement inutile au développement de la littérature allemande ; deux choses contribuèrent du moins à préparer une ère nouvelle : le soin extrême que l'on se donnait pour la versification, et le goût des sociétés poétiques et savantes. Une des plus anciennes parmi ces réunions littéraires est la *Société fructueuse* (ou *Ordre des Palmes*), fondée à Weimar en 1617. Comme dans toutes les époques stériles, on s'adonna volontiers à la critique superficielle, qui n'examine que les mots, la structure des phrases et l'harmonie des vers ; mais enfin c'était un commencement, une porte ouverte à l'esthétique, qui, au xviiie siècle, occupera sans difficulté une des premières places dans la littérature.

La tendance à se grouper autour d'un chef et à faire des théories littéraires se fait sentir dès les premières années de cette période, et jusqu'au milieu du siècle suivant. A la tête de ce mouvement figurent les écoles silésiennes, au nombre de trois principales, qui ont eu pour chefs Opitz, Lohenstein et Neukirch. C'est à sa position géographique, à sa tranquillité relative et à ses universités florissantes que la Silésie dut le privilège de devenir et de rester pendant près d'un siècle le centre de la vie littéraire en Allemagne.

Parmi les poètes de la première école, qui ont presque tous beaucoup voyagé et sont morts jeunes, le meilleur est à coup sûr *Martin* Opitz *de Boberfeld* (1597-1639), célèbre surtout par ses ouvrages critiques (notamment sa *Poétique allemande*, parue en 1624). Il a recherché les anciens poètes saxons, traduit beaucoup d'auteurs anciens ou étrangers, et écrit un certain nombre de poésies, principalement didactiques. Son théâtre n'est qu'une perpétuelle imitation des anciens. C'est là, du reste, le défaut de ses vers, qui sont toujours trop érudits, et par suite obscurs et guindés ; mais sa prose, en revanche, est généralement limpide et naturelle.

Autour de lui se groupent Zinkgref, l'éditeur des œuvres d'Opitz, qui voulut imiter Tyrtée ; le poëte satirique Loewenhalt (de Strasbourg) ; le jeune et intéressant Scultetus, mort à la fleur de l'âge, après avoir donné les plus hautes espérances par ses premiers essais poétiques ; *Sibylle* SCHWARTZ, morte à dix-sept ans ; le voyageur *Paul* FLEMING (1609-1640), qui mourut à trente et un ans, en revenant de la Perse ; son ami *Adam* OLEARIUS (1600-1671), qui, par exception, vécut assez longtemps, et qui traduisit des poètes orientaux ; enfin LOGAU (mort en 1655), auteur de poésies morales et d'épigrammes que Lessing remit en lumière. De tout ce mouvement, il ne sortit en réalité que quelques pièces estimables, auxquelles on peut ajouter les poésies religieuses de *Joachim* NEANDER OU NEUMANN (1610-1686).

La seconde école silésienne s'impose la règle d'imiter les Italiens ; elle affectionne le style fleuri et la sensualité dans les descriptions, ce qui n'exclut nullement la raideur et le pédantisme. Ses chefs ou ses représentants les plus connus sont : LOHENSTEIN (1635-1683), qui eut, de son vivant, une vogue prodigieuse, surtout pour son roman sentimental et patriotique de *Hermann et Thusnelda*, et pour ses drames, qui sont au-dessous du médiocre ; HOFFMANNSWALDAU (1618-1679), qui traduisit Guarini ; SCHIRMER, auteur des *Bosquets poétiques* ; ZIEGLER et beaucoup d'autres grands seigneurs, qui se croyaient poètes comme lui, et qui, comme lui, ne se distinguaient que par le mauvais goût et l'immoralité de leurs œuvres.

On doit faire une exception en faveur de CANITZ (1654-1699), qui imita Boileau, et de WERNIKE (mort en 1720), dont les épigrammes, la satire intitulée *Hans Sachs* et les ouvrages de critique ne manquent pas toujours de mérite.

Du reste, la fin du siècle voyait s'opérer une réforme et un progrès réels dans la littérature et surtout dans la philosophie : tout en restant tributaire de l'étranger, et notamment de la France, on commençait à se ranger sous les lois du bon sens et du goût. Les ouvrages de LEIBNITZ (1646-1716) contribuèrent puissamment à ce progrès : l'illustre philosophe, qui se servait du latin et du français pour ses ouvrages scientifiques, avait recommandé l'emploi de la langue allemande, fondé, pour la régulariser, l'Académie de Berlin, et travaillé de son mieux à la rendre vraiment littéraire. Quelques bons esprits avaient réagi, avec lui, contre l'afféterie et la servile imitation des Silésiens : tels étaient le prédicateur SPENER et le professeur *Christian* WEISE (1642-1708), qui tâcha de s'éloigner autant du pédantisme scolastique que du faux éclat des nouvelles écoles, et qui mérite une place honorable comme romancier, poète et dramaturge. Enfin l'université de Halle, en Prusse, fondée en 1694, et illustrée dès son origine par les interprètes de la philosophie cartésienne, comme FRANKE et THOMASIUS, développa encore davantage le goût des sérieuses études et l'aversion pour la littérature frivole qui s'était implantée en Allemagne avec les modes étrangères.

La troisième école silésienne n'est guère connue que par l'essai qu'elle fit d'acclimater en Allemagne la littérature française du règne de Louis XIV : elle se présente avec les noms de NEUKIRCH, qui traduit le *Télémaque* en vers, du poète épique KOENIG et du dramaturge POSTEL, dont les opéras furent joués à Hambourg vers 1700.

En dehors de ces trois écoles, nous aurions à citer de nombreux écrivains qu'il serait injuste d'y rattacher ; nous nous contenterons d'énumérer les principaux. D'abord les poètes dramatiques, tels que *Jacques* AYRER, de Nuremberg, qui imita de préférence son compatriote Hans Sachs, et qui écrivit un assez grand nombre de pièces lyriques et de tragédies avec chœurs ; *André* GRYPHIUS, qui naquit l'année même de la mort de Shakspeare (1616), et qui, dans ses tragédies et ses comédies, où la langue lui fait défaut, imite volontiers Sénèque et le théâtre français : on cite pourtant de lui deux pièces presque originales et assez comiques, *Peter Squenz* et *Horribilicribrifax*. Le théâtre était fort goûté des Allemands du XVIIe siècle, et de nombreuses troupes d'acteurs s'étaient fixées dans les grandes villes ou parcouraient le pays, depuis que, en 1600, le duc de Brunswick avait appelé dans ses États une troupe de comédiens anglais.

Puis viennent les prosateurs : parmi les plus indépendants et les plus remarquables figurent les auteurs satiriques. La satire se développa surtout dans le Nord et en bas allemand, avec LAUREMBERG, qui tâcha de dégoûter ses compatriotes de l'imitation étrangère ; *Joachim* RACHEL, qui imite les anciens, et dont l'allemand est souvent incorrect ; le prédicateur SCHUPPE, auteur de romans moraux et satiriques ; MOSCHEROSCH, qui imita l'espagnol Quevedo, etc.

La satire, nous le voyons, affecte volontiers la forme du roman. L'une des meilleures productions en ce genre est le *Simplicissimus*, de GRIMMELSHAUSEN. D'autres écrivains, au contraire, mêlent le roman et l'histoire, comme BUCHHOLTZ, qui imite La Calprenède et Mlle de Scudéry, et mérite, à ce point de vue, d'être rangé parmi les disciples de Lohenstein.

Enfin l'on ne doit point omettre, parmi les moralistes satiriques et presque originaux, l'éloquent et bizarre prédicateur autrichien *Ulrich* MEGERLE, dit ABRAHAM *a Santa Clara* (1642-1702), dont les sermons sont presque toujours de véritables comédies, mais dont la langue est encore émaillée de locutions latines.

En résumé, malgré ou peut-être à cause de son caractère savant et aristocratique, malgré les tentatives louables et parfois même heureuses des écrivains indépendants, cette époque se distingue par une fécondité stérile, et n'arrive à produire que des œuvres destinées à l'oubli, parce qu'il leur manque la première qualité de toute création littéraire : l'originalité, ne fût-ce que celle de la forme, à défaut de celle du fond. Le XVIIe siècle, en Allemagne, n'a eu généralement ni l'une ni l'autre.

§ III. — *Les écoles rivales de Gottsched et de Bodmer.*

La suprématie littéraire, perdue par la Silésie vers la fin du XVIIe siècle, passa, dans les premières années du XVIIIe, à la Saxe, et principalement à la ville de Leipzig. Un mouvement tout à fait national commence à se manifester dans les universités, mouvement surtout philosophique, qui provoque la naissance de nombreuses sociétés tendant à réformer la littérature et la langue allemande. De là le succès de la critique, qui précède ici la grande époque littéraire, au lieu de la suivre, comme ailleurs; de là aussi l'influence d'hommes médiocres, qui n'en rendent pas moins de grands services à la littérature de leur pays. Parmi ces auteurs médiocres qui ont eu le privilège d'entraîner leurs contemporains et de passionner même la postérité, les deux principaux sont Gottsched et Bodmer, chefs des deux écoles rivales de Leipzig et de Zurich.

Christian GOTTSCHED, né en Prusse, mais qui passa presque toute sa vie en Saxe (1700-1766), se distingue avant tout par sa prodigieuse activité. Il a écrit d'innombrables ouvrages de théorie et des poésies non moins nombreuses pour les appuyer. Réfugié à Leipzig, où il fut d'abord professeur de logique et de métaphysique, il exerça une véritable dictature littéraire, non-seulement dans cette ville, mais dans la plus grande partie de l'Allemagne : sa vanité lui persuadait qu'il était un grand poète, et il parvint à le faire croire à un public considérable.

Il a eu cependant un mérite réel : il a tenu à mettre en honneur la langue de son pays; il lui a consacré tous ses soins; il s'est mis à la tête de la *Société allemande*, dont le but était de propager le culte de la littérature nationale. Désireux de voir régner la poésie simple et naturelle, il recommanda l'imitation des grands auteurs français, Corneille, Racine, Voltaire, pour la tragédie, et Molière, Regnard, Destouches, pour la comédie. Ennemi du genre trivial et grotesque, il mit de l'acharnement dans sa lutte contre les farces populaires, et lança l'anathème contre le *Hanswurst* ou polichinelle d'outre-Rhin, leur principal représentant; il combattit aussi les ballets d'opéra, dont la vogue croissait tous les jours, et, pour répandre le goût de la bonne poésie dramatique, il appuya de ses conseils et de son autorité le théâtre de Leipzig et la troupe des Neuber, qui l'exploitait.

Son influence fut prodigieuse jusqu'en 1742, époque où quelques-uns de ses nombreux disciples osèrent se révolter contre son despotisme. On ne vit plus en lui, dès lors, que le dictateur excessif, le poète vaniteux et ridicule ; sa querelle avec l'école suisse lui enleva tout son crédit et la meilleure partie de ses fidèles. Parmi ceux qui lui restèrent dévoués, on ne peut guère citer que Schwabe, qui traduisit *Zaïre*, et publia, en 1741, à Leipzig, une revue poétique, intitulée *Récréations de la raison et de l'esprit;* le major Schoenaich, auteur d'une épopée de *Hermann ou l'Allemagne délivrée;* et, en première ligne, sa courageuse compagne, Mme Gottsched.

Celle-ci, modeste autant que peut l'être une femme auteur, bonne mère de famille, et qui ne voulut jamais s'afficher dans les réunions savantes, comme l'aurait voulu son mari, avait plus de talent et surtout plus de goût que lui ; elle aurait même eu un goût excellent, si Gottsched ne l'avait endoctrinée avec ses théories. Ses meilleurs ouvrages sont des comédies naturelles et assez piquantes, dirigées soit contre les modes françaises, soit contre le piétisme, soit contre la poésie sentimentale de Bodmer et de Klopstock. Mais son hostilité contre les modes étrangères ne l'empêcha pas de publier aussi de nombreuses traductions d'auteurs français et anglais.

Sauf ces rares exceptions, il ne resta avec Gottsched aucun écrivain de quelque valeur et de quelque notoriété : ceux de ses disciples qui avaient le plus de talent se séparèrent de lui pour former une réunion distincte, appelée souvent le *Cercle poétique de la Saxe* ou *de Leipzig*, et pour rédiger les *Nouvelles Récréations de la raison et de l'esprit* (Leipzig, 1745), sous la direction d'un critique estimable, Gærtner. Bientôt celui-ci, avec Cramer et quelques autres, fonda une nouvelle Revue dont les dames furent les lectrices les plus assidues : imprimée à Brême, elle prit le nom de *Bremer Beitræge* ou *Articles parus à Brême*. Parmi les collaborateurs marquants de ce recueil, on doit citer plusieurs écrivains qui n'avaient guère appartenu à l'école de Gottsched, tels que Klopstock, les trois frères Schlegel, dont l'aîné, *Elie* SCHLEGEL (1718-1749), avait acquis, par sa tragédie de *Canut*, la réputation de bon auteur dramatique; puis, RABENER (1714-1771), satirique inoffensif, né en Saxe, et dont les satires en prose [1] ont des cadres originaux, mais offrent peu d'observation vraiment philosophique, malgré l'éloge qu'en a fait Klopstock; enfin, deux auteurs fort renommés de leur temps, et dont on ne saurait nier l'importance, Gellert et Zachariæ.

Furchtegott GELLERT (1715-1769), homme doux et sincèrement pieux, moral et agréable dans ses écrits, sut conquérir l'estime et l'affection d'un nombreux public, et l'on admira longtemps ses *Fables* et ses *Contes*. Frédéric II le distingua en 1760; mais un témoignage aussi flatteur ne lui ôta rien de sa modestie ni même de sa timidité : il avouait franchement ses défauts, et ne prétendait point passer pour un grand poète; aussi les critiques l'ont-ils ménagé longtemps encore après sa mort, même Lessing, qui ne pèche pas habituellement par excès d'indulgence pour les auteurs médiocres. Du reste, malgré la faiblesse de ses poésies, Gellert jouit d'une vogue presque universelle, et ses œuvres, sans doute à cause de leur utilité morale, furent traduites dans la plupart des langues de l'Europe. Leur succès peut s'expliquer aussi, en Allemagne, par le mérite de leur diction et, surtout, par la médiocrité des autres écrivains. Gellert, qui, à l'origine, s'était rangé parmi les disciples de Gottsched, avait eu

---

1. Une seule de ses satires est en vers, et en vers alexandrins, selon la mode française, qui dominait alors en Allemagne.

l'esprit de se séparer de son maître et de ne pas se compromettre dans ses excès. Quant à Zachariæ, nous le retrouverons plus loin, à la suite de Klopstock.

Ce groupe littéraire s'était constitué en dehors et à côté de Gottsched ; un autre se forma en opposition avec son école, et entreprit contre lui une guerre restée célèbre dans les annales de la littérature allemande. Nous voulons parler du groupe des poètes et des critiques suisses, dont le chef-lieu fut Zurich. Unis par la conformité du goût et par les liens de l'amitié, Bodmer et Breitinger agirent de concert, pendant une partie du xviiie siècle, dans le but de renverser la suprématie de Gottsched et de faire triompher de nouvelles doctrines littéraires, opposées aux siennes.

Jean-Jacques BREITINGER (1701-1765) était le plus érudit et le plus intelligent des deux ; il eut surtout l'esprit de ne jamais vouloir passer pour poète. Théologien et professeur d'hébreu, puis de grec, il se contenta d'écrire d'assez nombreux ouvrages de critique et d'esthétique, où il parlait de la poésie en homme de goût et de sentiment, comme dans sa *Poétique* et dans son *Traité des comparaisons* (Zurich, 1740).

Jean-Jacques BODMER (1698-1783), appelé souvent le *patriarche de Zurich*, n'était ni moins vaniteux ni moins despotique que Gottsched ; professeur d'histoire et de politique, il ambitionna toutes les gloires littéraires, et se crut poète au moins autant que critique. Mais son *Noé* (1747) et ses autres épopées patriarcales, sa *Colombana ou découverte de l'Amérique* et ses *Drames sacrés*, ainsi que ses nombreuses poésies lyriques, ne permettent pas de le placer, au point de vue poétique, au-dessus de Gottsched ; tous deux sont également médiocres. Son principal mérite a été d'encourager la poésie, de patronner les jeunes poètes, comme il le fit notamment pour Klopstock et pour Wieland, et, aussi, de représenter généralement le parti le plus libéral ou le moins illibéral dans la querelle des deux écoles.

Cette querelle éclata dès 1732, à l'occasion d'une traduction de Milton, par Bodmer. Auparavant, Leipzig et Zurich avaient vécu dans une paix apparente, sur le pied d'une neutralité armée : Zurich avait publié, en 1721, ses *Discours des peintres*, où Bodmer et Breitinger proclamaient leur admiration pour les Anglais ; Leipzig avait fait sa déclaration de principes, en 1726, dans la *Critique rationnelle* de Gottsched, qui recommandait l'imitation des Français. Gottsched ouvrit les hostilités en attaquant Milton et l'imagination au nom de la raison. Bodmer et Breitinger se contentent d'abord de riposter par des ouvrages purement théoriques, *Sur le merveilleux, Sur la poésie*, etc. ; mais bientôt la querelle s'envenime, le public se passionne, et l'on en vient aux gros mots et aux lourdes injures. Il n'a manqué aux héros de ce nouveau lutrin que d'être chantés par un Boileau.

Les deux camps auraient pu s'entendre ; les points de contact ne leur manquaient pas. On voulait également, de part et d'autre, fixer la langue, améliorer le goût, susciter une littérature nationale ; on arriva, des deux côtés, au même but : on provoqua une forte réaction contre les théories surannées, on amena un mouvement révolutionnaire, on fit naître une littérature indépendante. Mais ce n'était pas là ce que se proposaient les deux adversaires.

Bodmer et son école voulaient qu'on imitât les Anglais, surtout Milton et Thomson ; tout en recommandant l'étude de la vieille poésie allemande, dont ils publiaient les chefs-d'œuvre (les *Nibelungen* et les principaux *Minnesinger*), ils engageaient les poètes à demander aux auteurs britanniques le secret du pittoresque et de l'utilité morale ; et, comme les Anglais s'inspiraient volontiers de la Bible, et que Bodmer et Breitinger étaient profondément religieux, ils indiquaient les Livres saints comme une des meilleures sources de la poésie. Gottsched, au contraire, voulait avant tout le triomphe de la raison, de la convention et de la forme ; il ne dédaignait pas la littérature du moyen âge, dont il publia, lui aussi, quelques œuvres marquantes, comme le *Reineke Fuchs* et un certain nombre de drames et de comédies ; mais il voyait dans les auteurs français du siècle de Louis XIV les guides les plus propres à éclairer le goût et, surtout, à corriger les intempérances de l'imagination.

Le système de Gottsched arrivait à étouffer toute imagination et à supprimer toute originalité. Celui de Bodmer aboutissait presque au même résultat, surtout par sa confusion déplorable de la poésie avec la peinture, confusion que Lessing a réfutée magistralement dans son *Laocoon*. Mais, en somme, l'école suisse a mieux entrevu l'avenir de la littérature allemande ; elle s'est davantage rapprochée de la nature, et a ouvert de plus vastes horizons à la poésie [1]. Ajoutons que les querelles suscitées par les deux écoles ont réveillé la jeune génération, qui s'est trouvée plus instruite, plus active et plus disposée à chercher la poésie à ses véritables sources.

IV. — *Les poètes indépendants vers le milieu du XVIIIe siècle.*

Nous comprenons sous cette dénomination plusieurs poètes qu'on pourrait, à la rigueur, rattacher à l'une ou l'autre des deux écoles dont nous venons d'esquisser l'histoire. Mais, en tenant compte du caractère de leurs œuvres plus que de leurs théories ou de leurs sympathies personnelles, nous avons cru devoir les considérer plutôt comme des auteurs indépendants de tout système étroit, de toute attache scolastique et de toute formule pédantesque.

Un des premiers en date est DROLLINGER (1688-1742), qui, né dans le duché de Bade, vécut longtemps

---

[1]. On doit noter même, à l'actif de cette école, la lutte entreprise par Bodmer contre l'alexandrin, et les efforts qu'il tenta pour introduire dans la poésie, avant Klopstock, les rythmes anciens qui convenaient bien mieux au génie de la langue allemande.

à Bâle, et exerça une certaine influence sur l'école suisse. On a de lui des poésies estimables, que distingue surtout leur caractère philosophique et religieux. Il a eu le mérite de précéder Klopstock et même Bodmer dans leur campagne contre le vers alexandrin, si monotone et si peu approprié aux besoins de la poésie allemande.

Mais son nom pâlit singulièrement à côté de celui de Haller, que les Allemands considèrent comme une véritable apparition poétique dans cette période stérile et au milieu de ces vaines querelles de doctrines. Né à Berne, en 1708, et mort en cette même ville en 1777, *Albert de* HALLER semble appartenir à l'école suisse, du moins par sa nationalité; mais on verra qu'il s'en éloigne franchement par la tournure de son esprit et par le caractère de ses ouvrages.

Admiré dès son enfance pour ses facultés exceptionnelles, et révolté de bonne heure contre un système d'éducation qui ne semblait fait que pour les comprimer, il commença par étudier la philosophie dans Descartes et la poésie dans les auteurs anciens, mais surtout dans la contemplation de la nature. Tourmenté du désir de s'instruire et de sonder cette nature qu'il admirait de toute son âme, il se mit à étudier la médecine et la botanique, d'abord à Tubingue, puis à Leyde, puis dans de nombreuses excursions au milieu des Alpes, enfin à Bâle, où il fit la connaissance de Bernouilli. Nommé, quelques années après, professeur de botanique à l'université de Gœttingue, il acquit, comme savant, une réputation européenne, et mourut, triste et solitaire, dans sa ville natale, où il était venu passer les vingt-cinq dernières années de sa vie. Son caractère doux et aimant était naturellement porté à la mélancolie; cette disposition de son âme se développa de bonne heure, après la perte de sa jeune compagne, qu'il a chantée dans une ode célèbre *(sur la mort de Marianne).* Incrédule à l'origine, comme l'étaient la plupart des savants au XVIIIe siècle, il était revenu peu à peu au christianisme, et avait même fini par se montrer assez intolérant à l'égard des libres-penseurs.

Son chef-d'œuvre est son poème didactique des *Alpes*, publié en 1729, et écrit en vers alexandrins. Cet ouvrage obtint un brillant succès, malgré la faiblesse du style, qui dénote trop souvent l'écrivain suisse et le poète technique ; mais on y trouve assez de peintures vraies et senties pour justifier un pareil succès.

Son second poème didactique, qu'il affectionna particulièrement à une certaine époque, est intitulé : *De l'Origine du mal*, et parut en 1734. Il se le reprocha plus tard, comme entaché de doctrines antichrétiennes. Ce fut, du reste, son adieu aux muses : la mort de sa femme sembla tarir en lui, après une dernière et touchante inspiration, la source de la poésie. Il avait réuni, quelques années auparavant, et livré au public les poésies de sa jeunesse, odes, épîtres, satires même, dont le style est précis, châtié, mais trop travaillé et souvent dur. En somme, c'était un génie didactique et scientifique, un esprit honnête et sérieux, avant tout ami de la vérité, poète par la raison et le sentiment plus que par l'imagination, mais qui a ramené la poésie au culte de la nature. Les œuvres de Haller ont été bien dépassées, mais elles marquent un des premiers progrès dans l'histoire de la poésie moderne de l'Allemagne.

Comme Haller, *Frédéric de* HAGEDORN (1708-1754), un autre précurseur de la renaissance poétique, imita de préférence les poètes moralistes et descriptifs de l'Angleterre, tels que Milton, Thomson et Pope. Ces auteurs se rapprochaient davantage du génie allemand ; leur poésie, plus naturelle et plus bourgeoise que la poésie française, convenait mieux aux mœurs et aux goûts de l'Allemagne. Assurément, cette imitation des Anglais ne fut pas exempte de défauts : on abusa du sublime, et Dieu, la raison, le surnaturel jouèrent un rôle exagéré dans toutes les productions poétiques ; on abusa aussi du genre sentimental, qui gagna rapidement un immense terrain ; on larmoya partout, en prose comme en vers, à la façon de Richardson et de Young. Mais c'était là une nécessité de la situation, une crise qu'il fallait traverser pour rentrer dans le caractère national).

Quoique né à Hambourg, Hagedorn peut être rattaché au groupe des poètes suisses. Il offre même, pour le goût et le talent, une certaine analogie avec Haller ; mais il avait moins d'instruction, et ne se souciait pas autant de la moralité. Ses premières poésies parurent en 1729 ; ses *Fables et Contes* en 1738 seulement ; et ses autres poésies, *Chansons, Epîtres* et *Epigrammes*, quelques années plus tard. Il a imité, outre les Anglais, Horace et Anacréon, dont il reproduit assez bien la franche et douce gaieté ; dans ses poésies morales, il n'a ni moins de sérieux ni moins de sensibilité que ses modèles britanniques. Dans ses fables, il a osé s'attaquer à des sujets déjà traités par La Fontaine, et cette comparaison ne lui est pas avantageuse dans l'esprit des lecteurs français.

Il était lié d'amitié avec Rabener et avec Liscov ; nous connaissons déjà le premier de ces deux satiriques ; le second (1701-1760), qui avait plus de verve et surtout plus de courage, s'était mis à l'école des anciens et de l'Anglais Swift : ses satires, toutes en vers, sont âpres, mordantes et souvent originales ; on sent que le poète a été malheureux, et qu'il ne développe pas des lieux communs en faisant le procès à l'humanité.

En Prusse florissait à cette époque une société de poètes vulgairement appelés *anacréontiques*, et qui se fixèrent d'abord à Halle (1740), puis à Halberstadt. Amis de la plus franche gaieté, ils ont été souvent taxés d'immoralité, bien qu'ils ne soient guère immoraux qu'à la surface et par imitation des anciens. Outre leurs sujets habituels, qui sont tous plus ou moins légers, ils ont chanté aussi la gloire et la patrie, qui se personnifiaient pour eux dans le roi Frédéric II.

Le plus connu de ces poètes est *le père* GLEIM, comme on l'appelle encore aujourd'hui en Allemagne : pendant sa longue carrière (1719-1803), il fut réellement le protecteur et le père d'une foule de jeunes poètes, auxquels il ne refusait jamais ni les encouragements ni les secours ; on peut même lui reprocher d'avoir abusé de la louange : il introduisit dans la littérature allemande des habitudes de congratulations réciproques, qui devinrent peu à peu fastidieuses. Comme poète, il est lui-même peu remarquable : il y a de la naïveté dans ses fables, qui n'ont guère d'autre mérite ; on vante aussi ses *Chants d'un grenadier prussien*, où il y a quelquefois de l'imagination, quoique avec trop de réminiscences mythologiques ; mais il est obscur et prosaïque dans son poème mystique de *Halladat* (1774).

La plupart de ses protégés le surpassent en valeur poétique : parmi eux, on doit citer en première ligne *Ewald de* KLEIST, mort de ses blessures, en 1759, pendant la guerre de sept ans, chantre inspiré du *Printemps*, poème idyllique, où il imite Thomson et Haller ; puis *Pierre Uz* (1720-1796), qui se fit connaître, d'abord, par ses *Chansons anacréontiques* et, dans la suite, par des odes sérieuses et par des poèmes didactiques où tout est subordonné à la préoccupation morale ; RAMLER (1725-1798), le traducteur de la *Poétique* de Batteux, longtemps admiré à Berlin, mais qui, avec ses froides et pompeuses imitations d'Horace, n'a guère eu que le mérite d'écrire correctement ou de revoir et d'éditer les poésies des autres ; enfin la poétesse *Louise* KARSCH ou KARSCHIN (1721-1781), trop négligée jusqu'à ces derniers temps, et qui a trouvé souvent des accents poétiques pour chanter Dieu et son roi ; mais Frédéric II ne lui accorda guère plus d'attention qu'aux autres poètes allemands de son royaume.

Il y eut cependant un poète, très-secondaire d'ailleurs, que ce roi protégea visiblement, sans doute parce qu'il imitait les auteurs français : c'est GOETZ

(1721-1781), un ami de Gleim et d'Uz, qui, à la suite d'un assez long séjour en Alsace et en Lorraine, revint en Allemagne avec une connaissance approfondie de la poésie française, et donna, outre ses poésies lyriques, une traduction de *Vert-Vert* et du *Temple de Gnide*.

En dehors des divers groupes que nous venons d'énumérer, on trouve encore quelques écrivains qui semblent échapper à toute classification : placés en dehors des courants littéraires qui se manifestaient à cette époque, ils n'appartiennent ni aux retardataires du xviie siècle ni aux précurseurs du xixe. Tels sont les deux amis inséparables, LANGE et PYRA, dont l'un traduisit et imita Horace (1774), et dont l'autre, moins maître de la forme, écrivit contre Gottsched et collabora aux poésies que son ami publia sous les titres de *Temple de la poésie* et de *Chansons de Tirsis et Damon*. Tels sont encore le mathématicien KÆSTNER (1719-1800), auteur d'assez bonnes épigrammes, et les fabulistes LICHTWER et PFEFFEL, dont les fables, naïves, mais sèches, ont été longtemps regardées comme les meilleurs des ouvrages destinés à l'enfance.

CHAPITRE IV

DEUXIÈME FLORAISON OU AGE CLASSIQUE MODERNE.

§ Ier. — *Les précurseurs.*

Section Ire. — *Klopstock et Wieland.* — L'âge vraiment classique de la littérature allemande ne commence, à proprement parler, qu'avec la seconde moitié du XVIIIe siècle, et c'est Klopstock qui a l'honneur d'ouvrir cette ère nouvelle. Non qu'il soit lui-même un écrivain classique dans toute la force du terme, car la postérité sera toujours un peu de l'avis du malicieux Lessing, disant, dans une épigramme célèbre, que tout le monde admire Klopstock, et que personne ne veut le lire; mais il a eu le mérite de montrer la voie à ses compatriotes, et de les détourner le premier, par son succès, de la servile imitation des littératures étrangères.

Cette révolution ne s'est pourtant pas opérée aussi radicalement ni surtout aussi rapidement qu'on pourrait se le figurer au premier abord : comme toutes les révolutions durables, elle a été lente et modérée. Les grands écrivains dont les noms se trouvent en tête de cette section ont cherché, il est vrai, à créer une littérature originale, mais ils n'ont pas renoncé pour cela à chercher des inspirations dans les autres littératures; Klopstock se rattache plus ou moins aux Anglais, et Wieland aux Français. Ils ont donc imité, eux aussi, mais généralement en hommes de goût, avec discrétion et habileté; c'est là ce qui fait leur mérite et le caractère tout nouveau de leurs écrits.

Klopstock est certainement le moins moderne des deux auteurs que nous venons de citer ; et cela tient à ce qu'il s'inspire trop volontiers d'idées et de sentiments qui n'étaient plus acceptés par ses contemporains. Quand un écrivain tourne ainsi le dos à son siècle, il peut avoir un succès éphémère, dû à la force de son génie, à l'originalité même de ses tendances ; mais il est condamné à retomber dans l'oubli, comme le passé qu'il a voulu ramener parmi nous. Ceci doit s'appliquer surtout à la religion de Klopstock, toute biblique et toute mystique, et dont le principal représentant, avant lui, dans la littérature allemande du XVIIIe siècle, est le *comte de* ZINZENDORF (1700-1760), qui, à l'âge de vingt et un ans, avait fondé sur ses domaines la communauté de Herrnhut ou des Frères moraves, sorte de phalanstère chrétien qui retardait de quinze siècles sur les mœurs de ce temps, et pour lequel Zinzendorf composa un grand nombre de poésies religieuses aussi dépourvues de style et de goût que de force et de vraie chaleur.

Un autre de ses contemporains, qui chercha, sans l'y trouver, une source d'inspiration poétique dans une religion ou plutôt une religiosité exagérée, ce fut *André* CRAMER (1723-1788), homme de plus de goût que Zinzendorf, mais dont les poésies pieuses, lyriques ou didactiques, malgré les éloges de Klopstock et leur succès au moment de leur publication (1765), ne trouvent plus aucun lecteur depuis près d'un siècle [1].

L'imitation de la poésie anglaise, opposée à celle des écrivains français, avait déjà été prônée, avant Klopstock, par un auteur médiocre en somme, et qui,

---

[1]. C'est ce Cramer dont il a été parlé plus haut, à propos de la *Revue de Brême*, et qui, en 1770, fonda le *Surveillant du Nord*, revue littéraire et surtout religieuse, fort intolérante et exclusive, qui parut à Copenhague, et dont Lessing a raillé les tendances avec sa verve habituelle.

lui aussi, obtint quelque succès par ses odes religieuses. S'il n'avait pas le tort de moraliser et de prêcher outre mesure, *Henri* BROCKES (1680-1747) aurait peut-être réussi à intéresser le lecteur par des descriptions qui ne sont pas dépourvues de sentiment, et où il prend Thomson pour modèle. Son poème du *Massacre de Bethléem*, traduit de Marini, avait paru en 1734, et semblait vouloir ainsi préparer le goût du public à la poésie de la *Messiade*.

Enfin, parmi ces quelques précurseurs de Klopstock, nous devons mentionner encore un auteur, peu connu du reste, *Arnold* EBERT (1723-1795), un des collaborateurs de la *Revue de Brême* en 1745, et qui, par sa traduction des *Nuits d'Young* (1754), contribua pour sa part à acclimater le goût anglais en Allemagne. Ses épîtres, trop vantées par Klopstock, abusent de la dissertation morale, mais sont parfois soutenues par une certaine chaleur. Ebert a eu le mérite, bien plus grand, d'apprécier Lessing et de le recommander en 1770 au prince de Brunswick.

Tous ces écrivains semblaient pressentir l'avénement d'une littérature nouvelle; mais ils en restèrent à ce vague pressentiment. La gloire de Klopstock est d'avoir vu plus clairement dans quelle voie il fallait s'engager, et, s'il a eu le tort de s'égarer, s'il a manqué de cette souplesse d'esprit qui permet de revenir sur ses pas quand on s'engage dans une impasse, il a eu du moins de la grandeur et de la dignité dans ses œuvres comme dans sa vie; et il a travaillé, en outre, avec une rare énergie, à faire de sa langue une langue vraiment littéraire, ayant son caractère propre et sa beauté.

Frédéric-Gottlieb KLOPSTOCK, né en 1724 à Quedlinbourg, et mort en 1803 à Hambourg, avait reçu, dès ses premières années, une éducation libre et intelligente qui devait le préparer au rôle qu'il joua dans la littérature de son pays. Son imagination d'enfant avait été fortement éveillée par le sentiment religieux, par la lecture de la Bible et du *Paradis perdu*. Lorsqu'il eut fini ses classes à Schulapforte (1745), il songeait déjà au poème qu'il devait commencer bientôt après : c'est comme étudiant en théologie, à Iéna, puis à Leipzig, qu'il conçoit le plan de la *Messiade* et écrit, en prose, les trois premiers chants de son épopée. Il se ravise bientôt, et comprend qu'une telle œuvre doit être écrite en vers : il adopte l'hexamètre, ce qui était une erreur de goût, mais ce qui valait encore mieux que de s'asservir, comme les auteurs du temps, à l'alexandrin français, et publie en 1748 les premiers chants du poème sous leur forme définitive. Il avait écrit, l'année précédente, une ode intitulée *le Disciple des Grecs*, où il annonçait sa résolution de suivre les modèles classiques, et s'était lié avec les principaux rédacteurs de la *Revue de Brême*, Cramer, Rabener, Ad. Schlegel, Zachariæ.

Un amour contrarié lui fait quitter Leipzig en 1748, et il se rend comme précepteur particulier à Langensalza, où il n'est guère plus heureux : vivement épris de sa cousine Fanny Schmidt, il n'est pas payé de retour, et s'abandonne à la plus sombre mélancolie. C'est à ce moment qu'ont lieu ses premières relations avec Bodmer, dont la correspondance, aussi pressante que flatteuse, le décide à se rendre en Suisse avec son ami Sulzer (1750). Son séjour à Zurich, qui ne dura pas un an, fut une sorte de triomphe, et il est curieux de voir comment Klopstock et son entourage conciliaient les félicités d'une sorte d'existence éthérée avec les exigences de la vie réelle dont nous vivons tous. Voici la relation d'une de ses promenades sur le lac de Zurich, d'après une lettre de Hirzel à Kleist :

« Neuf jeunes hommes, admirateurs enthousiastes de Klopstock, s'étaient réunis pour organiser en l'honneur d'un hôte aussi illustre une agréable promenade, et avaient choisi un pareil nombre de jeunes dames que leur éducation et leur goût pour la poésie rendaient particulièrement dignes de tenir compagnie à l'auteur de la *Messiade*. On partit du port à cinq heures du matin, dans une grande barque. Un orage avait purifié l'air : de doux zéphyrs accompagnèrent les voyageurs et égayèrent peu à peu le ciel, qui d'abord était voilé de quelques nuages : bientôt l'admirable nature qui s'étalait sur les bords du lac brilla de tout son éclat aux plus beaux rayons du soleil. On fit halte devant la propriété d'une famille amie, et l'on y déjeuna. Notre poète était moins charmé du délicieux spectacle qu'offraient le lac et ses rives que de la diversité des caractères humains, dont son esprit si pénétrant observait les nuances. Là j'appris à comprendre pourquoi, dans son divin poème, Klopstock empruntait la plupart de ses comparaisons au monde des esprits. Je n'ai jamais vu personne observer les hommes avec plus d'attention ; il allait de l'un à l'autre, pour observer les physionomies bien plus que pour causer.

« Le fils de notre hôte nous fit entendre une mélodie italienne. Klopstock surveillait les traits de nos jeunes compagnes, pour épier l'effet que la musique produirait sur elles : il semblait vouloir décider d'après cette épreuve là quelle était la plus sensible. »

On remonte alors en bateau, et Klopstock lit un fragment inédit de la *Messiade*. Cette lecture amena une certaine mélancolie que Klopstock fut le premier à dissiper par sa joyeuse conversation. On arrive, après une nouvelle lecture, vers l'heure de midi, au joli village de Meilen, où la compagnie prend place devant une table abondamment servie. Au dessert, on porte la santé des absents, même de Fanny, et le poète répond avec une franche gaieté. Cela ne l'empêche pas de jeter plus d'un regard sur la plus jeune personne de la société, une demoiselle Schinz, qui semblait avoir fait sa conquête [1].

---

1. « C'était, dit Klopstock lui-même dans une de ses lettres, une jeune fille dans toute la naïveté de ses dix-sept ans, qui entendait pour la première fois, et de ma bouche, tant de choses si nouvelles, et baissait devant moi ses beaux yeux noirs avec un air de respect si doux et si aimable ! Elle exprimait elle-même des pensées grandes et inattendues, et,

L'admiration, le culte dont Klopstock était l'objet à Zurich ne put cependant l'y retenir longtemps. Pauvre et fier, il voulait se faire une position indépendante, et songeait à accepter une place de précepteur à Brunswick, lorsque le comte de Bernstorf, avec lequel il était en commerce épistolaire, le recommanda au roi de Danemark, Frédéric V. Le poète accepta de grand cœur la pension et les honneurs qu'on lui offrait à la cour de Copenhague, et s'y rendit aussitôt (1751). C'est en traversant Hambourg, dans ce voyage, qu'il fit la connaissance de Marguerite ou *Méta* Moller, qu'il épousa quelques années après.

Désormais sûr du lendemain, il ne songe plus qu'à la poésie, qui prend toujours la première place dans son cœur et dans son existence, même avant Méta. Il venait de publier à Halle les cinq premiers chants du *Messie* (1751) [1] : dans cette même année, il compose des odes nombreuses qui circulent en manuscrit avant d'être livrées à l'impression. Celle qui est intitulée *Hermann et Thusnelda* témoigne à la fois de ses préoccupations patriotiques et matrimoniales ; nous préférons citer ici *les Deux Muses*, où nous voyons très-nettement se dessiner ses idées littéraires et sa préférence pour l'imitation des poètes anglais.

« Je vis, — ô, dites-moi, ai-je vu ce qui arrive maintenant ? ai-je entrevu l'avenir ? — je vis la muse de l'Allemagne lutter avec ardeur contre la muse britannique pour voler aux buts où l'attendaient des couronnes.

à un certain passage de ma lecture, elle s'écria chaleureusement que je devais comprendre l'estime et l'admiration dont elle était animée pour celui qui, le premier, lui avait appris à se faire une idée plus digne et plus grande de la Divinité. Mais je dois ajouter qu'en revanche, j'ai embrassé plus d'une fois la chère enfant : sans cela mon récit vous paraîtrait un peu trop sérieux. »

1. C'est le vrai titre du poème, qu'on a l'habitude d'appeler improprement la *Messiade*.

« Aussi loin que pouvaient s'étendre les regards, deux buts se trouvaient au bout de la carrière : l'un était un bosquet ombragé par des chênes ; près de l'autre s'agitaient des palmes au sein du crépuscule.

« Habituée à la lutte, la muse d'Albion s'avançait fièrement devant les barrières, comme autrefois lorsqu'elle entrait en lice avec le Méonide (Homère).

« Elle vit sa jeune rivale qui tremblait ; mais c'était un tremblement viril, et ses joues étaient empourprées par une rougeur ardente, présage de la victoire, et ses cheveux d'or flottaient au gré du vent.

« La muse des Bretons s'arrêta, déjà près du but, et, jetant un noble regard sur la fille des Teutons : « Oui, dit-elle,
« nous avons grandi ensemble auprès des bardes, dans la
« forêt de chênes.

« Mais j'avais ouï dire que tu n'étais plus ! Pardonne, ô
« muse, toi qui es immortelle, pardonne-moi si je ne l'ap-
« prends que maintenant ; mais c'est près du but seulement
« que je veux l'apprendre. »

... « Elle dit. — « Je t'aime, s'écria Teutona, le regard
« enflammé d'amour ; oui, Bretonne, je t'aime avec admira-
« tion. Mais je ne t'aime pas avec plus d'ardeur que l'immor-
« talité ni que ces palmes. Touche-les avant moi, puisque
« ton génie te le permet ; mais, si tu atteins cette couronne,
« je veux l'obtenir en même temps que toi ! »

La poésie s'était emparée de Klopstock, au point qu'elle était la confidente de toutes ses joies comme la consolatrice de toutes ses peines. Lorsqu'il perdit son père, en 1756, il s'empressa de traduire son chagrin dans un drame idyllique, *la Mort d'Adam*, qui parut l'année suivante. Sa douleur était, du reste, tempérée par le bonheur conjugal dont il jouissait alors, et dont il a laissé, dans ses œuvres, quelques gracieux témoignages. Un des plus touchants, à notre avis, se trouve dans ces deux strophes d'une ode intitulée *Son Sommeil*.

« Elle dort. O sommeil, verse sur son tendre cœur une

vie ailée, une vie embaumée! Puise cette goutte transparente et cristalline aux sources toujours pures de l'Éden!...

« Comme elle dort calme et silencieuse! Tais-toi, ma lyre, et retiens même ta corde la plus légère : ton jeune laurier se flétrirait, si ton chuchotement réveillait *Cidli* de son sommeil. »

Méta, de son côté (ou Cidli, pour lui donner son nom poétique), n'était pas en reste d'affection lyrique et séraphique avec son glorieux époux. Son amour était de l'adoration, à en juger par ses lettres à sa sœur :

« Dès mon réveil, écrivait-elle en 1755, je m'écriai : « Il y a un an aujourd'hui, mon Klopstock! — Dieu soit loué! Dieu soit loué! » dit-il; et il l'a bien répété cent fois dans la journée d'hier. Il m'a dit encore : « Femme de mon cœur! femme excellente! Ma seule Méta! toi, mon ange, mon cœur et mon âme! » Oui, voilà ce qu'il a dit, et beaucoup d'autres choses semblables encore; et c'est là ce qu'il me dit déjà depuis une année entière. Ah! mes sœurs! ah! ma mère! ah! vous tous que j'aime! comme je suis heureuse, comme votre Méta est heureuse! Voilà toute une année déjà que mon Klopstock m'appartient! Et, sache-le, c'est bien l'homme que je m'étais figuré. Vous, chers amis, n'oubliez pas de toujours remercier Dieu pour moi. »

Ces transports n'étaient pas diminués deux ans plus tard :

« Si, en lisant la *Messiade*, écrit-elle encore à sa sœur, tu éprouves pour Klopstock tout ce que j'éprouve moi-même, tu peux te faire une idée de ce que je dois éprouver quand je le vois au travail, et que mon âme se répète sans cesse : Voici ton époux! Oui, je suis la plus heureuse des femmes! Avoir pour époux un homme dont toutes les qualités sont aussi grandes, aussi belles et aussi bonnes que l'est le génie lui-même de Klopstock, oui, voilà le bonheur! »

Ce bonheur idéal fut brusquement interrompu par la mort prématurée de Méta, en 1758[1]. Son époux la pleura en poète, dans les beaux vers du quinzième chant de la *Messiade* qui constituent l'épisode de *Gédor et Cidli*. Il se consola aussi en poète et publia toute une série de poésies lyriques, qui, à partir de ce moment, deviennent de plus en plus éthérées, déclamatoires et obscures. Il est bon de noter, à ce sujet, que ses *Hymnes*, parus en 1759, marquent une sorte de rupture entre sa poésie et sa vie, rupture qui, du reste, devait avoir lieu un jour ou l'autre, et que ses premiers écrits faisaient déjà pressentir : autant il est triste et solennel dans ses œuvres, autant il reste gai, aimable de caractère et humain dans ses relations.

Son séjour à Copenhague n'était pas fait, d'ailleurs, pour le livrer à l'ennui et au désespoir : il s'y était lié avec de nombreux amis, dont les plus connus sont les poètes Gerstenberg et Cramer. Il aimait à faire des parties de campagne avec des familles de simples bourgeois, qu'il préférait aux courtisans et aux princes; il jouait volontiers avec les enfants; il affectionnait tout particulièrement l'exercice du patinage, qu'il appelait le *plaisir des dieux*, et qu'il a chanté dans une de ses odes de 1763.

Déjà, du vivant de sa femme, il faisait de fréquents voyages en Allemagne; il les multiplia encore après la mort de Méta. Dans une de ces rapides excursions (1762), il se lie avec Gleim et a le temps d'ébaucher, à Halberstadt, une innocente liaison avec une jeune fille passionnée pour sa gloire; mais il a le bon goût de tenir secrète et cette passion et la rupture qui la termine.

---

1. *Marguerite* KLOPSTOCK a laissé quelques lettres et divers opuscules que son mari publia après sa mort. C'était une femme d'un esprit distingué, supérieur, et qui, par la vigueur de son style comme par la justesse de ses pensées, s'élève presque toujours au-dessus de son sexe. Elle avait à peine trente ans quand elle mourut.

Son *Messie* et ses *Poésies sacrées* l'occupent toujours et presque exclusivement : après avoir donné quelques nouveaux chants de son épopée en 1755, il en publie un troisième volume (chants XI à XV) en 1768. Dans l'intervalle, il entreprend d'acclimater en Allemagne le drame biblique, qui avait si bien réussi en Angleterre : sa tragédie de *Salomon* est de 1764, et celle de *David* de 1772. Il cherche en même temps à ressusciter la vieille mythologie du Nord dans des odes patriotiques où se reconnaît aisément l'influence des poèmes d'Ossian, dont la première traduction allemande venait de paraître en 1764. C'est à cette même influence que sont dues ses tragédies nationales ou *Bardites de Hermann*, où il veut faire revivre la figure plus ou moins légendaire d'Arminius (*la Bataille de Hermann*, 1769; *Hermann et les princes*, 1784; enfin, *la Mort de Hermann*, 1787).

Mais, au milieu de ces travaux, une circonstance imprévue avait dérangé la calme existence du poète : le roi Frédéric V était mort en 1770, et une révolution, toute pacifique d'ailleurs, avait eu lieu en Danemark. Klopstock avait cru devoir se retirer à Hambourg, où il continuait, du reste, à toucher sa pension sur le trésor danois. Il retrouve bien vite son équilibre, et publie coup sur coup un volume d'*Odes* (1771), les cinq derniers chants du *Messie* (1773) et sa *République des Lettres* (1774). Ce dernier ouvrage, pour l'impression duquel une souscription nationale avait eu lieu l'année précédente, ne répondit pas à l'attente du public, qui ne comprenait pas très-facilement les maximes concises et obscures du grand poète. Cela n'empêcha pas Klopstock de jouir, à ce moment même, d'un immense crédit et d'une influence extraordinaire auprès du public lettré de l'Allemagne. Il est un des fondateurs de l'*Union de Gœttingue*, qui organisa en son honneur un grand festival. Mais nous devons ajouter que ses vues étroites et exclusives l'empêchent, dès l'abord, d'exercer la dictature littéraire à laquelle il prétendait. Il avait beau se targuer des hommages enthousiastes qui lui venaient de tous les points de l'Allemagne, il reste en dehors du véritable mouvement des esprits; son goût est tellement *subjectif*, comme disent les Allemands, qu'il ne comprend pas, qu'il attaque même et dénigre Gœthe, Schiller, Kant et Fichte, c'est-à-dire les flambeaux de la nouvelle littérature et de la nouvelle philosophie.

Ces attaques ne se produisirent pas dès le premier moment où il connut ces grands hommes; mais il y avait déjà dans son esprit des préventions contre Gœthe, encore jeune, lorsqu'il alla le visiter à Francfort, en 1774, l'année même où il faisait le voyage de Carlsruhe, et recevait du margrave Frédéric de Bade le titre de conseiller aulique.

Dans ses dernières années, Klopstock est surtout grammairien, et ce n'est peut-être pas là son moindre titre de gloire, malgré la bizarrerie de quelques-unes de ses vues et l'étroitesse d'idées que cette préoccupation augmentait en lui. En 1779, il publie des *Fragments sur la langue, la poésie et l'orthographe allemandes*; en 1794, des *Entretiens sur la grammaire*. En 1780, il avait donné une nouvelle édition du *Messie*, avec les réformes orthographiques précédemment prônées par lui.

La politique le ramène un instant à la poésie : après avoir salué avec enthousiasme la proclamation de l'indépendance des États-Unis d'Amérique, il célèbre sur le même ton la Révolution française de 1789 :

« Déjà paraît le crépuscule des hardis grands jours de la Gaule; les frissons du matin pénètrent jusqu'à la moelle des os ceux qui attendent; arrive, ô toi, soleil nouveau, qui nous recrées, et que nous n'osions même pas rêver! »

L'Assemblée nationale le nomma citoyen français, et le poète reconnaissant écrivit une lettre de remerciements à Roland. Puis la Convention le déclare membre de l'Institut, au moment de sa fondation. Mais, toujours tout d'une pièce et incapable de juger impartialement des choses, Klopstock renie bientôt la France et la Révolution, auxquelles il reproche la mort de Louis XVI, confondant dans une même réprobation les libérateurs et les régicides, les Girondins et leurs bourreaux.

Son mariage avec une veuve, sa nièce Jeanne de Winthem (1791), et la publication de ses œuvres complètes (1798-99) sont les seuls faits saillants qui remplissent ses dernières années. C'est en s'occupant d'une nouvelle édition de ses œuvres qu'il meurt en 1803, à Hambourg, entouré encore du respect et même de l'admiration de ses contemporains, malgré les attaques auxquelles ses théories littéraires et ses poésies étaient en butte depuis quelques années. Ses funérailles furent princières, dignes de lui, et un monument grandiose lui fut élevé près d'Altona.

On avait pu ne pas apprécier, autant qu'il le faisait lui-même, son génie poétique, et n'admettre ni ses théories ni sa prétention à la dictature littéraire ; mais tout le monde rendait justice à son caractère, qui était à la fois grand et aimable, sérieux et enjoué. Sa personnalité était exclusive, mais noblement indépendante ; sa religion était intolérante, mais convaincue, et, en somme, tempérée par un sincère amour de l'humanité. Ses dernières odes surtout constituaient la partie la plus humaine de ses œuvres. S'il n'a pas été un grand poète, il peut passer à coup sûr pour un grand homme.

Comme poète, nous l'avons déjà dit, il paraît se rattacher, à certains égards, aux écrivains de l'école suisse, ainsi qu'à Drollinger, à Haller et à Brockes ; mais, au fond, il est indépendant et peut être regardé comme un chef d'école. Son indépendance littéraire ne va pourtant pas jusqu'à repousser toute espèce d'imitation : il cherche volontiers ses inspirations chez les Grecs ; il imite les anciens, mais, a-t-on ajouté avec raison, c'est sur la harpe de David. Il est vraiment poète à ses heures, parce qu'il est profondément religieux. La religion l'inspire dans tout ce qu'il pense et dans tout ce qu'il fait ; elle est au fond de son amour, de son amitié, de son patriotisme. De là vient ce qu'il y a souvent d'étrange et de faux dans ses allures : il vit hors du monde, dans ce milieu idéal où ses lecteurs n'aiment guère à le suivre. Toutes ses qualités se ressentent de cette *antinomie* perpétuelle : sa noble fierté poétique devient presque de l'outrecuidance ; sa sensibilité dégénère en sombre mélancolie ; son idéalisme le désintéresse trop souvent des choses de la terre. Il ne vit pas dans le présent : absorbé par la contemplation du passé ou de l'avenir, il se condamne à ne jamais devenir populaire. Ses yeux, constamment tournés en dehors de l'existence actuelle, le prédisposent trop à la tristesse, et le ton élégiaque domine dans ses œuvres. Il y était porté déjà par la sensiblerie de l'époque, par la couleur particulière de sa religion, par la lecture des *Nuits* d'Young, dont il se nourrissait si volontiers pendant ses premières années ; mais son système poétique le pousse encore à exagérer cette tendance.

De là vient aussi qu'il préfère le sublime muet aux plus belles images, et que les exclamations jouent un rôle si fatigant dans sa poésie. Il ne se croit vraiment poète que lorsqu'il peint des sentiments, et il arrive souvent, on doit le dire, à la beauté sublime ; mais cette beauté n'a point de corps et nous échappe presque toujours. Tout devient vague chez lui à force d'être idéalisé : sa religion, comme son patriotisme, est trop éthérée ; l'un et l'autre s'exercent dans le passé ou dans les sphères célestes : faut-il s'étonner que le lecteur reste froid et que *Hermann* lui-même n'ait pas réussi à passionner le public allemand[1] ? On a pu dire avec raison que Klopstock ressemblait à un prophète grandiose, mais isolé au milieu de son siècle.

1. Son libéralisme même, quoique bien sincère, n'est pas sympathique : il a un amour purement platonique pour la liberté. Il salue son aurore, et est saisi d'effroi aux premiers rayons de ce soleil naissant.

Ces considérations générales trouvent toutes leur application quand on examine ses œuvres en détail. Son poème du *Messie*, par exemple, qui résume sa vie et son talent, manque absolument de vie et d'intérêt : tout y est subordonné à l'unique figure du Sauveur, qu'il a faite aussi grande que possible, car il avait une idée profonde de la Divinité, mais qu'il n'a pas su entourer d'éléments suffisamment humains. Dans toutes ses productions poétiques, il reprend ce thème de la grandeur divine, sans jamais parvenir à nous y intéresser véritablement, car, on l'a remarqué depuis longtemps, l'admiration pure et simple, qui n'est pas un ressort suffisant dans la poésie dramatique, ne l'est guère davantage dans la poésie épique ; et c'est ainsi que la *Messiade*, avec toutes ses beautés, n'arrive qu'à être un poème lyrique beaucoup trop long et trop monotone pour nous captiver.

Le lyrisme est l'allure naturelle de l'âme de Klopstock, et c'est dans ses poésies lyriques qu'il est vraiment remarquable et souvent même original. Mais ses odes elles-mêmes ont le défaut que nous avons signalé plus haut : tout y est subordonné à la religion idéaliste dont le poète s'est fait l'apôtre. Il célèbre tous les sujets, même le vin et l'amour ; mais il les traite à un point de vue tellement élevé qu'on n'est pas toujours tenté de le suivre : il craint évidemment de s'égarer dans les parages des humains. Ajoutons à cela que ses odes religieuses manquent souvent de simplicité dans le style et de clarté, que ses *Chants de bardes* sont un travail d'érudition plutôt qu'une œuvre d'inspiration, et l'on comprendra sans peine pourquoi Klopstock, quoique réellement poète et poète lyrique, soit si peu connu et goûté du public, même pour ses odes et ses cantiques.

Il n'a guère été plus heureux dans ses essais dramatiques : ses *Tragédies bibliques* et ses *Bardites* sont également monotones, froids et ennuyeux ; on y trouve trop d'abstractions, de préoccupations nationales et politiques, et les personnages en sont faux et démesurés. On ne peut méconnaître cependant l'influence favorable que ces tentatives ont produite sur la littérature allemande, principalement au commencement de ce siècle ; plus d'un poète romantique a dû à la lecture de Klopstock l'idée de faire revivre dans ses vers l'antiquité sacrée ou le vieux monde germanique [1].

Comme critique, Klopstock a eu des idées neuves et libérales, on ne saurait le contester ; mais il est en même temps exclusif, et l'on ne doit pas s'étonner du peu de succès qu'ont eu ses idées, même sous la forme assez originale qu'il a su leur donner dans sa *République des Lettres*. Rappelons aussi sa dédicace de *Hermann*, où il propose à Joseph II de fonder une académie germanique : on sait que l'empereur lui répondit par un cadeau, mais que ses beaux projets furent bientôt oubliés à Vienne, comme partout ailleurs.

C'est que Klopstock n'était pas l'homme de son temps ; ses meilleures intentions n'ont pu être réalisées, faute d'être pratiques. En définitive, il poursuivait le même but que Wieland : l'émancipation de la littérature et de la langue allemandes ; mais il est trop exclusif, et il ne sait point se faire comprendre du public. Voyez, par exemple, son *Ode sur la langue allemande* :

« Fils de Hermann, et toi, Leibnitz, notre contemporain, devez-vous, chargés de chaînes, suivre ceux que, plus hardis, vous devancerez dans leur vol ?

« Je hais l'écrivain anglomane, et je déteste le gallomane ; je n'aime pas non plus ceux qui me rendent grecque ou latine. L'Hellade me donna un noble exemple : elle créa son idiome.

---

1. C'est dans Klopstock et dans Gerstenberg que Lamotte-Fouqué, par exemple, étudiera tout d'abord et de préférence les légendes poétiques du Nord.

« Qu'aucun idiome vivant, dans son audace, n'entre en lice et ne se mesure avec la langue germanique! Cette langue, qui, avec tant de propriétés primitives et diverses, sait, par d'heureuses inflexions, composer des mots nouveaux qui demeurent toujours allemands ; cette langue, comme la nation elle-même à l'époque antique où Tacite l'a dépeinte, est toujours originale, pure et semblable à elle-même! »

C'est parfaitement dit, et un grammairien qui voudra parler en vers ne dira guère mieux ; mais le public ne lira jamais les grammaires en vers. Un autre défaut de la critique de Klopstock, c'est que, tout en voulant l'émancipation de la langue, il reste trop étroitement enchaîné aux classiques anciens, qui sont pour lui ce que sont les auteurs français pour Wieland, des modèles, des maîtres, dont on copie jusqu'aux fautes. Le désir de réagir contre le prétendu réalisme de la littérature française l'entraîne si loin qu'il exagère presque toujours dans le sens de l'idéalisme grec, vers lequel il était déjà suffisamment porté par la nature de son esprit.

Il a pourtant rendu service à la langue : pour mieux combattre les tendances françaises de Gottsched et de Wieland, il recourt aux anciens textes, auxquels il ne craint pas d'emprunter des idiotismes et des hardiesses parfois excessives. On sait qu'il voulait remanier entièrement la grammaire et même l'orthographe allemandes. Il est aussi un des créateurs d'une métrique nationale, par les rythmes variés et ingénieux qu'il a employés dans ses odes [1]. Mais son style poétique est obscur, et ne peut servir de modèle qu'à ceux qui, comme lui, veulent se perdre dans la recherche du sublime et faire de stériles efforts pour arriver à dire ce

1. Nous ne parlons pas de l'hexamètre, qu'il a employé dans son poème épique, et qui avait déjà servi avant lui à plusieurs poètes : sauf Gœthe, dans *Hermann et Dorothée*, il est rare que les poètes allemands aient su tirer parti de cette forme de vers.

qui est indicible. Sa prose est bien meilleure, et il est regrettable que ses divers écrits sur la langue, la grammaire et la poésie, ainsi que ses lettres, ne soient pas devenus plus populaires ; mais ils ont exercé à coup sûr une influence salutaire sur l'esprit général de la littérature allemande à la fin du siècle dernier.

Le genre de Klopstock avait de grandes ressemblances avec celui de Bodmer et de l'école suisse : on s'empressa, sur la foi de ce nouveau modèle, d'exagérer la tendance qui dominait déjà depuis près d'un demi-siècle ; on cultiva sans mesure la poésie religieuse, et l'on imita les Anglais. Parmi ceux qui se firent un nom de cette manière, nous devons citer d'abord, pour la variété même de son talent et de ses œuvres, ZACHARIÆ (1726-1777), qui, après avoir débuté dans l'école de Gottsched, renia ses premiers dieux et devint disciple de Klopstock. Collaborateur de la *Revue de Brême*, il s'essaya dans la poésie descriptive, dans le poème héroï-comique, dans l'ode, dans l'épopée, dans le conte et dans la fable. Son premier succès lui vint de ses poèmes descriptifs, imités de Kleist et de Thomson : *les Jours* (1754), *les Quatre Ages de la femme* (1757) ; dans le genre héroï-comique, il débuta par *le Renommiste*, peinture souvent assez vive et exacte, mais mal écrite, des mœurs des étudiants allemands, et dont l'immense succès l'engagea, les années suivantes, à donner *le Mouchoir*, *le Phaéton*, etc. (1765). Mais il a rendu des services plus réels à la littérature de son pays en traduisant *le Paradis perdu*, de Milton (1760-62), et les *Chefs-d'œuvre du théâtre espagnol* (1770-71). C'est par la première de ces traductions qu'il se rattache à Klopstock, ainsi que par ses odes religieuses et son essai d'épopée, *la Création de l'enfer*, qui n'est qu'une pâle imitation du *Messie*. Vers la fin de sa vie, il semble vouloir imiter les auteurs français dans son poème inachevé de *Cortès*, qui n'a d'autre mérite qu'une diction pure et quelques descriptions assez réussies.

C'est à Klopstock encore que revient l'inspiration première du poème en prose de *Daniel dans la Fosse aux lions* (1763), où il y a peu d'invention, une langue rude et peu élégante, mais des peintures exactes et vivantes du caractère des rois et de la vie des cours. L'auteur de cette épopée, Charles MOSER [1] (1723-1798), connaissait les princes par une cruelle expérience : persécuté pour avoir développé dans ses ouvrages les idées les plus généreuses, il n'avait trouvé de consolation que dans le culte de la poésie. Ses *Cantiques*, animés par un souffle vraiment religieux, le rattachent aussi à l'école de Klopstock.

Mais celui qui a le mieux imité le genre de la *Messiade*, c'est un jeune poète enlevé prématurément au milieu d'une carrière qui semblait devoir être glorieuse. SONNENBERG (né en Westphalie, 1778) se suicida dans un accès de folie, en 1805. Outre ses *Odes*, animées souvent d'un souffle vraiment lyrique, il a composé une épopée, *Donatoa ou la Fin du monde*, où il y a de l'imagination, de la force et de la chaleur, mais qui manque des qualités calmes et sérieuses de son modèle. Ses œuvres, sauf la première partie de *Donatoa*, ne furent publiées qu'après sa mort.

On peut reconnaître la même influence dans les poésies religieuses de TIEDGE (1752-1840), et même dans son poème didactique d'*Uranie* (1801), bien qu'on y trouve aussi des traces assez manifestes de l'imitation de Gleim et de Haller, les premiers qui ont introduit en Allemagne la poésie de la nature. Admiré d'abord outre mesure pour sa sentimentalité, qui était de mode à l'époque de ses débuts, il fut bientôt délaissé contre toute justice, car la pureté de sa diction

---

1. On ne doit point confondre ce Moser avec son père *Jean-Jacques* MOSER (1701-1785), qui fut aussi fécond et plus malheureux encore que son fils. Auteur de nombreux opuscules philosophiques et politiques, il fut enfermé dans une prison d'État, où il composa de belles poésies religieuses. Il a laissé plus d'un millier de cantiques et a écrit son autobiographie en 1777.

lui assure un rang honorable parmi les poètes allemands, et, bien qu'on trouve généralement chez lui plus de rhétorique que de vrai lyrisme, il y a cependant quelques-unes de ses compositions, surtout parmi ses élégies, qui ne manquent pas d'une certaine chaleur et de mouvement poétique.

C'est dans la poésie lyrique que Klopstock devait avoir et a eu le plus de bons imitateurs. L'un des premiers en date est LAVATER (1741-1801), qui, pendant la dernière partie de sa vie, remplit les fonctions de prédicateur à Zurich, sa ville natale. Avant de s'illustrer par la publication de ses *Fragments physiognomoniques* (1775), il s'était fait connaître déjà comme poète par ses *Chants suisses* (1767), essai souvent heureux de poésie lyrique populaire, simple et naturelle, dans le genre de Gleim, et, en 1771 et années suivantes, par ses *Cantiques chrétiens*, imités de Klopstock. Gœthe, qui a fait le plus chaleureux éloge du caractère de Lavater [1], et qui appréciait fort ses sermons (publiés en 1773), se montre trop sévère pour ses poésies, auxquelles il refuse le naturel et la naïveté : c'est qu'elles sont écrites, comme celles de Tiedge, dans la manière sentimentale, qui paraissait si naturelle à la plupart des lecteurs de son temps, et qui fut si vivement combattue par la nouvelle école.

La sensibilité est plus vraie, plus profonde chez HOELTY (1748-1776), poète mélancolique et délicat, qui semble prévoir sa fin prématurée. S'il a imité Klopstock, il lui est supérieur comme poète lyrique, car il a senti la nature. Ses élégies seraient admirables s'il avait eu le temps de former son style. Mais, telles qu'elles sont, ses poésies, dont les premières ont paru en 1772, sont devenues populaires, grâce surtout à la musique, qui s'en est emparée pour en faire de véritables chants à l'usage du peuple. Lenau [2], qui a plus

---

1. Lettres à Mme de Stein, 13 nov. 1779.
2. Sur Lenau, v. plus loin, chap. v, § 3.

d'une ressemblance avec Hœlty, s'est formé en partie par la lecture de ses œuvres.

L'influence de Klopstock se fait sentir bien plus directement chez GERSTENBERG (1737-1823), dont les poésies lyriques ne sont pas dénuées de valeur, et qui a imité la poésie *bardilique* du maître dans son *Chant d'un Skalde* (1766). Mais il s'est fait un nom surtout par sa tentative de révolution dramatique avec *Ugolin* (1768), œuvre médiocre, à coup sûr, mais qui a le mérite d'ouvrir une ère nouvelle au drame allemand : désormais les poètes, à l'exemple de Gerstenberg et, bientôt après, de Gœthe lui-même, vont chercher leurs inspirations dans le théâtre anglais, ce qui les amènera peu à peu à ne plus chercher d'inspirations qu'en eux-mêmes et dans l'observation de la nature. Gerstenberg avait fait précéder son drame d'une série de *Lettres sur l'imitation des Anglais* (1766-67), qui peuvent être comparées, à certains égards, aux ouvrages analogues que Lessing et Herder publièrent à cette époque[1].

Christophe-Martin WIELAND (1733-1813) marque le contraste le plus accentué avec le système et les écrits de Klopstock. A le juger par la dernière et la plus longue partie de sa carrière, il représente le sensualisme appliqué à la littérature, en opposition à l'idéalisme, dont l'auteur du *Messie* est le plus illustre champion. Mais Wieland, par la nature de son talent et de son caractère, comme par les circonstances si diverses de sa vie, s'offre à nous sous différents aspects, qu'il faut avoir soin de bien distinguer si l'on veut se faire une idée exacte de ce remarquable et multiple écrivain.

Il débute dans la vie et dans les lettres comme un fervent admirateur, comme un disciple et un émule de Klopstock. Élevé par des parents pieux et même

---

1. Gerstenberg a laissé aussi divers opuscules philosophiques, d'une valeur très-médiocre, où il cherche à réfuter la doctrine de Kant.

piétistes, à Oberholzeim, puis à Biberach (Souabe); dévoré, dès son enfance, d'un enthousiasme sentimental et religieux qui n'avait d'égal que sa soif de lectures et de connaissances de toutes sortes; élève aussi sauvage que studieux au collège, puis au *séminaire* de Klosterbergen (1747) et à l'université d'Erfurt (1749), il écrit, à l'âge de dix-huit ans, un poème didactique et religieux de *la Nature* (publié en 1752), où il prétend réfuter Lucrèce dans un style digne de lui. Puis, incertain de son avenir, il écoute les amicales propositions de Bodmer, le patriarche du mysticisme, et se rend à Zurich, où il prend la place laissée vacante par Klopstock (1753); mais il reste plus longtemps que son devancier au foyer de Bodmer, et paye cette généreuse hospitalité par des poèmes et des écrits calqués sur ceux de son vénérable ami (*Épîtres morales, le Sacrifice d'Abraham, Psaumes, Sentiments d'un chrétien*, etc.). Tous ces ouvrages, comme le poème de *la Nature*, dénotent déjà un grand talent, et sont même remarquables pour la maturité du style; mais on n'y trouve ni originalité ni modération. Wieland était sincère dans ses exagérations; mais il allait trop loin pour pouvoir persévérer dans une telle voie. On n'a qu'à lire, pour s'en convaincre, cette lettre qu'il adressait à son ami Zimmermann, le 2 septembre 1756 :

« Vous ne vous attendez pas, sans doute, à ce que je vous reproche votre jugement par trop brusque sur les anciens anachorètes. Il est probable que vous ne connaissez pas les vrais mystiques par eux-mêmes et par leurs écrits; vous êtes, sans doute, de l'avis de toute la foule des savants et des ignorants, qui les tiennent pour des cerveaux brûlés et des fanatiques; mais savez-vous bien que je suis en mesure de vous prouver que la plus simple et la plus dévote religieuse des siècles passés avait plus de sagesse que tous les philosophes ensemble, et que le plus sûr chemin pour arriver dans ce monde au suprême degré du bonheur, c'est le mysticisme, qui ne peut subsister sans un renoncement absolu à toutes les choses terrestres comme à nous-mêmes, et qui, par conséquent, a les plus étroits rapports avec la vie des ermites ? L'ermite seul peut aimer les hommes d'une façon toute désintéressée ; il peut penser pour eux, écrire pour eux, prier pour eux, et leur montrer par son exemple que c'est uniquement leur trop grande complaisance pour eux-mêmes qui les empêche d'arriver à maîtriser leurs passions autant que doit le faire un homme vertueux. Serons-nous longtemps encore à faire tant de bruit de notre activité ? Je voudrais bien savoir quelle grande utilité nous procurons ainsi à nos semblables ! »

Moins de deux ans après cette effusion de piété mystique, il écrivait au même Zimmermann (12 mars 1758) :

« Je ne suis plus aussi platonicien que vous le croyez : je commence à me rapatrier de plus en plus avec les habitants de ce monde terrestre. Ma morale n'a plus rien de ce que j'appellerai une morale de capucins. J'aspire au caractère du *virtuose*, tel que Shaftesbury l'a si admirablement décrit dans toutes ses œuvres : je suis encore bien éloigné de ce modèle, mais j'aspire à lui ressembler... Je n'ai plus la moindre envie d'émigrer vers les sphères invisibles avant le temps voulu ; je n'exige plus que tout homme soit un Caton, et je ne veux plus initier les jeunes filles aux mystères de la philosophie platonicienne... Je ne sens que trop combien il est difficile et presque impossible qu'on ait bonne grâce à revenir habiter ce monde terrestre et à redevenir homme après avoir été séraphin et illuminé dans sa jeunesse ; mais, quoi qu'on puisse dire, et quand même je devrais passer pour un fou, je veux toujours rester honnête, loyal et vrai ; je ne prendrai jamais un masque dans le seul but de sauver les apparences et pour avoir l'air de sauver mon caractère ! »

La sincérité est, en effet, le trait distinctif de cette évolution de Wieland ; il ne changeait pas de caractère, en somme : il revenait à son caractère natif. Il avait été doué d'un esprit fin, railleur et curieux, qui répugnait aux excès de tout genre. L'éducation qu'il avait reçue, et sa passion romanesque pour sa cousine, devenue depuis Sophie Laroche, avaient pu faire de lui, pour quelque temps, un enthousiaste, et la société de Bodmer, les éloges de ce bon vieillard et de ses amis avaient pu exagérer son enthousiasme jusqu'au fanatisme; mais il ne s'agissait pour Wieland que de se réveiller, et son réveil fut aussi complet que prompt. Une déception de son amour de collégien et le spectacle journalier des ridicules de ses amis de Zurich suffirent à le ramener, comme il le dit, *dans le monde des vivants*. On a donc eu raison de dire qu'il n'y avait pas là une révolution ni même une évolution, mais un simple retour à ce qu'il était de par la nature. Wieland avait un goût prononcé pour la philosophie, pour la philosophie pratique, s'entend, telle que Voltaire et ses amis l'avaient inaugurée en France, d'après les modèles que leur donnait l'Angleterre et que Wieland aime aussi à invoquer; il s'était égaré un instant dans ce qu'il appelle le *platonisme* : il revient simplement à sa nature, en brûlant ce qu'il avait adoré pendant les jours de son enthousiaste jeunesse.

Ce retour se fait d'une façon très-modérée, en somme, et l'on ne peut pas dire que Wieland ait brûlé ses anciens dieux de prime abord, comme font les néophytes : il se contente de rompre avec ses habitudes et avec ses patrons de Zurich, et de se consacrer au monde, qu'il évitait autrefois, et à la lecture des auteurs anglais et français, qu'il n'osait lire auparavant qu'avec une extrême méfiance, comme des écrivains dangereux. Le premier fruit de cette nouvelle période de sa vie littéraire et morale est son drame de *Jeanne Gray* (Berne, 1758), où il s'essaye au genre anglais par excellence, en imitant et en copiant parfois un auteur anglais, Nicolas Rowe. On sait combien Lessing se montra dur pour cet essai, tout en félicitant l'auteur d'avoir quitté les sphères éthérées pour étudier et peindre l'homme de plus près. Puis viennent les poésies légères, les *Contes comiques*, le roman de *don Sylvio de Rosalva* (1760), qui n'est qu'une pâle imitation de Don Quichotte, le charmant petit poème de Musarion et enfin le roman d'Agathon (1767), œuvre capitale, que l'on peut considérer comme une autobiographie et comme une profession de foi. Ici Wieland déclare franchement la guerre à l'idéalisme, qu'il a servi, puis déserté dans les années précédentes ; ou plutôt il s'attache à montrer, chez un personnage donné, l'opposition bien naturelle de l'âme et des sens, du mysticisme et de la raison, et leur accord possible dans la vie.

Une analyse ne saurait guère donner une idée, même imparfaite, d'un pareil ouvrage. L'intrigue du roman est des plus simples, et ce sont les peintures qui en font le principal charme. On ne peut que montrer en quelques lignes le cadre dans lequel Wieland a fait rentrer cette longue histoire d'Agathon ; pour de plus amples détails, le lecteur fera bien de recourir au roman lui-même, dont la mise en scène est généralement attachante, et dont les épisodes sont parfaitement traités.

Agathon a été, dans son jeune âge, abandonné par son père, et élevé, comme un enfant inconnu, par la Pythie, dans le temple d'Apollon à Delphes. Il n'a jamais vu que les prêtres du dieu, et des enfants comme lui attachés à son culte. Son imagination est de bonne heure séduite par la beauté des cérémonies, la poésie de la religion, et enflammée, dans la suite, par les révélations qui lui sont faites de la philosophie orphique et de ses mystères les plus sublimes. Mais, au moment où son âme commence à planer dans les régions célestes, sans se douter qu'elle vit dans un corps et dans un monde habité par des corps, un prêtre d'Apollon, celui-là même qui s'était chargé d'initier le jeune homme aux idées les plus hautes, et qui n'est qu'un infâme hypocrite, veut profiter de sa candeur et de sa foi pour satisfaire une honteuse passion. L'enfant n'est qu'à moitié détrompé par cette première expérience : désormais il se méfiera des hommes, mais non du mysticisme, et son âme s'abandonne de plus belle à des transports d'amour idéal pour la nature et les êtres célestes. Après une nouvelle déception, le jeune Agathon renonce au culte d'Apollon, s'échappe du temple et court le monde. Il retrouve son père, devient un des orateurs et des chefs les plus aimés du peuple athénien, puis tombe dans la disgrâce de la multitude, et s'exile volontairement, victime des plus ingrates persécutions. Il est pris par des pirates, et vendu en Asie-Mineure au sophiste Hippias, qui se prend pour lui d'une belle tendresse et veut le former dans son art. Mais le jeune esclave, tout pétri de platonisme, comme un homme qui a suivi à Athènes les leçons du divin Platon lui-même, offre une résistance inattendue aux arguments, à l'éloquence, aux séductions du sophiste, jusqu'au moment où il succombe à l'artifice le plus habile d'Hippias, personnifié dans la belle Danaé. Cette aimable courtisane ne parvient même à s'emparer du cœur d'Agathon qu'en affectant les dehors de la vertu et de l'idéalisme; mais la comédienne finit par être la première dupe de son manège et par aimer réellement le jeune enthousiaste pour lui-même.

C'est avec un art infini que Wieland nous fait assister au changement continu, à la *dégradation* insensible qui se produit dans l'âme de son héros. Après diverses aventures, nous le retrouvons à Syracuse, à la cour de Denis le Tyran, dont il devient l'ami et le conseiller. Il se figure qu'il est devenu un homme pratique : son but est toujours de rendre l'humanité heureuse par la vertu; mais il sera désormais moins scrupuleux sur les moyens à employer. Il fait la connaissance d'Aristippe, un vrai sage, un homme réellement pratique, qui prédit un mauvais succès à sa généreuse entreprise. Cette prédiction s'accomplit : Agathon est jeté en prison, menacé de mort, et ne doit son salut qu'à l'intervention d'Archytas, l'aimable chef de la république de Tarente. Il se retire chez son bienfaiteur, apprend de lui à allier, dans une juste mesure, la sagesse venue de l'expérience et l'enthousiasme naturel à une belle âme, et finit, après avoir voyagé pour son instruction dans toutes les contrées du monde habitable, par se reposer dans une philosophie douce et sereine, qui le guérit de ses illusions sans lui ravir ses espérances.

Tel est cet ouvrage, qui excita la plus vive admiration lorsqu'il parut, et qui, depuis longtemps, est délaissé comme démodé et insipide. Il est probable que ceux qui portent un jugement aussi sévère sur *Agathon* ne l'ont pas lu, ou que, du moins, ils l'ont lu avec des préoccupations trop modernes. C'est une œuvre antique à certains égards, et dont le charme n'échappera point à ceux qui voudront y chercher plutôt la finesse et l'exactitude des analyses, la poésie des descriptions, la chaleur des convictions, que la hardiesse ou l'originalité des idées et des situations. Ce n'est pas un chef-d'œuvre, si l'on veut, mais c'est encore un des romans philosophiques les plus remarquables qui aient été écrits dans ces derniers siècles.

En même temps que Wieland faisait cette évolution, définitive cette fois, au point de vue moral, il en faisait une autre, non moins importante et décisive, au point de vue littéraire. Il se mettait franchement à l'école des Anglais, et publiait, de 1762 à 1768, la première traduction de Shakspeare qui ait paru en Allemagne. Il est de bon ton, aujourd'hui, de l'autre côté du Rhin, de dire du mal de Wieland et de décrier sa traduction de Shakspeare : toujours est-il qu'elle a eu le mérite d'arriver la première et que Lessing, qui était un juge compétent et sévère, en a dit grand bien lors de son apparition.

Wieland avait quitté la Suisse en 1760 ; il avait accepté des fonctions municipales à Biberach, mais s'en était bientôt dégoûté pour essayer de se faire une position dans l'enseignement, où il n'avait guère trouvé plus de satisfaction. A partir de 1772, sa fortune change, et il devient un des rois de la littérature, ou plutôt le chef honoré, brillant et incontesté de toute une génération. C'est la publication de son roman politique du *Miroir d'or* qui attire sur lui l'attention de la duchesse régente de Weimar et le fait choisir par elle comme précepteur des jeunes princes, ses fils. Ses délicates fonctions absorbent une grande partie de son temps, mais lui permettent encore d'écrire des articles de critique, des opéras, des poésies légères, et de fonder le *Mercure allemand* (1773). Sa polémique avec Gœthe est un événement heureux pour la littérature allemande, puisqu'elle décide l'auteur de *Gœtz de Berlichingen* à venir se fixer à Weimar.

Rien ne saurait donner une idée de l'incessante activité de Wieland durant cette période de sa vie : il traduit Horace et Lucien, écrit sa piquante *Histoire des Abdéritains* (1776) et compose de nombreux poèmes, dont les meilleurs, appartenant au genre romantique ou chevaleresque, sont *Géron le Courtois* et surtout *Obéron* (1780). Ce dernier, qui est un chef-d'œuvre, est assez connu en France pour qu'on n'ait pas besoin de s'y arrêter longuement : le sujet lui-même appartient à la littérature française, puisque ce n'est qu'un nouveau développement du vieux roman ou poème de *Huon de Bordeaux*, rajeuni au xviiie siècle par le comte de Tressan, dans sa célèbre *Bibliothèque des romans*. Le mérite de Wieland est d'avoir su, dans ce poème, plus encore que dans les précédents, donner à son récit et à son style la tournure naïve qui convient à ce genre d'écrits.

Avec *Obéron*, Wieland semble vouloir prendre congé de la poésie, car depuis lors il s'adonne presque exclusivement à la philosophie et à la critique. Outre la publication du *Mercure*, qu'il dirige encore jusqu'en 1803, avec la collaboration de Bœttiger (depuis 1783), il entreprend encore celle du *Musée attique* (1796-1803), puis du *Nouveau Musée attique*, où il insère un grand nombre de dissertations et d'articles sur toutes les questions les plus intéressantes d'art, de philosophie et de politique, ainsi que sa traduction des *Lettres de Cicéron*. Ses écrits originaux et importants se bornent, dans les vingt dernières années de sa vie, aux romans philosophiques de *Pérégrinus Protée*, d'*Agathodémon* et d'*Aristippe*, auxquels on peut joindre ses romans par lettres de *Cratès et Hipparchie*, de *Ménandre et Glycérion*, ses *Dialogues* imités de Lucien et enfin son *Euthanasie*, l'œuvre de ses derniers jours, qui est une dissertation, sous forme de dialogue, sur l'immortalité de l'âme.

Le caractère commun à tous ces ouvrages est la préoccupation religieuse qui les domine, ainsi que la forme tout à fait classique que l'auteur est parvenu à leur donner. Il semble que, dans cette troisième période de sa carrière, Wieland veuille revenir un peu en arrière et remettre en honneur l'enthousiasme dont il avait dit tant de mal précédemment. Tel est le sens de ces romans où il essaye de réhabiliter Pérégrinus Protée, ridiculisé par Lucien, et Apollonius de Tyane, qu'il appelle Agathodémon. Malgré l'abus des dissertations philosophiques, la lecture de ces ouvrages est intéressante, et l'on ne peut guère s'empêcher de prendre fait et cause pour les héros de Wieland, souvent même pour ses idées. Dans *Aristippe*, par exemple, malgré la tendance fort dangereuse de l'auteur à établir la morale du plaisir comme la règle de nos actions, on lit volontiers, sous une forme piquante, une histoire complète et intéressante de la philosophie grecque. On y trouve non plus le portrait et l'histoire de l'auteur, comme dans *Agathon*, mais ses dernières idées et son exposé de principes. On y peut remarquer que la hardiesse de ses idées augmente avec l'âge, mais que cette hardiesse est tempérée en même temps par beaucoup de sens pratique et par une douce sensibilité. Quelle différence entre le passage que nous allons citer, et les mordantes railleries d'Hippias, dans *Agathon*, contre les cérémonies du culte et les autres institutions religieuses ou sociales !

« Je ne me fais aucun scrupule d'avouer, dit Aristippe, que

j'aime vraiment bien tous ces jours de fête que nos pieux ancêtres ont consacrés au repos et au bien-être de tous. Admettons que l'ardeur au travail et l'abstinence, quand elles ne sont pas filles de la nécessité, doivent être comptées parmi les vertus les plus estimables : ce qu'il y a de certain, c'est qu'elles ne sont après tout que des moyens d'arriver à ce qui est le but et le désir de toute la nature vivante; le repos est la récompense la plus agréable du travailleur, et le pauvre ne s'impose de si nombreuses privations que pour pouvoir de temps à autre se procurer un jour de bien-être.

« Les jours de fête, je ne vois partout que joyeux visages; chacun s'habille mieux que de coutume, se traite mieux, se rend au bain et se couronne de fleurs. Les sacrifices, les chants et les prières en commun, les processions solennelles, les jeux, les danses et les spectacles entretiennent et exaltent l'instinct de la sympathie, et ne nous font éprouver que ce qu'il y a de facile, d'agréable et de consolant dans cette vie de société, dont les mille collisions aggravent et assombrissent si fréquemment les jours de travail et d'occupation... Je ne me trouve jamais plus à l'aise que lorsque je me sens tout à fait disposé à vouloir du bien à tous les hommes, et j'éprouve toujours ce sentiment quand je les vois joyeusement réunis. Car alors je me laisse bercer insensiblement par la douce illusion de les croire tous bons et bienveillants, et je me figure volontiers qu'ils le seraient toujours s'ils se sentaient toujours heureux. » (*Aristippe*, livre Ier, lettre 13.)

C'est la morale de la sympathie dans ce qu'elle a de plus simple et aussi de plus élevé. Avec de tels sentiments, il n'y a pas à s'étonner que Wieland, qui passe généralement pour sceptique, ne fût nullement hostile au christianisme, ni surtout à sa forme la plus sociable et la plus humaine, la religion catholique. Il a été sceptique, assurément, mais à la façon de ses maîtres, les anciens, Socrate, Horace, Lucien, sans exclure la foi à tout ce qui est grand et beau, ni l'enthousiasme pour tout ce qui est bon et généreux. A ce point de vue, il n'appartient pas réellement au xvIIIe siècle, qui n'est animé en général que du désir de renverser tout ce qui existait avant lui.

La vie privée de Wieland n'a été que la mise en pratique de sa philosophie : il a été heureux, parce qu'il a su trouver le bonheur en lui-même et dans les ressources que la Providence avait mises à sa disposition : la vie de famille et l'étude, tels furent les seuls plaisirs qu'il voulut goûter, et tous deux lui donnèrent les plus nombreuses et les plus pures satisfactions. Établi depuis 1798 dans sa retraite d'Osmannstædt, près de Weimar, il y termina sa carrière en sage et en homme de bien, résistant aux coups du sort avec une force d'âme qu'on n'aurait pas attendue d'un disciple d'Aristippe : l'incendie de sa maison, la perte de ses récoltes, la mort de sa femme et d'autres membres de sa famille, puis celle de ses meilleurs amis, enfin l'invasion française et les malheurs qu'elle entraîne, viennent l'assaillir sur ses vieux jours, mais sans rien lui ôter de sa bienveillance et de sa sérénité. L'étude continue à le consoler, à le charmer, et les distinctions les plus flatteuses dont il est l'objet de la part des souverains et du public ne le touchent pas autant que les témoignages d'affection de ses derniers amis et son intime conversation avec les sages de l'antiquité. Peut-être cependant son âme est-elle péniblement impressionnée, à la fin, par quelques attaques assez violentes dont il est l'objet de la part des romantiques ; mais il oublie ces mesquines questions d'amour-propre pour ne plus s'occuper que des problèmes, autrement sérieux, de la destinée de l'homme. Nous devons reconnaître à ce sujet que son dialogue d'*Euthanasie* contient quelques doutes sur l'immortalité de l'âme ou du moins sur la vie future, telle que l'entend la religion révélée : c'est une ressemblance de plus entre Wieland et Socrate.

En résumé, comme penseur, Wieland n'est ni profond ni original, mais il est sincère et humain ; à toutes les époques de sa vie, il se donne toujours tout entier à ses lecteurs. Sa philosophie est douce et pratique, gracieuse et légère, mais non immorale, comme le répètent volontiers les Allemands, qui ne peuvent lui pardonner son aversion pour l'ontologie et ses épigrammes contre la métaphysique nébuleuse. C'est un esprit français, et son style se ressent des qualités de son esprit ; rarement la prose allemande et même la poésie ont été maniées avec autant d'aisance et de charme. On peut regretter seulement que cet aimable écrivain, abusant de sa facilité, se soit laissé aller à des longueurs qui peuvent souvent paraître fastidieuses et qui déparent ses meilleurs ouvrages.

L'influence de Wieland sur ses contemporains a été considérable. Il a contribué plus qu'un autre à former la langue de son pays et à exciter, chez la nouvelle génération de poètes que vit surgir la fin du XVIIIe siècle, le goût classique et l'enthousiasme du beau. Mais, outre ces disciples non avoués et qui ne ressentent son influence que d'une façon générale, il a eu ses disciples immédiats, ses imitateurs ; et ceux-ci, comme il arrive souvent, lui ont rendu un très-mauvais service en exagérant ses défauts et en ridiculisant ainsi les genres littéraires où il s'était distingué.

Tels sont, par exemple, dans la poésie héroï-comique et romantique, le Strasbourgeois *Henri de* NICOLAY (1737-1820), qui prend volontiers ses sujets dans l'Arioste (*Renaud et Angélique*, 1781), mais dont le style trop facile et la morale peu sévère font regretter son modèle ; — ALXINGER (1755-1797), dont les poèmes de *Doolin de Mayence* (1787) et de *Bliomberis* (1791) ne sont que de pâles copies d'*Obéron*; — *Fréd. Aug.* MULLER (1767-1807), auteur d'un *Richard Cœur de Lion* (1790) depuis longtemps oublié.

On peut adresser le même reproche à ceux qui ont pris à tâche de reproduire dans leurs œuvres la fine ironie de Wieland, le côté parodique de sa poésie. BLUMAUER (1755-1798), longtemps populaire, grâce aux allusions politiques qui foisonnent dans son *Enéide travestie* (1788), n'arrive qu'à exciter un gros rire ou à faire bâiller par ses plates et vulgaires plaisanteries. LANGBEIN (1757-1835) n'est pas moins médiocre dans ses poèmes comiques et ses romans burlesques ; on a de lui quelques fables et des nouvelles qui ne manqueraient pas d'intérêt si l'auteur avait pris soin de mieux écrire. Enfin, nous pouvons rattacher à cette catégorie d'écrivains le mathématicien LICHTENBERG (1742-1799), qui a imité Wieland presque autant que les satiriques anglais, dans ses *Commentaires humoristiques* (en prose) sur les dessins du caricaturiste Hogarth (1794).

Deux des disciples de Wieland, qui ne sont point parvenus à une très-grande célébrité, peuvent lui faire plus d'honneur que tous ceux qui viennent d'être nommés : ce sont BERTUCH et ZIMMERMANN. Le premier, qui a été l'ami de Gœthe en même temps que celui de Wieland (1747-1822), a contribué plus qu'un autre, par ses traductions (publiées dans son *Magasin*, 1769-1790), à développer en Allemagne le goût de la littérature espagnole ; son *Don Quichotte* lui assigne un rang très-honorable parmi les traducteurs. Ses articles de critique parus dans les nombreuses revues dont il a été le fondateur ou le collaborateur, et ses travaux sur l'ancienne poésie allemande, notamment sur Hans Sachs, le placent parmi les littérateurs modestes, mais actifs et influents, qui ont le plus contribué au mouvement littéraire de la fin du siècle dernier. C'est dans un genre différent que s'est signalé ZIMMERMANN (1729-1795), l'auteur du *Traité de la solitude*, qui, à l'exemple de Wieland, a cherché à vulgariser les idées philosophiques et morales les plus pratiques, d'après la méthode anglaise et française du xviiie siècle. Sa philosophie populaire est la mise en œuvre dogmatique des théories émises par Wieland dans les romans de sa deuxième période : s'il n'a pas le charme du maître, il a du moins sa conviction et son amour de l'humanité.

SECTION II. — *Lessing et Herder*. — Après les

tentatives faites par Klopstock et Wieland pour éveiller l'imagination de leurs compatriotes et fonder une littérature nationale, il fallait encore que des esprits judicieux et sévères vinssent prémunir les écrivains contre la mauvaise imitation de ces modèles ou contre les entraînements mêmes de l'imagination, et achever, pour ainsi dire, de préparer le sol qui devait bientôt porter une si belle moisson. Ce rôle fut joué par deux hommes dont les qualités d'esprit, tout en étant différentes et quelquefois même opposées, se complétaient entre elles et exercèrent, par leur action simultanée, l'influence la plus heureuse sur leur époque : nous voulons parler de Lessing et de Herder.

Gotthold-Ephraïm Lessing (1729-1781) sortait d'une famille d'humbles ecclésiastiques de la Haute-Lusace, en Saxe, où la fierté était héréditaire en même temps que la pauvreté. Son père avait un caractère ferme et entier ; sa mère, imbue des vieilles idées, élevait ses enfants avec la raideur cérémonieuse des familles princières de ce temps : tous deux ne rêvaient pour leur fils aîné que la modeste carrière de la prédication, qui, pour eux, était la plus noble de toutes. Il fut donc convenu qu'il étudierait la théologie, et il commença par s'asseoir sur les bancs de l'école de Camenz, sa ville natale, puis sur ceux du collège de Meissen, où il se distingua entre tous par la précocité de son intelligence et par son ardeur au travail. En 1746, il arrive à l'université de Leipzig, où il ne répond guère aux vœux et aux sacrifices de ses parents par un vif enthousiasme pour la théologie ; il finit même par déserter entièrement cette science au profit d'études toutes différentes : la médecine d'abord, puis les beaux-arts et la littérature. Nous avons, sur ces tâtonnements, le témoignage de Lessing lui-même, dans une lettre fort intéressante qu'il adressait à sa mère au mois de janvier 1749.

« J'ai quitté le collège fort jeune, dit-il, convaincu que je ne pourrais trouver le bonheur que dans les livres. Arrivé à

Leipzig, j'y ai vécu, dès les premiers mois, dans une retraite absolue ; toujours au milieu de mes livres, uniquement occupé de moi-même, je pensais aussi rarement aux autres hommes que peut-être à Dieu. Cet aveu me coûte passablement, et ma seule consolation est de pouvoir dire que ce qui m'a rendus fou, c'est uniquement l'amour du travail. Mais bientôt me yeux s'ouvrirent ; dois-je dire que c'est pour mon bonheur ou pour mon malheur ? L'avenir le décidera. J'appris à reconnaître que les livres avaient bien pu faire de moi un savant, mais non un homme. Je me risquai hors de ma chambre, au milieu de mes semblables. Grand Dieu ! quelle différence je pus remarquer entre les autres et moi ! Une timidité de paysan, un corps sauvage et mal bâti, une complète ignorance des mœurs et de la société, une figure insupportable, sur laquelle chacun croyait lire son mépris, telles étaient les belles qualités qui me restaient d'après mon propre jugement. Je ressentis une honte que je n'avais jamais éprouvée, et l'effet de cette honte fut la ferme résolution que je formai de me corriger à tout prix. Vous savez vous-même comment je tâchai de m'y prendre J'appris la danse, l'escrime, la voltige... Puis, quand mon corps fut un peu dégourdi, je recherchai la société pour apprendre aussi à vivre. »

La société qu'il fréquenta ainsi était fort mêlée ; il s'était mis en relations, d'une part, avec des écrivain déjà connus et posés dans le monde des lettres comme Adolphe Schlegel, Zachariæ et Weisse ; de l'autre, avec un jeune auteur plein de talent, mais sans mœurs et sans discipline, Mylius [1], qui ne pouvait guère que lui donner de mauvaises habitudes, mais qui agit singulièrement sur son esprit par la hardiesse de ses idées ; enfin, et surtout, avec les comé-

---

[1]. *Christob* Mylius (1727-1754), mena une vie dissipée qu'il termina misérablement à Londres. Outre les articles qu'il écrivit pour la *Revue de Brême* et pour les *Récréations* de Schwabe, il a laissé une comédie des *Médecins,* presque toujours vulgaire et grossière.

diens réunis alors à Leipzig sous la direction de Mme Neuber. Cette dernière société lui procura, entre autres avantages, celui de pouvoir subvenir à ses besoins en traduisant ou composant des pièces de théâtre : ce fut là son début dans la carrière des lettres, et, malgré la faiblesse naturelle et le peu d'originalité de ses pièces (*le Jeune savant*, 1747 ; *le Misogyne*, 1748 ; *le Libre-Penseur*, *les Juifs*, 1749 ; *le Trésor*, imité de Plaute, 1750), on peut trouver déjà dans ces essais quelques-unes des qualités de Lessing, la finesse des aperçus, la rapidité du style, la vivacité du dialogue.

Les trois dernières des pièces que nous venons de citer ne furent pas représentées : les comédiens avaient quitté Leipzig en 1748, et Lessing avait dû s'échapper de cette ville, à son tour, à la suite de difficultés pécuniaires compliquées par sa liaison avec les artistes de Mme Neuber. Son ami Mylius l'attire à Berlin, où Lessing se trouve plus que jamais dans la gêne. Nous devons dire que cet esprit si judicieux et si méthodique dans tous ses écrits n'était rien moins que rangé dans ses affaires personnelles, et qu'il ne put jamais se corriger de ses habitudes de désordre ; la fortune sembla lui sourire quelquefois, mais il ne sut jamais la fixer.

Dans ce premier séjour à Berlin, Lessing se trouva un instant rapproché de Voltaire, mais dans une position telle, qu'il ne put guère profiter de ce rapprochement pour compléter son éducation intellectuelle. L'illustre ami de Frédéric II avait eu recours au jeune étudiant allemand pour faire rédiger ou traduire quelques pièces de son procès contre le juif Hirsch, de Potsdam ; les relations de ces deux hommes n'allèrent pas plus loin. Mais Lessing remporta de ce contact un sentiment d'animosité personnelle contre Voltaire, qui influa beaucoup dans la suite sur la manière dont il jugea les œuvres du poète qu'il avait connu et toute la littérature française en général.

Il commençait dès lors à faire acte de littérateur et de critique, et surtout acte d'indépendance. Admis à collaborer au *Journal de Berlin,* qui devint dans la suite la *Gazette de Voss,* il sut prendre une situation particulière et vraiment originale dans toutes les discussions philosophiques et littéraires sur lesquelles il était appelé à exprimer son sentiment ; il se montrait toujours également sincère et railleur, libéral et sévère, et toujours aussi d'une rare impartialité. C'est dans le même esprit, vraiment critique, et pour infuser du sang nouveau à la poésie allemande par la résurrection des vieux poètes, qu'il entreprit avec Mylius la publication de sa *Bibliothèque théâtrale* (1750) ; mais, brouillé dès l'année suivante avec son ami et collaborateur, il dut bientôt interrompre cette publication, qui ne fut reprise que trois ans plus tard, en 1754.

La fin de l'année 1751 nous fait assister à un de ces brusques changements d'existence et d'occupations qui remplissent toute la vie de Lessing : il quitte tout à coup Berlin, se rend à Wittemberg et s'y tourne entièrement vers l'érudition et les humanités. Non content d'étudier et de défendre Bayle, de traduire et d'imiter les auteurs anciens, tels qu'Horace et Martial, et d'écrire de judicieuses et piquantes apologies de quelques grands hommes méconnus ou calomniés, il apprend encore l'espagnol, publie le vieux poète allemand Logau et trouve à peine assez d'aliments pour son infatigable curiosité : c'est peut-être la période la plus active de son existence.

Reçu maître ès arts en 1752, il quitte Wittemberg, revient à Berlin et y publie une édition complète de ses œuvres (1753-54) : ce recueil de ses premiers essais n'est pas dénué d'intérêt ; mais leur caractère général est d'être encore, malgré tous ses efforts pour devenir original, imités des littératures étrangères et même des auteurs français (surtout ses *Fables en vers,* ses *Contes* et ses pièces de théâtre). Lié avec Moïse Mendelssohn et Nicolaï, hommes d'une valeur intellectuelle bien inférieure à la sienne, il puise dans leur société des idées nouvelles et surtout une plus grande indépendance en matière poétique; il acquiert principalement cette indépendance par le commerce des auteurs anglais et surtout de Shakspeare, dont l'inspiration, jointe à l'étude des théories dramatiques de Diderot, lui dicta son drame bourgeois, en prose, de *Miss Sara Sampson*.

Mais il n'y avait à Berlin ni théâtre ni acteurs dignes de ce nom : dégoûté encore une fois, pour ce motif, du séjour de la capitale, il retourne brusquement à Leipzig (1755); là il est obligé, pour vivre, de recourir à de continuels expédients, et ne parvient pas à échapper aux embarras de toute sorte qui l'assiègent. La guerre de sept ans venait d'éclater, et lui cause de nouveaux ennuis et même de cruels chagrins, parmi lesquels le plus sensible, disons-le à l'honneur de Lessing, fut la perte d'un ami tendrement aimé, le major prussien Ewald de Kleist, le poëte du *Printemps*. Leipzig lui devient odieux, et il retourne à Berlin (1758); là il renoue ses anciennes relations avec Nicolaï et Mendelssohn, et publie avec eux ses excellentes *Lettres sur la littérature contemporaine*. Il donne aussi des *Fables en prose*, devenues classiques en Allemagne, et accompagnées de dissertations où il cherche à rabaisser notre La Fontaine; puis, une tragédie en prose, *Philotas*, qui n'eut pas de succès, et qui n'en méritait guère.

Les éloges prodigués à son drame bourgeois de *Miss Sara Sampson* le décident cependant à se tourner entièrement vers le théâtre : il traduit celui de Diderot, qui, selon lui, se rapprochait le plus de la nature (1760), et s'essaye à traiter le sujet de *Faust*, qu'il abandonna bientôt après. Sur ces entrefaites, une position semi-administrative qu'il obtient à Breslau lui donne des loisirs pour travailler selon ses goûts : il néglige de s'enrichir, bien qu'il fût dans les finances; il perd même au jeu l'argent qu'il gagne; mais il écrit *Minna de Barnhelm*, et continue à étudier la vieille littérature nationale.

Minna de Barnhelm est une comédie en prose, composée en 1763, et qui ne fut jouée qu'en 1767 ; c'est en réalité la première comédie, en date, qu'ait produite l'Allemagne et, à défaut de verve comique et de profondeur d'observation, l'auteur a du moins le mérite d'avoir pris son sujet dans l'histoire contemporaine de son pays et de faire parler ses personnages avec aisance et naturel. Le principal défaut de cette pièce est d'être entachée de cette sentimentalité qui faisait fureur alors au delà comme en deçà du Rhin.

Revenu à Berlin en 1765, Lessing se remet à l'étude des classiques anciens, et le premier fruit de cette étude fut la composition de son *Laocoon*, qui parut en 1766. Depuis plusieurs années déjà il s'occupait sérieusement des œuvres d'art de l'antiquité : sa liaison avec quelques artistes et avec des hommes de goût, ses visites aux divers musées, la lecture des ouvrages spéciaux les plus en vogue alors, comme ceux de Spence, du comte de Caylus et de Winckelmann, l'avaient initié peu à peu à la connaissance des chefs-d'œuvre de l'art antique ; sa continuelle et intelligente méditation des auteurs grecs et latins avait encore développé en lui le sentiment esthétique ; et il était arrivé ainsi à formuler dans son esprit un certain nombre de jugements, d'une rare lucidité et d'une originalité souvent remarquable, sur certaines théories littéraires et sur les principales œuvres de l'antiquité classique.

C'est à Breslau qu'il avait commencé à rédiger ces jugements dans une série de dissertations qu'il se proposait de publier sous forme d'articles isolés, lorsque parut, en 1764, la grande *Histoire de l'art dans l'antiquité*, de Winckelmann. Il prit aussitôt la résolution de réunir ces dissertations et d'en faire un livre pour réfuter quelques-unes des théories de Winckelmann : c'est ainsi que fut composé le *Laocoon*, livre classique en France comme en Allemagne, et où sont marquées d'une façon si magistrale les limites qui doivent séparer le domaine de la poésie de celui de la peinture, ou, pour mieux dire, les rapports et les différences qui existent entre les arts *plastiques* et les arts *parlants*.

Cet ouvrage ne fut point, tout d'abord, apprécié à sa juste valeur, ou, plutôt, on n'en saisit pas tout de suite la haute portée : on le remarqua, on discuta sur certaines théories de l'auteur et sur des points de détail ; mais il fallut quelques années avant que le public lettré lui-même comprît et admirât l'ensemble de ces théories et la valeur esthétique de ces idées. Un des premiers critiques qui eurent le mérite d'apprécier le *Laocoon* fut un professeur nommé Klotz, qui, dans la *Revue de Halle*, en fit un éloge enthousiaste, tout en faisant quelques réserves sur des questions peu importantes. Lessing, fort irritable de sa nature, et plus incapable alors que jamais de céder sur ce qu'il croyait être le bon sens et la vérité, s'indigna contre le critique malavisé qui n'acceptait pas toutes ses conclusions : il commença contre lui une campagne restée célèbre et dont ses *Lettres archéologiques* (1768) sont un des monuments les plus connus. Winckelmann, lui aussi, avait attaqué les théories du jeune critique, et Lessing, piqué au vif, eut le tort de manquer de modération dans sa lutte contre son émule aussi bien que dans ses injurieuses attaques contre le malheureux Klotz. Toute cette polémique eut cependant un avantage pour les contemporains et pour la postérité : elle nous valut un certain nombre d'opuscules qui peuvent être considérés comme les compléments du *Laocoon*, et dont le plus remarquable est intitulé : *Comment les anciens ont représenté la mort*.

Lessing semblait décidément engagé dans la voie de la critique, celle, à coup sûr, qui convenait le mieux à son esprit. A peine le *Laocoon* avait-il paru, que l'auteur se rendait à Hambourg et s'y installait comme *dramaturge* en titre de la troupe qui exploitait le théâtre de cette ville. Lessing devait, en cette qualité, choisir et juger les pièces qui seraient jouées, et publier, sous forme de feuilletons bihebdomadaires, des appréciations détaillées sur la valeur littéraire des pièces et sur le jeu des acteurs. Il y ajouta des considérations générales, et de l'ordre le plus élevé, sur l'art dramatique lui-même; et c'est l'ensemble de ces articles, réunis en un volume (1768), qui constitue le livre appelé la *Dramaturgie de Hambourg*. Ce livre mérite presque autant que le *Laocoon* d'être considéré comme classique : sauf un parti pris trop évident et trop constant contre les auteurs français, on ne peut qu'admirer la justesse comme la hardiesse de ses vues, dont l'ensemble constitue un répertoire de jugements aussi sérieux que piquants, un véritable cours de littérature dramatique, qui n'a point vieilli de nos jours.

Mais la production de ces chefs-d'œuvre n'améliorait pas la position de Lessing : il avait mécontenté les comédiens de Hambourg par la franchise de ses critiques, et dut bientôt renoncer à la carrière qu'il venait d'embrasser. Il songe un instant à se créer des ressources par le commerce, et organise, avec un nommé Bode, une maison d'imprimerie et de librairie; est-il besoin d'ajouter qu'il fit de mauvaises affaires et dut abandonner son entreprise au bout de quelques mois? Puis il forme le projet d'aller en Italie, où il comptait se créer une position grâce à ses connaissances archéologiques. Enfin il est remarqué, en 1770, par le duc de Brunswick, qui le nomme bibliothécaire à Wolfenbuttel. C'est dans cette position modeste, mais stable, presque aisée, et en somme assez indépendante, que Lessing passe les onze dernières années de sa vie.

Elles ne furent pas heureuses, et, il faut le dire, ç'a été principalement par la faute de Lessing lui-même, par l'irritabilité de son caractère, par sa manie de contredire et d'attaquer constamment des gens qui lui étaient peu sympathiques, on ne peut le nier, mais qui l'auraient sans doute laissé en repos, protégé qu'il était par le prince, si lui-même n'avait pas été d'humeur si batailleuse Toutes ces querelles remplirent d'amertume ses derniers jours ; des malheurs domestiques vinrent encore s'y ajouter. Marié aussitôt après son installation à Wolfenbuttel, avec une veuve dont il était épris depuis assez longtemps, il perdit successivement le fils né de cette union et sa femme elle-même, après quelques années de mariage seulement. Sa santé, usée par le travail et peut-être aussi par ses continuelles polémiques, le condamne, sur ses derniers jours, à une vie sédentaire et monotone, consolée, il est vrai, par la faculté qu'il avait de remuer à sa guise des livres et des manuscrits innombrables. Il profite pourtant d'un répit que lui laisse son état maladif pour faire un court voyage en Italie avec son prince (1778). Il mourut trois ans après, pendant un séjour temporaire à Brunswick. Des honneurs extraordinaires furent rendus à sa mémoire, et, depuis lors, sa gloire n'a cessé de grandir à l'étranger comme en Allemagne.

La dernière période de sa vie avait été signalée par la production de plusieurs œuvres, remarquables encore, mais qui, pour nous autres Français, sont loin de valoir celles de l'époque précédente : ce sont ses grands drames d'*Emilia Galotti* (1772) et de *Nathan le Sage* (1778), qui, pour les Allemands, sont des monuments admirables du génie dramatique de Lessing. Il a lui-même appelé la première de ces tragédies une *Virginie bourgeoise* : il avait, en effet, commencé à traiter le sujet classique de Virginie, lorsqu'il en modifia la donnée et les personnages pour en faire son *Emilia Galotti*. C'est un drame évidemment froid, mais où les caractères comme le dialogue sont supérieurs à ce que produisait alors en ce genre la scène allemande. *Nathan le Sage*, où il y a de belles situations, n'est guère plus dramatique : c'est une œuvre de polémique religieuse, où l'auteur veut prêcher la tolérance et réhabiliter les Juifs. Une des causes de chagrin qu'il eut à la suite de la publication de ce drame fut le bruit répandu par ses ennemis que

les Juifs de Francfort lui avaient envoyé de l'argen
pour lui témoigner leur reconnaissance.

Parmi les autres ouvrages de cette période, il faut citer encore un petit traité de l'*Éducation du genre humain*, où se trouvent des pensées philosophiques d'une rare beauté ; puis enfin ses nombreuses controverses théologiques, suscitées par la publication qu'il avait faite, vers 1775, de quelques dissertations de Reimarus [1] sur la religion, sous le titre de *Fragments d'un inconnu* : il eut surtout à se défendre contre un pasteur de Hambourg nommé Gœze, contre lequel il écrivit un de ses meilleurs pamphlets, l'*Anti-Gœze*.

Si l'on veut porter un jugement général sur la vie et sur la carrière littéraire de Lessing, on est d'abord frappé du décousu de cette existence et de la dissipation apparente de ses forces ; mais on revient bien vite de cette première impression, quand on examine l'ensemble même de ses ouvrages, où il est facile de découvrir ce que les Allemands appellent l'*unité intérieure*, c'est-à-dire un plan nettement défini, une suite parfaite dans les idées, un véritable corps de doctrines. Quant à son caractère, malgré les défauts que nous avons signalés plus haut et qui devinrent surtout sensibles vers la fin de sa vie, on ne peut qu'en admirer la droiture, la franchise et l'indépendance. Il méritait d'avoir des amis, et il en eut au moins autant que d'ennemis : il savait les retenir comme les gagner par une manière simple et aimable de faire le bien et de donner de bons conseils. Il se mettait volontiers à la disposition des faibles et des opprimés, et les défendait avec passion.

Comme critique, il a rendu à l'Allemagne les services les plus importants : il a combattu l'imitation française, discuté avec une souveraine autorité toutes les questions de goût et d'esthétique, et préparé les

---

1. *Samuel* Reimarus (Hambourg, 1694-1768) a été l'un des disciples les plus libéraux de Leibnitz et de Wolff.

voies à la grande poésie. Mais il n'a été lui-même qu'un poète fort ordinaire, malgré le succès de ses fables et de ses pièces de théâtre. C'est pour sa prose qu'il mérite de compter parmi les plus grands écrivains de son pays : rarement la langue allemande a été maniée avec plus d'aisance et de netteté.

L'influence de ses idées et de ses théories littéraires s'était fait sentir déjà de son vivant; mais elle fut bien plus considérable encore après sa mort. Outre Herder, Schiller et Gœthe, qui sont, à certains égards, ses disciples immédiats, on doit signaler, comme subissant son action, les auteurs romantiques et la Jeune Allemagne elle-même. Les premiers adoptèrent d'abord ses théories, pour les dépasser ensuite : c'est ainsi que Frédéric Schlegel, en 1801, publiait un traité ntitulé *Pensées et opinions de Lessing*, et s'inspirait encore de ses idées, quelques années plus tard, dans ses *Critiques et Caractéristiques*. Quant à la Jeune Allemagne, elle s'attache de préférence aux doctrines philosophiques et religieuses de Lessing.

Sa revendication de la libre pensée, en effet, le rendit populaire, au commencement de ce siècle, parmi la jeunesse des universités et les futurs coryphées de la littérature contemporaine. De tous ses écrits, on s'attacha de préférence à ceux où il semblait attaquer le christianisme et proclamer les droits de la raison. Quelques-uns même admiraient en lui son prétendu panthéisme, et le déclaraient un des plus illustres spinosistes de son siècle. La vérité est que Lessing n'a jamais eu d'opinion bien arrêtée en matière philosophique et religieuse : autant il était net et affirmatif en littérature, autant il se montrait indécis et flottant dans les questions relatives à la métaphysique ou à la théologie. C'est qu'il aimait avant tout la recherche; et, comme l'a dit un de ses critiques, il ne désirait pas tant le triomphe d'une vérité que le plaisir de combattre des erreurs.

On l'a comparé à Voltaire : il avait, de plus que Voltaire, le sentiment de la beauté du christianisme, une sincère admiration pour la morale chrétienne et un profond respect pour la personne du Christ ; mais il a été impitoyable pour les abus et pour les personnes ; il n'admettait pas la divinité de Jésus-Christ et des saintes Écritures. Il revient souvent sur cette question dans les opuscules de sa dernière période, tels que *la Religion du Christ, l'Humanité du Christ,* etc. Pour lui, la religion chrétienne n'est pas du tout la religion enseignée par le Christ ; et par *religion chrétienne* il entend toutes les formes du christianisme, y compris les sectes même libérales du protestantisme de son temps, contre lequel il soutint les plus vives polémiques.

Partisan de la tolérance, il a écrit à ce sujet une parabole qui ne manque pas d'originalité, et dans laquelle il se moque finement du zèle aveugle et des dissensions perpétuelles des théologiens et des sectaires qu'ils entraînent à leur suite. Nous ne saurions mieux terminer cette partie de notre appréciation sur Lessing qu'en citant le morceau tout entier, qui donnera en même temps quelque idée du style simple et naturel de ce grand écrivain :

« Un roi bienfaisant et sage construisit un jour, avec l'aide de tous ses sujets, un vaste édifice, le plus bizarre du monde en apparence, car il avait l'air de défier toutes les règles de l'architecture. Tout était original et singulier dans sa forme extérieure ; mais l'intérieur était admirablement bien conditionné, et ceux qui y logeaient pouvaient passer leur vie dans le calme et la sécurité.

« Cette construction était sans cesse attaquée par ceux qui restaient dehors et qui ne voulaient pas entrer dans l'intérieur. Ceux qui étaient logés dans l'édifice, au lieu d'y jouir du repos et de la paix, s'escrimaient à défendre la forme de l'édifice et à vouloir prouver son excellence ; et, pour la prouver, ils avaient recours à certaines archives qu'ils possédaient, et où, disaient-ils, l'architecte avait, de son vivant, consigné le plan du palais. Mais, malheureusement, ils ne purent jamais bien s'entendre entre eux sur la valeur, sur l'authenticité ni sur le sens de ces archives; chacun y voyait à sa guise le plan qui lui semblait le meilleur, si bien que, au lieu de convaincre ceux qui étaient dehors, ils ne firent que se disputer et se brouiller à l'intérieur.

« Et voilà qu'un beau jour, ou plutôt une nuit, l'un des gardiens de l'édifice s'étant mis à crier *au feu!* chaque habitant sauta de son lit et courut à son registre pour y voir en quel endroit le feu avait pu prendre : au lieu de se réunir tous pour éteindre l'incendie, ils se disputèrent et se brouillèrent plus que jamais, les uns disant que le feu était à l'aile gauche, d'autres à l'aile droite, d'autres au centre, et d'autres encore soutenant que le feu ne pouvait s'être mis au palais, vu que les archives en garantissaient l'éternelle durée.

« Aussi le palais aurait-il pu brûler fort commodément, si le feu y eût été réellement; mais ce n'était qu'une fausse alerte : le gardien avait pris les premiers feux de l'aurore pour ceux d'un incendie. L'édifice ne brûla pas, et les habitants, remis de leur surprise, continuèrent à se disputer de plus belle. »

En parlant de Lessing, nous avons nommé WINCKELMANN : c'est un des rénovateurs de l'esthétique moderne, un des écrivains qui ont le plus contribué à développer en Allemagne et même ailleurs le goût et l'intelligence des œuvres d'art de l'antiquité. Né en 1717, et assassiné à Trieste, en 1768, par un Italien nommé Arcangeli, Winckelmann passa une grande partie de sa vie à Rome, où il embrassa la religion catholique. Dès 1756, il avait publié des *Réflexions sur l'imitation des ouvrages grecs dans la sculpture et dans la peinture*. Son chef-d'œuvre est son *Histoire de l'art dans l'antiquité* (1764), qui, comme nous l'avons vu, décida Lessing à publier son *Laocoon*. Lui-même a écrit un *Laocoon*, où il réfuta quelques-unes des assertions de Lessing.

HERDER. Cet écrivain, essentiellement classique,

est mis par certains historiens de la littérature allemande au même rang que Schiller et Gœthe, et il mérite, en tout cas, d'être placé au-dessus de Klopstock, peut-être même au-dessus de Wieland, pour l'influence salutaire et durable qu'il a exercée sur la poésie nationale de l'Allemagne. Il ne se rattache précisément à aucun système, à aucun modèle antérieur ; il n'a pas non plus ce qu'on appelle communément des disciples, une école propre : c'est là encore une des marques de sa supériorité ; car les plus grands écrivains forment des générations entières, sans que l'on puisse dire ni où commence ni où s'arrête l'imitation : leurs qualités et leurs principes passent pour ainsi dire dans le sang et dans la vie de leurs contemporains et de leurs successeurs. A ce point de vue, il n'est que juste de le regarder, sinon comme l'égal, du moins comme le collaborateur de Lessing et comme l'un des précurseurs les plus importants de Schiller et de Gœthe.

Jean Gottfried HERDER (1744-1803), fils d'un pauvre instituteur de campagne, avait eu la bonne fortune d'attirer par ses brillantes dispositions la bienveillance de puissants protecteurs, dont les secours lui permirent de faire des études sérieuses à l'université de Kœnigsberg. Devenu lui-même, à dix-neuf ans, professeur au collège de Frédéric, à Kœnigsberg, il continue ses études et complète ses connaissances à force de lectures et de persévérance. La théologie et la philosophie n'étaient pas les seules sciences auxquelles il s'adonnât, bien qu'elles fussent en apparence l'objet principal de ses études : lié avec quelques hommes distingués, comme le philosophe HAMANN [1],

---

1. J.-G. HAMANN (1730-1788), philosophe spiritualiste et même mystique, adversaire de Kant aussi bien que des matérialistes, et surnommé le *Mage du Nord*, écrivit un grand nombre d'ouvrages souvent originaux et profonds, mais décousus comme le fut sa vie (entre autres ses célèbres *Croisades du philologue Pan*).

il s'exerçait dans la critique, apprenait l'anglais, et méditait déjà les principes d'une esthétique nouvelle. De 1765 à 1769 il occupe le poste de prédicateur à Riga, où il se fait connaître moins par ses sermons que par ses *Fragments* et ses *Forêts critiques*, œuvres de jeunesse par leur généreuse témérité, mais dignes de son âge mûr par la justesse des aperçus et la profondeur des vues (1766-67 et 1769). Ces premiers essais de critique sont évidemment dans l'esprit et dans la manière de Lessing, dont Herder semble même vouloir imiter le style. Dans ses *Forêts critiques*, surtout (appelées aussi, par quelques traducteurs, *Sylves*), il a le mérite de se prononcer énergiquement contre le pédantisme et pour le naturel dans la poésie. C'est la même préoccupation qui le guidera dans tous ses autres ouvrages de critique, comme ses *Feuilles volantes d'art et de manière allemande* (1773), où il tâchera encore de réformer la poésie, en l'éloignant de l'afféterie et en la ramenant à la nature par l'imitation de la vieille poésie populaire. On trouve, dans ce dernier écrit, de remarquables dissertations sur Ossian, sur Shakspeare et sur les poètes lyriques anciens.

Herder, différent en cela de Lessing, avait accepté sans murmurer la carrière ecclésiastique, bien qu'il n'eût peut-être pas des convictions religieuses bien arrêtées ou du moins bien orthodoxes : elle fut, en réalité, son gagne-pain ; s'il chercha un instant à en sortir, il finit par se résigner à y rester, et cette résignation lui fut d'autant plus facile qu'il y trouva, dans ses dernières années, une position très-satisfaisante et très-honorée. Ses commencements avaient été pénibles : cumulant, à Riga, les fonctions de professeur avec celles de prédicateur (1764-1769), il n'a pas conservé de cette résidence un souvenir bien agréable. Puis, pour compléter son éducation par des voyages, il accompagne en France le prince de Holstein-Oldenbourg (1770) ; c'est en revenant de ce voyage qu'il passe un hiver à Strasbourg, où il fait la connaissance de Gœthe, et travaille avec une nouvelle ardeur, en compagnie de son jeune ami et de quelques autres, à compléter ses études. Peu d'hommes ont été aussi laborieux que Herder, et l'on peut dire que peu d'écrivains ont mis autant de conscience à ne rien donner au public qui ne fût le fruit de longues et patientes recherches.

De 1771 à 1776, il occupe le poste de *prédicateur ordinaire* du comte de Buckebourg; mais il paraît ne pas avoir été enchanté de cette position par trop modeste et dépendante, puisqu'il négocia pendant quelque temps avec le gouvernement hanovrien pour obtenir une place de professeur à l'université de Gœttingue; on la lui refusa sous prétexte que sa foi n'était pas assez orthodoxe, et plus tard, lorsque, fixé à Weimar, il fut célèbre et admiré dans toute l'Allemagne, et que le gouvernement hanovrien voulut, cette fois, passer par-dessus son hétérodoxie et lui offrit une brillante position à Gœttingue, il put tirer des ministres du roi George une vengeance honorable, en déclarant qu'il n'avait plus rien à désirer.

La protection de Gœthe et de Wieland l'avait fait nommer surintendant ecclésiastique à Weimar dès 1776. Il ne quitta plus cette résidence jusqu'à sa mort, sauf pour un voyage en Italie, qu'il fit en 1778 avec Dalberg. Vers la fin de sa vie, sa gloire lui valut les plus flatteuses distinctions : anobli par l'électeur de Bavière, il fut nommé, par le duc de Weimar, président du consistoire, c'est-à-dire, en réalité, ministre des affaires ecclésiastiques. Mais une longue et opiniâtre maladie assombrit ses derniers jours, et il mourut (1803) relativement jeune, puisqu'il n'avait pas soixante ans.

Comme Lessing, il avait eu des amis, et d'illustres amis; mais il ne sut pas toujours les conserver, et, dans plus d'une occasion, il les éloigna de lui par la variabilité de son humeur. On comprend que, dans ses dernières années, la maladie ait contribué à aigrir son humeur; mais il était déjà naturellement fantasque, et souvent maussade. On peut aussi lui reprocher une certaine intolérance, qu'il manifesta en diverses rencontres, et notamment par les persécutions qu'il dirigea contre Fichte : ces persécutions sont d'autant plus inexcusables que Herder était lui-même, au fond, libre penseur, et qu'il semblait, en jetant l'anathème sur l'illustre philosophe, vouloir surtout sauvegarder sa propre réputation ou sa propre position.

Le trait distinctif du génie de Herder, c'est qu'il avait la faculté de saisir avec une admirable précision le caractère historique et les manifestations intellectuelles des âges et des peuples les plus divers, et de les présenter sous une forme à la fois poétique et philosophique. Il a contribué ainsi, pour sa large part, à l'éducation du goût de ses contemporains, en leur faisant admirer ce qu'il y a de beau dans tous les pays et dans toutes les époques. Ses imitations poétiques ou ses paraphrases sont presque originales (*Épigrammes grecques*; *Voix des peuples*, 1778-79; *Romancero du Cid*, 1802-1803), et son ouvrage sur la *Poésie des Hébreux* est un des plus remarquables qui aient été faits sur l'histoire et la littérature sacrées. Son recueil des romances du Cid, que nous venons de citer, est peut-être son chef-d'œuvre : le Cid est devenu, grâce à lui, aussi populaire en Allemagne qu'en France et même qu'en Espagne ; et certains critiques allemands n'hésitent pas à considérer ce poème comme la meilleure épopée qui ait été produite dans leur pays.

Herder a encore quelque valeur comme poète didactique : il a trouvé une langue pure et harmonieuse pour les sentiments élevés qu'il exprime dans ses *Paraboles*, ses *Légendes* et ses *Paramythies* [1], et, en prose, pour les récits simples et gracieux de ses

---

[1]. Un de ses meilleurs imitateurs en ce genre a été KOSEGARTEN (1758-1818), poète à peine médiocre dans l'ode, mais souvent remarquable dans la *légende*.

Feuilles de palmier, qu'il publia en collaboration avec LIEBESKIND, mais dont la rédaction est en grande partie de lui.

Nous avons déjà parlé de son rôle comme critique : son principal mérite est de ne pas être exclusif; il admire également la poésie orientale, grecque et romaine, Shakspeare et Ossian, les romances de l'Espagne et les vieux chants populaires de l'Allemagne. Outre les écrits cités plus haut et de nombreux opuscules recueillis dans ses œuvres complètes, il a laissé un ouvrage plus volumineux, l'*Adrastée* (1801), qui parut d'abord sous forme de publication périodique, et sur laquelle Schiller porta un jugement fort sévère lors de son apparition.

« L'*Adrastée* (écrivait-il à Gœthe, le 20 mars 1801) est une œuvre amèrement méchante. Ce n'était pas une mauvaise idée, en soi, de faire défiler devant nos yeux, dans une douzaine de livraisons richement historiées, le siècle qui vient de s'écouler ; mais il aurait fallu pour cela un autre conducteur, et les bêtes ornées d'ailes et de griffes (par allusion à la vignette du frontispice) qui traînent cet ouvrage ne peuvent guère signifier que la rapidité du travail et l'esprit hostile des idées. Décidément Herder baisse d'une façon visible, et l'on pourrait se demander sérieusement, parfois, si un homme qui se montre aujourd'hui aussi trivial, aussi faible et aussi creux, a jamais été réellement un génie extraordinaire. Il y a, dans ce livre, des idées qu'on est habitué à trouver dans le *Journal officiel;* et quelle déplorable manie d'exhumer la littérature, depuis longtemps morte, des anciens temps, dans le seul but d'ignorer l'époque présente ou de faire des comparaisons injurieuses ! »

Schiller est peut-être un peu trop sévère ; mais l'*Adrastée* est évidemment au-dessous des autres ouvrages de Herder : dans ces tableaux qu'il trace du siècle de Louis XIV et d'Anne d'Angleterre, l'auteur fait preuve, par moments, d'une singulière étroitesse d'idées ; il va, par exemple, jusqu'à soutenir que la poésie didactique est, de tous les genres de poésie, celui qui suppose la plus haute perfection littéraire.

L'histoire et la philosophie, ou plutôt la philosophie de l'histoire, tel a été, avec la critique, le champ que Herder a exploité avec le plus de succès. Tout le monde connaît, au moins de nom, ses *Idées pour servir à la philosophie de l'histoire* (1784) : on trouve dans ce livre des vues lumineuses et originales, pour le temps qui les vit naître, sur l'histoire universelle depuis les époques les plus reculées jusqu'à l'âge moderne. Peut-être les Allemands ont-ils un peu exagéré leur admiration pour l'ouvrage de leur compatriote, qui n'est, en somme, qu'une des pierres apportées à l'édifice, après celles de Vico et de tant d'autres; mais il n'est que juste de reconnaître la largeur des idées et la grandeur de conception qu'un pareil traité révèle chez son auteur.

Ses écrits philosophiques témoignent tous d'un idéalisme élevé, d'un sincère amour des hommes (*Entretiens sur Dieu*, 1787; *Lettres pour l'avancement de l'humanité*, 1793-97; *Calligone*, 1800). Il a aussi appliqué à la linguistique les mêmes principes de recherche historique et philosophique, et en a tiré des conclusions intéressantes et neuves au point de vue de l'histoire intellectuelle du genre humain (*Sur l'origine de la langue*, 1772).

La théologie, enfin, dont il s'occupait forcément, par état, lui a valu de très-beaux succès auprès de ses contemporains : il passait, et avec raison, pour un excellent prédicateur, et ses *Sermons* furent souvent réimprimés. Dans ses *Lettres sur la théologie* (1780-1781), il a pénétré, plus profondément que la plupart de ses confrères les théologiens, dans le sens des Écritures. On ne peut refuser, du reste, à son exégèse un caractère libéral qui n'était pas encore à l'ordre du jour chez les protestants d'Allemagne, et qui fit bientôt considérer Herder comme un libre penseur, un disciple plus ou moins avoué de Spinosa.

En somme, l'action de Herder a été considérable :

soit comme écrivain, soit comme critique, soit comme philosophe et comme historien, il a été l'un des promoteurs de la révolution contemporaine. Les romantiques ont exagéré ses tendances cosmopolites et humanitaires ; lui-même a été leur allié, vers la fin de sa vie, dans la campagne qu'ils entreprirent contre l'école classique, dont il a cependant contribué à asseoir les fondations, et dont il a été l'un des premiers représentants.

§ II. — SCHILLER, *ou la poésie idéale.*

Henri Heine a dit de Schiller qu'il était « le plus noble, sinon le plus grand, parmi les poètes allemands ». Ce jugement est d'une vérité parfaite. La tendance idéale de Schiller donne à presque toutes ses œuvres un cachet de noblesse et d'élévation morale qu'on ne retrouve au même degré chez aucun autre écrivain de l'Allemagne. Gœthe représente, au contraire, l'imitation de la nature dans ce qu'elle a de plus achevé : il frappe davantage l'imagination, mais il parle moins à l'âme ; il est plus moderne, nonseulement par la fin de sa carrière, qui s'est prolongée jusqu'au premier tiers de notre siècle, mais encore et surtout par le caractère de sa poésie. Aussi croyons-nous devoir parler de Schiller d'abord, bien que les premiers essais, et même les premiers chefs-d'œuvre de Gœthe aient précédé les siens de quelques années.

Jean-Christophe-Frédéric SCHILLER (1759-1805), né à Marbach (Wurtemberg), sortait d'une famille des plus modestes. Son aïeul paternel était un simple boulanger ; son père, qui avait étudié la chirurgie, était arrivé à une position honorable, quoique médiocre, dans l'armée : lieutenant au service du duc de Wurtemberg, en 1759, l'année même de la naissance de notre poète, il devint ensuite capitaine, et obtint enfin le grade de major, en qualité de commandant du château de la Solitude et d'inspecteur des pépinières ducales. C'était un fort honnête homme, mais très-violent et incapable de s'attirer la confiance et l'affection de son fils. Sa mère, au contraire, était douce et rêveuse, et ne contribua pas peu à lui inspirer le goût de la poésie.

Il fut le seul fils de la famille ; de ses trois sœurs, l'aînée, celle qui lui fut toujours le plus tendrement dévouée, Christophine, épousa un ami de son frère, Reinwald, bibliothécaire à Meiningen, et mourut en 1847, âgée de 90 ans. On lui doit les plus précieux renseignements sur la vie et le caractère de Schiller.

Ses premières années se passèrent à Lorch, où il commença son éducation sous la direction du pasteur Moser, un homme de cœur dont il conserva toujours un religieux souvenir, et qu'il a immortalisé dans les *Brigands*, où ce même nom de Moser est donné à un ministre plein de zèle et de charité. Puis la carrière de son père l'emmène à Louisbourg, où il comptait se préparer à l'étude de la théologie. Mais le duc Charles-Eugène intervint, dans une intention bienveillante, et décida le vieux Schiller à mettre son fils à l'école militaire qui venait d'être fondée à la Solitude, et qui fut transportée quelques années plus tard à Stuttgart, sous le nom d'*École de Charles* (1775). Entré dans cet établissement en 1773, Schiller y resta jusqu'en 1780, essayant d'abord d'étudier le droit, auquel il renonça bientôt pour embrasser la médecine. Cette science lui répugnait moins et lui paraissait pouvoir mieux s'accorder avec ses aspirations poétiques.

On a beaucoup parlé du régime de compression et de la farouche discipline que Schiller avait eu à subir pendant ses huit années de séjour à l'école militaire ; et l'on a voulu attribuer à cette contrainte l'explosion de colère et de révolte qui lui fit écrire les *Brigands* et décida ainsi de son avenir. Il y a beaucoup d'exagération dans toute cette histoire. Le régime intérieur de l'école n'était pas plus terrible que celui de toutes les écoles militaires, ou même civiles, de cette époque. La vérité est que Schiller, dans sa première jeunesse, ne pouvait se plier à aucune discipline, et que, dans la dernière année surtout qu'il passa au *Caroleum*, quelques réprimandes un peu vives, ou même des punitions qu'il s'était attirées par des infractions à la règle commune, l'avaient complétement dégoûté du régime de l'école. Quand il en sortit avec le grade de chirurgien militaire, il mena une conduite des plus légères et montra fort peu de goût pour sa profession ; ses fâcheuses liaisons et des dettes criardes lui firent bientôt une détestable réputation.

C'est dans ces conditions qu'il se tourna vers la littérature, qui, depuis longtemps déjà, lui avait paru offrir le meilleur moyen d'exhaler son mécontentement, et peut-être aussi de faire son chemin dans le monde. Dès 1777, sur les bancs de l'école, il avait écrit quelques scènes des *Brigands*, dont il ébaucha ensuite le plan dans la dernière année de ses études, en 1780. L'année suivante, la pièce était terminée, et Schiller la faisait imprimer à ses frais, sans nom d'auteur, ce qui contribuait encore à augmenter ses dettes. Ce drame, où il manifestait son génie naissant en même temps que l'état maladif de son âme, n'obtint pas, en librairie, le succès sur lequel avait compté l'auteur, et il eut alors l'idée de le faire jouer à Mannheim, où le chevalier Dalberg dirigeait un théâtre municipal avec l'aide de quelques acteurs d'élite comme Iffland. Schiller, pour faire accepter et répéter sa pièce, prend un congé sans permission, ce qui lui attire une vive admonestation ; quelques autres infractions à la discipline militaire augmentent l'irritation du duc Charles, qui finit par interdire absolument au jeune officier d'écrire quoi que ce soit.

C'est alors que Schiller se décide à brûler ses vaisseaux et s'enfuit de Stuttgart, à la faveur d'une fête publique, avec son ami Streicher, pour se rendre à Mannheim, qu'il considérait déjà comme le théâtre de sa gloire et de sa fortune. Sa naïve confiance fut trompée : Dalberg, malgré sa bienveillance pour l'auteur des *Brigands*, dut le ramener au sentiment de la réalité. Non-seulement les *Brigands* n'avaient pas obtenu un grand succès ni rapporté beaucoup d'argent, mais encore on ne voulait pas accepter la nouvelle œuvre de Schiller, la *Conjuration de Fiesque*, qu'il venait de terminer à Stuttgart, pendant qu'il était aux arrêts à la suite de son premier voyage de Mannheim.

Il quitte alors cette ville, ingrate selon lui, et y revient peu de temps après, lorsqu'il voit que d'autres résidences ne lui offrent pas plus de ressources. Pendant ce troisième séjour à Mannheim, la fortune semble vouloir enfin lui sourire : il fait la connaissance de la mère d'un de ses anciens camarades d'école, Mme de Wolzogen, qui lui offre généreusement l'hospitalité dans sa résidence de Bauerbach. Le temps qu'il passe dans cet asile (décembre 1782 à juilllet 1783) fut parmi les plus heureux de sa vie : au milieu du calme de la campagne et des soins de la plus délicate amitié, il commence à prendre possession de lui-même et maîtrise par un travail opiniâtre l'exubérance de forces dont il n'avait pas su tirer parti jusque-là. L'excellent Reinwald, bibliothécaire à Meiningen, avec lequel il venait de se lier, et qui devint bientôt son beau-frère, lui envoyait tous les livres dont il avait besoin, et Schiller pouvait ainsi, sans quitter sa retraite, partager son temps entre le travail de l'étude et celui de la composition. Il sacrifie alors la plupart de ses premières poésies lyriques, animées d'un souffle ardent de révolte, et dont quelques-unes avaient été publiées en 1782 : il préfère se consacrer à la révision de ses essais dramatiques et à la préparation d'œuvres nouvelles en ce genre. Il met la dernière main à son *Fiesque*, écrit *Louise Miller* et commence *Don Carlos*.

Le goût du travail sérieux, contracté à Bauerbach, le suit désormais dans toute sa carrière. Revenu à Mannheim, où il resta presque deux ans (1783-1785), il sait se faire mieux apprécier de ceux qu'il avait d'abord effrayés par sa fougue : il est nommé poète en titre du théâtre de cette ville. Il fait jouer *Fiesque*, puis *Louise Miller*, qu'Iffland eut la mauvaise idée de baptiser *Intrigue et Amour* (1784) : le premier de ces drames n'obtint qu'un succès assez médiocre ; le second réussit beaucoup mieux. Pourtant ces alternatives de demi-succès et d'échecs découragent le poète, qui renonce une dernière fois au séjour de Mannheim et veut même prendre congé du théâtre. Il croit plus avantageux d'en appeler au jugement du grand public, et essaye de se mettre en relation avec lui par une Revue spécialement consacrée aux questions dramatiques, et intitulée la *Thalie du Rhin*, dont un seul numéro parut cette année-là (1785)[1].

Ce fut pour Schiller l'époque des liaisons les plus passionnées de sa vie : celle qui l'attacha à Mme de Kalb, et qui remonte à 1784, fut, à un moment donné, pleine de périls pour son avenir. Mais l'amitié vint le prémunir contre les dangers de l'amour ; le père du poète Kœrner, dont il fit la connaissance à ce moment, lui offrit la plus généreuse hospitalité, d'abord près de Leipzig, puis à Dresde, et finalement à Kohlis, petit village près de Dresde, où l'on entoure encore aujourd'hui d'un véritable culte la maison que Schiller habita pendant près de deux ans. Au milieu d'amis intelligents et dévoués, dans le cercle modeste mais assez large en somme de cette vie de famille, Schiller put développer ses facultés, dompter définitivement sa fougue et entrer dans la période paisible de sa vie littéraire, qu'il devait illustrer par tant de chefs-d'œuvre.

Tout en revenant à la poésie lyrique, il ne néglige pas le drame ; il achève *Don Carlos* (1787), qu'il avait commencé quatre ans auparavant, et dont il avait lu le premier acte vers la fin de 1784, à Darmstadt, en présence du duc de Weimar, qui lui avait conféré à cette occasion la dignité de conseiller aulique. Ce drame, où il y a encore de l'emphase et de l'exagéra-

---

1. De 1787 à 1791, il publiera la suite de sa Revue, sous le simple titre de *Thalie* ; et, plus tard, la *Nouvelle Thalie*, en 1792-93.

tion, nous le montre déjà plus grand, plus calme, plus maître de lui que dans ses pièces antérieures [1]. Il s'essaye aussi dans le roman, et écrit la première partie du *Visionnaire*, où son talent, du reste, paraît plutôt dramatique que narratif ; il se proposait, avant tout, dans ce fragment, d'étudier au point de vue psychologique les hallucinations mises à la mode vers cette époque par Cagliostro.

En 1787, il fait un premier voyage à Weimar, où il reçoit le plus aimable accueil de Wieland et de quelques autres grands écrivains qui habitaient alors cette résidence [2] ; mais il ne songe pas encore à l'habiter lui-même. Il se rend à Meiningen, chez Reinwald, devenu son beau-frère ; puis à Rudolstadt, chez Mme de Lengefeld, amie de Mme de Wolzogen, dont il épousera la fille cadette deux ans plus tard. Selon l'habitude de son pays, il fut fiancé à Charlotte dès 1786 ; mais le mariage n'eut lieu que lorsque Schiller se vit en possession d'une place qui lui permît de vivre avec sa petite famille sans trop d'inquiétudes pour l'avenir [3].

Cette position qu'il ambitionnait lui fut donnée à la fin de 1788 ; le duc de Weimar le nomma professeur d'histoire à l'université d'Iéna. Schiller venait de se révéler au public lettré sous un nouveau jour : l'auteur dramatique s'était fait historien. L'histoire et le drame ont d'assez nombreux points de contact, et Schiller,

1. Il est curieux de signaler une tentative faite, trente-six ans après, par Lamotte-Fouqué, pour réhabiliter Philippe II et le duc d'Albe, dans l'intérêt de la propagande catholique entreprise par le romantisme. Ce nouveau *Don Carlos* est de 1823.

2. Gœthe voyageait alors en Italie.

3. Cette famille se composa, au bout de quelques années, de six personnes, en le comptant lui-même. Il eut quatre enfants dont deux fils, et tous vécurent assez longtemps, ainsi que sa veuve. Son fils aîné mourut en 1857, laissant un fils, officier dans l'armée autrichienne.

pour écrire son *Fiesque,* et surtout son *Don Carlos,* avait compulsé une certaine quantité d'ouvrages et de documents historiques. Ce dernier drame lui avait fait diriger ses recherches du côté de l'histoire des origines de la république des Provinces-Unies, et c'est à la suite de ces recherches qu'il avait publié (1788) son *Histoire du soulèvement des Pays-Bas,* qui peut passer pour son chef-d'œuvre en prose. On a remarqué à ce sujet que le génie de Schiller, malgré l'apaisement des dernières années, se plaisait toujours encore aux idées de révolte et de conjuration : ce fut le privilège des études historiques, auxquelles il s'adonna complétement dans les années qui suivirent, de calmer tout à fait cet esprit rebelle, et de le transporter désormais dans des sphères plus hautes et plus calmes.

En se laissant nommer professeur d'histoire, Schiller acceptait de bon cœur toutes les obligations de sa nouvelle position : il fit les plus remarquables efforts pour marquer sa place au premier rang des historiens de l'Allemagne. Son cours, à Iéna, eut d'abord un grand succès, dû peut-être à la curiosité; mais il fut bientôt délaissé, soit que Schiller ne fût pas orateur, soit que l'élévation de ses vues le rendît moins intéressant pour la masse du public; et, au bout de quelques années, il renonça même à l'enseignement, que ses déceptions d'amour-propre et l'état de sa santé lui avaient rendu pénible (1793). Mais, dans ces quatre années, il avait eu le temps d'écrire des ouvrages marquants sur diverses questions historiques, comme *les Migrations des peuples, les Croisades,* et surtout sa grande *Histoire de la guerre de Trente ans* (1790-1792), qui a passé pendant longtemps pour une œuvre hors ligne, mais que ses informations souvent inexactes, son caractère trop romanesque et sa partialité ne permettent plus de considérer aujourd'hui que comme un récit des plus attachants, admirablement écrit, dont on ne peut guère invoquer l'autorité en matière historique.

Schiller semblait avoir renoncé à la poésie : la philosophie l'occupait autant que l'histoire. Il s'était passionné pour Kant, et écrivait, dans l'esprit de ce philosophe, un certain nombre de traités, dont le plus remarquable est intitulé *Lettres sur l'éducation esthétique de l'humanité*, où il approfondit les principes de l'art et de la poésie et cherche à appuyer la littérature sur des bases nouvelles.

Une grave maladie vint le surprendre au milieu de tous ces travaux, en 1791 : il n'en guérit qu'imparfaitement ; les poumons étaient attaqués, et sa santé sera constamment menacée pendant les quinze ans qu'il lui reste à vivre. On ne peut qu'admirer d'autant plus la prodigieuse activité d'esprit qu'il déploie pendant cette dernière période de sa vie. Et que de soucis, que de tribulations lui causait encore sa pauvreté ! Il n'avait pas l'instinct de l'ordre matériel, et ses affaires allaient de mal en pis : son traitement était loin de suffire à ses dépenses et à l'entretien de sa famille ; il fallut que deux généreux étrangers vinssent à son secours, en lui allouant une pension annuelle de 1,000 thalers pour trois ans[1].

Malgré ces préoccupations et l'état de sa santé, il crut devoir remplir à cette époque un devoir de piété filiale en allant visiter sa famille dans le Wurtemberg : il passa quelques mois auprès de ses vieux parents (1793-94)[2] ; et le duc régnant, qui mourut pendant ce séjour de Schiller dans ses États, ignora ou fit semblant d'ignorer la présence de l'officier réfractaire.

Le retour de Schiller à Iéna, en 1794, est marqué par un événement qui eut la plus grande influence sur lui et sur la littérature allemande : sa liaison avec Gœthe. Ces deux hommes, destinés à donner au

---

1. C'étaient deux grands seigneurs danois, le comte de Schimmelmann et le prince de Holstein-Augustenbourg.
2. Le père de Schiller mourut en 1796, après avoir perdu, dans cette même année, la plus jeune de ses filles ; les deux aînées survécurent au poète.

monde un des exemples les plus touchants et les plus rares d'amitié et de confraternité littéraire, s'étaient déjà entrevus auparavant, mais ne s'étaient pas sentis d'abord attirés l'un vers l'autre : le calme un peu égoïste de Gœthe et la fougue généreuse de Schiller semblaient mettre entre eux une barrière infranchissable. Pourtant ils ne restèrent pas longtemps sans comprendre combien, au fond, leurs âmes étaient sœurs, et quelle salutaire action elles pouvaient exercer l'une sur l'autre. Cette amitié, commencée en 1794 et qui dura, sans nuage et sans interruption, jusqu'à la mort de Schiller, nous a valu, outre les chefs-d'œuvre de ces deux poètes, où leur action commune est si manifeste, une correspondance célèbre, où ils se montrent sous un jour si aimable et avec toutes leurs précieuses facultés.

Le premier effet de cette liaison fut de ramener Schiller à la poésie, par la publication de ses *Heures* (1795-97), revue poétique et esthétique supérieure à tout ce qui avait paru jusqu'alors dans ce genre, et dont Gœthe fut un des plus actifs collaborateurs. Outre les pièces lyriques ou les poèmes de longue haleine que les deux amis publièrent dans ce recueil, on y lut des dissertations de Schiller, dont la principale, *De la Poésie naïve et sentimentale*, est un chef-d'œuvre. C'est ainsi que les deux poètes qui devaient renouveler la littérature allemande se rencontraient dans une même région, calme et sereine, où la poésie peut se développer librement et produire ses plus belles œuvres : grâce à leur influence réciproque, Schiller, le poète fantastique, était redescendu des nuages, et Gœthe, le poète positif, s'était élevé au-dessus de la simple réalité ; tous deux n'allaient se consacrer désormais qu'au culte de la belle et grande nature.

C'est dans cet esprit qu'est encore conçue la publication, faite en commun par les deux amis, de l'*Almanach des Muses* (1795-1800), dont Schiller a l'initiative et la direction, mais auquel Gœthe fournit des pièces excellentes. Le succès ne répondit pas au mérite ni à l'attente des deux poètes : l'indifférence du public excite au plus haut point leur mécontentement, qui se traduit par les *Xénies* (1796), série de distiques mordants contre les auteurs médiocres et plats dont le public fait ses délices, et contre les critiques de la *Bibliothèque allemande universelle*, son directeur, Frédéric Nicolaï, en tête, qui ont le mauvais goût de patronner des écrivains détestables aux dépens des vrais poètes et de la saine littérature.

Ces attaques, bien que justes et méritées en principe, étaient un peu trop violentes contre les personnes ; elles provoquèrent une colère générale et une vraie panique dans le monde des lettres lorsqu'elles parurent dans l'*Almanach des Muses*, et il n'est pas étonnant que les victimes des deux grands écrivains aient cherché, pendant de longues années, à se venger de leurs mauvais traitements. Tous les moyens leur parurent bons, et celui qui sembla le plus simple à ces petits esprits fut de faire croire à une rivalité secrète entre Schiller et Gœthe, ou même d'essayer de la faire naître. On loua outre mesure l'un aux dépens de l'autre ; on répandit le bruit que Schiller avait tout le mérite des plus belles productions poétiques de Gœthe, ou que Gœthe, réciproquement, était l'auteur des pièces les plus admirées de son ami. Un des plus acharnés à détruire ainsi leur gloire comme leur bonne harmonie fut Kotzebue, qui, du reste, avait été plus maltraité par eux que tous les autres. Mais rien ne put troubler l'amitié des deux poètes : il suffit, pour s'en convaincre, de lire leur correspondance des dernières années.

Depuis *Don Carlos*, Schiller semblait avoir renoncé au théâtre : il y revint en 1799, avec *Wallenstein*, dont il avait préparé les matériaux en écrivant son *Histoire de la guerre de Trente ans* et auquel il travaillait depuis longtemps. Ne pouvant réduire son sujet de façon à lui donner de l'unité, il prit le parti d'en tirer trois tragédies : *le Camp de Wallenstein, les Picolomini* et *la Mort de Wallenstein*. Cette trilogie fut jouée à Weimar et établit sans conteste la réputation dramatique de l'auteur, malgré les attaques de la critique contemporaine. Son succès le décide à se tourner uniquement vers le théâtre, et il renonce, pour ainsi dire, à la poésie lyrique. La perspective de voir jouer ses œuvres à Weimar, sur le théâtre dirigé alors par Gœthe, l'engage à se fixer dans cette résidence, vers la fin de 1799, et à y acheter même une maison deux ans après : il venait de refuser des offres qui lui avaient été faites pour l'attirer à l'université de Tubingue.

Dès lors, il ne cesse de travailler avec Gœthe pour le théâtre de Weimar, sur lequel il fait jouer, outre ses tragédies originales, des pièces traduites ou imitées de chefs-d'œuvre étrangers, comme *Macbeth*, *Phèdre*, *Turandot* (de Gozzi), etc.[1] Il est à remarquer que, dans ses derniers drames, il renonce à l'histoire, pour se livrer à des études psychologiques et morales. Le premier de ces essais est *Marie Stuart* (1800); puis vient la *Pucelle d'Orléans* (1801), tragédie qu'il a lui-même caractérisée de *romantique*, et où l'histoire est complétement sacrifiée, on peut même dire défigurée. En 1803, il donne la *Fiancée de Messine, ou les Frères ennemis*, où il tente de mêler ensemble l'élément romantique et l'élément classique, en introduisant dans un sujet tiré du moyen âge les chœurs et l'idée de la fatalité, empruntés au théâtre grec : tentative qui ne réussit qu'imparfaitement, car *la Fiancée de Messine* est loin d'être une tragédie antique dans le vrai sens du mot.

Enfin, l'année 1804, à la veille presque de la mort de Schiller, lui voit produire son chef-d'œuvre à tous égards, ce *Guillaume Tell* qui lui fut inspiré par une intention patriotique au moment de l'invasion et de la servitude de son pays, mais dont le mérite et la beauté consistent surtout dans l'harmonie de l'en-

---

1. Ajoutons-y la comédie des *Ménechmes*, de Picard, dont li fit *le Neveu pris pour l'Oncle* (*Der Onkel als Neffe*).

semble et dans la grandeur morale des personnages.

Pendant cette même année 1804, Schiller avait mis à exécution un projet depuis longtemps formé : sur les instances d'Iffland, il s'était décidé à se rendre à Berlin pour y voir jouer ses drames; il passa quelques semaines dans cette capitale, et l'on a prétendu que l'intérêt de sa gloire et de la représentation de son répertoire n'était pas le seul qui l'y ait retenu : il serait, dit-on, entré alors en pourparlers avec le gouvernement prussien, qui lui aurait offert une pension pour le décider à venir habiter Berlin, et la mort seule l'aurait empêché de donner suite à ce projet. D'après le témoignage de Schiller lui-même et de ses amis, on est autorisé à croire que le poëte ne songeait nullement à quitter Weimar, et que, s'il y a eu quelques négociations à ce moment entre lui et quelque agent de la cour de Potsdam, elles n'ont pas été sérieuses ni surtout suivies du moindre succès en ce qui concerne Schiller.

Il sentait, du reste, sa fin approcher et n'eut que le temps de revenir à Weimar avant de voir sa santé complétement ébranlée. Sa mort était prévue de tous ceux qui l'entouraient, et, lorsqu'elle arriva (le 9 mai 1805), elle ne produisit pas, au premier abord, la sensation qu'on aurait dû attendre d'un événement aussi cruel par ce qu'il avait de prématuré. Ses funérailles furent très-simples et eurent lieu la nuit, comme c'était alors la coutume à Weimar : ses restes furent déposés dans un caveau commun, où l'on eut grand'peine à les retrouver vingt et un ans après, lorsque le grand-duc de Saxe-Weimar les fit placer dans un caveau de son palais, destiné à recevoir dans la suite le corps de Gœthe et celui du prince lui-même.

Le caractère de Schiller a été très-diversement jugé : cela tient à ce qu'il y avait en lui d'inquiet, de tourmenté, d'incompréhensible parfois et de bizarre. On ne peut contester que, pendant une notable partie de son existence si courte, il n'ait été presque constamment travaillé de l'ambition de s'illustrer, et du désir moins noble, mais peu dissimulé, de s'enrichir par les lettres. Dans sa première jeunesse, il rêvait d'arriver aux honneurs, à une haute position administrative, pour laquelle il croyait avoir une parfaite aptitude. Plus tard, il se rejeta sur la poésie et sur l'histoire, et ne revint au culte désintéressé des lettres que lorsqu'il se vit frustré de toutes ses espérances. De là cette inégalité d'humeur et ce décousu dans la vie qui se retrouvent au plus haut point, dans la suite, chez Jean-Paul-Frédéric Richter. Cela ne diminue en rien l'admiration que nous fait éprouver son caractère si franc, si loyal, son âme si aimante, si généreuse et si fière à la fois; et nous ne croyons pouvoir mieux témoigner cette admiration qu'en citant ici quelques lignes du livre si touchant et si remarquable publié il y a une quinzaine d'années par la plus jeune fille du poète, sous le titre de : *Charlotte de Schiller et ses amis*, et où la veuve du grand homme a consigné les plus intéressants détails sur cet époux tant regretté[1].

« Il est aussi impossible, dit-elle, de faire le portrait de Schiller que de peindre une des grandes scènes de la nature, telles que la mer, par exemple, ou la chute du Rhin. Il y avait en lui la grandeur et la beauté d'un être supérieur; son cœur, son amour comprenaient le monde entier, qu'il embrassait de son regard; *mais le monde n'était jamais présent à son esprit : il ne lui apparaissait que dans le miroir de son âme pure*. Simple et affable de sa personne, mais d'un caractère grave et réfléchi, tout ce qu'il disait avait une portée sérieuse, et jamais une fadaise ne sortit de sa bouche. Son entretien était toujours profond ; il tirait tout de lui-même avec une abondance que beaucoup d'autres ne peuvent soupçonner. Chacune de ses conversations était presque une nouvelle création de son esprit...

1. Publié en 1861, par Mme de Gleichen et M. Louis Ulrich, de Wurzbourg, le Journal de la veuve de Schiller forme 2 vol.

« Il était tolérant pour tous les travers, mais les cerveaux creux et les nullités prétentieuses lui étaient insupportables. Toute prétention mal fondée lui pesait; aussi certaines personnes ont-elles dû le trouver tout autre qu'elles ne se l'étaient figuré, car, pour ces natures-là, il était inabordable. Les natures naïves et franches qui exprimaient leurs sentiments d'une manière simple, qui poursuivaient leur but avec conscience et sincérité, celles-là, il les honorait, quelque éloignées qu'elles pussent être de la sienne propre; il s'y intéressait vivement et se faisait un plaisir de leur venir en aide. Il semblait alors qu'il fût tout puissant, et, dès qu'il connaissait une peine de cœur, on sentait que son esprit vaillant était capable d'y porter remède. On aurait pu lui avouer franchement tout, même un crime.

« Il était fier, mais non de mesquins avantages : il sentait seulement ce qu'il était, ce qu'il valait. Inaccessible aux petites flatteries et insensible à la louange, il prenait cependant plaisir à se voir rendre justice, car il aimait à trouver des hommes capables de le comprendre...

« La santé délicate de Schiller et ses longues souffrances prouvent combien le moral dominait chez lui le physique. L'activité de son esprit lui faisait toujours oublier le corps; souvent, après avoir souffert ce que nul autre n'eût supporté, on le trouvait calme, serein; il parvenait, par ses réflexions sur des sujets étrangers, à se dérober à lui-même. Son attachement à ses amis, son amour pour ses enfants adoucissaient aussi l'amertume de ses maux; la joie naïve de ses fillettes lui fit plus d'une fois oublier les douleurs cuisantes que lui causait sa poitrine. Noble, délicat, tendre dans son amour, il était cependant ferme et indépendant, et toujours plein de courage lorsqu'il fallait agir. »

Tout en faisant la part de l'exagération bien naturelle et fort excusable dans ces éloges donnés à Schiller par sa veuve, on peut conclure avec elle que le caractère du grand poète a fait honneur à l'humanité entière, et « qu'il faudra des siècles pour reproduire un esprit comme le sien ». La jeunesse surtout lui a toujours été et lui sera toujours sympathique, car ses qualités comme ses défauts étaient ceux de la jeunesse.

On peut en dire autant de son génie : malgré les changements qu'il subit, le fond en reste le même d'un bout à l'autre de sa carrière, et ce fond, c'est un généreux amour de l'humanité, la foi la plus aveugle dans tout ce qu'il y a de vrai, de noble et de grand. Souvent égaré par son imagination, Schiller a eu du moins le mérite de ne s'égarer que dans les régions les plus élevées et les plus pures.

Sa vie littéraire peut se diviser en trois périodes, que distinguent surtout la nature de ses études et le caractère de ses productions. Il y a d'abord la période tumultueuse et révoltée (1780-84), qui voit naître les *Brigands* et les autres drames de sa jeunesse. Puis vient une période d'apaisement et de réflexion philosophique (1785-94), pendant laquelle il mûrit son génie, et se tient éloigné, ou peu s'en faut, de tout travail poétique proprement dit ; on n'a pas oublié que c'est le père de Kœrner qui eut le mérite de l'engager dans cette voie et de lui apprendre à calmer sa fougue, à dompter son génie. La dernière période (1795-1805) est celle où, définitivement maître de lui-même, Schiller est vraiment créateur et produit presque uniquement des chefs-d'œuvre.

Il n'entre pas dans notre plan d'analyser ou d'apprécier ici ces chefs-d'œuvre : pour donner une idée aussi complète que possible de cet admirable poète, il suffira de résumer en quelques mots l'impression produite sur le lecteur, même étranger, par ses principaux ouvrages. Nous avons déjà indiqué la nature générale de cette impression en disant que Schiller était le poète de l'idéal : la lecture de ses écrits confirme de tous points cette appréciation ; elle nous transporte dans un monde différent de celui dans lequel nous vivons, et, à ce titre, Schiller mérite peut-être plus que tout autre écrivain de son pays et de son temps le titre de poète.

Les *Brigands* nous montrent l'âme inquiète et tourmentée du jeune homme, incapable de s'asservir à la discipline des lois et des conventions sociales. Ce sentiment de révolte qui l'a fait poète se retrouve dans *Fiesque*, dans *Intrigue et Amour* et, jusqu'à un certain point, dans *Don Carlos*; mais, dans ce dernier drame, qui, au point de vue de la forme, est bien supérieur aux précédents, on remarque une sorte de lutte entre la haine et l'amour, représentée par les deux personnages de Carlos et de Posa, et qui nous montre bien l'état d'incertitude où se trouvait alors l'âme du poète, et les efforts qu'elle faisait pour calmer son effervescence. Dans les cinq chefs-d'œuvre qui suivirent, Schiller se donne encore tout entier, mais, cette fois, avec toute la chaleur de son enthousiasme, comme avec les hautes et nobles conceptions d'un esprit mûri par la réflexion et la philosophie : il y atteint le comble de l'art, tout en étant plus *subjectif* que jamais.

Ce poète, encore si populaire aujourd'hui en Allemagne et si admiré à l'étranger, a eu pourtant des critiques et des zoïles, de son vivant, et aujourd'hui il s'est produit un mouvement assez prononcé, dans le monde des lettres, contre sa gloire et son génie. Du temps même où Schiller faisait représenter ses drames, certains journaux de Berlin les critiquaient avec une vivacité et une injustice extraordinaires ; la *Gazette de Voss* et la *Gazette de Spener* se distinguaient plus que les autres par l'absurdité de leurs critiques : elles reprochaient, par exemple, à *Guillaume Tell* de manquer d'unité. Les chefs de l'école romantique, et surtout les représentants les plus autorisés de la Jeune Allemagne, ont pris à tâche de dépasser encore les critiques de ce temps-là ; nous lisons souvent, aujourd'hui, dans certaines revues allemandes, des dissertations où il est parlé de la *crudité des Brigands*, de l'*emphase de Fiesque*, du *dualisme des héros dans Don Carlos*, du *lyrisme romantique dans Jeanne d'Arc*, du *caractère trop épique de la composition dans Guillaume Tell*. Ailleurs, dans un livre d'*Études sur Shakspeare*, un des critiques éminents de l'Allemagne, Otto Ludwig, s'attache à montrer que les plus beaux drames de Schiller sont gâtés par l'abus de la rhétorique et par les réminiscences classiques :

« Ses œuvres, dit-il, ressemblent à un arbre de Noël ; impatient de voir que son arbre, à peine planté, ne porte pas de fruits, le poète y accroche toute sorte de fruits enlevés à d'autres arbres, et il les dore pour simuler la maturité qui leur manque. »

Selon lui, *Wallenstein*, que l'on admire généralement comme un des chefs-d'œuvre de Schiller, est un drame fort médiocre, grâce à la manière hésitante et peu dramatique dont a été traité le caractère du héros principal ; *Marie Stuart* est un long et habile plaidoyer pour et contre cette reine, et il n'y a rien de vivant, rien de naturel dans le drame, pas d'action, des personnages de convention auxquels on ne peut absolument pas s'intéresser ; la *Fiancée de Messine* est entachée de déclamation, et son affectation de simplicité grecque ne contribue qu'à la rendre encore plus précieuse et plus maniérée, etc. Dans tous ses drames, Schiller a le tort de s'attacher presque uniquement au côté extérieur de l'action, tandis que Shakspeare en développe surtout la partie intérieure et vraiment psychologique, de façon que le poète anglais se rapproche beaucoup plus des tragiques grecs que Schiller, qui avait pourtant la prétention de les imiter et leur a fait de si nombreux emprunts. Passant à la diction, Ludwig reproche à Schiller de toujours viser à l'éclat et de dévier souvent ainsi de l'intention qu'il avait primitivement de peindre les caractères ; aussi les jeunes gens, les femmes et la masse du peuple seront-ils toujours séduits par les beautés de Schiller, et encore plus par ses défauts, tandis que les hommes mûrs et sérieux préféreront la diction simple et unie des Grecs, de Shakspeare et de Gœthe.

On peut admettre, en partie du moins, ce dernier reproche, mais il faut constater en même temps que, de l'aveu même du critique dont nous venons de résumer les attaques, Schiller est par excellence le poète populaire de l'Allemagne. On a pu voir, il n'y a pas longtemps, lors de la célébration de son centenaire, combien le culte de Schiller était encore en honneur chez tous les habitants de l'ancien empire germanique, malgré la diversité de leurs mœurs, de leur caractère, de leur religion et même de leur dialecte. Ce culte ne s'est pas refroidi depuis, et chaque année voit célébrer la fête de Schiller avec le même éclat et le même enthousiasme. Il y a quelque chose de vraiment prodigieux et d'unique au monde dans ces honneurs annuels rendus au poète par toutes les classes de la société, sur les divers points du territoire allemand qu'il a illustrés de sa présence. Les fêtes principales ont lieu, généralement, à Leipzig, et surtout dans le village de Gohlis, voisin de cette ville, où Schiller a passé quelques années de sa jeunesse et vraiment trouvé sa voie. A l'occasion de ces fêtes, on prononce des discours sur un point spécial de la vie ou des œuvres du poète ; on décerne tous les trois ans un prix de composition dramatique, appelé *prix de Schiller ;* on chante naturellement des chœurs, et surtout des chœurs patriotiques, car les Allemands aiment aujourd'hui à considérer Schiller comme le précurseur de la politique actuelle, comme le fondateur de l'unité allemande dans le domaine de l'intelligence, avant même que l'Allemagne songeât à constituer son unité dans le domaine des faits et de la politique.

On ne peut pas dire que Schiller ait fait école : les grands poètes ont des imitateurs ; ils n'ont pas de disciples. Sa grandeur tient en grande partie à son originalité ; quant aux procédés poétiques employés par lui, et qui ont pu tenter les imitateurs, ce n'est là qu'une question toute secondaire, et qui n'offre pas d'intérêt au public. En disant que Schiller est original, nous n'avons pas voulu faire entendre par là qu'il ne se rattache à aucun système poétique antérieur : il a, surtout à ses débuts, subi l'influence de son temps, des idées et des hommes qui entraînaient leur siècle vers un but encore inconnu, mais qui commençaient, à tout hasard, par déblayer vigoureusement le terrain. Dans l'ordre littéraire et poétique, un des principaux champions de la révolution d'où sortiront les *Brigands*, et que les Allemands appellent *période d'assaut et de tumulte (Sturm- und Drangperiode)*, a été Maximilien KLINGER (1752-1831), qui, en 1776, remporta, avec son drame des *Jumeaux*, le prix de poésie dramatique institué par Schrœder[1]. Deux ans après, il fit jouer un drame intitulé *Sturm und Drang*, qui donna son nom à toute cette période littéraire. C'était un esprit hardi, une imagination prime-sautière, à qui manquait le contre-poids de la raison et des règles. Il a été l'un des premiers, parmi les écrivains allemands, à traiter la légende de *Faust*. Poète assez médiocre, en somme, il voulut se faire aussi un nom dans le roman, et entreprit, à l'exemple de Novalis, mais sans beaucoup plus de succès que lui, de traiter tout un cycle de romans où la vie humaine était dépeinte à ses divers points de vue.

Son concurrent LEISEWITZ (1752-1806) se fit connaître en 1776 par un drame fort loué à l'origine et bien oublié depuis : *Jules de Tarente*, qui fut présenté pour le prix Schrœder en même temps que les *Jumeaux* de Klinger ; ce dernier seul fut couronné. On peut trouver quelque ressemblance entre le *Jules de Tarente* de Leisewitz et la *Fiancée de Messine* de Schiller, et il est difficile de ne pas admettre que ce poète dramatique, tout incomplet qu'il fût, n'ait exercé une certaine influence sur le génie de son heureux émule.

Une influence encore moins contestable a été celle de SCHUBART (1739-1791), connu à la fois comme musicien et comme poète, et dont on peut citer quel-

---

[1] Alors directeur du théâtre de Hambourg.

ques belles poésies lyriques, animées parfois d'un souffle assez puissant, mais plus souvent encore boursouflées et déclamatoires. Schubart est surtout célèbre par ses malheurs : le duc de Wurtemberg, irrité contre lui par une allusion peu dissimulée dans une de ses odes, le fit enfermer pendant dix ans dans la forteresse de Hohen-Asperg, où Schiller, encore sur les bancs du collège, vint le visiter. Poète de la liberté, victime de son indépendance, il inspira au futur auteur des *Brigands* une vive admiration pour sa personne et un violent désir de servir la même cause que lui.

Dans un autre ordre d'idées, on peut signaler encore l'influence exercée sur Schiller par quelques-uns de ses amis et de ses protecteurs, comme Kœrner, dont nous avons déjà parlé. Il serait injuste d'oublier ici le baron *Wolfgang de* DALBERG (1750-1806), qui, comme intendant du théâtre de Mannheim, fit jouer le premier drame de Schiller. Il était poète lui-même, mais sans grande valeur, bien qu'il eût essayé, dans ses drames, d'imiter Shakspeare[1]. Nous devons nommer encore le célèbre libraire COTTA DE COTTENDORF (1764-1832), qui aida Schiller et Gœthe à leurs débuts, fonda plusieurs gazettes littéraires et fut toujours un protecteur éclairé des poètes et de la poésie.

Parmi ceux qui ont écrit un peu avant Schiller et dans un genre souvent voisin du sien, mais sans avoir exercé aucune influence sur lui, les seuls qui méritent d'être cités sont les frères STOLBERG, connus surtout par leurs traductions en vers de classiques anciens et par des poésies assez médiocres, composées en commun et publiées en 1779 : ils firent, en 1787, une tentative malheureuse pour introduire sur la scène allemande la tragédie avec chœurs des anciens. Schiller renouvela cette tentative, dans la suite, avec sa *Fiancée de Messine*. Le plus jeune des deux frères, *Frédéric-Léopold* STOLBERG (1750-1819), qui embrassa la reli-

1. Il y a eu plusieurs autres Dalberg, dont deux surtout sont connus pour avoir écrit des ouvrages d'esthétique.

gion catholique en 1800, a traduit l'Iliade en vers, et laissé, outre quelques tragédies, des *Satires ou iambes* (1784), une *Histoire de la religion chrétienne*, etc. L'aîné, *Christian* STOLBERG (1748-1821), a moins de valeur poétique que lui.

Comme poète lyrique, Schiller est à coup sûr un des premiers qui ait cherché ses inspirations en lui-même et dans ce qui l'entourait. On pourrait trouver cependant, vers l'époque de ses premiers succès, une inspiration souvent aussi heureuse dans les poésies de *Mathieu* CLAUDIUS (1740-1815), qui fut connu, de son vivant, sous le pseudonyme d'*Asmus* et du *Messager de Wandsbeck* (der *Wandsbecker Bote*); pédantesque et maniéré en prose, il a dû à la touchante simplicité de quelques-unes de ses pièces de vers de compter parmi les poètes populaires les plus estimés.

§ III. — *Gœthe, ou la poésie réelle.*

Gœthe est à coup sûr une des apparitions les plus étonnantes de ces deux derniers siècles : on l'a comparé, pour l'influence qu'il a exercée, pour la faveur et l'éclat qui l'ont environné jusqu'à son dernier jour, à Voltaire et à Napoléon. Après avoir frappé l'imagination de ses contemporains dès sa première œuvre, il a été adoré par les uns, contesté par les autres, mais n'a point cessé de régner pendant cinquante ans sur la littérature allemande. Ce succès vraiment prodigieux tient au caractère nouveau de sa poésie, qui consiste non plus en mots, comme chez la plupart de ses devanciers ou de ses contemporains, mais en choses, pour nous servir de l'expression adoptée par les critiques allemands. L'objet de la poésie, pour Gœthe, c'est l'homme tout entier, et c'est surtout Gœthe lui-même; il chante la nature dans les sensations ou les sentiments qu'elle lui fait éprouver; en un mot, il rend la poésie aussi *objective* ou *réelle* qu'elle était *idéale* ou *subjective* avec Schiller. Nous ne voulons point dire par là que Gœthe soit un poète *réaliste*, dans le sens que nous donnons aujourd'hui à ce mot : il s'attache à la réalité dans l'ordre moral comme dans l'ordre physique; il est peintre fidèle de la nature; il est artiste avant tout.

Cette tendance générale se retrouve plus ou moins dans les diverses périodes de sa longue carrière; on peut cependant distinguer trois époques de son activité poétique : la première, que les Allemands appellent *géniale*, où son imagination ardente lui fait fouler aux pieds toute espèce d'imitation et de doctrine littéraire; la deuxième, qui est plutôt classique, et où Gœthe, s'attachant à la forme, s'astreint à l'étude des modèles antiques, et comprime par la réflexion l'élan de son génie; la troisième enfin, qui est plus spécialement dramatique, et dans laquelle il cherche à faire revivre, avec *Faust*, tout un monde de souvenirs, d'impressions et de personnages qu'il avait vu passer devant ses yeux ou dans son imagination depuis un demi-siècle.

Jean-Wolfgang Gœthe (1749-1832) était né à Francfort-sur-Mein d'une famille riche et considérée, mais appartenant à la bourgeoisie la plus ordinaire : ses ancêtres, tous plébéiens et artisans, s'étaient élevés, à force de travail et d'ordre, à une certaine aisance, que son aïeul paternel avait accrue en se faisant aubergiste. Le père de Gœthe occupait un des premiers rangs dans la société bourgeoise de Francfort, et avait épousé une jeune personne de vieille et bonne famille de magistrats, moins âgée que lui d'une vingtaine d'années, et qui mourut vingt-six ans après lui, en 1808, à une époque où son fils était déjà depuis longtemps le roi intellectuel de l'Allemagne.

Plusieurs enfants étaient nés de ce mariage; mais deux seulement survécurent : notre poète et sa sœur Cornélie, née un an après lui, et qu'il maria en 1773 à son ami Schlosser. Elle mourut peu de temps après, en 1777. Il semble que Wolfgang, qui vécut quatre-vingt-trois ans, ait absorbé pour lui seul toute la sève et la puissance de vitalité de sa famille. On peut regretter la mort prématurée de cette sœur intelligente et dévouée, pour laquelle Gœthe avait éprouvé l'affection la plus sincère de sa vie, et dont l'influence aurait sans doute agi d'une façon salutaire sur son existence et sur ses œuvres : car ce qui a le plus manqué à ce grand homme pendant sa longue carrière, c'est l'affection pure et désintéressée d'une femme.

Son enfance se passe au milieu des circonstances les plus favorables : il est élevé dans l'aisance, au sein d'une famille unie et heureuse, et, tout en recevant ce que l'on appelle une éducation sérieuse et soignée, il a la chance de jouir d'une certaine liberté. Divers événements viennent le distraire au milieu des études un peu trop méthodiques qu'il faisait sous la direction de son père : des fêtes pour le couronnement de l'empereur, puis surtout l'occupation française et ses relations avec le comte de Thoranne, un de nos officiers les plus aimables et les plus instruits, qui était heureux de prêter des livres au jeune Wolfgang et de causer familièrement avec lui. C'est à ces premières années de la vie de Gœthe que remonte le goût si prononcé qu'il eut toujours dans la suite pour les représentations théâtrales et même pour la forme dramatique en général : il avait vu jouer un certain nombre de pièces par une troupe d'acteurs que le corps d'occupation français avait emmenée à sa suite et installée à Francfort, et le désir d'assister à ces représentations était devenu chez lui une véritable passion.

Ses études ne souffrirent pourtant pas de ce passe-temps : il avait appris ou étudié sept langues, dont l'hébreu. Son génie poétique s'éveillait en même temps, et la lecture de la Bible, d'une part, un premier amour, de l'autre, amour enfantin, mais profond, lui inspirèrent des odes où il avait l'ambition de s'élever aussi haut que Gellert, et qu'il brûla dans la suite.

Son père avait été jusque-là son seul ou du moins son principal maître, et ce régime d'éducation domestique lui avait admirablement réussi, grâce aux tempéraments apportés à la sévérité paternelle par la tendresse indulgente de sa mère et la douce amitié de sa sœur. Gœthe avait pu, à maintes reprises, tromper la discipline inflexible de son père, et se permettre quelques escapades dans les rues ou aux environs de Francfort; ses liaisons, en général, étaient assez plébéiennes, et il avait singulièrement complété, par son expérience personnelle, l'éducation par trop monotone qu'il recevait dans sa maison.

Lorsqu'il eut seize ans (1765), son père l'envoya faire son droit à Leipzig. Il resta près de trois ans dans cette ville, s'occupant de tout autre chose que de jurisprudence : ce qui l'attirait, outre la société des jeunes gens de son âge et les plaisirs plus ou moins délicats de la vie d'étudiant, c'était la littérature, c'étaient les arts, c'était le développement de son goût et de son imagination. Parmi les circonstances qui influèrent le plus favorablement à cette époque sur son génie naissant, il faut signaler son platonique et respectueux attachement pour la femme d'un de ses professeurs, Mme Bœhme, personne aimable et spirituelle, mais délicate et maladive, qui mourut peu de temps après. C'est elle qui, par ses conseils et ses innocentes railleries, décida le jeune étudiant à surveiller son goût en toutes choses, et à modifier non-seulement sa garde-robe et son accent, mais encore sa manière de juger les poètes et d'écrire lui-même. A la suite d'une de ses conversations avec Mme Bœhme, il brûla sans pitié tous les essais manuscrits de sa première jeunesse.

Une grave maladie le force à retourner dans sa famille vers la fin de 1768, et l'y fait accueillir avec indulgence par un père irrité de sa désobéissance et de son peu de progrès dans l'étude du droit. Ce fut pendant cette maladie et sa longue convalescence qu'il eut occasion de voir et d'entendre souvent Mlle de Klettenberg, dont le mysticisme finit par agir sur lui et par le disposer à la rêverie, à la méditation et aussi à l'étude des sciences naturelles, qui le séduisaient par leur côté mystérieux. Le souvenir de Mlle de Klettenberg ne s'effaça jamais de son âme : il éprouvait pour elle un respect mêlé d'admiration, et, longtemps après, il lui rendit hommage dans un des épisodes de son *Wilhelm Meister*.

Après s'être entièrement rétabli par un séjour prolongé dans sa famille, Gœthe se rendit à Strasbourg pour y finir son droit (1770-71) : cette fois il s'y mit en conscience, et se fit recevoir docteur. Mais il ne négligea point pour cela ses études de prédilection, la poésie et les beaux-arts; il trouva encore le temps de s'initier à la connaissance de la médecine et de la chimie; il se lia enfin avec Herder, dont les conseils influèrent puissamment sur son goût.

Revenu à Francfort, il s'y fait inscrire au tableau des avocats, mais, n'ayant pas besoin de profession pour vivre, il se dispense de plaider et continue à lire ou à faire des vers. C'est ainsi qu'il passe trois années environ dans la maison paternelle, sauf quelques absences qu'il fait pour aller en excursion sur les bords du Rhin et en Suisse : ce dernier voyage fut entrepris avec les Stolberg. En 1772 il avait passé quelques mois à Wetzlar, pour se perfectionner dans la pratique de la jurisprudence en assistant aux audiences du tribunal impérial de cette ville : c'est en revenant de Wetzlar qu'il assiste presque à la tragique catastrophe dont il tira son *Werther*.

Au milieu de ces pérégrinations et de ces études, il avait eu plusieurs aventures d'amour, dont la plus sérieuse fut sa passion pour Frédérique Brion, fille d'un pasteur des environs de Strasbourg. Puis il avait été fiancé avec la fille d'un négociant de Francfort, Élisabeth Schœnemann, qu'il chanta sous le nom de *Lili*. Le mariage n'eut pas lieu, et il n'en resta qu'une œuvre lyrique et dramatique, *Stella*, où le jeune poète chantait ses espérances de bonheur.

C'est enfin à ce dernier séjour à Francfort, où se termine la première période de la vie de Gœthe, que

se rattache sa liaison avec les poètes de Gœttingue.
Nous reviendrons sur cette liaison à la fin de ce chapitre, où nous dirons quelques mots des principaux membres de cette célèbre union poétique.

Jetons maintenant un regard en arrière sur les œuvres de la première période de Gœthe. Elles ne sont pas précisément nombreuses, et les deux dernières éclipsent toutes les autres. On a raison de passer sous silence le petit poème de *la Descente du Christ aux Enfers*, qui est de 1765-66, et qui fut imprimé sans nom d'auteur dans une revue de Francfort. En 1767, à la suite d'une aventure qu'il eut à Leipzig, il écrivit *les Caprices de l'Amant* et *les Complices*, comédies qui ne parurent que longtemps après. En 1770 on imprima sans son aveu, à Leipzig, trente chansons ou odes, qu'il modifia considérablement dans la suite, lorsqu'il en accueillit quelques-unes dans ses œuvres.

En somme, il était encore inconnu comme auteur, malgré quelques articles de critique et des dissertations parues dans les *Annonces savantes de Francfort*, lorsque, en 1773, il excita un enthousiasme universel par son *Gœtz de Berlichingen*. C'était un drame chevaleresque, où le poète faisait revivre une des époques les plus tourmentées de l'histoire de l'Allemagne ; il offre quelque analogie avec les *Brigands* de Schiller, qui ne parurent que dix ans plus tard : on y voyait aussi la revendication de la liberté individuelle contre les prétendus excès de l'autorité et contre le despotisme des conventions sociales. Au point de vue littéraire, ce drame se distingue par une grande hardiesse dans le style comme dans la composition ; la jeunesse allemande le considéra comme une sorte de manifeste autour duquel se rallièrent tous ceux qui voulaient donner à la littérature nationale l'indépendance et l'originalité qui lui manquaient : ce fut un des premiers monuments produits par la période que les Allemands appellent *Sturm und Drang* (v. plus haut, page 171). On se mit à explorer et à exploiter le moyen âge, et l'on abusa plus que de raison de la chevalerie, non-seulement en Allemagne, mais encore à l'étranger. Ce mouvement se fit sentir longtemps après en France, où le romantisme suivit la même voie, et en Angleterre, où Walter Scott préluda, par une traduction de *Gœtz de Berlichingen*, à ses innombrables romans tirés du moyen âge.

Lancé dans la voie du drame, Gœthe donna dès l'année suivante (1774) une pièce d'un genre tout différent, qui n'obtint et qui ne méritait pas le même succès : *Clavijo* (ou *Clavigo*), qui n'est que la mise en scène d'un récit fort connu de Beaumarchais, où la sœur de cet écrivain joue le rôle principal. Gœthe conserva le fond même de l'histoire racontée par Beaumarchais, tout en modifiant certains détails et en changeant jusqu'à un certain point le caractère de l'héroïne. Ce qui est à remarquer surtout, c'est que le poète semble, dès son premier succès, vouloir abandonner le drame chevaleresque pour le drame bourgeois. Avec son bon sens à toute épreuve, il avait pressenti l'abus que les mauvais imitateurs feraient du moyen âge, et il s'empressait de prendre une nouvelle direction.

Mais le succès de *Gœtz* fut bien dépassé par celui de *Werther*. Ce roman, dont le fond était historique et contemporain, lui avait été inspiré en 1772 par une passion malheureuse pour la femme d'un de ses amis, et par le suicide du jeune poète Jérusalem à la suite d'une passion semblable : réunissant ces deux faits et groupant ensemble des circonstances qui n'avaient rien de commun entre elles, Gœthe put modifier assez les détails de ces deux histoires pour éviter le reproche d'avoir simplement reproduit la réalité, mais il les conserva en même temps assez pour donner à son roman tout l'intérêt qui s'attache aux relations de témoins oculaires émus, ou plutôt d'acteurs passionnés et victimes de leur passion. Le récit est présenté sous la forme épistolaire, ce qui ajoute encore à sa force. La mélancolie du héros, qui n'est autre que Gœthe, est parfaitement sincère : seulement Gœthe, en homme d'esprit, tue son héros pour satisfaire son dégoût de la vie, et, cela fait, revient à la vie sans plus éprouver la moindre velléité de suicide. Il est curieux de voir comment il a lui-même apprécié dans la suite cette situation de son âme.

« Au milieu de ces études stériles (dit-il dans ses Mémoires, intitulés *Poésie et Vérité*), privé de mobile et d'excitation, je traînais une vie languissante. Il me semblait que le but de ma vie n'était pas atteint, et mon orgueil se révoltait contre une destinée sans rapport avec mes désirs, contre une existence sans but et sans honneur... Dans la plus heureuse situation imaginable, il arrive que le défaut d'activité, joint à un vif désir d'action, nous précipite vers le besoin de la mort, vers la soif du néant... Nous cherchons à nous débarrasser, insensés que nous sommes, d'une vie qui ne correspond plus avec la hauteur et l'exigence capricieuse de nos pensées. Je sais tout ce que m'ont coûté de souffrances toutes ces spéculations ; je sais aussi quels efforts j'ai dû faire pour me délivrer de leur obsession constante : la vogue qu'a obtenue *Werther* m'a prouvé depuis que ces mêmes idées, toutes maladives qu'elles fussent, ne m'étaient point particulières. Je ne cacherai donc ni ces douleurs, que je partageais avec les hommes de mon siècle, ni les méditations sur le suicide, méditations qui ont absorbé une grande partie de ma jeunesse.

« Tout, je l'avoue, me semblait monotone dans la vie. En proie au dégoût, insensible à l'amour, je n'entendais plus cette douce voix de la nature, qui, à des intervalles réglés, nous appelle à jouir de ses métamorphoses merveilleuses... Je possédais une assez belle collection d'armes antiques, entre autres un poignard de forme élégante, richement monté, et dont la pointe aiguë, conduite par une main assurée, eût accompli en peu d'instants ce que Shakspeare nomme *la grande action romaine*. Plus d'une fois, je l'appuyai sur mon sein : la force me manqua ; je ne tardai pas à reconnaître que cette soif de la mort n'était chez moi que la fantaisie d'un désœuvrement lugubre. Je me mis à rire de moi-même, et je fus guéri.

« Cependant les mêmes sentiments d'ennui qui m'avaient obsédé me tourmentaient encore. Il me fallait une œuvre poétique dans laquelle je pusse consigner, pour mon repos, ces tristes pensées; c'était le seul moyen de leur donner l'essor et de m'en délivrer en les exprimant. A ce moment, le bruit de la mort du jeune Jérusalem se répandit : le plan de *Werther* fut aussitôt tracé; l'ouvrage, conçu d'un seul jet, fut écrit de même, et les fantômes qui venaient de persécuter ma jeunesse prirent une réalité qui acheva ma guérison. »

On le voit : la sentimentalité mélancolique qui fait le fond de Werther était parfaitement sincère et naturelle; seulement on a pu reprocher à l'auteur d'avoir lancé dans le public un ouvrage qui devait exercer une influence fâcheuse sur une grande partie de ses lecteurs. Ce fut l'opinion de Lessing, qui écrivait à un de ses amis, peu de temps après l'apparition de *Werther* :

« Pour qu'une production aussi chaleureuse ne fasse pas plus de mal que de bien, ne pensez-vous pas qu'il lui faudrait encore un petit épilogue très-refroidissant, quelques modifications sur les causes qui ont amené Werther à un caractère aussi bizarre, le contraste d'un autre jeune homme, auquel la nature aurait donné les mêmes dispositions et qui aurait su s'en garantir?... »

Ce fut aussi l'opinion de quelques gens de goût, comme NICOLAÏ, le fondateur de la *Bibliothèque allemande universelle*, qui eut l'idée de publier un *Werther* modifié d'après les idées de Lessing, et dont le dénoûment est comique ou plutot trivial. Mais la masse du public prit le roman de Gœthe au sérieux; les éditions et les imitations de ce livre se succédèrent rapidement et en grand nombre, et l'auteur ne tarda pas à être épouvanté de l'épidémie qu'il avait suscitée. Il croyait simplement constater un état maladif de son siècle : il se trouva qu'il en hâtait la maturation. Quelques suicides le convainquirent qu'on ne doit pas jouer avec les dispositions sentimentales d'un pareil public, et il se rejeta violemment vers une littérature plus gaie, plus pratique et, nous pouvons ajouter, plus saine.

Ses autres productions de cette année 1774 sont des opuscules satiriques, dont le plus connu est la farce intitulée *les Dieux, les Héros et Wieland,* où il plaisante agréablement sur la manie qu'avait le roi de la littérature allemande d'alors de faire toujours intervenir, à tort et à travers, la mythologie grecque dans ses œuvres.

Vers la fin de 1774, une nouvelle période s'ouvre pour le jeune poète : un de ses amis, Knebel, le présente au duc de Weimar, et Gœthe se rend l'année suivante dans cette résidence, où il se fixe définitivement à partir de 1776 ; nommé conseiller intime du prince, il l'accompagne dans un voyage en Suisse et à Berlin ; dès 1779, il occupe la plus haute position dans la confiance du prince et dans l'administration du pays, mais il se lasse peu à peu de tant d'honneurs et finit par ne plus vouloir être que le roi de la littérature allemande et le directeur du théâtre de Weimar. D'autres distinctions lui étaient survenues cependant, entre autres, la dignité de *noble d'empire,* qui lui avait été conférée en 1782[1]. Nous verrons plus loin que la fortune lui réservait bien d'autres faveurs encore.

Il n'est pas hors de propos de remarquer ici combien la petite ville de Weimar a joué un rôle important dans l'histoire de la civilisation et des lettres allemandes. La princesse Amélie, mère de Charles-Auguste, avait réuni à sa cour l'élite des beaux esprits de l'Allemagne : Wieland, à qui elle avait confié l'éducation de ses fils, était, avant l'arrivée de Gœthe, le plus brillant et le plus admiré de ces écrivains ; plus tard, Schiller vint rehausser par sa présence l'éclat de cette petite capitale, où se réunirent encore bon nombre de poètes et de littérateurs illustres ou destinés à

---

1. Il s'était fait recevoir franc-maçon en 1780.

le devenir; la plupart des romantiques, Schlegel, Tieck, Richter, passèrent quelque temps à Weimar. Mais tous ces hommes semblaient se grouper et tourner autour de Gœthe comme autour de leur soleil, et l'on peut dire que c'est à lui, en définitive, que Weimar a dû son principal éclat.

Dans les premières années de son séjour en cette résidence (jusqu'en 1786), il publie peu d'ouvrages et se borne à travailler, à ébaucher ses drames futurs et à faire paraître quelques poésies dans le *Mercure* de Wieland et dans quelques autres revues. Il écrit quelques drames lyriques, qu'il retouchera dans la suite, comme *Erwin et Elmire*, *Stella*, etc., qui obtinrent un grand succès. Il s'occupe aussi des questions de philosophie et de science, et collabore aux *Fragments physiognomoniques* de Lavater. Mais c'est à la poésie dramatique qu'il consacre le plus volontiers ses loisirs : dès 1779, il écrit son *Iphigénie*, en prose, la joue lui-même sur le théâtre de Weimar, puis la met en vers, et ne la publie, sous cette nouvelle forme, qu'en 1787, pendant son voyage en Italie.

Iphigénie en Tauride, dont la donnée est à peu près la même chez Gœthe que chez Euripide[1], a été souvent considérée comme le chef-d'œuvre dramatique du poète allemand.

« On y trouve un sentiment vrai et profond de la grandeur et de la simplicité antiques; cette tragédie est animée, d'un bout à l'autre, par un sentiment doux et religieux qui élève et repose l'âme. Le dialogue est sobre et concis; les personnages s'expriment, avec une dignité simple et grandiose, dans un langage quelquefois un peu sentencieux, mais qui n'est jamais déclamatoire. Peut-être Iphigénie et Thoas sont-ils trop modernes, et le poète a-t-il mis dans leur

1. Ce sujet avait tenté Racine, qui y renonça après avoir écrit le premier acte. Guimond de la Touche le reprit en 1757, et Gœthe paraît avoir profité des observations que Diderot avait faites au sujet de cet essai.

bouche trop de maximes philosophiques à la façon du XVIIIe siècle. Ajoutons encore que Thoas ne parvient à nous intéresser que médiocrement à son amour pour la prêtresse, et que le dénoûment ressemble trop à celui de la *Bérénice* de Racine ; mais, ces critiques une fois admises, on peut affirmer que Gœthe a rarement su nous captiver autant par la beauté pure et calme des personnages, par la simplicité de l'action et par le développement harmonieux des scènes. *Iphigénie* est en réalité l'œuvre dramatique où il est le plus maître de lui-même comme de la langue et de la forme poétique [1]. »

C'était là une simple excursion dans le domaine de la tragédie grecque : Gœthe ne tarda pas à revenir à l'histoire moderne, qui lui semblait plus intéressante pour les spectateurs comme pour le poète. Il avait commencé *Egmont* en 1775 ; il s'y remit après avoir écrit *Iphigénie* sous sa première forme ; il y travailla en 1778-1781, le termina à Rome en 1787, et ne le fit imprimer qu'en 1788. Ce drame, emprunté à l'histoire de l'insurrection des Pays-Bas, n'eut pas d'abord tout le succès que l'auteur en attendait, et Gœthe n'y travailla pas, d'ailleurs, avec toute la suite qu'aurait exigée un pareil ouvrage. Un autre de ses drames, *Torquato Tasso*, appartient à la même époque et a été composé un peu à la façon d'*Iphigénie* : commencé en prose en 1780, il fut mis en vers pendant le voyage en Italie, et publié en 1790 seulement.

Nous arrivons à ce fameux voyage d'Italie, qui exerça une influence si décisive sur le génie de Gœthe : il eut lieu de la fin de 1786 au milieu de l'année 1788, et, si nous voulons savoir au juste l'effet qu'il produisit dans l'âme du poète, nous n'avons qu'à le consulter lui-même sur ce sujet :

---

1. Notice sur *Iphigénie*, par H. Grimm, dans la collection de classiques allemands de Delalain. Nous avons emprunté, plus d'une fois, à cette collection des renseignements ou des jugements sur les principaux auteurs allemands.

« Dieu soit loué! écrivait-il à l'un de ses amis; je suis à Venise, et mon cœur peut aimer tout ce que mon imagination caressait d'avance. Il y a longtemps que je n'osais pas feuilleter un auteur latin, de peur que le désir puissant de revoir l'Italie ne se réveillât en moi. C'était, je l'avoue, une sensation de souffrance très-aiguë que j'éprouvais toutes les fois que mon esprit était forcé de se reporter vers l'ancienne Rome. Vous souvenez-vous que Herder avait coutume de me railler en me disant que je n'étudiais d'autre latin que celui de Spinosa? Il ignorait que je n'osais pas ouvrir et feuilleter d'autres pages latines, et que les spéculations abstraites du Juif d'Amsterdam servaient d'asile à ma pensée. Ce voyage d'Italie était devenu pour moi une nécessité; l'intensité de mon désir m'aurait tué, je crois. Aujourd'hui il me semble que je ne vois pas l'Italie pour la première fois, que les objets qui se présentent à moi sont de vieilles connaissances, que je les retrouve... »

Un mois après, il écrivait de Rome :

« La voici, la capitale du monde! Maintenant que je suis ici, mon âme est calme; il me semble que je suis en repos pour le reste de ma vie. Je sens comme l'aurore d'une nouvelle existence; tous les songes de ma jeunesse sont là qui se réalisent devant moi; je ne puis faire un pas sans trouver de nouvelles connaissances dans un monde inconnu; autour de moi, tout est vieux et tout est nouveau. Les observations et les idées que ce spectacle m'inspire ne sont que mes anciennes observations et mes idées premières, mais colorées d'une nuance plus vive, plus forte, plus ardente. Je suis Pygmalion, qui voit la statue sortie de ses mains s'animer. La Rome idéale que j'avais créée est là devant moi, qui me dit : « Me voilà, je respire, je suis à toi! »

La première lettre datée de Naples témoigne d'un enthousiasme au moins égal :

« Pourquoi vous écrire des paroles? A quoi serviraient-elles? Je n'ai dans mon esprit que des tableaux, une terre fertile, le libre Océan, des îles vaporeuses, la montagne fumante : une froide description pourrait-elle rendre tout cela ? J'ai beaucoup vu, j'ai pensé davantage ; tout cela est à moi ; plusieurs idées, qui n'étaient qu'en germe dans mon intelligence, se sont développées tout à coup. Ah ! combien nos pensées sont promptes à naître et lentes à se compléter ! »

C'est, on le voit, l'enthousiasme qui amène Gœthe à la maturité artistique. Dès lors, il ne songe plus qu'à cultiver son génie, à reproduire dans ses écrits la perfection qu'il a pu admirer dans les chefs-d'œuvre de l'antiquité. Revenu à Weimar, il ne veut plus s'occuper d'administration, et se retire de plus en plus dans son for intérieur. C'est de cette époque que date sa liaison avec Christiane Vulpius, liaison irrégulière au point de vue des coutumes et de la loi établie, mais qui montre combien Gœthe cherchait précisément à s'isoler de la société. Il fit consacrer cette union dix-huit ans plus tard, au moment même du pillage de Weimar par les troupes françaises (1806), sous l'empire d'un remords et d'une préoccupation religieuse[1].

Sa vie publique peut se résumer, depuis lors, en quelques lignes : en 1790 il fait deux voyages fort courts, l'un en Italie, mais cette fois jusqu'à Venise et en Lombardie seulement ; l'autre, avec le duc de Weimar, en Silésie. A la fin de cette même année, il se charge de l'intendance du théâtre de Weimar et s'acquitte avec ardeur de cette tâche, qui l'absorbe presque tout entier jusqu'en 1807, époque où il en est dégoûté par les intrigues d'une actrice et l'indifférence du prince : il s'en occupa pourtant encore un peu jusqu'en 1817 ; mais à partir de cette date il ne remit plus les pieds dans ce théâtre, qu'il avait tant affec-

---

[1]. Sa femme mourut en 1816 ; elle lui avait donné un fils, Auguste, né en 1789, qui mourut en Italie en 1830, laissant deux fils et une fille, morts jeunes tous les trois. Il n'existe donc plus de descendant direct de Gœthe.

tionné pendant-dix-sept ans. Les autres faits extérieurs qui marquent la seconde moitié de sa vie sont : le voyage en Champagne et au siège de Mayence, en compagnie du duc de Weimar (1792-1793); sa liaison avec Schiller, sur laquelle nous reviendrons plus loin; son voyage en Suisse avec l'artiste H. Meyer (1797); la célébration du jubilé pour le cinquantième anniversaire de son arrivée à Weimar (1825), fête brillante à l'occasion de laquelle le grand-duc Charles-Auguste entoura Gœthe d'honneurs vraiment princiers. Deux ans après (1827), le roi de Bavière venait le voir et lui rendre hommage au jour anniversaire de sa naissance. En 1828, Gœthe perdait son ami, le prince qui l'avait si bien accueilli et toujours entouré d'un respect si affectueux : cet événement le laissa froid et indifférent en apparence; mais cela tient sans doute à ce que le grand poète concentrait de plus en plus ses impressions en lui-même. Il mourut quatre ans après son protecteur, le 22 mars 1832, à midi, à l'heure même où il était né. On nous dispensera de raconter tous les détails de cette mort, que les biographes ont embellie à plaisir : il suffira de citer ce simple fait que Gœthe mourant avait exprimé le désir de voir un peu plus de jour dans sa chambre, et avait fait écarter les rideaux de son lit en disant : « Plus de lumière ! » Cette demande, fort naturelle en somme, a été présentée par la plupart des narrateurs comme une sorte de profession de foi énoncée par le poète à l'heure suprême, et comme un testament qu'il livrait aux méditations de l'humanité[1].

Revenons à l'histoire du génie et des créations poétiques de Gœthe, qui est en réalité l'histoire même de toute sa vie à partir de 1790. Une de ses premières publications, à son retour d'Italie, après *Iphigénie* et

[1]. La ville de Francfort lui éleva une statue en 1844, et a donné son nom à une de ses places. En 1857, une double statue a été dressée à Weimar en l'honneur de Schiller et de Gœthe.

le Tasse, fut le commencement de *Faust*, qui parut d'abord sous le titre de *Faust, fragment* (1790). Il avait commencé cette œuvre en 1773, mais avait interrompu son travail, sauf pour quelques morceaux écrits pendant son voyage d'Italie, et ne s'y était remis sérieusement qu'à son retour. Il continua cette première partie après 1790, et la publia en 1808 sous le titre de *tragédie*. Il écrivit la seconde partie pendant les dernières années de sa vie : elle ne parut qu'un an après sa mort, en 1833.

« De tous les ouvrages de Gœthe, dit Henri Heine, ce fut le *Faust* dont le public s'occupa le plus constamment. On le paraphrasa, on le commenta de mille manières; ce fut la Bible mondaine des Allemands... Il est, en vérité, aussi vaste que la Bible, et, comme elle, il embrasse le ciel et la terre avec l'homme et son exégèse. C'est le sujet qui est encore ici la cause principale de l'extrême popularité de *Faust* : que Gœthe ait tiré ce sujet des traditions populaires, cela démontre la profondeur de sa pensée et son génie, qui sait toujours choisir le sujet le plus proche, le plus juste et le plus droit. »

Ailleurs l'illustre critique blâme le grand poète de n'avoir pas conservé assez religieusement la vieille tradition populaire, surtout dans la seconde partie de son poème, qui est, à vrai dire, bien inférieure à la première. Gœthe y abuse de la métaphysique et du symbole : la première partie elle-même pèche déjà un peu par l'abus des abstractions et des allégories. Le poète a voulu, sans doute, donner une contre-partie de la Messiade : en face du poème de la Rédemption, le poème de la chute et le triomphe du mal. Mais du milieu de ses abstractions et de ses allégories généralement obscures et souvent ennuyeuses se détachent des épisodes admirables, des figures merveilleuses que tout le monde connaît : Marguerite et Faust, Méphistophélès, et, dans la seconde partie, Marguerite et

Marie, ou la pécheresse et la sainte Vierge, puis, surtout, la belle Hélène:

« Ce sublime marbre grec, cette statue divinement païenne, dont l'aspect subit inonde l'âme de joie et de lumière. C'est la plus précieuse sculpture qui soit jamais sortie de l'atelier du maître, et l'on a peine à croire que la main d'un vieillard ait pu ciseler un morceau si parfait. » (Heine.)

En même temps que le premier fragment de *Faust*, Gœthe publiait, en 1790, un petit opéra, *Jery et Bœtely*, écrit après son voyage en Suisse (1779) et joué en 1782. Puis il entreprenait la traduction en hexamètres du vieux poème de *Reineke Fuchs* (ou du *Renard*), qu'il publia en 1794 : œuvre peu originale, comme on doit s'y attendre, et qui est inférieure au poème bas-allemand du XVe siècle.

Sa liaison avec Schiller, qui a une importance capitale dans l'histoire du développement intellectuel des deux poètes, commence en 1794. Après avoir entrevu le futur auteur des *Brigands*, sur les bancs du collège, en 1779, il l'avait vu un peu plus longuement à Weimar en 1788; mais cette première rencontre n'avait produit qu'une impression pénible chez les deux poètes, et ils avaient commencé par sentir de l'éloignement l'un pour l'autre. Peu à peu ils se rapprochent, se comprennent, s'admirent entre eux, et finissent par travailler de concert, par vivre pour ainsi dire d'une même vie. On a pu voir déjà plus haut, dans les quelques pages consacrées à Schiller, combien cette liaison fut heureuse pour chacun des deux poètes ; nous rappellerons seulement ici que la collaboration de Gœthe aux *Heures* et à l'*Almanach des Muses* (1796-1799) valut au public allemand la lecture de quelques poésies excellentes, les *Ballades* surtout, et plus tard les *Xénies*, œuvre faite en commun, et dont une bonne partie revient à Gœthe. Ses *Élégies romaines*, publiées dans les *Heures*, sont ce qu'il a écrit de plus faible durant cette période.

Il y avait environ vingt ans que Gœthe travaillait, d'une façon plus ou moins continue, à un roman pour ainsi dire autobiographique, sur lequel il fondait les plus grandes espérances : les *Années d'apprentissage de Wilhelm Meister*, qu'il publia en 1796, et dont le succès fut immense pendant une trentaine d'années. Les critiques ne manquèrent pourtant pas à cette œuvre souvent bizarre :

« Énigme familière, dit une Revue anglaise, symbole poétique recouvert et voilé de formes bourgeoises, traité de philosophie et d'esthétique, revêtu d'une enveloppe triviale et commune. »

Le romantique Novalis (v. plus loin) accusait *Meister* de tendances matérialistes ; d'autres lui reprochaient son mysticisme. La vérité est que ce roman est une histoire assez exacte de l'intelligence même du poète.

« Ce jeune homme, qui ne voyait dans le monde qu'une énigme indéchiffrable, en a trouvé maintenant la solution. Tout s'est éclairci, tout s'est classé, tout s'est calmé à ses yeux. Il se plaignait de ce que la vie ne lui offrait rien d'assez élevé, d'assez grand, d'assez noble. Enfin il a découvert que l'idéal ne manque pas, sur ce globe, aux objets et aux occupations les plus vulgaires en apparence. Cette flamme vagabonde, d'une exaltation effrénée, ne se perd et ne s'épuise plus en élans fantastiques. Elle s'est épurée sans se dépouiller de sa force ; elle a conservé sa puissance en devenant plus calme et plus utile. Du sein d'éléments confondus dans une anarchie menaçante, la paix et l'harmonie ont surgi tout à coup. » (*Foreign Review*, 1830.)

On peut dire que *Wilhelm Meister* est la contrepartie et, à de certains égards, la réfutation de *Werther*. Quelle meilleure réponse peut-on faire aux théories désespérées de *Werther* que dans cette page si pleine de bon sens de *Meister* ?

« Pourquoi l'homme est-il si malheureux en cette vie ? C'est que la réalité ne le satisfait pas ; il aspire à de meilleurs destins ; ce qu'il conçoit et ce qu'il désire n'est pas en harmonie avec ce qui l'environne. Il souffre ; il agite sa chaîne. Sa vie est la perpétuelle poursuite d'une félicité que ses efforts, son temps, ses trésors ne peuvent acheter. Un seul homme y parvient : c'est celui dont la sympathie universelle s'étend à tous les objets, celui qui est touché de l'harmonie sublime de l'univers ; c'est le poète. Sensible à toutes les douleurs, accessible à toutes les joies de l'humanité, il console les unes, il augmente et épure les autres. »

En 1798, Gœthe publie un autre chef-d'œuvre, qui ne fut pas contesté, cette fois : la charmante idylle de *Hermann et Dorothée*, qui n'est que la mise en scène aussi poétique que simple d'un épisode de l'histoire d'Allemagne, la fuite des émigrés de Salzbourg en 1731.

« Le poète s'était mis à l'œuvre vers la fin de 1796, après avoir lu et admiré le simple et touchant récit de l'historien Gœcking : il écrivit, avec une facilité merveilleuse, dans l'espace de quelques semaines, la moitié de son poème, qui devait, primitivement, n'avoir que six chants. Au cours de la composition, Gœthe s'aperçut de l'importance que prenait peu à peu ce qui n'était primitivement qu'une idylle : il se mit résolument au travail pour retoucher et compléter sa première composition, et, au commencement de 1797, il put communiquer à ses amis et livrer à l'impression les neuf chants dont se compose le poème, et qui portent chacun le nom d'une muse. Schiller considérait *Hermann et Dorothée* comme le chef-d'œuvre de Gœthe et même de la poésie moderne. On peut souscrire sans difficulté à la première partie de ce jugement : jamais le grand poète n'a été mieux inspiré par le sujet, comme il le reconnaît lui-même ; mais jamais non plus il n'a traité un sujet avec plus de sagesse artistique, de goût parfait et de profonde connaissance. (H. Grimm.)

On peut se contenter d'indiquer seulement, d'une

façon très-sommaire, les productions poétiques de Gœthe pendant les années suivantes (1800-1805) : ce sont en général des drames ou des tragédies, imités du français ou des autres littératures; un seul de ces drames présente quelque intérêt : c'est *la Fille naturelle* (1804), essai de tragédie bourgeoise dans le genre de Diderot.

Les études scientifiques et les beaux-arts avaient toujours attiré Gœthe : depuis le commencement de ce siècle, ils exercèrent sur son intelligence une séduction encore plus vive. Il se livrait aux observations d'histoire naturelle les plus minutieuses; il passait des heures entières à examiner un minéral ou une fleur; il s'exerçait à dessiner des objets pour approcher d'avantage, disait-il, de la vérité. De là ses livres d'esthétique et de science, comme *Winckelmann et son siècle*, et son *Histoire de la théorie des couleurs*. Ce dernier ouvrage et quelques publications relatives à la vie des plantes ont assuré à Gœthe une place distinguée parmi les naturalistes modernes.

Il semblait avoir renoncé à la poésie, et n'écrivait plus, en dehors de ses ouvrages de science, que des romans ou des mémoires : les *Affinités électives*, en 1809; son autobiographie, sous le titre de *Réalité et Poésie*, en trois parties (1811-1814); *Voyage d'Italie* (1816-1817); *Campagne de France* (1822); enfin, les *Années de voyage de Wilhelm Meister* (1821). Un seul recueil de poésies s'intercale vers la fin de cette période : c'est *le Divan oriental de l'Occident* (1819), où l'auteur fait preuve d'une imagination aussi féconde que brillante et vraiment orientale.

Parmi les œuvres citées tout à l'heure, les *Années de Voyage de Wilhelm Meister* doivent surtout attirer notre attention : c'est la suite, le complément *des Années d'apprentissage*, livre singulier, encore plus énigmatique que son devancier pour le commun des lecteurs.

« De ce pays réel et bourgeois, où Wilhelm s'est instruit de ce que la vie humaine a d'utile, il passe dans une région nouvelle, la région des symboles et de l'allégorie. Le premier de ces ouvrages nous offre les accidents vulgaires de l'existence ; le second nous ouvre la perspective des idées religieuses et morales. Il y a de la légèreté et de la transparence dans le plan de l'ouvrage ; une raison mâle en fait le fond. On y trouve un mélange de gaieté et de pureté, de force et de calme, de grâce et d'ardeur qui caractérise spécialement Gœthe. La pensée est d'un sage, la forme est d'un poète ; tout ce que les hommes discutent et approfondissent au temps où nous sommes est indiqué dans cette allégorie expressive et cependant naïve : la foi philosophique et religieuse de l'écrivain est gravée en caractères immortels dans ce livre, que son auteur a publié comme un fragment, mais qui n'en est pas moins complet. » *(For. Rev. 1830.)*

Ce livre suscita naturellement de nombreuses et vives critiques, surtout dans le camp des piétistes : un simple pasteur de campagne, du nom peu poétique de Pustkuchen, eut l'idée de publier une parodie du roman de Gœthe, intitulée *les Fausses années de voyage*, et cette parodie eut un certain succès.

Dès lors Gœthe, tout entier aux spéculations métaphysiques qu'il accumulait dans *Faust*, ne composa plus que peu de poésies : toutes celles que nous avons de cette dernière période parurent, de 1820 à 1831, dans des Revues comme *le Chaos* et *l'Almanach des Muses*. Ses travaux d'esthétique étaient imprimés depuis longtemps dans des revues spéciales, comme celle qu'il publia en 1814 et années suivantes sous le titre de : *Art et Antiquité*. (Déjà, en 1798, il avait fondé les *Propylées*, recueil exclusivement consacré aux questions d'art ; mais cette tentative avait échoué, au bout de trois ans, contre l'indifférence du public.)

Il nous reste, enfin, à mentionner encore parmi les œuvres de Gœthe sa volumineuse et intéressante correspondance, qui fut publiée à diverses reprises, de son vivant et après sa mort : *Correspondance* avec Schiller, de 1794 à 1805, imprimée en 1828-1829 ; avec *Zelter* (1796-1832), parue en 1833-34 ; et, plus tard, celle avec Knebel, avec Mme de Stein, avec ses amis de Leipzig, etc. Ses lettres à Bettina d'Arnim (*Correspondance avec une enfant*), qui remontent à 1807, furent publiées en 1835; ses *Conversations avec Eckermann*, en 1836-1848. Toutes ces publications ont permis de mieux connaître et de mieux apprécier l'homme et le poète. On a, de plus, le témoignage de ses contemporains, de ceux qui l'ont vu et approché, qui ont pu le juger sans fanatisme et sans esprit de parti. Henri Heine est un des plus considérables parmi ces témoins, et nous ne pourrions trouver ailleurs un portrait de Gœthe plus complet dans sa pittoresque brièveté.

« On trouvait dans Gœthe la réunion de la personnalité avec le génie, comme on la veut trouver chez les hommes extraordinaires. Son extérieur était aussi imposant que la parole qui vivait dans ses écrits; son apparence était harmonieuse, nette, agréable, noblement conçue, et on pouvait étudier sur lui l'art grec, comme sur un antique..... Le temps put bien couvrir sa tête de neige, mais non la courber. Il la portait toujours fière et haute, et, quand il parlait, il devenait toujours plus grand; et, quand il étendait sa main, il semblait que sa main pût montrer aux étoiles du ciel le chemin qu'elles devaient suivre! »

Voilà l'éloge écrit par un admirateur enthousiaste de Gœthe : nous devons ajouter que ce qui paraît le plus admirable à Heine, cette fierté, cette noble indifférence du poète, a dégénéré bien souvent chez lui en égoïsme. Né dans une situation particulièrement heureuse, élevé dans le milieu, fort égoïste alors, de l'aristocratie bourgeoise, il fréquenta en artiste les deux sociétés extrêmes de Francfort, apprit de bonne heure à connaître les hommes, et devint bientôt assez indifférent sur tout ce qui les touche, uniquement préoccupé qu'il était de donner des aliments à son imagination et surtout à son désir d'observation. Dans ses affaires de cœur, dès sa première jeunesse, nous le voyons obéir à ce penchant ; ses amours sont presque toutes entachées de cet égoïsme : l'histoire en est longue et souvent triste, et l'on ne peut en citer que les noms principaux : Marguerite, sa passion d'enfant, à Francfort ; Catherine (ou Kætchen) Schœnkopf, à Leipzig ; Frédérique Brion, à Sesenheim, près de Strasbourg ; Charlotte Buff, à Wetzlar ; Elisabeth Schœnemann, ou Lili, qui a été sa passion la plus profonde ; puis, à Weimar, Mme de Stein, qu'il appelle Lida dans ses vers, liaison bizarre et choquante pour nous, bien qu'elle fût contenue dans de certaines limites ; et, à côté de Mme de Stein, de nombreux caprices secondaires, d'assez bas étage parfois, comme pour Corona Schrœter ; Christiane Vulpius, qui représente l'amour prosaïque et bourgeois, et qui amène la rupture de Gœthe avec Mme de Stein ; puis Wilhelmine (ou Mina) Herzlieb, qui est, en 1807, l'occasion d'un retour poétique à l'amour chez le poète déjà mûr et marié ; enfin, en 1823, Mlle de Lewetzow, qui inspire au vieillard un tendre et respectueux sentiment, et lui dicte ses dernières productions poétiques (entre autres la *Trilogie de la passion*) : telle est l'énumération, bien incomplète, des victimes de Gœthe, victimes volontaires et résignées la plupart, il faut le reconnaître.

Il a eu des amis, en petit nombre, mais illustres : Jung-Stilling, Lavater, Merck, Jacobi, Wieland, Herder, Knebel, Zelter et surtout Schiller. On a dit qu'il ne s'attachait généralement à eux que pour le profit qu'il pouvait en retirer au point de vue poétique : il y a quelque chose de vrai dans ce reproche ; mais il faut excepter Schiller, pour lequel Gœthe s'éprit d'une amitié vraie et parfaitement désintéressée, bien qu'il en retirât peut-être plus de profit que de toutes les autres. Mais, en dehors de ces amitiés littéraires, il en eut d'autres, moins nobles et moins relevées, qui ne lui font guère honneur : on n'aime pas à insister sur la vie fort légère qu'il mena pendant assez longtemps avec le duc de Weimar.

Il était sceptique en politique : il eut le courage

de se vouer consciencieusement, pendant quelques années, à l'administration du duché de Weimar ; mais il n'avait ni goût ni principe en pareille matière : il manquait absolument de vues générales sur le gouvernement ; il considérait les hommes et les choses comme de simples apparitions qui pouvaient toutes également le captiver à un moment donné. C'est ainsi qu'il admira Napoléon, le vainqueur de son pays, et fut même très-flatté de la distinction dont le héros l'honora en 1808 [1] ; ce qui ne l'empêcha pas de recevoir avec le même plaisir les titres et les dignités que lui conférèrent d'autres souverains. Son patriotisme était fort tiède, et il resta presque indifférent aux grands événements de 1812 à 1815.

Il n'avait pas la foi religieuse ; cependant il évita presque toujours de combattre ouvertement le christianisme ; il conserva même, jusqu'à l'âge le plus avancé, quelque chose du respect pour les choses saintes qu'il tenait de ses habitudes d'enfance et des idées que Mlle de Klettenberg lui avait inculquées après son retour de Leipzig. Plus il vieillit cependant, plus il semble se renfermer dans son individualité, sans comprendre la grandeur de la religion, envisagée comme lien de charité entre les hommes : ce qui le frappait, c'était la majesté divine, la beauté de l'univers ; mais l'humanité le laissait indifférent.

Artiste avant tout, il ne s'attache à rien de particulier, ni dans le domaine des faits ni dans celui des idées ; la souplesse de son génie est telle, qu'il voit et condamne les excès mêmes qu'il a provoqués, comme lorsqu'il réagit contre les imitations de *Werther* et de *Goetz* et, plus tard, contre l'école romantique. Ses contemporains l'avaient surnommé leur Apollon Musagète, et il offrait, en effet, le modèle presque idéal du poète. Ses créations vivront toujours, et sont de

---

[1]. L'entrevue de Napoléon et de Goethe, à Iéna, a été racontée par Eckermann.

tous les pays comme de tous les temps : Faust, Philine, Clærchen, Tasse, Méphistophélès, Mignon, se meuvent librement et jouissent de leur vie propre ; ce sont des êtres réels, semblables à ceux qu'avaient créés Homère et Shakspeare : nul poète moderne n'a mieux su mettre en relief les personnages issus de son imagination, ni donner un corps plus tangible aux résultats de sa profonde observation.

§ IV. — *Écrivains secondaires de la fin du XVIIIe siècle.*

Nous réunissons sous cette dénomination les poètes et les prosateurs de quelque importance qui ont fleuri à la fin du siècle dernier et au commencement de celui-ci, sans avoir appartenu à une école spéciale, et dont les tendances pourraient être plus particulièrement caractérisées par la désignation de *classiques*, par opposition avec les *romantiques*, dont il sera parlé au chapitre suivant.

En première ligne, on doit mentionner ceux qui constituent le célèbre groupe des poètes de Gœttingue, et dont les plus connus sont : BÜRGER, CLAUDIUS, BOIE, HOELTY, les deux STOLBERG, *Henri* VOSS et LEISEWITZ. Nous avons déjà parlé plus haut de plusieurs d'entre eux[1] : parmi les autres, BÜRGER mérite plus que tous de fixer un instant notre attention. Né en 1748, mort en 1794, il fut professeur de philosophie à Gœttingue, et contribua à fonder, dans cette ville, avec quelques amis, cette union poétique du *Hainbund* à laquelle Gœthe se rattacha lors de ses débuts. Bürger publia ses premières poésies en 1770 : ses *Sonnets* et surtout ses *Ballades* sont justement célèbres. Schiller l'attaqua, et pourtant il lui doit quelque chose de la naïveté de ses propres ballades. Bürger est peut-être un des écrivains clas-

---

1. Pour Claudius, p. 173 ; Hœlty, p. 120 ; les Stolberg, p. 172 ; Leisewitz, p. 171.

siques les plus voisins du romantisme : lié avec Aug. Schlegel à l'université de Gœttingue, il fut un des premiers à l'encourager à la poésie; plus tard, une de ses ballades inspira à Immermann un drame éminemment romantique, *Ghismonda*. Ajoutons qu'il était l'oncle du dramaturge Müllner et qu'il avait ainsi un pied dans le camp révolutionnaire.

Un de ses plus actifs collaborateurs, à Gœttingue, fut BOIE (1744-1806), fondateur de cet *Almanach des Muses* (1770) qui fut le type de tous les autres, et dans lequel écrivirent Klopstock, Ramler, Gleim, Voss, etc. Ce fut là le véritable lien et presque l'origine du *Hainbund*. Mais la valeur poétique de Boie était mince; il n'avait guère d'autre mérite que celui d'instigateur et de critique. Il n'en est pas de même de *Henri* Voss (1751-1826), dont la *Louise*, ainsi que ses traductions rythmiques des poètes anciens, ont longtemps passé pour des chefs-d'œuvre. Il avait commencé, après son adjonction au *Hainbund*, par publier des idylles (1778), puis une traduction de l'*Odyssée* (1781), lorsqu'il fit paraître son poème idyllique de *Louise* dans le *Mercure* et l'*Almanach des Muses* (1783-84, mais terminé seulement en 1795). On a dit que ce petit poème était une épopée bourgeoise, et on a pu le comparer, à certains égards, à *Hermann et Dorothée*, auquel il est bien inférieur, en somme, pour la valeur poétique et pour le style : ce qui en fait le principal mérite, c'est la vérité de l'observation et de la peinture; le presbytère de Grunau nous donne un tableau exact de la vie allemande à la fin du XVIIIe siècle. Voss produisit encore diverses traductions de poètes grecs et latins (celle d'Horace en collaboration avec son frère); mais il vit sa gloire s'éclipser peu à peu et eut à soutenir des luttes désespérées contre l'école romantique, qu'il attaqua toujours avec violence et souvent avec injustice.

Un ami et correspondant de Gœthe, GOTTER (1746-1797), auteur de poésies lyriques médiocres et de quelques comédies assez réussies, fut un de ceux qui fondèrent et firent durer l'*Almanach des Muses* de Boie, et par suite l'Union poétique de Gœttingue. Citons encore, pour finir, Martin MILLER (1750-1814), poète lyrique, qui a quelque ressemblance avec Hœlty, et dont les *Chansons* ont eu du succès. Il en eut encore davantage avec son roman sentimental et piétiste de *Karl Siegwart* (1776), faible et plate imitation de *Werther*. Il faisait partie de l'Union de Gœttingue depuis 1772.

Parmi les poètes isolés qui se rattachent difficilement à un centre ou à un chef quelconque, les plus connus sont PFEFFEL, LENZ, MATTHISON, SALIS-SEEWIS, SEUME, HIPPEL, HOELDERLIN, etc.

PFEFFEL (1736-1809), devenu aveugle à l'âge de vingt et un ans, dut renoncer à l'étude du droit, et composa dès lors un certain nombre de poésies lyriques, de fables et d'essais dramatiques qui obtinrent assez de succès en général. Il imite volontiers les auteurs français, et manque d'originalité.

LENZ, né en 1750, mort fou en 1792, a eu quelque talent comme auteur dramatique : il exagérait l'originalité, voulant échapper à toute règle et à toute imitation ; il publia même des *Observations sur le théâtre* (1774), où il cherchait à justifier sa manière. Gœthe lui témoigna de l'intérêt ; mais, affligé d'un immense orgueil, Lenz se croyait l'égal de son illustre protecteur : dans son *Pandemonium Germanicum*, il fait sa propre apothéose en même temps que celle de Gœthe, de Herder, de Lessing et de Klopstock, tout en bafouant Wieland et son école.

MATTHISON (1761-1831) a laissé des poèmes descriptifs et quelques élégies estimées ; SALIS-SEEWIS (1762-1834), ainsi nommé de son domaine de Seewis (Grisons), ne manque pas de grâce ni d'élégance dans ses poésies lyriques ; SEUME (1763-1810), plus connu par ses relations de voyage (à Syracuse, etc.) que par ses poésies, a été aussi malheureux dans sa vie qu'indépendant dans ses écrits : ses poésies diverses, publiées en 1801, nous touchent par la vérité du sentiment et nous charment par la pureté de la langue. On a aussi de lui un recueil de contes intitulé *Oboles*. Il y avait chez Seume toutes les dispositions romantiques qui firent la fortune littéraire de quelques-uns de ses contemporains; mais il vécut isolé et ne put arriver à la gloire.

Hippel (1741-1796) a écrit des cantiques et d'autres poésies quelquefois remarquables; mais il s'est fait surtout un nom par ses compositions dramatiques et burlesques, et par ses romans humoristiques publiés à partir de 1778 et dont le plus connu est intitulé *Voyages en zigzag* (1793).

Enfin Hoelderlin (1770-1843), dont l'existence fut si triste, puisque ses trente-sept dernières années se passèrent dans la folie, est un poète épique et lyrique d'une pureté toute grecque; lié avec Schiller, puis avec Gœthe, il avait quelque chose des grandes qualités de ces deux poètes. Son poème ou roman d'*Hypérion ou l'Ermite de la Grèce* (1795) est une œuvre originale, un chaleureux appel en faveur de la délivrance de la Grèce, écrit longtemps avant que les Grecs songeassent à s'insurger contre la domination turque. Hœlderlin devint fou pour avoir vu Paris, selon les uns; par désespoir d'amour, selon les autres : les premiers accès le prirent dès 1800, et six ans après, le mal était complet; il ne restait plus rien de cette brillante et sympathique intelligence.

Pour terminer cette nomenclature des écrivains secondaires les plus marquants, il reste à nommer ceux qui se sont distingués dans le roman, comme Thummel, Jacobi, Heinse, Jung-Stilling, Lafontaine; dans l'histoire, comme Archenholtz, J. von Müller, Niebuhr, Raumer, Ranke, Varnhagen, ou dans les relations de voyage, comme Forster, Humboldt, Pückler-Muskau; dans la satire, comme Bretschneider; dans la philosophie, comme Garve, Tiedemann, Tennemann; enfin dans l'éloquence, comme Zollikofer et Schleiermacher.

Thummel (1738-1817) représente le roman humoristique. Il fut lié dans sa jeunesse avec Gellert, Rabener, Kleist, et, plus tard, avec les plus grands écrivains de la fin du siècle ; il fut ministre du duc de Saxe-Cobourg, et fit un voyage en France et en Italie, de 1775 à 1777 : ce voyage lui fournit la matière d'un roman assez semblable à ceux de Wieland et intitulé *Voyage dans le midi de la France* (1791). Son roman comique de *Wilhelmine ou le Pédant fiancé* est assez apprécié par certains critiques, bien qu'il ne vaille pas les productions analogues de Zachariæ (voir plus haut, p. 118). Thummel a quelques-unes des qualités de Wieland : il est sensualiste ou réaliste comme lui, et, comme lui, il écrit très-agréablement en prose et en vers ; on trouve presque dans tous ses ouvrages de la finesse et de la grâce, du sentiment et de l'humour.

Frédéric-Henri Jacobi (1743-1819) est à la fois philosophe et romancier. On peut ne pas lui attribuer une grande valeur comme philosophe, car il n'a guère d'autre mérite, dans ce genre, que d'avoir attaqué vivement Kant et le panthéisme au nom de la foi, et son talent d'écrivain ne parvient pas à sauver ce qu'il y a de vague dans ses doctrines (Hegel lui fit l'honneur cependant d'analyser son système dans les *Annales de Heidelberg*, en 1817) ; mais son roman philosophique de *Woldemar* (1777-81) et quelques autres révèlent un talent lyrique assez prononcé, qu'il a eu le tort de mettre au service d'un genre faux, car ses héros ne sont jamais que des abstractions.

Guillaume Heinse (1749-1803) a cultivé principalement le roman d'art, c'est-à-dire celui où il cherche à vulgariser l'idée du beau et les notions générales de l'esthétique. Son chef-d'œuvre, *Ardinghello et les Iles Fortunées* (1787), dénote des tendances romantiques assez prononcées. Heinse a écrit beaucoup d'autres romans, bien oubliés aujourd'hui, ainsi que des *Lettres sur l'Italie* et des traductions de poètes anciens ou étrangers. Son talent est réel, mais le fond manque trop souvent de moralité.

Le roman de famille, religieux et même piétiste, a eu son représentant le plus célèbre dans *Henri* JUNG, surnommé STILLING (1740-1817), l'un des amis les plus chers de Gœthe, auteur mystique et obscur des *Scènes du monde invisible*, de la *Nostalgie céleste*, de la *Jeunesse de Stilling*. A côté, mais bien au-dessous de lui comme valeur poétique, se place *Auguste* LAFONTAINE (1758-1831), dont les nombreux romans de famille, tous dans le genre sentimental, ont été la plupart traduits en français lors de leur apparition.

L'histoire, en Allemagne, comme presque partout ailleurs, n'a guère pris son essor qu'au XIXe siècle. L'âge précédent n'offre que deux noms célèbres : celui d'ARCHENHOLTZ (1745-1812), auteur d'une *Histoire de la Guerre de sept ans*, d'*Annales* et d'un traité intitulé *l'Angleterre et l'Italie* (1787); et celui de Jean VON MÜLLER, de Schaffouse (1752-1809), non moins célèbre par sa correspondance que par son *Histoire de Suisse* et son *Histoire universelle*. Ses lettres à Victor Bonstetten nous donnent une peinture admirable de l'amitié qui unit ces deux hommes, et dans ses lettres à son frère se trouvent de lumineux aperçus sur la Révolution française. Comme historien, Müller ne manque ni d'éclat ni d'exactitude; mais il est inégal, et sa prétention d'écrire comme les maîtres de l'antiquité le rend parfois un peu raide et compassé.

Au commencement de ce siècle, l'histoire romaine est renouvelée par NIEBUHR (1776-1831), dont le grand ouvrage, resté inachevé, commença de paraître en 1811 : quelques années après, Auguste Schlgeel attaquait avec finesse ses hypothèses trop souvent hasardées. L'histoire moderne est traitée avec talent et impartialité par RAUMER (1781-1874), auteur d'une *Histoire des Hohenstaufen* (1823) et d'une *Histoire générale de l'Europe depuis le* XVe *siècle*; et par RANKE (né en 1795), professeur à Berlin, auteur d'une remarquable *Histoire des Papes*. Tous deux ont été fort malmenés par la Jeune Allemagne, dont le porte-voix, Henri Heine, leur reproche durement leur prétendue trahison envers la cause libérale et leur servilité vis-à-vis du gouvernement prussien. Mais leurs erreurs en politique ne doivent pas nous empêcher de rendre justice à leur mérite comme historiens, qui est très-réel.

La biographie et l'anecdote, qui touchent de près à l'histoire, ont eu aussi leurs monuments à la fin du dernier siècle et au commencement de celui-ci : on les doit surtout à VARNHAGEN VON ENSE (1784-1858) et à sa femme RACHEL SEWIN, généralement appelée RACHEL (1771-1833). Varnhagen, né à Düsseldorf, passa une partie de sa vie en Autriche, où il fut tour à tour diplomate et officier, et le reste (depuis 1819) à Berlin, où il mourut. Voué presque uniquement à la vie littéraire, observateur sérieux, mais souvent chagrin, il a écrit bon nombre d'ouvrages précieux pour l'histoire de la littérature allemande. Il fut lié avec la plupart des hommes de lettres de notre siècle, et commença sa carrière poétique en compagnie de Chamisso, avec lequel il publia un *Almanach des Muses*, de 1804 à 1806. Ses *Mémoires* sont une source inépuisable de renseignements sur les hommes et les choses de son temps, notamment sur l'histoire de l'invasion de l'Allemagne par les Français. Sa femme exerça une grande influence sur son talent, comme Varnhagen se plaît à le reconnaître dans le livre qu'il a consacré à sa mémoire sous le titre de *Rachel*. Elle avait un esprit créateur et hardi, et ses *Lettres*, publiées avec ses autres œuvres par son mari, un an après sa mort (1834), sont d'une rare élévation d'idées et remarquablement écrites.

George-Adam FORSTER (1754-1794), le premier traducteur allemand du poème sanscrit de *Sacountala* (1790), est plus connu aujourd'hui par sa *Relation du voyage autour du monde sous le capitaine Cook* (1782), qu'il publia dans le *Magasin des sciences et de la littérature*, fondé à Gœttingue par son ami Lichtenberg et lui. Cette relation, qui est regardée comme classique, a servi de modèle à celles d'*Alexandre* von Humboldt (1769-1858), l'auteur du *Cosmos* et de tant d'ouvrages savants; et à celles du prince de Pückler-Muskau (né en 1785), écrivain aimable et ingénieux, qui a laissé aussi des nouvelles, des romans, des poésies.

Bretschneider (1739-1810) est à proprement parler un polygraphe : il a écrit des poëmes héroï-comiques, des fables et aussi des relations de voyage, inférieures à celles que nous venons de mentionner; mais il est médiocre dans tous ces genres, et ce n'est que dans la parodie (celle de *Werther* entre autres) qu'il a réellement quelque supériorité.

Dans le domaine de la philosophie, une révolution a lieu à la fin du siècle dernier, révolution qui fera l'objet du § 1er du chapitre suivant ; nous nous bornons à citer ici les noms des auteurs qui appartiennent, par leurs tendances, au siècle qui les a vus naître, ou qui ont cherché à réagir contre les novateurs. Outre Jacobi et Lavater, dont il a été parlé plus haut[1], ce sont : Garve (1742-1798), l'un des adversaires de la philosophie de Kant, et qui se rattache peut-être à Wieland par sa manière de présenter et de vulgariser les idées philosophiques; — Tiedemann (1748-1803), autre adversaire de Kant, et dont l'*Histoire de la philosophie*, conçue au point de vue de l'éclectisme, est une œuvre remarquable; enfin Tennemann (1761-1819), dont l'*Histoire de la philosophie* fait encore autorité aujourd'hui.

L'éloquence de la chaire était la seule qui fût possible en Allemagne au siècle dernier; mais la plupart des prédicateurs manquaient de goût comme de talent, et, sauf les sermons de Herder et de Lavater, on ne peut guère citer, comme ayant quelque valeur, que ceux de Zollikofer, pasteur à Zurich (1730-1788) et de Schleiermacher (1768-1834), plus connu aujourd'hui, et à juste titre, pour son excellente traduction de Platon.

---

1. Sur Jacobi, v. p. 201, et sur Lavater, p. 120.

CHAPITRE V.

ÉPOQUE DE RÉVOLUTION OU ÈRE CONTEMPORAINE.

§ Ier. — *La révolution philosophique : Kant et ses successeurs.*

L'Allemagne a eu, comme la France, sa révolution à la fin du XVIIIe siècle; seulement l'émancipation, qui a été, en France, nationale et politique, fut, en Allemagne, isolée et philosophique. Les Allemands, très-enclins à la théorie, n'ont pu se décider encore à passer du domaine des idées à celui des faits et de la pratique. On peut dire cependant que, malgré leur piété mystique, ils ont plus contribué à miner la religion révélée et les institutions d'ordre divin que les Français avec leur philosophisme agressif; à force de raffiner sur les faits et sur les dogmes, les Allemands ont fini par en détruire la réalité dans leur esprit.

A cette révolution philosophique correspond une révolution poétique et littéraire qui lui est parallèle : d'un côté, la critique rationnelle de Kant et de Fichte; de l'autre, l'esthétique nouvelle de Schiller et de Gœthe. Mais ce n'est pourtant pas dans Schiller ni dans Gœthe que l'on doit voir les vrais disciples de la nouvelle école philosophique : nous avons pu constater, dans le chapitre précédent, que ces deux poètes, tout en s'inspirant des idées nouvelles, ont tempéré la hardiesse de leur philosophie par la méditation des principes et surtout des modèles de l'esthétique ancienne; ils sont classiques plus encore que réformateurs. Les vrais héritiers de Kant et de son école sont les auteurs *romantiques* du commencement de ce siècle, et c'est pourquoi nous avons rattaché à l'histoire de notre époque le chapitre relatif aux hardis philosophes de la fin du siècle dernier.

Emmanuel KANT[1], né en 1724 et mort en 1804, était le fils d'un corroyeur de Kœnigsberg, dans la Prusse orientale. Après avoir fait ses études à l'université de cette ville, il demanda des ressources à la modeste position de précepteur, puis s'établit, en 1755, comme *privat-docent*, à l'université même de Kœnigsberg, où il finit par devenir, en 1770, professeur ordinaire de philosophie; il occupa sa chaire jusqu'à l'âge de soixante-dix ans. On a remarqué que, pendant sa longue carrière, il ne s'éloigna jamais à plus de sept milles de sa ville natale; c'est un trait de ressemblance assez curieux entre la vie de Kant et celle de Socrate.

Au physique, c'était un homme petit, sec et maigre. Au moral, il avait à peu près la même sécheresse, et ne brillait ni par le cœur ni par l'imagination. Il n'avait de beau dans sa physionomie que les yeux et le nez; la partie inférieure de son visage dénotait la sensualité, à laquelle il était réellement enclin pour le manger et le boire; mais, s'il aimait la table, il aimait aussi de s'y trouver en bonne société : il égayait volontiers ses convives par des récits et des anecdotes, mais il racontait sèchement, sans art, et sans jamais rire lui-même de ce qu'il disait. Il était fort recherché dans sa mise, et aimait à voir du beau monde, avec lequel il jouait tous les soirs sa partie de cartes. C'était là, outre la lecture, une de ses rares distractions, car il n'aimait pas les arts et ne sortait guère de chez lui. Sa mémoire était prodigieuse, et lui permettait de tirer parti de ses innombrables lectures; c'est ainsi qu'il pouvait multiplier indéfiniment ses cours publics et privés, et citer à l'appui de ses

---

1. W. Schubert a publié, en 1838, une biographie très-détaillée de Kant.

leçons de nombreux et intéressants exemples tirés de tous les auteurs connus.

Henri Heine, qui traite fort cavalièrement l'illustre philosophe, a écrit une page piquante sur ses habitudes bourgeoises et régulières :

« Je ne crois pas, dit-il [1], que la grande horloge de la cathédrale de Kœnigsberg ait accompli sa tâche visible avec moins de passion et plus de régularité que son compatriote Emmanuel Kant. Se lever, boire le café, écrire, faire son cours, dîner, aller à la promenade, tout avait son heure fixe, et les voisins savaient exactement qu'il était deux heures et demie quand Emmanuel Kant, vêtu de son habit gris, son jonc d'Espagne à la main, sortait de chez lui et se dirigeait vers la petite allée de tilleuls qu'on nomme encore à présent, en souvenir de lui, l'allée du Philosophe. Il la montait et la descendait huit fois le jour, en quelque saison que ce fût... Quel contraste bizarre entre la vie extérieure de cet homme et sa pensée destructive ! En vérité, si les bourgeois de Kœnigsberg avaient pressenti toute la portée de cette pensée, ils auraient éprouvé devant cet homme un frémissement bien plus horrible qu'à la vue d'un bourreau qui ne tue que des hommes. Mais les bonnes gens ne virent jamais en lui qu'un professeur de philosophie, et, quand il passait à l'heure dite, ils le saluaient amicalement et réglaient d'après lui leur montre. »

Ses premiers ouvrages passèrent inaperçus : c'était d'abord une *Histoire naturelle universelle* et une *Théorie sur les sentiments du ciel* (1755); puis des *Considérations sur les sentiments du beau et du sublime* (1765), où il semblait déjà préluder à sa *Critique du jugement;* enfin les *Songes d'un visionnaire,* opuscule écrit dans le goût de certains ouvrages français de cette époque.

En 1781 parut sa *Critique de la raison pure;* c'est l'année même où mourut Lessing, et cette coïnci-

---

1. De l'Allemagne, 3ᵉ partie.

dence vaut la peine d'être remarquée, car on peut dire qu'à certains égards Kant a continué la besogne du grand critique. Le chef-d'œuvre du philosophe n'eut aucun succès d'abord, et Kant, pour se faire connaître du grand public, écrivit en 1784 un ouvrage destiné, dans sa pensée, à faire plus de bruit et intitulé : *Qu'est-ce que l'émancipation des esprits?*

La *Critique de la raison pure* resta longtemps encore une énigme pour le public, et peu de lecteurs, même instruits, la comprirent. Quelques philosophes de profession considérèrent ce livre comme une folie. Dès 1782, les *Annonces savantes de Gœttingue* l'avaient dénoncé par la plume de Garve.

L'indifférence du public peut, du reste, sinon se justifier, du moins s'expliquer par le style de Kant, qui est bien plus obscur et plus pénible dans sa *Critique de la raison pure* que dans ses premiers ouvrages. Il semble qu'il craignit de rompre avec la vieille tradition, qui voulait qu'un philosophe écrivît mal, comme avait fait Wolff et comme n'avaient pas manqué de faire ses disciples. Il fallut que REINHOLD, dans ses *Lettres*, expliquât et popularisât l'œuvre du maître. Alors seulement le grand public s'occupa de Kant et de son livre, et, comme il arrive souvent, à une indifférence inexplicable succéda un engouement fanatique. C'est en 1789 que la *Critique de la raison pure* se répand dans toute l'Allemagne; singulière coïncidence, qui assigne une même date à la révolution politique de la France et a la révolution intellectuelle de l'Allemagne!

Bien que notre but soit uniquement de montrer ici le lien étroit qui unit entre elles l'émancipation littéraire et l'émancipation philosophique de l'Allemagne au XIXe siècle, nous ne pouvons passer devant un ouvrage tel que la *Critique de la raison pure* sans dire quelques mots de sa portée philosophique. Kant s'est comparé lui-même, quelque part, à Copernic; la comparaison n'a rien de forcé, car le philosophe allemand a fait demeurer la raison en place, au centre même de son système, et condamné les idées, jadis immobiles, à tourner désormais autour de ce soleil intellectuel. Attaquant la base même de la philosophie empirique, il n'accorde aucune réalité *objective* à nos connaissances; il appelle *phénomènes* les objets tels qu'ils nous apparaissent, et *noumènes* les objets tels qu'ils sont en eux-mêmes; mais il reconnaît que nous ne pouvons connaître les objets qu'à l'état de *phénomènes*. Il attaque toutes les preuves de l'existence de Dieu, et relègue Dieu lui-même parmi les *noumènes*; il est vrai que dans un ouvrage postérieur, la *Critique de la Raison pratique*[1], qui est le complément du précédent, il admet l'existence de Dieu comme un fait incontestable au point de vue pratique.

Les autres ouvrages remarquables de Kant sont : le *Fondement de la métaphysique des mœurs* (1785); la *Critique du jugement* (1790), qui passe pour son second chef-d'œuvre, et qui, par la partie où elle traite de l'esthétique, exerça une grande influence sur la littérature allemande; l'*Anthropologie au point de vue pratique* (1797), etc. Ses petits écrits, réunis par Tieftrunk, renferment beaucoup d'idées neuves et profondes; l'un d'eux remonte à 1746, c'est-à-dire à la première jeunesse de l'auteur.

Mais de tous ces opuscules le plus intéressant est son *Traité de la paix perpétuelle* (1795), où Kant reprend des idées politiques qu'il avait déjà indiquées dans sa *Métaphysique des mœurs*. Selon lui, l'État doit être une société d'hommes libres, disposant librement de leurs volontés; les États ne doivent point passer d'une main à l'autre par conquête, cession, héritage ou autre moyen arbitraire; les armées permanentes doivent être supprimées; une nation ne doit jamais intervenir dans les affaires des autres. La constitution intérieure des pays finira nécessairement par être républicaine, et les divers États s'uniront

---

1. Paru en 1787.

entre eux par une fraternelle fédération des peuples.

Un homme qui caressait de pareilles utopies ne devait pas être hostile à la révolution française; il l'apprécie, en effet, à sa juste valeur, ne se décourage pas pour ses erreurs ou ses échecs, et croit fermement à l'avenir de la liberté universelle. Selon lui, le glorieux fait qui se passe en France intéresse l'humanité tout entière, qui finira par comprendre où sont ses vraies destinées.

Mais, il faut bien le dire, les idées politiques de Kant, si généreuses, si hardies pour l'époque et surtout pour le pays où il les énonçait, furent à peu près entièrement perdues pour ses compatriotes : ce qui resta de sa philosophie en Allemagne, ce fut un goût plus prononcé pour la réflexion, et surtout un esprit critique dont l'influence salutaire s'exerça sur toutes les connaissances, et même sur la religion. Kant agit encore moins sur ses contemporains par ses ouvrages, malgré leur multiplicité, que par les habitudes scientifiques dont il leur donna l'exemple.

Son mérite principal est d'avoir fondé en Allemagne la philosophie *idéale*, en opposition avec la philosophie *empirique*, qui avait dominé jusque-là. C'est à la *raison* que Kant donne la principale autorité : il en fait la source de toute vérité au point de vue théorique, et de toute morale au point de vue pratique; de là son célèbre *impératif catégorique*, qui est la notion du devoir dans ce qu'elle a de plus absolu.

Outre l'indépendance de ces principes et cette revendication si nette du *moi* rationnel, Kant a encore le mérite d'une méthode nouvelle, essentiellement critique et dialectique, qui rendit à l'Allemagne le service de la débarrasser des procédés mathématiques et dogmatiques de Wolff et de son école. De même, pour les sciences naturelles, il a substitué l'idée de l'action dynamique de la nature à la théorie de l'action mécanique imaginée par Descartes.

Son esthétique, enfin, est analogue à celle de Lessing : son point de départ est dans le plaisir pur et désintéressé que cause en nous la vue du beau ; c'est la théorie que Schiller a développée avec tant d'éclat.

Le nom de Schiller nous ramène à la littérature et à l'influence que Kant a exercée sur les écrivains de notre siècle. Cette influence est incontestable ; elle a été prodigieuse. De Kœnigsberg, la philosophie de Kant s'était répandue d'abord à Iéna, où elle fut propagée dès 1787 par REINHOLD, qui eut le talent d'attirer à ses leçons la jeunesse de l'Allemagne entière. La *Gazette littéraire universelle* défendit aussi avec ardeur la nouvelle doctrine ; les plus grands esprits s'y rallièrent. Schiller, dans une lettre à G. von Humboldt, se félicite d'avoir vécu à une époque qui a produit Kant et sa *Philosophie de l'idéal*. Gœthe lui-même, bien que peu enclin aux abstractions de l'esthétique, admire celle de Kant, qui a, selon lui, le mérite de concilier l'*idée* avec la réalité ; il s'inspire même quelquefois de ses principes, et reconnaît plus tard qu'il leur a dû la meilleure période de sa vie littéraire.

Au point de vue de la philosophie proprement dite, l'impulsion donnée par Kant aux études sérieuses provoqua de nombreux et remarquables travaux. Parmi les disciples immédiats, nous citerons surtout FRIES, puis BOUTERWECK, qui, dans son ardeur de néophyte, voulut populariser la philosophie kantienne dans un roman intitulé *Septime*, mais qui finit par abandonner Kant pour Jacobi. Ce Jacobi lui-même, bien qu'il soit un adversaire de Kant, se rencontre assez souvent avec lui, du moins pour les conséquences de sa doctrine[1].

Parmi les ennemis du kantisme, le plus remarquable fut Herder, qui, après s'être vivement épris de la philosophie nouvelle, la combattit ensuite dans sa *Métacritique*, dont il prenait le titre à Hamann ; ce

---

1. Pour Jacobi, v. plus haut, p. 201.

dernier avait aussi abjuré la doctrine de Kant après l'avoir défendue avec ardeur. Herder n'était pas philosophe; ses attaques sont faibles, et il n'est guère plus fort lorsqu'il s'en prend, dans sa *Calligone*, à l'esthétique même de Kant. Wieland et Jacobi s'escrimèrent inutilement contre le grand philosophe; Kotzebue le railla sans succès dans ses comédies. Un de ses meilleurs adversaires fut *Gottlob* SCHULZE, qui, dans son *Énésidème* (1792), attaqua le kantisme au point de vue du scepticisme empirique.

Tout le monde sait que FICHTE, SCHELLING et HEGEL ont été les continuateurs de Kant. Nous ne dirons rien de ces trois héritiers du philosophe de Kœnigsberg, sinon que Fichte, sans avoir été reconnu par son maître, a tiré les conséquences les plus rigoureuses de son système; que Schelling, avec sa *Philosophie de la nature*, cherche à revenir vers le passé et exerce la plus grande influence sur l'école romantique; et que Hegel, enfin, supérieur peut-être aux deux philosophes précédents par la vigueur de la conception, est arrivé à des conclusions qui mènent droit au panthéisme [1].

[1]. *Gottlieb* FICHTE (1762-1814) fut successivement professeur de philosophie à Iéna et à Berlin. Ses principaux ouvrages sont : le *Système de morale* (1798), un *Traité du bonheur* (1806), un *Cours de droit naturel*, etc. Il publia en 1808 ses fameux *Discours à la nation allemande*, qui contribuèrent à soulever l'Allemagne contre la domination de Napoléon.

Guillaume-Joseph SCHELLING (1775-1854), héritier en partie des doctrines philosophiques de Fichte, les modifia peu à peu en les professant à Weimar, à Iéna, et, plus tard, à Munich et à Berlin. Il a été, en somme, plus poète que philosophe : ses élèves les plus enthousiastes devinrent les chefs du mouvement romantique, comme Novalis et Frédéric Schlegel. Lui-même a écrit quelques poésies sous le pseudonyme de *Bonaventura*. Son grand traité de la *Philosophie de la nature*

§ II. — *L'école romantique; ses chefs : les deux* Schlegel; Novalis; Tieck.

Le nom même de *romantiques* qu'adoptèrent les poètes de la nouvelle école indique suffisamment leurs tendances et leur caractère. Ils se proposaient de renouveler la poésie comme la vie de l'Allemagne, en les ramenant aux temps fortunés, selon eux, du moyen âge, à l'époque *romane*. Ils gémissaient sur le désaccord qui régnait entre la vie réelle et la poésie, et ils croyaient que le meilleur moyen d'y remédier était de ramener l'âge d'or de la poésie chevaleresque, qui était en même temps, selon eux, l'âge d'or de la civilisation, de la foi et de la grandeur des nations.

Aux approches de notre siècle, toute une catégorie d'écrivains se mit à l'œuvre pour renouveler la littérature, et elle put croire un instant qu'elle aurait l'appui des deux grands génies qui faisaient alors la loi en Allemagne et illustraient leur patrie par leurs chefs-d'œuvre. Schiller, en effet, dans ses *Lettres sur l'éducation esthétique de l'homme*, avait émis certaines théories nouvelles et hardies, comme celle de *l'imitation de la nature dans les arts*; Gœthe reconnaissait sans difficulté qu'il y avait, en dehors de l'école classique, place pour une foule de formes et d'aspira-

---

devint, à un moment donné, le code politique de quelques esprits étroits, tels que Gœrres et Adam Müller, qui en tirèrent les conséquences les plus déplorables en faveur du despotisme sous toutes ses formes.

Frédéric Hegel (1770-1832), professeur à Iéna (1806) et dans d'autres universités après 1815, fut, comme Schelling, disciple de Fichte, mais tira des conséquences toutes différentes de la doctrine du maître : sa synthèse est plus positive et s'appuie de préférence sur l'étude des faits. Sa *Logique*, son *Esthétique* et sa *Philosophie du droit* sont ses chefs-d'œuvre. Il exerça, lui aussi, une grande influence sur l'école romantique et sur la jeune Allemagne.

tions nouvelles. Tous deux avaient semblé un instant encourager une réaction contre la réforme et même contre l'imitation des anciens. On se moquait volontiers des classiques, tels que Wieland, des œuvres platement sentimentales ou réalistes de Kotzebue et de tant d'autres; on admirait la fantaisie dans ce qu'elle avait de plus hardi et le moyen âge dans ce qu'il avait de plus bizarre. Herder avait contribué, lui aussi, à ouvrir des horizons nouveaux, par ses études sur les littératures orientales et sur la poésie espagnole : il avait commencé à fondre ensemble la religion et la poésie, et ses œuvres lyriques avaient déjà un cachet visiblement romantique.

A la suite de Kant et de Fichte, on se lançait volontiers à la découverte d'un monde nouveau, moins matériel, moins grossier que le monde réel où l'on était condamné à vivre. Le panthéisme, qui n'avait jamais cessé d'avoir les secrètes prédilections des Allemands, commence à renaître sous sa forme la plus mystique, et, en caressant les légendes du moyen âge et les traditions du catholicisme, les poètes ne font souvent que trahir leur tendresse pour la vieille religion de la Germanie. Ce mysticisme nuageux et poétique prend toutes les allures d'une propagande philosophique, et les coryphées de l'école s'écrient que l'on doit absorber la philosophie dans la poésie[1].

Ajoutez à cela les causes politiques, le patriotisme ardent qui soulève l'Allemagne, au commencement de ce siècle, contre Napoléon et la France. En faisant de hardies campagnes contre la poésie française et, par suite, contre la poésie moderne, les Schlegel croyaient servir leur patrie, et la servaient, en effet, d'une manière remarquable, à un moment où il ne s'agissait que d'avoir de l'audace et de rompre avec le passé.

---

[1]. C'est ce que disent expressément, après Schelling, les Schlegel, Novalis, Adam Müller. « Tous les rayons de la science et de l'art, dit ce dernier, doivent se concentrer dans la poésie. »

« Schlegel conspirait contre Racine, comme les princes allemands et leurs ministres conspiraient contre Napoléon [1] !»

Aussi l'école romantique allemande diffère-t-elle essentiellement du romantisme français : elle débute par la critique et par les théories esthétiques ; elle ne lui ressemble que par son retour vers le moyen âge. Mais elle va jusqu'au bout de ses théories, et finira par invoquer le despotisme et l'obscurantisme comme le dernier mot de la politique et de la religion, de même qu'elle a invoqué l'imagination, la fantaisie comme la règle suprême de l'art et de la littérature.

Il est, naturellement, bien difficile de caractériser cette école : elle est de sa nature même vague et insaisissable, à cause de ce principe de *subjectivité* qu'elle proclame si haut. Schiller avait affirmé que la liberté de l'artiste est limitée par l'observation des lois de la nature et de la morale : les romantiques se séparent de lui sur ce point, et veulent que le caprice du poète soit sa seule loi, même en morale.

Cette école eut ses apôtres et son évangile, pour nous servir du langage même de ses adeptes : les Schlegel, Adam Müller, voilà ses théoriciens ; Tieck et Novalis sont ses grands poètes ; *l'Athénée* a été sa Revue fondamentale, son moyen de propagande le plus actif de 1798 à 1800. C'est ce recueil de poésies légères et de lourdes dissertations qui servit de manifeste aux deux Schlegel, et battit en brèche, le premier, toutes les traditions sacro-saintes des vieilles écoles littéraires.

Les deux frères SCHLEGEL ne se ressemblaient ni au physique ni au moral. Nés tous deux à Hanovre, dans une famille de littérateurs [2], ils représentèrent de bonne heure les tendances romantiques, l'un dans ce qu'elles avaient de sec et de dogmatique, l'autre dans

---

1. Henri Heine, de l'Allemagne.
2. Leur père, *Adolphe* SCHLEGEL, était poète lyrique ; pour leur oncle, *Élie*, voir plus haut, p. 93.

ce qu'elles offraient de vif, de bizarre et souvent d'immoral.

L'aîné, *Auguste-Guillaume* (1767-1845), après avoir fait des études philologiques très-complètes à Gœttingue, sous la direction du célèbre Heyne, le commentateur de Virgile, se livre, encore tout jeune, à des essais poétiques qui obtinrent quelque succès, grâce à la protection de Bürger, de Schiller et de Fichte. Pendant un voyage en France, il attaque Racine au nom d'Euripide; puis il fait à Vienne un cours de littérature dramatique qui a le plus grand retentissement.

Ami de Mme de Staël, avec laquelle il passa plusieurs années et fit quelques voyages à travers l'Europe, il se distingua par son animosité contre la France, et finit par obtenir des gouvernements allemands la récompense de ses services : une particule nobiliaire et plusieurs décorations. Ses dernières années furent spécialement consacrées à l'étude de la langue et de la littérature sanscrites, étude à laquelle il fit faire de notables progrès en Allemagne et même en France.

On peut partager sa vie littéraire en trois périodes : dans la première, il se distingue par son ardeur romantique et ne fait guère que du prosélytisme en faveur du moyen âge; c'est alors qu'il a le mérite d'appeler l'attention du public sur les *Nibelungen*. Dans la deuxième (de 1807 à 1818), son imagination est plus calme, et sa raison plus sereine. Dans la troisième période, il aboutit à un criticisme étroit et à une sorte d'indifférence littéraire.

C'est comme critique qu'il mérite surtout de fixer l'attention des littérateurs : il a eu beaucoup de vues justes et ingénieuses dans son *cours de littérature dramatique* professé à Vienne en 1808, et dans lequel il donna tout leur développement aux idées primitivement émises par Lessing. Tout en prônant les anciens, Schlegel donne la préférence aux auteurs qu'il appelle *romantiques*, et l'on a pu lui reprocher une aveugle partialité pour l'Angleterre et pour l'Espagne; quand il parle de Shakspeare et de Calderon, il admire même leurs défauts et leurs imperfections. Mais on peut fermer les yeux sur cet engouement, et lui tenir compte avant tout du service réel qu'il a rendu à son pays en traduisant les deux auteurs, objets de son admiration. Ses traductions, dans lesquelles il a pu assouplir la langue allemande sans forcer son génie, sont, outre leur exactitude et leur parfaite intelligence du texte, des modèles d'habileté rythmique qui n'ont guère été dépassés depuis sous ce rapport.

Son principal tort est d'avoir été d'une injustice ridicule pour la littérature française, dont il ne comprenait pas les chefs-d'œuvre. Il n'a cessé de décrier Racine et Molière, et Gœthe lui-même ne pouvait s'empêcher d'être indigné d'une pareille disposition d'esprit.

« Pour un homme tel que Schlegel, dit-il un jour à Eckermann, une nature aussi vigoureuse que celle de Molière doit être comme une épine dans l'œil ; il sent qu'il n'y a pas en lui une seule fibre de Molière : aussi ne peut-il le supporter. Il a horreur du *Misanthrope*, qui est, de toutes les comédies, celle que je lis et relis le plus volontiers. Pour le *Tartufe*, il commence par lui accorder quelques petites louanges forcées, mais il s'empresse ensuite de le rabaisser autant qu'il peut. Schlegel ne peut absolument pardonner à Molière d'avoir rendu ridicule l'affectation des femmes savantes ; il devine probablement, comme le remarquait l'un de mes amis, que lui-même aurait été bafoué par Molière, s'il avait vécu de son temps. »

Dans sa comparaison de la *Phèdre* de Racine avec l'*Hippolyte* d'Euripide, il a poussé à ses dernières limites le dénigrement systématique de notre littérature.

Comme poète, Auguste Schlegel n'a produit qu'un petit nombre de pièces dignes d'être citées : les plus remarquables sont quelques sonnets, comme celui de la *Sainte Famille*, le *Pays étranger*, et son portrait, tracé par lui-même, en traits un peu flattés, il faut le dire.

Son frère, *Frédéric* (né à Hanovre en 1772, mort à Dresde en 1829, après avoir embrassé le catholicisme vers 1808, avec sa femme Dorothée Mendelssohn), a un talent bien supérieur et mérite une place plus importante dans l'histoire littéraire. Avide de s'instruire dès ses premières années, il avait déjà lu et médité sur les bancs de l'université tous les ouvrages de philosophie, d'esthétique et d'histoire qui pouvaient l'éclairer dans ses études. Lorsqu'il fonda son journal *l'Athénée*, en 1798, en compagnie de son frère et de Tieck, il avait déjà publié quelques mémoires intéressants sur l'histoire et sur la littérature des anciens.

Sa première œuvre marquante est son roman ou poème de *Lucinde* (Berlin, 1799), pour lequel il comptait sur un succès d'enthousiasme, et qui n'eut même pas tout le succès de scandale qu'il était en droit d'espérer. Ce poème offre peu d'intérêt, et n'est guère qu'une peinture exaltée de l'amour, tantôt mystique, tantôt sensuel, en même temps qu'une démonstration à l'appui des théories émises dans *l'Athénée*. Découragé par les critiques des connaisseurs et par l'indifférence du public, l'auteur ne fit point paraître la seconde partie de son œuvre.

Lucinde a été jugée très-sévèrement par Schiller, qui n'y voyait « qu'une sorte d'évangile du plaisir, un code de scepticisme égoïste, où l'auteur, inspiré par la muse de l'impudence, proclame l'émancipation du mariage, le désordre des sens et de l'imagination, et un quiétisme voluptueux. » Pour nous ce poème a surtout le tort de manquer de poésie ; il est inférieur à tous les poèmes érotiques de Wieland et de plusieurs autres, et l'on s'étonne que le savant SCHLEIERMACHER[1], le traducteur de Platon, ait pris la peine d'écrire des *Lettres sur Lucinde*, pour démontrer la beauté poétique et la valeur morale de l'œuvre de Schlegel.

Dans ses autres poèmes, comme celui de *Roland*, et dans son drame d'*Alarcos*, on reconnaît principale-

---

[1]. Sur Schleiermacher, v. plus haut, p. 204.

ment l'influence des littératures du Midi, qu'il imite jusque dans la recherche de la rime et des assonances. Admirateur de l'Espagne et de l'Italie, il leur a emprunté la forme du sonnet pour la plupart de ses poésies, et opposait volontiers Cervantes aux plus grands génies de l'antiquité.

Comme philosophe, il avait des prétentions exorbitantes que rien ne justifiait ; il avait compris que la philosophie doit être le fondement de l'histoire et de la littérature : mais il n'a jamais pu donner un corps à ses idées philosophiques, et c'est la philosophie qui manque le plus dans ses deux ouvrages intitulés *Philosophie de la vie* et *Philosophie de l'histoire*. Au point de vue religieux, il s'était préparé à l'exaltation par l'épicuréisme. Il a été poussé vers le catholicisme par sa nature ardente et son imagination avide d'impressions extraordinaires ; sa conversion, comme celle de Winckelmann, a été surtout celle d'un artiste, sincère, à coup sûr, mais dominé par la beauté extérieure du culte plus que par la valeur même du dogme. Une fois entré dans la voie catholique, il juge l'histoire universelle à ce point de vue ; la papauté devient pour lui le centre de la vie matérielle, intellectuelle et politique des peuples, comme le romantisme est à ses yeux le centre de toutes les littératures. De là sa manière bizarre et originale d'écrire l'histoire : c'est lui qui a dit que l'historien était « un prophète à rebours », et cette désignation lui convient à merveille. Sa manière d'envisager l'histoire a naturellement influé sur ses idées politiques, et il ne faut pas s'étonner de ses théories absolutistes, que la plupart des romantiques ont, du reste, caressées autant que lui.

Un des représentants les plus obstinés de ces théories, en politique comme en littérature, fut *Adam* MÜLLER (mort en 1829), qui publia en 1809, à Dresde, une série de leçons sur *l'idée du beau* et un cours de politique sous le titre de : *Idée de l'État*. Mais la tendance mystique du romantisme, déjà fort accentuée dans Müller et surtout dans WACKENRODER (1772-1798), l'auteur des *Épanchements du cœur d'un religieux dilettante*, arrive à son plus haut degré dans Novalis.

Quand on a passé en revue les premiers parrains du romantisme, dont la physionomie n'a rien de très-attrayant, les yeux s'arrêtent volontiers un instant sur la douce et spirituelle figure du jeune NOVALIS (1772-1801). Il s'appelait *George* HARDENBERG, et prit son pseudonyme du nom d'une propriété qui appartenait autrefois à une branche de sa famille. Il était l'aîné d'une nombreuse lignée : deux de ses frères, peu connus d'ailleurs, ont écrit, comme lui, sous des pseudonymes. Maladif et rêveur dès son enfance, il fut élevé presque uniquement par sa mère, femme douce et pieuse, dont il avait la religion et la sensibilité. Son père lui-même, qui appartenait, comme sa mère, à la secte d'Hernhut ou des frères moraves, avait imprimé ses sentiments religieux dans son âme. Après avoir vu mourir sa fiancée, Novalis mourut lui-même à l'âge de vingt-neuf ans, entre les bras de Frédéric Schlegel, qui publia ses œuvres posthumes.

C'était un grand et beau jeune homme, à la taille élancée, aux manières simples et distinguées, à la physionomie aimable et gracieuse, dont ses longs cheveux bouclés rehaussaient encore la délicatesse féminine. Il était aimé de tous ceux qui l'approchaient ; mais les chefs de l'école romantique avaient pour lui un amour qui tenait de l'adoration: ils le comparaient volontiers à saint Jean l'Évangéliste, et Tieck constate, en effet, que sa figure ressemble exactement au portrait de cet apôtre par Albert Dürer. Schleiermacher[1] l'appelle « un jeune homme divin, pour qui le monde entier n'était qu'un grand poème ».

Tout jeune encore, Novalis s'était lancé avec ardeur, à la suite de Schiller et de Fichte, dans le mouvement d'émancipation intellectuelle et poétique qui aboutit au romantisme. Il fut un des premiers à proclamer que la poésie doit tout embrasser, religion, science et

---

1. Sur Schleiermacher, v. plus haut, p. 204 et 218.

philosophie. Mais c'est la religion surtout qui, pour lui, doit inspirer le poète ; et, à ce point de vue, il y a une différence notable à signaler entre Novalis et les autres chefs du romantisme : tandis que ceux-ci sont partis de leur esthétique pour arriver au chrstianisme, représenté pour eux par le catholicisme et le moyen âge, Novalis, lui, est parti du sentiment chrétien pour arriver à une esthétique nouvelle.

Sa religion était essentiellement mystique, mais fort conciliante d'ailleurs, comme le prouvent ses admirables cantiques, que toutes les communions chrétiennes de l'Allemagne aiment à lire et à chanter. Élevé dans le protestantisme, il se trouva forcément porté vers l'Église catholique, mais il n'eut pasl e temps d'y entrer. Sa lecture favorite, outre les écrits de Jacques Bœhme et de Zinzendorf, le mystique fondateur de la communauté de Hernhut, était celle des livres de dévotion catholiques. Quoi d'étonnant si, nourri de pareilles lectures, et rendu encore plus rêveur par ses souffrances physiques et morales, ainsi que par sa vie de contemplation dans un pays de montagnes, il a fini par considérer la poésie comme un sacerdoce et le poète comme un champion de Dieu destiné à combattre l'esprit du siècle ?

Ses poésies sont presque toutes restées à l'état de fragments, ainsi que son œuvre capitale, son roman de *Henri d'Ofterdingen,* si vanté par les romantiques : la première partie de ce roman parut du vivant de l'auteur ; la seconde fut à peine commencée. Le but de l'ouvrage était de propager, sous la forme du roman, les théories de la nouvelle école littéraire : il l'appelle lui-même l'*apothéose de la poésie.* Il y a une manifeste ressemblance d'intention entre ce roman et la *Divine comédie* de Dante : il devait embrasser toutes les connaissances et toutes les croyances humaines ; mais, comme l'a finement remarqué Henri Heine, « tout y est vu à une faible lueur de crépuscule : c'est un songe à demi oublié. » On sait que le héros de ce récit, le poète Henri d'Ofterdingen, qui brilla au XIIIe siècle, était né de simples artisans, à Eisenach, au pied de la Wartbourg : c'est dans ce château qu'il soutint le célèbre combat poétique dont le souvenir nous a été conservé dans la collection de Manesse. La vie et l'âme de ce poète sont le thème qu'a choisi Novalis pour décrire ses propres sentiments et exposer ses idées. Il y a dans l'ouvrage quelques morceaux attachants et qui dénotent une imagination vraiment poétique ; mais l'ensemble est monotone, confus, languissant, et l'on se fatigue vite à lire cette prose hachée, que relèvent trop rarement des pièces de vers insérées dans le roman sous forme d'épisodes.

La plupart des poésies de Novalis se trouvent, en effet, dans son *Henri d'Ofterdingen* : quelques-unes sont des chefs-d'œuvre et justement célèbres en Allemagne, comme sa *Chanson du mineur* et son *Éloge du vin*. Parmi ses autres compositions poétiques sont des *Hymnes à la nuit*, à laquelle il adresse ses vers parce que la lumière du jour nous distrait des pensées religieuses et sublimes. Ce qu'il y a peut-être de meilleur, de plus senti dans Novalis, ce sont ses *Cantiques* ou *Chants spirituels*, qui ne sont qu'au nombre de quinze, et où il célèbre de préférence la Vierge Marie ; il voulait en faire tout un recueil en collaboration avec Tieck : la mort interrompit cette œuvre comme toutes les autres.

Nous venons de nommer TIECK, un des amis, des admirateurs et des collaborateurs de Novalis : la mort prématurée de ce dernier lui donna le premier rôle dans la révolution romantique. Les chefs de l'école, les Schlegel, n'étaient en somme que des théoriciens : malgré leurs velléités poétiques, ils étaient bien obligés de s'avouer que leurs œuvres n'avaient rien de ce qu'il fallait pour illustrer et pour faire vivre leurs théories. Ils avaient fait une précieuse conquête en mettant la main sur Novalis : celui-ci mort, ils se rabattirent sur Tieck, qui ne le valait pas à certains égards, mais qui pouvait bien mieux que lui se plier à toutes les exigences de la nouvelle religion littéraire.

C'était un esprit essentiellement souple que *Louis* Tieck; sa carrière poétique, fort longue et très-variée, en est la preuve. Né en 1773 à Berlin, il est mort en 1853, après avoir traversé trois périodes très-diverses. Dans la première, il se rallie à l'école soit disant classique, représentée par Nicolaï[1]. Ses œuvres de cette période se bornent à des articles de revue, généralement médiocres, et où il soutient les principes de la *Bibliothèque allemande universelle*. Dans la deuxième période, où il se lie avec les chefs de l'école romantique et propage leurs doctrines, il est essentiellement lyrique, et a le mérite d'éveiller en Allemagne, de concert avec les Schlegel, le goût des littératures méridionales, l'admiration de Shakspeare, et l'étude des vieux poètes allemands. Dans la troisième phase de sa longue carrière, il revient à l'imitation des classiques, et se déclare le disciple de Gœthe; c'est alors qu'il devient l'objectif des plus violentes attaques de la Jeune Allemagne.

C'est sa deuxième période qui doit nous intéresser le plus, et c'est elle aussi qui nous le montre avec le plus d'originalité ou de *génialité*, comme disent les Allemands. Sa conversion au romantisme date de 1799 : il s'était rendu à Iéna, où il se lia bien vite avec les chefs de la nouvelle école; les Schlegel n'avaient rien épargné pour embaucher une pareille recrue. Peu après, il séjourne quelque temps à Hambourg, où il est initié aux beautés de Shakspeare par les représentations des drames du romantique Schrœder, imités du théâtre anglais. Ses voyages en Italie, à Paris, à Londres, à Vienne, à Dresde et à Munich achèvent son éducation poétique et développent en lui le goût du moyen âge.

C'est dans ses drames qu'il a surtout cherché à mettre en œuvre les nouvelles théories du romantisme; les plus connus sont : *Geneviève, l'Empereur Octavien* et *Fortunat* parmi ses drames historiques, et *Barbe-Bleue*,

---

1. Sur Nicolaï, v. plus haut, p. 181.

le Chat botté, le Prince Zerbino, le Monde renversé, parmi ses drames fantastiques. Il excelle dans ce dernier genre, et profite de la liberté qu'il y trouve, pour bafouer impitoyablement tout ce qui est vulgaire ou prétentieux dans la poésie comme dans la vie réelle. Outre ses *Contes* et ses *Nouvelles,* qui sont encore aujourd'hui fort appréciés en Allemagne, citons enfin son *Phantasus,* recueil intéressant de nouvelles, de contes et de comédies, où il traite une foule de questions d'art et de littérature, d'après les idées romantiques, naturellement, puisque cette publication parut de 1812 à 1817.

Le point de vue esthétique, auquel se placent Tieck et son école, les met en contradiction perpétuelle avec la réalité ; d'après eux, l'on ne peut intéresser personne en peignant la nature telle qu'elle est : il faut donc la représenter comme elle apparaît à notre âme ; il faut animer les fleurs, les arbres et toutes les forces inertes de la nature. De là, non pas l'idéal, mais le fantastique, auquel Tieck sacrifie tout dans ses œuvres : la nature, pour lui, n'a de valeur que comme symbole ; il la personnifie constamment, surtout dans ses *Contes;* il s'égare volontiers dans le pays des rêves et séjourne plus que de raison dans le monde des légendes. Un des principaux traits de son talent, c'est l'ironie humoristique, dans laquelle il excelle plus que ses autres confrères en romantisme : on la trouve surtout dans ses *Nouvelles.* Le poète se met au-dessus et en dehors du monde réel, et le représente de manière à le rendre ridicule. En cela il procède de Cervantes, qu'il a étudié et traduit dans sa jeunesse. Son ironie est toujours tempérée par la bonhomie, et il a le mérite de ne jamais railler que ce qui est commun, bas et déshonnête : aussi les œuvres de Tieck, malgré leurs défauts, laissent-elles au lecteur, en fin de compte, une impression douce et salutaire.

§ III. — *Le mouvement poétique du XIXᵉ siècle ; les adeptes du romantisme et la Jeune Allemagne.*

Bien des critiques ont l'habitude de regarder les Schlegel, Novalis et Tieck, avec quelques-uns de leurs amis, comme les seuls représentants du romantisme dans ce qu'il a d'exclusif et d'absolu, et ils considèrent leurs successeurs comme des *demi-romantiques*, c'est-à-dire comme des héritiers qui ont répudié une partie de leur héritage. Ce qui est vrai, c'est que les successeurs de la première école romantique, tout en acceptant les théories de leurs devanciers, ont eu l'esprit de s'abandonner, beaucoup plus qu'eux, à l'inspiration personnelle, et que leurs œuvres ont par cela même plus de valeur poétique et de mérite réel. Il est permis cependant de les appeler des *adeptes du romantisme*, car ils sont tombés généralement dans les mêmes erreurs que les romantiques purs ; comme eux, ils ont voulu faire revivre le moyen âge, et un moyen âge idéal, dont l'histoire ne retrouve que rarement les traits ; comme eux, ils ont méconnu les tendances et les aspirations de leur siècle, sauf dans quelques-unes de leurs productions où ils étaient invinciblement détournés de leurs préoccupations littéraires par le sentiment patriotique ou par la générosité native de leur âme ; comme eux, enfin, ils ont rompu avec les traditions littéraires de l'école classique, et cherché à émanciper la forme sans échapper à la servitude des procédés.

Comme contraste, nous verrons, à la suite de cette première génération issue des romantiques, une autre école qui se rattache à eux par plus d'un lien : la *Jeune Allemagne*, qui, de l'amour même du moyen âge mal compris, a tiré son enthousiasme pour les libertés modernes, et qui, après avoir renié toutes les règles de la littérature classique, tous les préjugés de la société contemporaine, et parfois même les lois de la morale et les dogmes de la religion, a fini par aboutir à l'indépendance la plus absolue en matière de poésie, de politique et de philosophie.

Section Ire : *Les adeptes du romantisme*. — Parmi les plus illustres représentants de cette école, on doit citer d'abord *Joachim* von Arnim, appelé vulgairement *Achim* von Arnim (1781-1831), né à Berlin, élevé à Gœttingue, où il étudia particulièrement les sciences naturelles[1], et à qui sa position de fortune permit de faire de fréquents et longs voyages dans toute l'Allemagne. Il put recueillir ainsi beaucoup de chansons populaires, soit dans les vieux manuscrits, soit de la bouche même du peuple. C'est par cette voie qu'il aboutit au romantisme et se trouva attiré vers Brentano, qui se livrait aux mêmes recherches que lui, et dont il épousa la sœur en 1811. Il publia, en collaboration avec lui, un recueil de chants populaires, *l'Enfant au cor merveilleux* (ou mieux : *le Cor merveilleux de l'enfant*), dont Gœthe a fait le plus complet éloge. Après avoir pris part à la publication de la *Gazette des Solitaires*, en 1806, Arnim ne se mêla plus guère à la polémique suscitée par le romantisme, et vécut paisiblement de la vie de famille, tantôt à Berlin, tantôt dans sa propriété de la Mittelmark, où il mourut. Il employa ses loisirs à composer ou à corriger ses œuvres, qui ne parurent en collection complète qu'après sa mort (les douze premiers volumes publiés par Guill. Grimm, en 1839, et les dix derniers, par sa veuve, Bettina, en 1856).

Arnim était né pour être romantique : sa physionomie est pour ainsi dire chevaleresque; il caresse volontiers le rêve d'une restauration de l'empire germanique, et le développe à plaisir dans son roman inachevé des *Gardiens de la couronne*, où il fait revivre l'époque de Maximilien Ier. De même, dans son roman de *Dolorès* (dont le titre complet est : *Pauvreté, richesse, fautes et pénitence de la comtesse*

---

[1]. Il se fit recevoir docteur en médecine dans cette université.

Dolorès), il s'attache à dépeindre la misère d'une noble et antique maison féodale. Sa prédilection pour le moyen âge est encore plus marquée par sa traduction des *Chroniques de Froissart*, accompagnée d'un commentaire où il cherche surtout à dégager le détail, le trait individuel des personnages.

Il peut compter parmi les meilleurs poètes de la seconde école romantique ; ses poésies lyriques, généralement insérées dans ses romans, sont parfois remarquables, mais souvent aussi obscures et incompréhensibles, à cause des situations tendues et embrouillées qui les amènent. Ce qu'il a fait de mieux en ce genre se trouve dans la bouche de Grünewald, un de ses personnages favoris, dans les *Gardiens de la couronne*. En somme, il a puisé ses chants aux mêmes sources qu'Uhland, dont il sera parlé plus loin ; mais la forme est bien supérieure chez ce dernier.

Dans ses ouvrages de longue haleine, on regrette de ne trouver ni assez d'art ni un plan d'ensemble ; le goût y fait généralement défaut ; le bizarre et le grotesque s'y coudoient avec le sérieux et le sublime ; il y abuse des digressions et des allégories (surtout dans *Dolorès* et dans les *Gardiens de la couronne*). On ne peut se refuser pourtant à trouver un certain charme dans ces œuvres, où il cherche à concilier la vie réelle avec la vie imaginaire ; dans sa *Comtesse Dolorès*, par exemple, malgré toutes les bizarreries et toutes les fautes de goût, on rencontre par moments un sentiment profond, une haute vérité, des situations qui charment et des caractères qui frappent. Mais ses romans les plus courts et ses *Nouvelles* plairont toujours davantage.

Il abuse également de l'imagination et du grotesque dans ses drames, dont la plupart sont maladroitement imités de Shakspeare, comme *Halle et Jérusalem*, où il tombe constamment dans le trivial et se borne à mettre en scène de vulgaires aventures d'étudiants voyageurs.

En définitive, malgré ses qualités et même malgré

ses défauts, malgré son incontestable talent poétique. Arnim n'a jamais été bien populaire en Allemagne : on a cherché à expliquer ce fait par l'état politique de son pays vers 1810, et par le peu de part que le poète a pris au mouvement national de cette époque ; on peut ajouter qu'Arnim n'a jamais recherché la popularité, et que, sauf sa collaboration à la *Gazette des Solitaires* et au *Cor merveilleux*, il s'est presque toujours tenu, à proprement parler, en dehors de la coterie romantique.

Il en est de même de *Clément* BRENTANO (1778-1842), qui s'est inquiété aussi peu que son beau-frère de l'indifférence du public. Il n'était pas Allemand d'origine : sa famille était venue des bords du lac de Côme se fixer à Francfort ; là son père avait épousé en secondes noces la fille de Sophie Laroche (l'amie de Wieland), qui lui donna un fils, Clément Brentano, et une fille, la célèbre Bettina.

« On aurait dit, remarque à ce sujet le critique Gœrres, que, semblable à l'arlequin bergamasque, le destin, dans son ironie, eût voulu se moquer du brave marchand de Francfort, en déposant deux enfants aussi merveilleux parmi ses ballots de sucre et de café, pour le mettre au désespoir et jouir de son embarras. »

Né à la campagne, près de Coblentz, chez son aïeule maternelle, Brentano eut pour parrain le dernier électeur-évêque de Trèves, qui se fit suppléer par le grand-père de l'enfant, M. de Laroche, l'auteur des *Lettres sur le monachisme*. Après avoir reçu la première éducation chez Mme de Laroche, puis au gymnase de Coblentz, où il s'essaya déjà dans la poésie, Clément fut mandé à Francfort par son père, qui voulait l'occuper dans son comptoir, mais qui s'aperçut bientôt que son fils n'avait pas de grandes aptitudes commerciales, car il passait son temps à lire des contes ou à écrire des vers. On l'envoie en pénitence chez un correspondant qui vendait de l'huile et de l'eau-de-vie dans une ville voisine ; mais il fallut enfin renoncer à faire de lui un parfait négociant, et l'on se décida, non sans peine, à l'envoyer, selon son désir, dans une université. Il en fréquenta quatre : à Iéna, il se prend d'une belle passion pour le romantisme, se lie avec les Schlegel et a de nombreuses aventures qu'il a rappelées plus tard dans son roman de *Godwi;* puis il continue et termine ses études à Vienne, à Berlin et à Heidelberg.

Il passe les années suivantes à voyager (1800-1804) et entre temps écrit son roman de *Godwi ou la Statue d'une Mère* (1801) et sa comédie de *Ponce de Léon*, où il abuse des jeux de mots. En 1805, il épouse une femme poète, Sophie Méreau, née Schubert, qui avait dix ans de plus que lui et était séparée de son mari : elle mourut un an après, à la suite de ses premières couches, et Brentano ne se consola jamais entièrement de cette perte. C'est à Heidelberg, en 1808, qu'il publie avec Arnim, son futur beau-frère, *le Cor merveilleux*, où il se permet de changer parfois le texte primitif, mais qui n'en est pas moins un des meilleurs monuments de la poésie populaire en Allemagne. Lié avec Gœrres, il écrit avec lui l'*Histoire de l'horloger Bog;* il se joint à quelques romantiques pour fonder la *Gazette des Solitaires*, puis, toujours inquiet et malheureux, il cherche à rétablir le calme de son existence en se remariant : mais sa seconde femme ne fait qu'ajouter à son infortune ; il la fuit et se rend à Berlin pour obtenir le divorce. Là, il se lance dans le monde, obtient quelques succès dans les salons et se lie avec les coryphées du romantisme.

Mais l'inquiétude de son âme ne lui laisse pas goûter les charmes de cette nouvelle existence : il se plonge un instant dans la vie contemplative, puis se mêle aux héros de la guerre de l'indépendance, se rend en Bohême, auprès de son frère, et y écrit son grand drame historique de la *Fondation de Prague*, traverse Vienne, travaille pour le théâtre de cette ville et retourne enfin à Berlin, où il écrit une de ses meilleures nouvelles villageoises, l'*Histoire du bon Gaspard et de la belle Annette*. Là, le vide de son cœur et de son existence le tourmente de plus en plus, jusqu'au jour où il est ramené à la pratique du catholicisme par une femme poète, Louise Hensel, à laquelle il adressa ses belles stances : *A l'Ange dans le désert*. Mais, bien que converti désormais, il a souvent encore à lutter contre les révoltes de ses sens et de son imagination.

C'est alors qu'il se fixe pendant six années consécutives (1818-1824) au couvent de Dulmen, auprès de la sœur Emmerich, dont il rédige les visions (*Histoire de la sainte Vierge*). Après la mort de la visionnaire, il fait quelques voyages, se rend à Rome, où il prend une part active à la propagande catholique, et revient à Francfort en 1830. Là il se lie avec l'historien Bœhmer, qui recueille ses *Contes* pour les publier après sa mort (dans ses dernières années, Brentano ne voulait plus rien faire imprimer)[1] ; il vécut dans les pratiques de la plus austère dévotion, tantôt à Ratisbonne, tantôt à Munich, et mourut à Aschaffenbourg.

Brentano avait la plupart des qualités qui font le poète : à l'imagination ardente, à la fine ironie il joignait le sentiment ; mais il n'a jamais su, malgré tous ses efforts, arriver à maîtriser son ironie et son imagination.

Ce qui explique les oppositions si frappantes qu'on remarque en lui, c'est qu'il n'a jamais reçu, à proprement parler, de culture intellectuelle et artistique. Dès ses premières études, il s'est rattaché au romantisme, et, lorsqu'il voulut s'en séparer ensuite, il manqua de point d'appui. Ignorant les règles du

---

1. La plupart des œuvres que Brentano publia de son vivant furent vendues au profit des pauvres ; il exigea qu'on en fît autant pour ses œuvres posthumes. Il disait que sa muse devait être une sœur de charité. Il a même écrit un ouvrage sur les sœurs de charité, en 1831.

goût et peu soucieux de la gloire littéraire, il n'a jamais su prendre sur lui de polir et de châtier ses ouvrages. L'étude qu'il entreprit des vieilles chansons populaires influa d'une manière remarquable et heureuse sur son talent : il composa, à cette époque, des poésies bien plus naturelles et plus senties que les précédentes, qui, il faut le reconnaître, forment la majeure partie de son œuvre. Parmi ces dernières, les plus faibles sont les chants patriotiques qu'il a écrits à l'occasion de la guerre de l'indépendance : il y est verbeux, grossier et prétentieux, et le mauvais goût de la foule peut seul expliquer leur succès passager. Sur la fin de sa vie, il composa beaucoup de cantiques et de poésies spirituelles, où le sentiment est presque toujours étouffé par une trop grande abondance d'images. C'est, du reste, là le vice capital de sa poésie : même en imitant les vieux poètes, comme dans ses ballades populaires ou dans son édition retouchée du *Fil d'Or*, de Wickram (1809), il n'arrive que rarement à reproduire la naïveté des textes primitifs [1].

Brentano a lui-même caractérisé son talent lorsqu'il écrivait à une amie : « Nous n'avions nourri que notre imagination, et elle a fini par nous dévorer. » Il a dit encore : « Celui qui ne vit que de poésie a perdu tout équilibre. » Il l'avait perdu, en effet, dès l'origine, et on le voit dans ses œuvres comme dans sa vie. Aussi les écrits de courte haleine lui convenaient-ils mieux que les compositions plus longues, parce qu'il n'avait pas le temps d'y révéler ses défauts ; ses nouvelles sont bien meilleures que ses romans et ses drames, et même, dans ses poésies, celles qui racontent brièvement une légende ou peignent en quelques vers une situation pathétique, sont toujours supérieures à celles qui ont un certain développement.

---

1. Ses *Nouvelles* et ses *Contes*, malgré leur mérite, ne valent jamais les vieilles légendes populaires, dont elles n'ont pas le naturel et la naïveté.

Pour donner une idée avantageuse de ce talent vraiment poétique, on ne saurait mieux faire que de citer, en finissant, deux de ses pièces les plus connues et qui méritent vraiment de l'être : *Lore-Lay*[1] et *les Joyeux Musiciens*.

Lore-Lay (ballade chantée par Violetta dans le roman de *Godwi*). — A Bacharach, sur le Rhin, demeurait une enchanteresse si belle et si jolie qu'elle entraînait tous les cœurs. Elle couvrit de honte bien des hommes à la ronde, car, une fois enchaîné dans son amour, on n'avait plus aucun espoir de salut.

L'évêque la fit citer devant le tribunal ecclésiastique et dut lui faire grâce, tant elle était belle. Il lui dit avec émotion :

« Pauvre Lore-Lay! qui donc t'a induite à si criminelle sorcellerie?

— Seigneur évêque, faites-moi mourir : je suis lasse de la vie; car quiconque a seulement vu mes yeux est assuré de sa perte. Mes yeux sont deux flammes ardentes; mon bras est une baguette magique : ô faites-moi jeter dans les flammes du bûcher, et brisez mon bras!

— Je ne puis, ô belle Lore-Lay, briser ce bras, car il me faudrait briser en même temps mon propre cœur. Je ne puis te condamner avant que tu m'aies expliqué pourquoi mon propre cœur brûle déjà aux flammes de tes yeux.

— Seigneur évêque, ne vous raillez pas si cruellement de moi, pauvrette, et demandez miséricorde pour moi au bon Dieu! Je ne puis vivre davantage; je n'aime plus personne; donnez-moi la mort, c'est pour cela que je suis venue vers vous. Mon bon ami m'a trahie et s'est éloigné de moi; il est parti loin, bien loin de moi, pour une contrée étrangère. Mes yeux tour à tour doux et terribles, mes joues blanches et roses, mon doux parler mystérieux, voilà ma sorcellerie. Mais moi-même je dois périr à la tâche : mon cœur souffre plus que je ne saurais dire; je voudrais mourir de douleur toutes les fois que je vois mon image! Aussi faites-moi donner ce qui me revient : faites-moi mourir en bonne

---

1. Un assez grand nombre de poëtes romantiques, Heine entre autres, ont traité ce sujet.

chrétienne ; je veux que tout s'évanouisse pour moi, puisqu'il est infidèle

L'évêque alors fait venir trois chevaliers :

« Conduisez-la au couvent. Va-t'en, Lore-Lay ! que Dieu ait pitié de ton âme égarée ! Tu seras maintenant une nonnette, une nonnette noire et blanche : prépare-toi sur terre à une mort bénie de Dieu. »

Les trois chevaliers se dirigent vers le couvent, et la belle Lore-Lay, toute triste, est au milieu d'eux. « O chevaliers ! laissez-moi monter sur ce roc escarpé : je veux jeter un dernier regard sur le château de mon ami. Je veux jeter encore un long regard dans les profondeurs du Rhin, et puis j'irai au couvent pour être une fille du Seigneur. »

Le roc est bien abrupt ; son flanc est comme un mur : mais elle grimpe sur ces hauteurs et finit par atteindre le sommet. Les trois chevaliers attachent en bas leurs coursiers et grimpent aussi avec effort jusqu'au haut du roc.

La jeune femme dit : « Voici une voile qui vogue sur le Rhin ; celui qui se tient dans ce bateau, c'est à celui-là qu'est tout mon amour. O que mon cœur est transporté d'allégresse ! Oui, c'est à lui que sera mon amour ! »

Elle se penche alors et se précipite dans le Rhin. Les chevaliers durent mourir à cet endroit, car il leur fut impossible de redescendre : ils durent périr là tous les trois, sans prêtre et sans tombeau.

Qui a chanté cette chanson ? C'est le batelier sur le Rhin ; et toujours a retenti sur le haut du rocher ce cri : Lore-Lay ! Lore-Lay ! Lore-Lay ! comme si nos trois chevaliers y étaient encore.

Les Joyeux Musiciens. — Nous voici revenus, nous, les musiciens qui passons la nuit dans les rues ; et les airs joyeux de nos pipeaux traversent l'obscurité comme des éclairs. — Le tambourin résonne et mugit ; les cymbales éclatent et retentissent...

Les fenêtres s'illuminent volontiers, et plus d'une obole tombe flamboyante au milieu de nous quand nous nous mettons silencieusement en cercle pour notre joyeuse besogne.

— Le tambourin, etc.

Jeunes et vieux ne peuvent se rassasier de nos joyeuses chansons; nous savons entraîner toutl e monde au charme magique de nos accords...

Mais nous ressemblons aux rossignols, qui ne chantent leurs chansons que pendant la nuit : nous ne savons faire résonner nos joyeux accords que lorsque nul regard humain ne peut nous voir...

La fille. — J'ai perdu mon bon ami, et l'on a fusillé mon père : mon chant réjouit vos oreilles, et je pleure en silence sur le pain que je gagne...

La mère. — Est-ce le jour, est-ce la nuit qui m'environne? Je ne saurais le dire ; mon enfant me guide en tenant mon bâton : c'est moi qui dois heurter les cymbales éclatantes; je suis devenue aveugle à force de pleurer...

Les deux frères. — C'est moi qui dois faire entendre les trilles joyeux, et la fièvre fait frissonner mes membres jusqu'à la moelle des os; il me faut vous faire entendre les chansons les plus gaies, et je voudrais bien être couché dans la tombe!...

L'enfant. — Tout jeune encore, j'ai eu la jambe brisée : ma sœur me porte sur son bras. C'est moi qui dois frapper vivement sur le tambourin. Ne sommes-nous pas bien gais, que Dieu nous pardonne ? — Le tambourin résonne et mugit, etc.

Un poète bien plus populaire que les précédents, LAMOTTE-FOUQUÉ (1777-1843), dut précisément son succès à ce qu'il a su, mieux qu'Arnim et Brentano, se dégager des entraves du romantisme et régler son imagination. On peut encore lui reprocher de s'être trop enfoncé dans la chevalerie et dans le moyen âge; mais il y a du moins chez lui une conviction et un naturel qui font passer sur ce défaut. Les Allemands l'ont considéré à une certaine époque comme un poète vraiment national; et le fait est que ses œuvres ont longtemps intéressé le public tout entier, « la duchesse comme la blanchisseuse », pour nous servir de l'expression de Henri Heine.

Frédéric-Charles, baron de LAMOTTE-FOUQUÉ, était né à Brandebourg, d'une famille d'origine française, réfugiée en Prusse à la suite de la révocation de l'édit de Nantes. Il reçut sa première éducation dans sa famille, entre les murs de ce manoir où il se plaisait à contempler les images des vieux chevaliers dont il était fier de descendre. Encore tout enfant, il se distingue par la vivacité de son imagination, par une âme sensible et naïve, par un courage à toute épreuve et par une généreuse fierté; mais le corps était délicat et eût eu quelque peine à supporter ces lourdes armures qu'il admirait tant dans les panoplies de ses ancêtres.

Comme tous les grands écrivains, il s'essaye de bonne heure dans l'art d'écrire, et se risque, à peine adolescent, à composer des drames et des contes qui sont toujours restés inédits. Renfermé en lui-même, il devient rêveur et mélancolique, et cette mélancolie s'accrut encore lorsqu'il perdit sa mère; il néglige alors les études solides pour s'adonner tout entier à la lecture de quelques poètes, et, de préférence, à celle de Klopstock et de Gerstenberg, qui, dans leurs œuvres, faisaient revivre les sombres légendes du Nord et toute la mythologie scandinave.

La révolution française l'enflamme d'indignation, et, à peine sur les bancs de l'université de Halle, il s'engage comme volontaire dans l'armée du duc de Weimar (1794). Obligé, par les victoires de la France, à s'enfermer dans des villes de garnison, il se met à lire et à étudier les auteurs les plus en renom, surtout Schiller et Jean-Paul. En 1802, il quitte le service et se rend à Weimar, comme devait le faire alors tout jeune homme ambitieux d'entrer dans la carrière des lettres. Durant ce pèlerinage, il fait la connaissance de Schiller et de Gœthe; mais ses sympathies l'attirent ailleurs: les Schlegel exerçaient une bien plus vive attraction sur sa jeune imagination; et quel ne fut pas son bonheur lorsqu'il apprit, par une lettre d'un de ses amis, que les Schlegel, ces arbitres infaillibles du goût, ces oracles de la haute littérature, ces modèles de la poésie transcendante, ont bien voulu l'honorer et l'encourager de leur suffrage! Il s'était déjà fait connaître, dans son entourage, par quelques essais poétiques : les chefs du romantisme ne voulurent pas manquer cette occasion d'enrôler sous leurs drapeaux une aussi bonne recrue. Avec ce jeune homme de vieille maison, chevaleresque d'allures comme de nom et de naissance, d'une imagination ardente et d'une sensibilité délicate, on espérait remplacer Novalis, qui venait, par sa mort prématurée, de tromper les plus chères espérances de l'école.

Séduit par les éloges et les adulations des Schlegel, Fouqué se voue entièrement au romantisme : pour mieux s'isoler du monde, il s'enferme dans une de ses propriétés, et compose, pendant deux ans, un bon nombre de poèmes qui sont présentés au public, en 1804, par le chef de la secte, Guillaume Schlegel, sous le titre de *Pièces dramatiques de Pellegrin*. Ce pseudonyme servit encore de signature à un roman de Fouqué, *Alwin*, qui parut en 1807. A partir de cette époque, le jeune littérateur essaye de voler de ses propres ailes ; il se sépare de plus en plus de l'école romantique, et, non content de signer ses œuvres, il se permet de les écrire à sa guise. Ce n'étaient généralement que des drames et des romans ; mais il trouve moyen, dès lors, d'être original et d'intéresser le public sans recourir aux procédés de ses premiers maîtres. Ses romans surtout, quelques poésies détachées et ses drames patriotiques lui valurent le suffrage presque unanime des lecteurs allemands. Sa gloire et sa popularité s'accrurent encore lorsqu'on le vit courir aux armes, en 1815, et vouloir contribuer pour sa part au salut de la patrie. Mais une maladie le força, au bout de quelques mois, à quitter le service, et, dès lors, il se retire absolument à la campagne et compose sans interruption des romans, des drames, des poèmes épiques jusqu'en 1831, époque où, après avoir perdu sa femme[1],

---

[1] Il avait contracté, dans sa jeunesse, une première union qui ne fut as heureuse après avoir obtenu le divorce, il se remaria avec une veuve.

il se rend à l'université de Halle, et y fait, comme professeur extraordinaire, un cours d'histoire et de littérature. La mobilité de son imagination l'arrache bientôt à cette vie quelque peu prosaïque, et, après s'être remarié pour la troisième fois, il se rend en 1842 à Berlin, où il mourut subitement l'année suivante, frappé d'une attaque d'apoplexie.

Depuis quelques années déjà, il avait vu décroître sa popularité; ses livres ne se lisaient plus autant, et même, en 1818, un libraire n'avait consenti à publier un de ses romans qu'à la condition de ne pas faire figurer sur le titre le nom de Lamotte-Fouqué. Rien ne prouve pourtant que le poète eût perdu dans ses dernières années l'enthousiasme de son imagination et la sérénité de son caractère. Ce qu'il perdit malheureusement, ce fut la vigueur poétique et la netteté de vues qui l'avaient distingué jusque-là : il semble que l'indifférence du public ait réagi sur ses facultés et diminué son talent.

Aujourd'hui les Allemands ne se souviennent plus guère que d'un seul ouvrage de Fouqué : pour eux il est l'immortel auteur d'*Ondine*, et ce roman poétique est, en effet, l'une de ses meilleures productions. C'était primitivement un épisode faisant partie d'une collection de romans et de nouvelles qu'il publia de 1811 à 1815 sous le titre de *Les Saisons*. *Ondine* fut ensuite donnée à part et eut de nombreuses éditions, impuissantes à contenter un public enthousiaste et toujours avide de relire ce chef-d'œuvre.

Ondine est le nom générique des nymphes des eaux dans la mythologie du Nord : ici, c'est le nom propre d'une de ces *Nixes*, d'une reine des eaux, qui, privée d'âme, ne peut en obtenir une que si elle parvient à se faire aimer d'un mortel. Elle finit par conquérir cet amour, en échange duquel elle donne à l'homme préféré tous ses trésors et partage avec lui sa puissance; mais cet homme la trompe bientôt après, et elle lui donne la mort dans un baiser.

Telle est la conception générale de ce petit poème

qui se distingue surtout par l'exquise délicatesse des détails, par la fraîcheur du coloris, par la grâce et la vérité du sentiment. Rarement on a tiré un meilleur parti de cette mythologie du Nord, qui, à côté de tant de tableaux sombres et effrayants, offre quelquefois des peintures pleines d'une charmante douceur et d'une touchante mélancolie. Le succès du roman tenta un compositeur, plus connu aujourd'hui comme écrivain que comme musicien : Hoffmann, le fantastique Hoffmann, pria son ami de lui arranger *Ondine* en opéra, et il en écrivit la partition, qui fut loin de réussir autant que l'œuvre primitive.

Les autres romans de Fouqué, sans avoir un succès aussi brillant ni surtout aussi durable que l'*Ondine*, furent assez longtemps goûtés en Allemagne, du moins pendant la période vraiment heureuse de l'auteur, c'est-à-dire de 1801 à 1820. Le choix des sujets et l'époque où parurent ces poèmes peuvent nous expliquer leur popularité. Mais il n'est pas étonnant non plus que l'auteur ait vu décroître peu à peu cette popularité : pour lui, la féodalité résume toute la civilisation chrétienne et moderne; et ceux mêmes qui l'admiraient et le félicitaient, à l'origine, d'avoir remis en honneur une époque lointaine de bravoure et de chevalerie, le blâmèrent bientôt après de s'en tenir uniquement à cette époque, et de ne pas savoir mêler sa muse aux affaires et aux idées de son temps.

Un autre reproche, bien légitime encore, qu'on lui adressa, ce fut de ne peindre généralement que les dehors du moyen âge et d'en négliger l'histoire. Il est vrai que l'histoire l'aurait peut-être éloigné de la poésie, car le moyen âge ne charme guère que ceux qui le voient de loin. Toujours est-il que Fouqué se contenta de peindre les costumes, les fêtes, les armures et les batailles du moyen âge, sans nous faire connaître ses mœurs vraies, ses institutions et son esprit. Il a même cru nécessaire de reproduire dans beaucoup de ses œuvres la forme littéraire des vieux poèmes; il a intercalé dans ses romans et dans ses ballades des expressions, des tournures et même des rythmes *moyen age*, comme un marchand d'antiquités qui émaille de piqûres de vers certains meubles qu'il veut faire passer pour antiques. En donnant ainsi un air de vétusté à ses écrits, il ne fait que rendre plus choquantes toutes les disparates qui s'y trouvent. Les sentiments et les idées y sont, en effet, trop souvent modernes ; ce qui est moderne surtout chez lui, c'est cette rêverie poétique, cet enthousiasme sentimental qui était fort à la mode au commencement de ce siècle, mais totalement inconnu du moyen âge. A cet égard, Fouqué relève bien de l'école romantique.

D'ailleurs, s'il a su éviter en général le mysticisme des Schlegel et de leurs adeptes, il a cependant fini par une sorte de religiosité équivoque, qui se révèle dans les *Poésies spirituelles* de sa vieillesse. Sa veuve les publia en 1846, quelques années après sa mort, et l'on put voir alors au juste combien le romantisme avait encore laissé de racines dans son cœur.

Parmi ses poésies lyriques, il y en a d'excellentes : il a écrit des *Lieder*, ou chansons, pleins de sentiment et d'imagination. Ses meilleures poésies sont celles où il chante l'humanité, ou encore les dithyrambes consacrés à la cause de sa patrie (*Chants avant et pendant la guerre*, 1813; *Chants de chasseurs*, 1818); mais ses œuvres, malgré leur inspiration réelle, étaient encore trop savantes pour devenir bien populaires de l'autre côté du Rhin. Dans ses *Ballades*, il déploie un talent épique de beaucoup supérieur à celui des autres poètes romantiques : grâce à la vie active qu'il mena pendant quelques années, il put donner à ces œuvres un accent de vérité qui manque généralement aux poètes de profession.

Il s'est même aventuré dans l'épopée proprement dite ; mais là il est moins heureux que dans ses poèmes plus modestes et plus courts. Celui qui est intitulé *Naissance et Jeunesse de Charlemagne* (1816) n'est qu'un pastiche souvent médiocre du *Titurel* de Wolfram von Eschenbach, dont on venait de retrouver le manuscrit, et dont Fouqué s'ingénie à reproduire jusqu'au rythme. Ses épopées de *Corona* et de *Bertrand Duguesclin* glorifient le moyen âge, comme la plupart de ses autres productions; mais, sauf les mots anciens et les vieilles locutions dont il les émaille, on n'y trouve rien qui rappelle et fasse vraiment revivre l'époque dont il veut retracer l'image.

Sa fécondité dramatique paraît prodigieuse à première vue : en vingt ans il composa vingt-quatre pièces de théâtre; mais aucune d'elles ne méritait un vrai succès. On y trouve un talent réel, mais aussi tous les défauts du système romantique. Son meilleur drame est aussi le premier en date : *le Héros du Nord*, qui parut en trois parties (1810); et la meilleure de ces trois parties est la première, intitulée *Sigurd, le tueur de dragons*, qui avait déjà été publiée seule deux ans auparavant. L'auteur, qui avait eu le mérite de choisir son sujet dans la mythologie scandinave, avait eu le tort, assez commun chez les poètes romantiques, de le traiter d'une façon plutôt épique que dramatique. L'histoire de l'ancienne Germanie lui a également fourni plusieurs sujets de drames, tels que *Alboin* (1813) et *Hermann* (1818); mais le système romantique y triomphe plus que partout ailleurs : ainsi l'auteur va jusqu'à faire parler ses personnages romains en trimètres renouvelés des tragiques latins, et les Germains dans le vieux rythme des Nibelungen. Il a voulu aussi lutter contre Schiller et refaire son *Don Carlos* (1823) : pour juger cette tentative, il nous suffira de dire qu'il a essayé de réhabiliter Philippe II et le duc d'Albe. Évidemment Frédéric Schlegel et Brentano n'eussent pas mieux fait !

Il nous est impossible d'épuiser ici la longue liste de ses ouvrages : outre ses nombreux volumes de vers et de prose, ses contes, ses nouvelles, ses romans, ses drames, il a publié encore quantité d'articles dans les journaux et les revues littéraires; il a rédigé, pendant seize ans, l'*Album des Dames*, en collaboration avec le poète Rückert; il a édité plusieurs recueils de légendes ou de poésies du moyen âge ; enfin, son activité s'est étendue à tous les sujets, mais en s'attachant de préférence à la mythologie du Nord et à la chevalerie. En somme, on doit reconnaître qu'il a, toute sa vie, oscillé entre deux époques et deux écoles différentes : chevaleresque par instinct et romantique par habitude, il a eu pour ainsi dire une idée fixe, la restauration de la chevalerie et du moyen âge ; mais, par un privilège de sa nature relativement droite et sensée, il a presque toujours échappé au mysticisme comme à l'ironie humoristique des coryphées du romantisme : il s'est mêlé, moins souvent qu'on ne voudrait, mais plus souvent encore que les romantiques, aux choses et aux hommes de son temps ; le monde réel, chez lui, a plus d'une fois conquis du terrain sur le monde imaginaire ; et, s'il n'est pas arrivé à cet équilibre admirable qui caractérise les grands écrivains, il a fait du moins de visibles efforts pour y arriver.

CHAMISSO (1781-1838) s'est approché bien davantage de cet équilibre : quoique appartenant à bien des égards au groupe romantique, il se rattache assez étroitement déjà, surtout par ses poésies, à la Jeune Allemagne, dont il est un des plus brillants précurseurs.

Adelbert de CHAMISSO, dont les vrais noms étaient *Louis-Charles-Adélaïde de* CHAMISSO *de Boncourt*, était né en France, au château de Boncourt, en Champagne. La révolution le force à émigrer avec ses parents, en 1790, et à se réfugier avec eux en Hollande d'abord, puis dans diverses villes de l'Allemagne, et enfin, en 1797, à Berlin, où le jeune Adelbert est admis dans les pages de la reine, puis au gymnase français. Naturalisé Prussien, il devient enseigne, puis lieutenant dans l'armée de sa patrie adoptive. Quand sa famille put retourner en France, il n'avait plus ni ses parents ni son patrimoine : il se décida à rester en Allemagne, et entreprit de se perfectionner dans l'étude de la langue allemande. Ses premiers essais poétiques avaient été faits dans sa langue maternelle, en français ; bientôt il écrivit avec facilité en allemand, et se risqua même à publier quelques compositions dans cette langue : en 1803 il traite l'histoire de *Faust*. Son zèle pour la littérature et l'aménité de son caractère lui gagnent quelques jeunes hommes de lettres, surtout Varnhagen von Ense, avec lequel il rédige, en 1804, un *Almanach des Muses* qui parut pendant trois années, et dont le succès lui valut l'intérêt de quelques célébrités du monde littéraire, notamment du philosophe Fichte.

Ces premiers triomphes l'encouragèrent à compléter ses études, fort défectueuses jusque-là : il redouble d'activité, travaille avec énergie, et apprend le grec et le latin à un âge et dans une position où l'on n'est pas tenté habituellement de commencer une pareille instruction. Son régiment était caserné dans le Hanovre (1805-1806), et, comme Lamotte-Fouqué, Chamisso consacrait au travail les loisirs de la vie de garnison.

Après la paix de Tilsitt, en 1807, il est pris tout à coup d'un violent désir de rentrer dans sa patrie; mais il ne fait que toucher barre en France, où il ne retrouve plus aucun visage ami, et il se hâte de revenir à Berlin, où il passe une couple d'années dans la société des gens de lettres, qui était pour lui sa véritable patrie. Il ne renonçait pourtant pas à l'espoir de se fixer dans sa patrie première, et, en 1810, il se fait nommer professeur au lycée de Napoléonville (Pontivy), où il se rend en toute hâte, mais où, par une erreur inexplicable, il ne trouve pas de place vacante. Il passe l'hiver dans cette ville, fait ensuite la connaissance de Mme de Staël, et l'accompagne à Coppet, où il reste avec elle jusqu'au moment où elle fut obligée par la police de Napoléon à se réfugier en Angleterre. Il retourne alors à Berlin (1812), et se livre avec ardeur à l'étude de la médecine et des sciences naturelles.

Au moment de la guerre avec la France, en 1813, partagé entre deux sentiments également naturels, Chamisso veut rester absolument neutre et n'avoir même pas à faire des vœux pour l'un des deux peuples;

il se retire à la campagne chez un ami, et cherche à se consoler en écrivant l'*Histoire de Pierre Schlemihl*, qui fut éditée ensuite par Lamotte-Fouqué et traduite presque aussitôt dans plusieurs langues. C'est à cette époque aussi qu'il a composé quelques-unes de ses meilleures poésies. Mais son goût dominant et son désir d'employer son activité le portaient plutôt vers les sciences; il avait besoin aussi de quitter l'Allemagne pendant quelque temps pour échapper aux fâcheux commentaires provoqués par sa conduite pendant la guerre de l'indépendance. Il s'embarque en 1815 pour un voyage autour du monde organisé par le gouvernement russe et qui dura trois ans : Chamisso revint à Berlin en 1818 avec de belles collections d'histoire naturelle, dont il fit présent au musée royal, et une intéressante relation de son voyage, qui parut à Weimar en 1821. Son retour à Berlin ouvre pour lui une ère désormais heureuse, tranquille et honorée : il reçoit le diplôme de docteur, est nommé conservateur du Jardin botanique, et fait un mariage selon son cœur. Malheureusement sa santé lui donnait déjà dès cette époque de cruelles inquiétudes; à partir de 1831, une incurable maladie de poitrine lui fait présager sa fin, qui arrive sept ans après. Il avait passé ses vingt dernières années au sein de sa petite famille et dans la société de quelques amis, savants ou poètes, qui, comme sa femme et ses enfants, contribuèrent à adoucir l'amertume de sa destinée. Il n'écrivait que rarement des vers; pourtant, de 1829 à 1835, il publia, de concert avec Gust. Schwab, à Leipzig, un *Almanach des Muses allemandes*, et, en 1832, avec Gaudy, une traduction des *Chansons de Béranger;* il édita lui-même ses *Poésies* en 1834. (Ses œuvres complètes ont été publiées par son ami Hitzig, en 1842.)

Comme poète lyrique, Chamisso a été vanté d'abord, puis décrié par les romantiques, et notamment par Guill. Schlegel, qui disait de ses poésies « qu'elles sentaient le mauvais tabac de cantine. » Pour le critique impartial, elles sont remarquables par la pureté du style, le naturel, la simplicité du sentiment et de la pensée ; mais elles manquent trop souvent de chaleur. L'étude des sciences naturelles influa beaucoup sur son talent ; il en vint ainsi à exceller dans l'observation et la peinture des objets. C'est ce qu'on remarque surtout dans son poème de *Salas y Gomez* (1829), qui reflète avec les plus vives couleurs les souvenirs de son voyage autour du monde. Parmi ses meilleures pièces, on doit citer celle qui est intitulée *le Château de Boncourt*, et où l'auteur peint, dans les termes les plus touchants, le tendre souvenir qu'il a gardé du lieu de sa naissance ; les derniers vers y sont empreints d'un sentiment plus large et plus noble, le pardon accordé à ceux qui l'ont dépouillé de son patrimoine, et les vœux qu'il fait pour la prospérité de ce sol natal dont il est désormais exilé.

Vers la fin de sa vie, il dédaigna les œuvres de sa première jeunesse, qui nous intéressent néanmoins par le spectacle de la lutte qui se livrait en lui ; incertain alors et tourmenté de doutes, il aime, par exemple, à se représenter sous les traits du docteur Faust : le malheureux héros hésite entre ses deux anges, finit par repousser le bon pour écouter le mauvais ; puis, sensible aux reproches de son bon ange, il se poignarde de désespoir. Dans ses poésies sombres et tragiques, il emploie volontiers le tercet dantesque, et plus d'une fois il rappelle Dante par l'énergie de ses tableaux ; mais de joyeuses esquisses, des scènes de famille, délicates et touchantes viennent reposer l'esprit de temps à autre. Cette variété de couleurs est un des caractères saillants de son lyrisme.

C'est surtout dans sa première manière qu'il a imité les poètes romantiques, à l'époque où il était malheureux et tourmenté à cause de la guerre que se faisaient ses deux patries ; mais, après la paix, et mieux encore après son voyage autour du monde, il devient plus calme et plus maître de son talent. Tout en gardant son originalité, il imite, si l'on veut, Uhland et Béranger. Ce qu'il y a surtout de remarquable chez lui, et ce qui a contribué plus que le reste à le rendre si populaire en Allemagne, c'est qu'il a su joindre les qualités françaises aux qualités allemandes, et qu'il est en même temps sentimental et profond comme ses compatriotes d'adoption, et clair, généreux, enthousiaste de la liberté comme les Français. On ne s'étonne pas qu'il ait voulu traduire Béranger : « Il était en quelque sorte prédestiné à ce travail, par le penchant de son esprit, par la nature à la fois naïve, ironique, tendrement exaltée et profonde de son génie [1]. »

Les compositions lyriques de sa vieillesse, contemporaines de cette traduction de Béranger, sont peu nombreuses, mais dénotent encore un talent réel, malgré la tristesse et l'ironie qu'on y voit percer à chaque instant. Son ironie est alors plus profonde et plus acerbe que celle des romantiques purs ; il tombe quelquefois dans le fantastique et dans l'horrible, et abuse de certaines ressources banales, comme les visions et les revenants.

Ce qui frappe avant tout dans ses poésies, c'est qu'il aime à suivre le développement d'une idée ou d'une situation dans une série de pièces, dont le caractère devient ainsi plutôt épique et dramatique que lyrique : c'est ce qui a lieu dans *la Vie et l'amour des femmes,* et dans les *Chansons et Images de la vie,* qui sont deux chefs-d'œuvre. Quelques-unes sont tout à fait épiques, comme la *Légende de Saint-Martin-de-Tours, Matteo Falcone le Corse, le Crucifix,* etc. Dans cette dernière, il abuse quelquefois de l'horrible et gâte ainsi les vives peintures dont elle est remplie. Ajoutons enfin que la plupart de ses poésies sont animées d'un souffle vraiment libéral et que plusieurs sont consacrées à saluer la révolution de Juillet ou même à glorifier les principes de 1789, malgré tout le dommage qu'ils lui avaient causé.

En dehors de l'Allemagne, Chamisso n'est guère connu que comme l'auteur de *Pierre Schlemihl.* Dans

---

[1]. Martin, *Poètes contemporains de l'Allemagne.*

ce roman, comme dans ses autres fictions en prose ou en vers, on voit qu'il cherche surtout à concilier ensemble le monde imaginaire et la vie réelle. On a cherché souvent à expliquer cette histoire de l'homme qui a perdu son ombre. Pour les uns, c'est une simple allégorie qui représente la propre situation de l'auteur : il était sans patrie, en 1813, au moment de la grande lutte des nations; et la patrie est comme l'ombre qui s'attache à tout homme et sans laquelle il n'a plus pour ainsi dire d'existence. On invoque à ce sujet le témoignage de Chamisso lui-même : « Je suis Français en Allemagne et Allemand en France, et je ne trouve ma place nulle part, » écrivait-il alors à Mme de Staël. Comme son personnage imaginaire, l'auteur n'a fini par trouver le repos qu'après de longs voyages et par l'étude des sciences naturelles.

D'autres ont voulu voir dans ce roman une rapide esquisse des douleurs et des doutes inhérents à la vie moderne, une sorte de Faust au petit pied, et l'ont rattaché ainsi à son *Faust* et aux autres œuvres où sont retracées les luttes de sa première jeunesse. Quelques-uns ont voulu y voir une idée purement philosophique : l'homme n'est apprécié, dans la société actuelle, que pour les qualités les plus superficielles; il doit suivre la mode, avoir des décorations et des titres, et jeter de la poudre aux yeux du public; la richesse même ne peut sauver du mépris public celui qui a le malheur d'être original. Bref, les commentaires n'ont pas plus manqué à cette œuvre que les traductions; et un auteur de troisième ordre, Fr. FOERSTER, entreprit même de compléter le roman de Chamisso, en en donnant (1843) une deuxième partie intitulée *le Retour de Schlemihl* : il va sans dire qu'il resta bien au-dessous de son modèle.

Ce que l'on est en droit d'affirmer, c'est que *Pierre Schlemihl* est rempli d'allusions à la vie, aux relations et aux goûts de l'auteur. Quel était pour lui le sens de cette allégorie? Était-ce même une allégorie? Il est difficile et d'ailleurs oiseux de répondre à ces questions. Nous croirions volontiers, comme Chamisso l'a dit dans sa préface, qu'il n'a écrit ce petit livre que pour charmer les ennuis de sa retraite forcée et pour amuser un hôte bienveillant, son ami et protecteur Hitzig. L'idée première n'était pas neuve : il l'aura prise, sans doute, à cause d'une certaine analogie avec sa propre situation ; mais, dans le développement du récit, il ne se sera nullement astreint à continuer l'allégorie, et c'est ce qui explique et justifie pour nous les contradictions et les irrégularités que l'on s'est plu quelquefois à relever dans cette histoire. Elle n'en est pas moins admirable par le naturel de la narration, par la finesse de la raillerie, par sa touchante mélancolie et par l'originalité de ses détails.

Après ces poètes, dont le mérite, comme la gloire, est supérieur à celui de leurs contemporains, nous nous bornerons à citer quelques-uns de ceux qui se rattachent de près ou de loin à l'école romantique. *Louise* BRACHMANN (1777-1822) est connue surtout pour ses *Ballades* et ses *Fleurs romantiques,* qui rappellent assez les poésies de Fouqué. Le roi LOUIS DE BAVIÈRE (1786-1864) publia, de 1829 à 1839, une série de poésies lyriques dont la valeur est incontestable, malgré leur style quelquefois pénible et les tournures forcées qu'il affectionne : son exemple fut suivi par un assez grand nombre de princes et de grands seigneurs, et la poésie fut ainsi remise en honneur dans les hautes sphères de la société, comme au moyen âge. EICHENDORFF (1783-1858), dont les poésies lyriques parurent en 1837, réagit vers la fin de sa carrière contre le romantisme, dont il avait été l'adepte à ses débuts : patronné d'abord par Fouqué, vers 1815, puis par Tieck, dont il avait imité la manière dans son drame comique de *Guerre aux Philistins* (1824), il écrivit dans la suite des tragédies et des drames plus sobres, mais dont le tort est d'être toujours trop lyriques. *Jean-Pierre* HEBEL (1760-1826), un des meilleurs représentants de la poésie pastorale chez les modernes, mérite aussi une mention parmi les poètes lyriques de cette époque, pour ses *Poésies allemaniques*, en dialecte patois du Schwarzwald, dont la grâce naïve a été admirée par Gœthe et par tous les hommes de goût.

SECTION II. — *Poètes patriotiques et orientalistes.* — 1º *Poètes patriotiques*. — Le mouvement national de 1813 excita l'enthousiasme d'un grand nombre de poètes, et nous avons vu que les romantiques en général prirent une part assez active à la guerre de l'indépendance, soit par leurs chants, soit en combattant eux-mêmes pour la patrie. Quelques-uns ont dû à ce seul fait la gloire passagère dont ils ont joui dans leur pays, et on les désigne spécialement sous le nom de poètes patriotiques. En première ligne se trouve *Théodore* KOERNER (1791-1813), qui mourut de ses blessures à la suite de la bataille de Lutzen, et dont la mort héroïque fut admirée même de ses ennemis. Ses *Chants de guerre* sont le seul titre réel qu'il ait à l'admiration des littérateurs : il n'a pas eu le temps de mûrir son talent dramatique, et l'on ne peut citer que pour mémoire ses drames et ses comédies, où l'on trouve pourtant déjà le germe de très-grandes qualités (notamment les tragédies de *Zriny* et de *Rosamonde*, où il imite Schiller).

SCHENKENDORF (1782-1817), qui, pour mieux enflammer l'ardeur belliqueuse des combattants, faisait revivre dans ses chants l'Allemagne chevaleresque du moyen âge ou s'inspirait des sentiments religieux les plus élevés, s'est essayé aussi dans la poésie épique, où son lyrisme l'empêche de réussir (comme dans son poème d'*André Hofer*).

Théodore ARNDT (1769-1860), connu, dans la seconde moitié de sa vie, pour ses ouvrages d'histoire et de politique, et ses relations de voyages, s'était fait un nom illustre entre tous, en 1813, par ses chants patriotiques et par ses pamphlets contre la France. Nommé professeur d'histoire à l'université de Bonn en 1818, il fut persécuté ensuite comme démagogue, et se distingua toujours depuis lors par la hardiesse généreuse de son libéralisme.

2° *Poètes orientalistes*. — Frédéric RUCKERT (1789-1846) appartient encore au groupe des poètes patriotiques, par ses *Sonnets cuirassés* (1814), mais il est en même temps le chef de l'école orientaliste, par les poésies qu'il tira de la littérature sanscrite, à la suite de Gœthe et de Guill. Schlegel, notamment du Mahabarata (*les Roses orientales, 1822*). Ses poésies lyriques, celles surtout de la seconde époque, se distinguent par leur couleur philosophique et religieuse; aussi l'a-t-on appelé un *Hegel poète*. Il a plus d'éclat et de richesse qu'Uhland, mais il tombe aussi plus bas. Il est romantique par sa tendance à chercher des inspirations dans l'Orient; mais, pour le reste, il se rapproche bien plus de la Jeune Allemagne, dont il a soutenu la cause vers la fin de sa vie[1].

Parmi ses imitateurs, les plus remarquables sont : *Léopold* SCHEFER (1784-1862), qui voyagea longtemps en compagnie de son ami Pückler-Muskau; inférieur à Rückert pour la forme, il ne manque pourtant pas de sentiment et d'inspiration vraie, et se distingue surtout par ses tendances éminemment morales; — DAUMER (né en 1800), poète d'abord panthéiste, qui, dans la suite, consacra ses chants à célébrer l'excellence de la femme et de la Vierge Marie (il se fit catholique en 1858, et a écrit depuis divers ouvrages de propagande); ses poésies orientales les plus connues sont *Mahomet* et *Imitations de Hafi* (1846-48); ses *Images de femme* parurent en 1853; — enfin, BODENSTEDT, le plus récent de tous (né en 1819), qui a vécu quelque temps (vers 1854) à la cour du roi Maximilien de Bavière, et qui s'est retiré dans la Thuringe après la mort de ce prince. Il s'était livré à

---

1. Il écrivit pendant quelque temps sous le pseudonyme de *Freimund Reimar*. Il rédigea aussi un *Almanach* ou *Album des Dames*, avec Lamotte-Fouqué, de 1815 à 1831.

de longues études ethnographiques avant d'écrire ses poésies, qui ont presque toutes pour objectif l'Orient et surtout le Caucase (1848-51). Parmi ses dernières productions, les plus goûtées furent ses *Poésies de Mirza Schaffy* (1851) et les *Poésies posthumes de Mirza Schaffy* (1874). Il a traduit aussi quelques œuvres de Pouchkine et celles de Shakspeare [1].

Section III. — *Poètes de l'école souabe.* — Le chef incontesté de cette brillante et nombreuse école est Louis Uhland (1787-1862), l'un des deux grands patriarches de la littérature allemande au xixe siècle. Né à Tubingue, il y étudia le droit, et se fit recevoir avocat, puis docteur (1810). Il fit alors un voyage à Paris, dans le but d'étudier quelques manuscrits du moyen âge à la bibliothèque impériale. En 1812, il se fixe à Stuttgart, et l'année suivante, au moment de la guerre contre la France, il devient poète pour chanter la patrie allemande; mais ses chants ont moins de force que ceux de Rückert. Employé successivement au ministère de la justice à Stuttgart, puis dans sa ville natale, il devient, en 1830, professeur extraordinaire de langue et de littérature allemandes à l'université de Tubingue. Depuis 1815, il avait pris vivement, dans ses poésies, la défense des anciennes libertés menacées par une nouvelle constitution du roi de Wurtemberg : ce prince dut céder sur quelques points devant l'opposition organisée par le poète. Élu membre d'une assemblée législative de son pays, Uhland sacrifie sans regrets, à cette nouvelle mission, sa place de professeur et même son goût pour la poésie; mais, en 1839, il est obligé de renoncer à la carrière politique, devant l'inertie et le mauvais vouloir de ses concitoyens et du gouvernement. Il n'y revient qu'en 1848, comme membre du Parlement de

---

[1]. Le grand poète anglais lui a fourni encore tout récemment la matière d'une étude intéressante sur *les Femmes de Shakspeare* (1875).

Francfort, où il resta fidèle jusqu'à la fin à son mandat : il suivit même les derniers débris du Parlement à Stuttgart, où il fut expulsé de la salle des réunions et maltraité par la force armée. Depuis lors, il vécut dans la retraite, s'adonnant à la poésie et surtout à son étude favorite, l'histoire du *Lied* ou de la chanson populaire en Allemagne[1].

Uhland se faisait une très-haute idée de l'art et de la poésie : il chercha le plus souvent à les mettre au service de la bonne cause, de l'affranchissement des peuples et du triomphe de l'humanité. Aussi ne doit-on pas s'étonner de retrouver presque toujours dans ses chants l'élément populaire, que les romantiques purs n'y auraient pas admis. Il chante volontiers les métiers, les corporations, le compagnonnage, les artisans voyageurs et poètes ; il sait faire aimer les mœurs simples et antiques ; il ennoblit les peines d'amour les plus vulgaires, comme dans cette ballade de *Marie la Faucheuse*, qui mérite d'être citée tout entière :

« Bonjour, Marie ! Déjà de si bonne heure éveillée et active ? Toi, la plus honnête des jeunes filles, l'amour ne te rend point paresseuse. Eh bien, si d'ici à trois jours tu m'as fauché cette prairie, je ne pourrai pas dès lors te refuser pour époux mon fils unique. »

Ainsi l'a dit le riche fermier : combien Marie sent battre son cœur dans son sein plein d'amour ! Une vie nouvelle et vigoureuse pénètre dans tous ses membres : comme elle brandit sa faux, comme elle abat l'herbe autour d'elle !

Le soleil de midi est brûlant ; les faucheurs sont épuisés dans la plaine ; ils cherchent la source pour se ranimer et l'ombre pour sommeiller. Les abeilles bourdonnantes travaillent encore dans les champs torrides : Marie ne se repose pas ; elle rivalise d'activité avec elles.

Le soleil descend à l'horizon ; on entend retentir les cloches du soir. Ses voisins ont beau lui crier : « Marie, tu en

---

1. Il a publié en deux volumes un recueil fort attrayant des vieilles chansons allemandes (1856).

as assez fait pour aujourd'hui ! » Les faucheurs, le pâtre et les troupeaux ont beau se retirer : Marie, elle, aiguise sa faux pour se remettre à l'ouvrage.

Déjà tombe la rosée ; déjà brillent la lune et les étoiles ; les herbes fauchées dégagent leur parfum ; le rossignol chante dans le lointain : Marie ne désire pas se reposer ; elle ne désire point prêter l'oreille : sans cesse elle fait bruire sa faux vigoureusement brandie.

Elle continue ainsi du soir au matin et du matin au soir, se nourrissant d'amour et s'abreuvant d'une bienheureuse espérance : le soleil se lève pour la troisième fois, et la besogne est achevée. Là-bas, vous pouvez voir Marie debout et versant des larmes de bonheur :

« Bonjour, Marie ! Eh ! que vois-je ? Comme tes mains ont été actives ! Déjà ma prairie est fauchée ! Je veux, en récompense, te payer richement. Quant au mariage... tu as pris trop légèrement au sérieux ma plaisanterie, je le vois : un cœur qui aime est toujours dupe de sa folie ! »

Il dit et s'en va ; mais la pauvre Marie sent son cœur se glacer, et ses genoux tremblants se dérobent sous elle. Sa voix se perd ; le sentiment et la raison s'évanouissent : c'est ainsi qu'on la retrouve, la faucheuse, là-bas au milieu des herbes.

C'est ainsi qu'elle vécut encore bien des années, muette et comme morte : un peu de miel, voilà son unique nourriture. Ah ! préparez-lui une tombe dans le pré le plus fleuri : jamais, non jamais il n'y eut une faucheuse aussi aimante !

Presque toutes les poésies lyriques d'Uhland sont populaires et méritent de l'être ; on en connaît un grand nombre même en France, grâce aux traductions qui en parurent dès l'origine dans les revues et dans les livres des critiques. Il a traité tous les genres : le chant patriotique, où son enthousiasme pour l'indépendance nationale ne l'empêche pas de gémir sur les horreurs de la guerre ; le chant politique, où il s'élève souvent très-haut, lorsqu'il fait entendre la voix de la sagesse et du devoir aux princes oublieux des droits du peuple ; la chanson à boire, qu'il orne des tableaux les plus variés et à laquelle il sait donner un caractère d'élévation morale tout à fait inaccoutumé; la chanson d'amour, où il mérite d'être appelé le dernier des trouvères souabes ou des minnesinger, et qui se distingue chez lui par une sensibilité douce et contenue, par un humour piquant, l'innocente ironie jointe à une mélancolie de bon aloi; enfin le chant narratif, d'un caractère plus épique, la ballade et la rapsodie, remarquables chez lui par le sentiment de la nature, par la tournure dramatique du récit, par l'art et la discrétion des contrastes, par l'intervention des grandes idées de sanction divine ou humaine. On voudrait pouvoir citer ici quelques exemples de ces chants si variés : *la Fille de l'orfèvre, le Château au bord de la mer, le Roi aveugle, la Mère et l'Enfant, la Nouvelle Muse, les Trois Chansons, le Gallois, la Malédiction du chanteur, le Chevalier nocturne*, etc. La liste en pourrait être indéfiniment allongée; nous ne pouvons que renvoyer nos lecteurs aux nombreux travaux dont Uhland a été l'objet[1], et nous préférons donner une de ses ballades les plus originales et les plus populaires en Allemagne, qui n'a pas été, que nous sachions, traduite en français jusqu'ici :

Le Bonheur d'Edenhall. — Le jeune seigneur d'Edenhall fait retentir avec éclat les trompettes des jours de fête; il se lève de table, et s'écrie au milieu de la foule serrée des convives : « Que l'on m'apporte maintenant le Bonheur d'Edenhall! »

L'échanson s'afflige en entendant cet ordre : c'est le plus ancien vassal de la famille; il prend, en hésitant, dans le voile de soie qui l'enveloppe, la haute coupe de cristal qui a été surnommée le *Bonheur d'Edenhall*.

Alors le seigneur : « En l'honneur de cette coupe, versez-nous du vin rouge de Portugal! » Les mains tremblent au vieil-

---

1. Notamment Blaze de Bury, *Écrivains modernes de l'Allemagne*; Martin, *Poëtes contemporains de l'Allemagne*; Michiels, *Études sur l'Allemagne*; H. Heine, *De l'Allemagne*, etc., etc.

lard pendant qu'il verse; la salle est inondée d'une lumière pourprée, que reflète autour de lui le Bonheur d'Edenhall.

Le seigneur dit en agitant la coupe : « Ce verre de cristal étincelant, une fée l'a donné à mon aïeul près d'une source; elle y a écrit ces mots : « Quand cette coupe se brisera, adieu « alors au bonheur d'Edenhall. »

« Une coupe, tel est le lot que le destin a donné à la joyeuse famille d'Edenhall : nous aimons à boire à pleins traits, et nous aimons à faire retentir des sons éclatants : heurtez vos verres au Bonheur d'Edenhall! »

Le son que rend la coupe est d'abord doux, profond et plein, semblable au chant du rossignol; puis on dirait le bruit sonore du torrent dans la forêt; enfin on entend comme des roulements de tonnerre sortir de l'admirable Bonheur d'Edenhall.

« C'est une hardie famille, celle qui prend pour talisman un fragile cristal; il a duré déjà plus que de raison : heurtez fort! Ce vigoureux choc me permettra d'essayer le Bonheur d'Edenhall. »

Et soudain, lorsque la coupe se brise en gémissant, les voûtes s'écroulent avec un bruit terrible, et des flammes s'élancent à travers les crevasses du château; tous les convives sont frappés à mort au moment où s'est brisé le Bonheur d'Edenhall.

L'ennemi fait irruption, portant le fer et la flamme : il a escaladé les murs pendant la nuit; le jeune seigneur tombe sous les coups du glaive, et tient encore à la main le cristal, les restes brisés du Bonheur d'Edenhall.

Et, le matin, l'échanson, le vieil échanson erre seul parmi les ruines du château : il cherche les ossements brûlés de son maître; il cherche, au milieu de ces cruels décombres, les éclats du Bonheur d'Edenhall.

« Les murs de pierre, s'écrie-t-il, tombent en ruines, et les hautes colonnes doivent s'écrouler : le bonheur et l'orgueil de la terre ne sont que verre, et le globe lui-même sera un jour brisé en mille pièces comme le Bonheur d'Edenhall. »

Uhland procède à la fois de Gœthe et du romantisme : il a pris au premier son goût pour la simplicité classique et son culte pour la forme antique; au second, son admiration pour le moyen âge; mais, au lieu que les romantiques cherchent à faire revivre le moyen âge et sa poésie tout d'une pièce pour ainsi dire, Uhland tâche surtout de s'en inspirer et de l'approprier au temps présent. Il ne l'a pas *modernisé*, mais il en a retranché tout ce qui n'était que passager et accidentel, pour garder ce qui était humain ou allemand, dans le fond comme dans la forme. Aussi a-t-il réussi à réconcilier le public avec le moyen âge, tandis que ses premiers maîtres arrivaient à rendre cette époque ridicule ou odieuse. C'est sans doute pour ce motif qu'Uhland n'est devenu réellement populaire qu'après la chute du romantisme : il fallait que le goût public fît d'abord un notable progrès et reçût une nouvelle éducation[1].

Dans le drame, il a eu le mérite, également, de représenter le moyen âge vrai, sans l'embellir ou le défigurer comme les romantiques : son *Duc Ernest de Souabe* (1818) et son *Louis de Bavière* (1819) sont bien au-dessus de tout ce qui a été écrit en ce genre depuis le commencement du siècle; mais il faut bien reconnaître aussi que ses drames, en général, ne sont guère que des romances dramatisées auxquelles manquent et la vigueur des situations et l'énergie des caractères : et dans les deux pièces, notamment, que nous venons de signaler, les peintures sont trop souvent froides, et l'action insuffisante.

Les poètes de la Jeune Allemagne ont longtemps honoré et loué Uhland comme un de leurs chefs ou de leurs précurseurs; les romantiques l'avaient prôné et encouragé à ses débuts; mais peu à peu les uns et les autres se détachèrent de lui et le critiquèrent parfois avec assez de vivacité : Henri Heine, par exemple, et Wienbarg ont porté sur lui des jugements peu bienveil-

---

1. A partir de 1833, ses poésies ont une et parfois deux éditions par an; auparavant, elles n'en avaient guère qu'une tous les cinq ou six ans.

lants en somme. Gutzkow, moins sévère, lui reproche cependant « d'être un vrai Souabe, de n'avoir jamais que des sentiments naïfs et enfantins, et de voir toujours la nature en fête. » C'est un reproche que l'on peut accepter pour Uhland, malgré ce qu'il a d'exagéré : ce sera peut-être encore une des meilleures manières de l'apprécier et de le louer.

Autour de lui se groupent toute une pléiade de poètes, Souabes comme lui, et qui l'ont pris pour modèle : nous n'en détacherons que les quatre ou cinq noms les plus marquants : *Gustave* SCHWAB (1792-1850), qui a été son émule souvent heureux pour le *Lied*, qui fut prédicateur à Stuttgart, publia en 1820 les poésies de Paul Fleming (XVIIe siècle), puis les siennes, divers ouvrages en prose, des relations de voyages, fut lié avec Chamisso et avec Lenau, et jouit pendant longtemps d'une gloire presque égale à celle de son chef d'école ; — *Justin* KERNER (1786-1862), médecin et poète, dont les *Lieder* sont souvent excellents[1], mais qui, en prose, n'a écrit que des ouvrages entachés de mysticisme et même de somnambulisme (*Vie de la visionnaire de Prevorst* ; *Ombres* ou *Esquisses de voyage* ; etc.) ; — *Édouard* MOERIKE (né en 1804), qui se rattacha d'abord à Gœthe, se préoccupant peu de politique et de religion, mais plutôt de l'analyse des sentiments individuels et des situations sociales, puis se tourna vers le romantisme (*le Peintre Nolten*, 1832), et finit par chanter dans ses poésies lyriques (1838) les divinités des eaux et les peines d'amour des jeunes filles ; — *Wilhelm* MÜLLER (1794-1827), qui aurait pu devenir un poète éminent s'il avait vécu plus longtemps, populaire dès l'origine, plein d'inspirations heureuses, et dont les *Chants grecs* (1821-25) eurent un légitime succès au moment de l'émancipation de la Grèce[2] ; — enfin WAIBLINGER (1804-1830), mort

---

1. Ses premières poésies parurent en 1819.
2. Une édition complète de ses poésies parut une douzaine d'années après sa mort, en 1837.

également à la fleur de l'âge, qui, dans sa première œuvre de jeunesse, *Phaéton*, imita l'*Hypérion* d'Hœlderlin, et dont les autres poésies, publiées après sa mort, sont pleines de sensibilité, mais dénuées de correction et d'élégance.

SECTION IV. — *École autrichienne*. — L'Allemagne du Sud vit fleurir encore, dans un milieu différent, toute une génération de poètes qui n'appartiennent qu'à demi au romantisme, et que l'on appelle *autrichiens* du nom de la contrée qui les a vus naître. L'un des premiers en date est ZEDLITZ (1790-1862), qui représente plus spécialement le côté naïf et rêveur de cette école. Ses essais dramatiques (1819-1833) ne manquent pas de talent, mais ne peuvent lui assigner un rang distingué au théâtre ; comme poète lyrique, il conquit une place brillante, dès le début, par ses *Couronnes funéraires* (1827) et ses *Poésies* (1832), où se trouve la célèbre *Revue nocturne*. Dans la suite, il abonda dans le sens romantique avec ses *Contes*, sa traduction de Byron, et sa *Waldfræulein* (1843) ; poète patriote, mais avant tout autrichien, il publia (en 1849-50) un recueil de chants militaires intitulé *le Livre du soldat*[1].

Une popularité autrement grande s'attacha de bonne heure au pseudonyme *Anastasius* GRÜN, sous lequel se cachait un autre noble personnage, *le comte d'*AUERSPERG (1806-1876), poète d'un mérite réel, et en qui se personnifient surtout les tendances libérales de l'école autrichienne. Ses premières poésies lyriques sont de 1830 ; puis il donna successivement les *Promenades d'un poète viennois*, les *Décombres* ou *les Ruines* (1835), les *Feuilles d'amour*, le *Dernier Chevalier*, divers poèmes lyriques ou didactiques, puis des poèmes satiriques comme les *Nibelungen en frac* (1843) et le *Curé de Kalemberg* (1850) ; enfin son *Robin Hood*

---

1. Il fut ministre des affaires étrangères en 1837 et dans les années suivantes.

(1864), série de ballades sur de vieilles chansons nationales de l'Angleterre.

Ses poésies lyriques se distinguent par un vif sentiment de la nature et par une naïve et gracieuse délicatesse. On lui a reproché quelquefois d'abuser des images; mais c'est là un défaut plus aimable que répréhensible chez un poète. Parmi ses meilleures pièces, nous en citerons deux, l'une pour la sobriété avec laquelle il sait indiquer une idée touchante, et l'autre pour le rapprochement qu'elle ne manquera pas de provoquer avec une pièce analogue d'Alfred de Musset.

La feuille dans le livre. — J'ai une vieille tante qui possède un vieux petit livre; dans ce vieux livre est une vieille feuille desséchée.

Ainsi doivent être séchées, assurément, les mains qui, jadis, au printemps, lui ont cueilli cette feuille.

Mais que peut donc éprouver ma vieille tante? Elle pleure toutes les fois qu'elle la regarde!

Le fidèle compagnon. — J'avais autrefois un fidèle camarade: partout où j'étais il se trouvait aussi; quand je restais chez moi, il ne sortait pas non plus; et quand je sortais, il ne restait jamais à la maison.

Il buvait dans le même verre que moi; il dormait dans la même couche; nos vêtements étaient taillés sur le même patron; je l'emmenais même avec moi auprès de ma belle.

Et dernièrement, lorsque je me sentis attiré vers les montagnes, que je pris la besace et le bâton, mon fidèle camarade me dit aussitôt : « Avec plaisir, ami, je vous accompagnerai. »

Nous passons en silence la porte de la ville; les arbres poussent frais et joyeux autour de nous; l'air nous apporte ses chauds baisers : alors mon ami secoue la tête et paraît contrarié.

Dans le ciel gazouille un chœur d'alouettes : mon ami se bouche les oreilles; les buissons de roses nous envoient de doux parfums : il semble se trouver mal et devient pâle comme la mort.

Et quand nous gravimes la montagne, le pauvre homme

perdit la respiration ; je m'élançais en avant, le regard enflammé ; lui restait loin derrière moi, suffoquant et râlant.

Pour moi, je me trouvai bientôt seul, debout et chantant victoire, au sommet de la montagne, inondé de soleil ; tout autour, des abîmes de verdure et le parfum des fleurs, et les alouettes qui tourbillonnent, et l'air pur de la montagne !

Et quand je redescendis dans le vallon, je heurtai tout à coup un cadavre : hélas, c'est bien lui ! Il est là, mort, celui qui, jadis, était mon plus fidèle compagnon !

Je fis creuser alors une tombe profonde, et j'y descendis doucement cette dépouille mortelle ; je plaçai dessus une pierre funéraire, et j'y gravai ces mots en guise d'épitaphe :

« C'est ici que repose mon plus fidèle camarade, nommé le sieur Hypocondre ; il est mort de l'air frais de la montagne, du chant de l'alouette et du parfum des roses.

« Je lui souhaite tout le bonheur qu'il voudra ; puisse-t-il avoir en partage le repos éternel ! Mais que le bon Dieu me garde de le revoir jamais et d'assister à sa joyeuse résurrection[1] ! »

Le rôle politique de Grün, ou plutôt du comte d'Auersperg, a été fort diversement jugé : libéral dès l'origine, et rallié à l'opposition qui se forma vers 1830 contre Metternich, il sembla un instant vouloir se réconcilier avec le pouvoir en acceptant après son mariage (1839) une place de chambellan à la cour de Vienne : un des chefs de la Jeune Allemagne, Herwegh, le malmena cruellement à cette occasion et le traita de renégat. C'est pour répondre à ces insultes que Grün composa son poème satirique des *Nibelungen en frac*. Nommé en 1848 membre du Parlement de Francfort, il y joua un rôle assez effacé, tout en

---

[1]. Comparer la *Nuit de Décembre*, d'Alfred de Musset, qui est de 1835 ; la pièce de Grün est probablement de 1837, mais il n'est pas à supposer que le poète autrichien ait connu les vers du poète français. — Comme sentiment de la nature, on peut comparer aussi la pièce de Grün à une lettre de Lenau, que nous citons plus loin, p. 262.

restant fidèle aux principes libéraux. Dans la suite, il devint membre de la Chambre des seigneurs, puis conseiller intime de l'empire (1863) et enfin (1868) président de la Délégation cisleithane. Pendant ces dernières années, il resta toujours à la tête du parti libéral constitutionnel, et l'on peut dire qu'il n'a jamais, en somme, trahi la cause dont il avait accepté la défense dans ses premières poésies.

Son émule souvent heureux, LENAU, s'appelait de ses vrais noms *Nicolas Niembsch de* STREHLENAU (1802-1850), et eut une existence moins calme, mais aussi plus courte que celle de Grün. Il naquit en Hongrie, près de Temeswar, où son père était fonctionnaire : après la mort prématurée de celui-ci, l'enfant concentra toute son affection sur sa mère. Ame tendre et religieuse, il était heureux, dans son jeune âge, de recourir souvent à la prière et aux pratiques du culte. Il commence son éducation classique à Tokay et l'achève à Vienne, où il étudie le droit, puis la médecine. La mort de sa mère, en 1829, augmente sa mélancolie naturelle ; il avait aussi, vers cette époque, perdu la foi de son enfance, et n'avait pas l'âme assez forte pour se conquérir une croyance. Tourmenté par le doute et par l'ennui, il se met à voyager en Allemagne, et se lie avec les meilleurs poètes de l'école souabe[1]. Mais la poésie, à laquelle il s'adonne dès lors, ne peut le satisfaire entièrement : il est saisi d'un violent désir de voir de nouvelles contrées ; il se sent attiré par les forêts vierges et les autres merveilles de l'Amérique, s'embarque pour le Nouveau-Monde en 1832, et compte s'y établir à demeure ; il achète des propriétés dans les États-Unis, traverse à cheval de vastes régions en relisant les

---

1. Il s'était rendu à Heidelberg pour terminer ses études de médecine : de cette ville, il allait souvent à Stuttgart pour converser avec Uhland, Schwab, J. Kerner, Ch. Mayer, et combattre ainsi la mélancolie qui l'assiégeait sans relâche.

poésies d'Uhland, mais se fatigue bientôt de ce pays, où il ne peut pas entendre le chant du rossignol, et retourne en Allemagne, plus mélancolique et plus désillusionné que jamais.

En rentrant, il trouve sa réputation faite par les poésies qu'il avait publiées avant de partir; mais la gloire ni l'amitié ne peuvent égayer son existence. Un instant, à Vienne, il éprouva une violente passion pour la femme d'un de ses meilleurs amis; il s'enfuit pour y échapper, se retire quelque temps en Souabe, où il retrouve ses poètes chéris, puis trouve enfin sur sa route une jeune fille aimante et digne de son amour avec laquelle il espérait fixer le bonheur, lorsqu'il subit tout à coup, en 1844, les premières atteintes de la folie, à laquelle il succomba six ans après.

Ses principaux ouvrages sont ses *Poésies*, publiées à Stuttgart en 1832; ses *Nouvelles Poésies* (Stuttgart, 1833); les drames de *Faust* (1835), de *Savonarole* (1837), des *Albigeois*, (1842), de *Don Juan*; un *Almanach du Printemps*, et des articles parus dans diverses revues. La mélancolie est sa qualité dominante; on pourrait le comparer sous ce rapport à Hœlty, mais il n'a pas toujours senti la nature aussi vivement que lui, bien que ses premières poésies offrent parfois d'excellentes peintures. Son second recueil est déparé par quelques pièces de polémique, dirigées contre ses détracteurs. Ses tendances libérales lui valurent à un certain moment un public de lecteurs plus nombreux que celui des autres lyriques allemands; mais il a plutôt soupiré pour la liberté dans des élégies qu'il ne l'a chantée dans des odes vigoureuses et inspirées. Il aime et recherche l'harmonie; aussi beaucoup de ses poésies ont-elles été mises en musique[1].

---

1. Il aimait avec passion le violon et s'enfermait volontiers de longues heures avec son instrument favori, ses livres et ses rêves; mais il aimait aussi le tabac, et l'abus qu'il en fit dut contribuer à affaiblir ses facultés.

Ses poèmes de longue haleine sont en général des chants de désespoir ou de révolte, où il est parfois grandiose et éloquent; mais ce qui manque à son *Faust*, à *Savonarole* et même aux *Albigeois*, c'est la vigueur dramatique, l'action et, en somme, l'intérêt. On y trouve trop de discours, et le rôle de son Savonarole, par exemple, se borne à prêcher et à souffrir.

Nous avons dit qu'il n'a pas toujours senti la nature assez vivement dans ses poésies : cela tient peut-être aux préoccupations religieuses et philosophiques qui le tourmentaient lorsqu'il écrivait ses vers. Mais il avait une âme impressionnable et ouverte aux pures jouissances de la vie; il suffit, pour s'en convaincre, de lire ce fragment d'une lettre qu'il écrivait à un de ses amis lors de son premier voyage dans les montagnes du Tyrol :

« Avant-hier, 3 juillet 1831, j'ai fait l'ascension du Trauenstein. A six heures du matin, je me mis en route et passai environ cinq quarts d'heure sur l'eau, depuis Gmunden jusqu'à la montée de Lanau. Mes compagnons étaient Hansgirgl et sa sœur Nani : lui, un rude chasseur de chamois; elle, une jolie fille aux yeux bleus. Déjà, au pied de la montagne, j'ai été saisi d'une sorte d'ivresse joyeuse; je pris les devants et grimpai le sentier avec tant de hâte que le chasseur me dit, une fois arrivé en haut : « Voilà qui est « bien, et, puisque vous avez si bien marché jusqu'ici, vous « grimperez comme un chien au haut du Trauenstein! » Et la chose se fit à merveille : en trois heures, nous fûmes au sommet. Quelle vue! d'immenses précipices dans le voisinage, une chaîne gigantesque de montagnes dans le lointain, et des plaines sans fin. Ce fut une des plus belles journées de ma vie; à chaque pas croissait ma joie avec mon ardeur : j'étais pris d'enthousiasme. Tout en haut, je me plaçai à l'extrême bord d'un précipice perpendiculaire : Nani poussait des cris, mais mon chasseur était dans l'allégresse : « Voilà « du courage! disait-il; aucun des messieurs de la ville ne « s'est encore mis là! » Quelle joie de regarder sans sourciller dans les épouvantements d'un gouffre insondable, de voir la mort s'élever et étendre la main jusqu'à vos pieds, de rester debout et de contempler face à face cette nature horriblement sublime, jusqu'à ce que son visage s'éclaircisse enfin, se réjouisse en quelque sorte de l'invincibilité de l'esprit humain, jusqu'à ce que l'horrible devienne beau[1]! »

A côté de ces deux illustres représentants de l'école autrichienne, mais bien au-dessous d'eux, il faut nommer quelques autres poètes, qui sont doués d'un talent peu ordinaire, mais chez qui la préoccupation politique nuit assez souvent à la poésie. *Charles* BECK (né en 1817) débuta en 1838 par un recueil de poésies intitulé *Nuits;* il donna dans la suite divers poèmes, des nouvelles en vers, etc., et publia en 1844 une première édition de ses *Poésies complètes.* Les *Nuits,* appelées aussi, en sous-titre, *Chants cuirassés,* sont animées d'un vigoureux souffle d'indépendance, ainsi que les poésies d'actualité qu'il écrivit de 1848 à 1852; mais on y regrette trop souvent l'absence de naturel et d'imagination[2].

Maurice HARTMANN[3] (1821-1872) se fit remarquer dès ses débuts par ses poésies lyriques intitulées *la Coupe et le Glaive* (1845), et, depuis, par de nombreuses productions, entre autres une épopée idyllique d'*Adam et Ève* (1851). A partir de 1868, il entra dans le journalisme à Vienne, et se montra toujours hostile à la Prusse et au nouvel empire d'Allemagne, contre lequel il a écrit de très-beaux vers.

1. Voir la *Revue germanique,* 2ᵉ vol. — Consulter aussi, pour Grün, Lenau et autres, *la Jeune Allemagne,* de Saint-René Taillandier.
2. Son dernier recueil de poésies est de 1869.
3. Il y a eu, dans la littérature contemporaine, deux autres Hartmann, presque aussi connus que lui : l'un, Alfred, romancier suisse fort estimé; l'autre, E. von Hartmann, philosophe, qui a publié en 1869 un grand ouvrage où il cherche à concilier Hegel et Schopenhauer.

Enfin, *Alfred* MEISSNER (né en 1822), poète, romancier et dramaturge, qui, pour les coryphées de la Jeune Allemagne, a été l'un des régénérateurs du théâtre allemand. Ses premières poésies, ardentes de patriotisme et d'amour de la liberté, parurent en 1845 ; il s'y inspirait de Byron et de George Sand, et quelques-unes, par leur mélancolie, rappellent celles de Lenau. C'est encore à ce poète qu'il ressemble dans son grand poème de *Ziska* (1846), où il chante un hymne en l'honneur de la révolte contre le catholicisme. Il vint à Paris en 1848, et y écrivit des *Études révolutionnaires* qui firent grand bruit en Allemagne. A partir de 1851, où il écrit son drame biblique d'*Uri*, Meissner s'adonne tout spécialement au drame et au roman, et ces dernières années ont été signalées par de nouvelles productions et de nouveaux succès de l'infatigable poète.

SECTION V. — *La Jeune Allemagne.* — On désigne généralement sous ce nom l'école poétique qui a fleuri en Allemagne de 1830 à 1850, et dont le caractère principal est, avec un goût prononcé pour les réformes littéraires tentées par le romantisme, une généreuse ardeur à réveiller et à défendre les libertés publiques, à combattre pour l'émancipation de l'humanité en matière politique et religieuse. L'introduction de la religion et de la politique dans la littérature n'est pas assurément le fait de cette école seule, car on a déjà vu, dans ce qui précède, combien ces questions avaient passionné certains poètes de l'école souabe et de l'école autrichienne ; mais les auteurs de la Jeune Allemagne en ont fait leur programme : ils ont eu entre eux ce lien commun de la défense d'une même cause et des persécutions subies pour elle ; ils ont réellement formé un groupe compact, et doivent être étudiés à part. D'autres écrivains, dont nous parlerons plus loin à propos du drame et du roman, auraient pu figurer dans cette liste : nous n'y avons admis que ceux qui ont été réellement les promoteurs et les plus ardents champions de l'école[1].

C'est Henri Heine, Bœrne, Bettina, que l'on considère habituellement comme les chefs de la Jeune Allemagne ; au-dessous d'eux se rangent, comme ses théoriciens et ses poètes les plus autorisés, Wienbarg, Gutzkow, Herwegh, Laube, Prutz, Dingelstedt, Hoffmann von Fallersleben et Freiligrath. D'autres, comme Gottschall, Kühne, Willkomm, etc., figureront soit dans le paragraphe suivant comme romanciers et dramaturges, soit à la fin de celui-ci, parmi les poètes à tendances moins accentuées.

Henri HEINE (1799-1856) est presque aussi populaire en France qu'en Allemagne ; une grande partie de ses ouvrages, écrits en français, et dans un français presque toujours piquant et correct, échappe à notre appréciation. Né de parents juifs, à Dusseldorf, il reçut une bonne éducation dans sa ville natale, fut envoyé à Hambourg, chez son oncle, pour y apprendre le commerce, se dégoûta bientôt de cette carrière, et obtint la permission de faire son droit, d'abord à Bonn, puis à Berlin, et enfin à Gœttingue, où il fut reçu docteur en 1825, après avoir embrassé le christianisme[2]. Il vécut ensuite à Hambourg, à Berlin, à Munich, fit de longs voyages en Europe, et se rendit, en 1831, à Paris, où il séjourna presque sans cesse

---

[1]. On nous pardonnera de glisser assez rapidement sur la biographie et sur l'appréciation de tous ces auteurs. La plupart ne sont pas encore au bout de leur carrière, et, d'ailleurs, ils ont presque tous été l'objet de remarquables études publiées en France depuis vingt ans, soit en volumes (comme celle de M. Saint-René Taillandier), soit dans les revues (*Revue des Deux Mondes, Revue germanique, Revue britannique*, etc.).

[2]. Il se fit luthérien, mais oublia bientôt cette conversion, et flotta toujours, depuis, entre l'irréligion et le catholicisme. Il semble regretter, dans quelques-unes de ses lettres, de ne pas s'être fait catholique.

depuis lors, sauf quelques excursions en Italie et en Allemagne. C'est à Paris qu'il mourut, à la suite d'une longue et douloureuse maladie qui ne lui avait jamais rien ôté de son humeur joyeuse et de sa force d'âme.

Ses premières poésies parurent à Berlin en 1822; puis il donna successivement ses *Tragédies* (1823), ses *Reisebilder* (1826, 1831 et 1833), son *Livre des chants* (1827) et ses *Lettres*. A partir de 1833, il n'écrit presque plus qu'en français[1]. A la suite de la publication de ses *Reisebilder* et de quelques pamphlets, la Diète germanique, en 1835, prit la peine de jeter l'interdit sur ses écrits passés et même à venir; ils n'en eurent que plus de vogue, jusqu'au moment où, les préoccupations politiques devenant plus sérieuses en Allemagne, on se détacha peu à peu d'un auteur qui paraissait trop sceptique et trop léger. Il est hors de doute aussi que les préférences manifestées par Heine en faveur de la France et de la langue française contribuèrent beaucoup à diminuer sa popularité en Allemagne.

Ses essais de jeunesse, *Almansor* et *William Ratcliffe* sont des tragédies écrites dans le goût romantique, un peu à la façon des auteurs fatalistes, que nous avons réservés pour le dernier paragraphe de ce chapitre. L'élément dramatique et romantique domine encore dans beaucoup de ses premières poésies et des *Lieder* de 1829; mais on y voit déjà le poète qui se joue de ses propres sentiments, que le scepticisme envahit tous les jours davantage, et dont l'ironie est la muse favorite. Il y a cependant, il faut le reconnaître, dans ses meilleures pièces, un sentiment profond de la nature, une inspiration vraiment poétique, comme, par exemple, dans *les Deux Enfants*, souvenir naïf et mélancolique qui rappelle *la Bonne Vieille* de Béranger.

A l'origine, il avait adopté le ton emphathique et

---

1. Il donna pourtant encore des *Poésies nouvelles* en 1844, son poème d'*Atta-Troll* l'année suivante et le *Romancero* en 1851.

dithyrambique du romantisme, le sentimentalisme maniéré, le style un peu affecté de ses premiers maîtres : il se corrigea bientôt de ces défauts, et tomba dans l'excès opposé, dans le persiflage et l'ironie continuelle. Le moyen âge, surtout, qu'il avait chanté d'abord, devint l'objet habituel de ses sarcasmes, ainsi que la *teutomanie*, le culte de Hermann et des vieux héros germains, qu'il poursuivit de ses plus fines railleries.

Henri Heine a joué un rôle important comme critique : il a surtout contribué à faire connaître à la France les écrivains de l'Allemagne moderne; et, en Allemagne, il a été des premiers à mettre en honneur le genre de poésie et de littérature qui a eu tant de vogue pendant ces trente dernières années. Bien qu'il eût horreur de tout ce qui ressemble de près ou de loin au pédantisme, il a été en somme l'un des premiers mentors de la Jeune Allemagne, et c'est de lui que relèvent la plupart des auteurs dont nous avons encore à parler. C'est lui encore qui a entraîné cette école sur la pente du scepticisme, où la plupart de ses disciples ont été plus loin que lui; car il n'était guère sceptique qu'à la surface, et cette contradiction perpétuelle entre le poète et le railleur, entre la foi et le sarcasme, a été l'une des marques les plus caractéristiques de sa nature.

Un autre critique, moins brillant, mais peut-être plus hardi que lui, fut *Louis* Bœrne (1786-1837), qui, après avoir été son ami, devint l'un de ses adversaires les plus acharnés[1]. Bœrne, qui se fixa éga-

1. Heine publia, trois ans après la mort de son ancien ami, en 1840, une violente satire intitulée *Mémoire sur Bœrne*. — Celui-ci s'était converti, lui aussi, et avait changé son nom israélite de *Baruch* pour celui de Bœrne. Il se fit connaître d'abord comme publiciste dans sa ville natale, à Francfort sur le Mein. A Paris, il se lia avec Lamennais, et écrivit ses fameuses *Lettres de Paris*, qui lui valurent de si redoutables inimitiés.

lement à Paris après 1830 et y resta jusqu'à sa mort, publia ses œuvres de 1829 à 1831, et, par ses *Feuilles dramaturgiques*, contribua puissamment à accélérer le mouvement d'où est sortie la Jeune Allemagne : il y revendique avant tout les droits de la nature, et bat en brèche tout ce qui est factice et convenu.

Au point de vue politique, ces deux écrivains étaient singulièrement en avance sur le romantisme, et ils entraînèrent d'un coup la littérature dans la voie du progrès et du libéralisme; mais ils n'allèrent pas si loin qu'une femme, célèbre et honorée entre toutes chez les Allemands, *Bettina* von Arnim (née *Brentano*, 1785-1859). Romantique à ses débuts, socialiste dans la suite, mais toujours enthousiaste, Bettina, en 1811, avait épousé le poète Arnim, après avoir eu pour Gœthe déjà vieux une passion vraiment enfantine, immortalisée par la *Correspondance de Gœthe avec une enfant*. Ses premières lettres, adressées à une illuminée, la Günderode, en 1804-1806, sont mystiques et paradoxales. Depuis, elle se passionna pour la Révolution française et pour Mirabeau. Liée avec les frères Grimm, elle encouragea de ses conseils et de son exemple tous ceux qui voulaient retremper la littérature allemande aux sources du patriotisme et de l'archéologie. Son action fut considérable, et, bien que ses œuvres n'aient pas une grande valeur intrinsèque, elle doit compter parmi les écrivains les plus autorisés de la nouvelle école.

Mais Bettina, comme Heine et Bœrne, n'a fait qu'ouvrir la voie dans laquelle s'engagèrent résolument et avec succès des auteurs plus jeunes et souvent plus hardis. Parmi ceux-ci, les principaux sont : Wienbarg (1803-1872), dont les *Campagnes esthétiques*, parues en 1834, donnèrent le mot d'ordre à la Jeune Allemagne, et le firent mettre l'année suivante au ban de l'empire : publiciste, poète et romancier, il n'a pas tenu dans la suite ce que faisait espérer l'éclat de ses débuts; — *Charles* Gutzkow (né en 1811), son compagnon d'infortune et de gloire, emprisonné en 1835 pour son roman sceptique et sensualiste de *Wally*, et qui, depuis lors, a donné de nombreux romans, mêlés de christianisme mystique et de sensualisme saint-simonien (*Maha-Guru, histoire d'un dieu indien; les Chevaliers de l'Esprit*, 1850, etc.), des drames (*Néron, Uriel Acosta*), des comédies (*l'Ecole des Riches, le modèle de Tartuffe*), des *Caractères politiques*, un *Tableau de la littérature allemande au XIXe siècle* (1836), etc; — George HERWEGH (né en 1817), qui publia en 1841 ses *Poésies d'un vivant* : ce fut, à un certain moment le plus fêté des poètes de la Jeune Allemagne; il s'adressait directement au peuple et à la jeunesse, et introduisit nettement la politique dans la littérature, sans avoir recours, comme les autres poètes, au voile de l'allégorie. En 1844, il donna la seconde partie de ses *Poésies*, où, de croyant et de mystique qu'il était, il devient panthéiste et même athée.

Puis viennent *Henri* LAUBE (né en 1806), journaliste, critique, romancier et poète dramatique, persécuté aussi en 1835, puis député, en 1848, au Parlement de Francfort, dont il a écrit l'histoire, et, finalement, directeur du grand théâtre de Vienne : ses romans historiques et ses drames réalistes lui valurent une grande popularité, dont il jouit encore aujourd'hui; — PRUTZ (1816-1872), libéral et patriotique dans ses *Premières poésies* (1841) et dans ses *Poésies nouvelles* (1843 et 1849), auteur de romans d'actualité, et surtout de drames et de comédies, qui fit grand bruit, à ses débuts, par sa comédie aristophanesque des *Couches politiques*, où il met en scène la vraie et la fausse Germania; — DINGELSTEDT (né en 1814), renommé surtout pour ses premières poésies, parues en 1840, sans nom d'auteur, sous le titre de *Chants d'un veilleur cosmopolite*, et qui, depuis, n'a cessé de travailler à l'émancipation politique de l'Allemagne; — HOFFMANN VON FALLERSLEBEN (1798-1874), philologue et poète, dont les *Chansons non politiques* (1840) sont des épigrammes très-finement aiguisées, et qui, depuis, dans ses romances, ses poésies diverses et ses publications de textes populaires, a constamment défendu la cause de la poésie et de la liberté nationales ; — enfin, FREILIGRATH (né en 1810), poète lyrique plein d'éclat, traducteur de Lamartine et de Victor Hugo, et dont les premières poésies (1838) révélaient déjà les tendances socialistes.

En terminant cette nomenclature des principaux écrivains de la Jeune Allemagne, il ne faut pas oublier de nommer un de ses adversaires les plus connus, *Wolfgang* MENZEL (1798-1873), qui dénonça et fit frapper en 1835 les chefs de la nouvelle école. Après avoir été l'un des plus furieux gallophobes de 1813, au point que Bœrne le surnomma *le mangeur de Français*, il se mit au service du despotisme, et s'attira la haine de tout ce qu'il y avait en Allemagne de libéral et d'intelligent. Pourtant son *Histoire de la littérature*, parue en 1828, eut d'abord un certain succès, malgré sa médiocrité. Dans ses *Mémoires sur l'histoire de la littérature moderne* (1836), il semble vouloir se rapprocher de la Jeune Allemagne. Depuis, il a écrit des nouvelles, des romans, des ouvrages de polémique (notamment contre le pape), qui lui ont reconquis une grande partie du public allemand.

SECTION VI. — *Poètes indépendants.* — Pour compléter ce tableau de la poésie allemande au XIXe siècle, nous ne ferons que nommer ici un certain nombre de poètes qui sont restés en dehors de l'école romantique et de la Jeune Allemagne, ou qui ne s'y sont rattachés que d'une façon très-indirecte. Nous procéderons par ordre chronologique, en distinguant seulement les poètes lyriques des poètes épiques.

1º *Poètes lyriques.* — KNEBEL (1744-1834), traducteur de Lucrèce et de Properce, homme de goût, souvent trop délicat sur le choix des mots, s'est proposé d'imiter Pindare, et lui ressemble quelquefois par l'élévation des idées. Il a été lié avec Wieland, et surtout avec Schiller et Gœthe, dont il fut le confident.

Frédéric MULLER (1750-1825), peintre et poète, imitateur de Klopstock et à demi romantique.

Jens BAGGESEN (1764-1826), poète danois et allemand [1] ; qui voyagea beaucoup et résida quelque temps à Paris. Ennemi du romantisme, il dirigea contre lui de nombreuses attaques, surtout dans ses *Epigrammes* et dans son *Almanach poétique de 1810*. Il a écrit des drames médiocres; comme poète lyrique, il imite principalement Voss et Klopstock.

Aug. MAHLMANN (1771-1826), qui a excellé dans le conte sentimental, dans la parodie et surtout dans l'ode inspirée, où il se rattache à Schiller : il s'élève souvent au-dessus des romantiques purs par la hardiesse du mouvement et la sincérité de l'inspiration.

Albert KNAPP (1798-1864), auteur de *Poésies chrétiennes* (1829) et de *Fleurs d'automne* (1859), où l'on trouve une sensibilité vraie avec une couleur religieuse très-prononcée.

KOPISCH (1799-1843), poète lyrique à tendances modernes, éminemment populaire, avait commencé par étudier la poésie populaire des Serbes et des Italiens, et finit par devenir un improvisateur remarquable : il a peu écrit; un premier recueil de ses poésies fut publié en 1836, d'autres en 1838 et les années suivantes.

Fr. de GAUDY (1800-1840), ami de Chamisso, et imitateur de Heine pour le conte et la chanson (*Poésies*, 1833; *Nouvelles Vénitiennes*, 1838). Il a une tournure d'esprit toute française, comme l'est du reste son origine. Né à Francfort, il servit d'abord comme officier dans l'armée prussienne, et fut congédié ensuite à cause de l'indépendance de son caractère.

KINKEL (né en 1815), dont la vie a été fort agitée et qui prit une part active au mouvement de 1848. Il a donné en 1843 des poésies lyriques franchement républicaines et souvent remarquables. Il est moins esti-

---

1. Sur Baggesen, voir ci-dessus l'*Histoire de la littérature danoise*, p. 35.

mable comme poète épique : son plus long poème, *Othon l'Archer* (1846), est un essai peu réussi en somme; depuis, et jusqu'à ces derniers temps, il a donné des légendes en vers, des drames, des poésies lyriques, dont le succès a été divers, et une excellente *Histoire des arts plastiques*.

Geibel (né en 1815), plus connu en Allemagne comme poète lyrique que comme poète dramatique, malgré le succès de ses drames de *Sophonisbe* et des *Nibelungen*. Il a vécu successivement en Prusse et en Bavière, et s'est retiré de nouveau en Prusse depuis la guerre de 1870, qu'il a saluée de ses chants de triomphe. Ses premières poésies (1840) ont une tendance chrétienne très-accentuée; depuis il s'est appliqué surtout à imiter les lyriques grecs et romains.

2° *Poètes épiques et didactiques*. — Haug (1761-1829), auteur de fables, de poésies morales et d'épigrammes souvent remarquables, et qui a imité de préférence les auteurs allemands du xvie et du xviie siècle.

Krug (1776-1843), écrivain fécond mais peu artiste, qui cherche surtout à intéresser par le choix du sujet et des épisodes. Son drame de *Henri l'Oiseleur* (1818) est au-dessous du médiocre; ses poèmes historiques valent mieux, notamment celui de *Scanderbeg*.

Ernest Schulze (1789-1817), qui est de beaucoup supérieur aux précédents. Poète sensuel et mélancolique, frivole et rêveur, il se rattache par quelques côtés à Wieland, et pour d'autres au romantisme; sa diction est mélodieuse et pure, sa pensée généralement noble et généreuse. Il ne fut connu qu'un an avant sa mort, en remportant le prix de narration poétique fondé par Brockhaus : son poème couronné, *la Rose enchantée*, est en somme ce qu'il a fait de mieux. Après sa mort, en 1822, on publia sa grande épopée romantique de *Cécilie*, en vingt chants, qui ne vaut pas sa première œuvre : il n'a pas eu le temps de traiter à fond ni de soigner dans les détails un sujet fort intéressant par lui-même, un des plus émouvants épisodes de la lutte des chrétiens allemands, sous Othon Ier, contre les Danois encore païens.

FROEHLICH (né en Argovie, en 1796, professeur à Aarau depuis 1835), auteur d'élégies, de poésies morales, d'essais épiques peu réussis, où il met en scène les héros de la Réforme en Suisse, et de *fables*, où il fait parler avec beaucoup de sens et de naturel les animaux peints par Ésope.

STRECKFUSS (1799-1844), traducteur rythmique de Dante, du Tasse et de l'Arioste.

Egon EBERT (né à Prague, en 1801), qui pourrait être compté à la rigueur parmi les poètes de l'école autrichienne, et qui a donné des poésies lyriques, des drames et des épopées : c'est par ces dernières surtout qu'il s'est fait un nom (*Wlasta*, poème héroïque national, 1829; *Brettislaw et Jutta*, etc.). Ses premières poésies lyriques sont de 1824; il en a publié d'autres depuis, à diverses époques, et notamment en 1859.

Charles SIMROCK (né en 1802), l'ami de Heine, et l'un de ceux en qui se personnifient le mieux les tendances de la nouvelle génération de poètes épiques qui fleurit en Allemagne depuis un quart de siècle. Il débuta par des poésies politiques en 1830; plus tard il abusa des ballades genre moyen âge. Mais il a beaucoup fait pour restaurer l'ancienne littérature ; il excelle dans la reproduction des légendes (comme celles de *Faust* et des *Livres populaires*, 1839-1854), et dans l'imitation et la traduction littérale des vieux poèmes (*Wieland le forgeron*, 1835; *Légendes du Rhin*, 1850; *Nibelungen; Gudrun*, etc.). Personne, depuis les frères Grimm, n'a rendu des services aussi réels à l'histoire de la langue et de la poésie allemandes; et ses ouvrages ont le mérite, rare chez un Allemand, d'être clairs, pratiques et vivement écrits.

GRUPPE (1804-1875), qui, remarqué dès 1829 pour ses essais épiques et ses poésies lyriques, combattit en 1830 la philosophie de Hegel, écrivit ensuite des romans à tendances démocratiques, comme ceux d'Auerbach, et finit par rédiger, en 1850, avec quelques poètes de Berlin, un *Almanach des Muses* destiné surtout à rendre populaire la nouvelle poésie épique dont il était l'un des principaux représentants. Dans ces dernières années (1865), il a publié une remarquable *Histoire de la littérature allemande des XVIIe, XVIIIe et XIXe siècles.*

GLASSBRENNER (né en 1810), qui a cultivé le roman humoristique, mais est devenu populaire principalement par ses essais épiques, analogues à ceux de Gruppe, et par sa rédaction nouvelle du *Reineke Fuchs* (1844).

Wilhelm JORDAN (né en 1820), qui a suivi la même voie, et, après avoir donné à ses débuts des poésies lyriques philosophiques, s'est tourné vers les épopées du moyen âge. Il a obtenu tout récemment un grand succès avec ses *Nibelungen*, où il a la prétention de corriger le vieux poème national de l'Allemagne. L'art est incontestable dans ce travail, mais on n'y retrouve pas la vigueur et la naïveté de l'original.

§ IV. — *Le drame et le roman au* XIXe *siècle.*

S'il n'est pas toujours facile de classer d'une manière bien nette les nombreux poètes lyriques ou épiques que l'Allemagne a vus surgir depuis un demi-siècle, il n'est guère plus aisé de présenter dans un ordre méthodique et clair les poètes dramatiques et les romanciers, qui ne le cèdent guère aux autres pour le nombre et l'importance. La difficulté est souvent compliquée par ce fait bien naturel, que les mêmes auteurs se sont illustrés par leurs drames et par leurs romans : dans ce cas nous les nommerons une fois seulement, pour la partie de leurs œuvres la plus connue, et nous apprécierons l'autre en même temps, pour ne pas forcer le lecteur à revenir deux fois sur un même nom.

SECTION Ire. — POÈTES DRAMATIQUES. — Deux courants très-distincts se dessinent pendant cette période :

le courant romantique ou demi-romantique, dans lequel rentrent même les poètes qui avaient la prétention d'imiter les classiques; et le courant moderne, où l'on trouve la plupart des écrivains de la Jeune Allemagne, et quelques-uns, notamment, dont il a déjà été question dans le paragraphe précédent.

Chacune de ces deux divisions exige à son tour des subdivisions : dans la première, il y a les poètes patriotes, comme Kleist et Collin; — les poètes fatalistes, comme Werner, Müllner, Houwald, Grillparzer; — les poètes historiques, comme Kind et Œhlenschlæger; — les poètes réalistes, comme Iffland, Kotzebue et Raupach ; — les poètes romantiques purs, comme Immermann, à la suite duquel on doit nommer son implacable adversaire, Platen; — les romantiques modérés, comme Michel Beer et Grabbe. — Dans la seconde sont les poètes tragiques de la nouvelle école : Halm, Hebbel, Ludwig, Gottschall, Heyse, Freytag; — les poètes réalistes : Büchner, Mosen; — les poètes bourgeois : Mme Birch-Pfeiffer, Devrient; — enfin la comédie, avec Blum, Benedix et Hacklænder.

I. THÉATRE ROMANTIQUE. — 1° *Poètes patriotes.* — Henri von KLEIST (1776-1811), moins connu pour ses œuvres que pour sa mort tragique et prématurée, qui ne lui permit pas de mettre la dernière main à ses écrits. Né à Francfort, il était entré au service de la Prusse en 1795, renonça ensuite à l'état militaire pour faire ses études, voyagea pendant plusieurs années en Suisse et à Paris, eut de nombreuses aventures, dissipa entièrement sa fortune, et finit par se suicider, de concert avec une jeune poitrinaire, Mme Vogel, pour laquelle il éprouvait une vive et pure amitié. Ses ouvrages les plus populaires sont sa nouvelle de *Kohlhaas*, ses drames historiques et patriotiques de *Catherine de Heilbronn* (1810) et de la *Bataille de Hermann*, et surtout son excellente comédie de *la Cruche cassée*. Toujours en proie à une sombre inquiétude, surexcitée encore par son ardent patriotisme, manquant de culture intellectuelle et toujours décousu dans sa conduite comme dans ses idées, il acheva de se perdre en se liant, en 1808, avec un des coryphées les plus extravagants du romantisme, Adam Müller, avec lequel il fonda une revue éphémère, nommée *Phébus*. Il est regrettable qu'un aussi beau talent dramatique n'ait pas pu se développer, et qu'il ait été, pendant sa trop courte carrière, entravé par les plus fausses doctrines.

Le poète viennois COLLIN (1772-1811) était, au contraire, plus voisin des classiques : ses chansons patriotiques au moment de la guerre contre la France, et ses ballades, ne lui assignent qu'un rang très-secondaire parmi les poètes lyriques; ses tragédies antiques, romaines ou grecques (*Régulus*, *Polyxène*, etc.), n'avaient d'autre mérite que de stimuler le courage national dans la lutte pour l'indépendance de l'Allemagne.

2° *Poètes fatalistes.* — Zacharie WERNER (1768-1823) a été l'un des écrivains romantiques les plus goûtés de la masse du public. Son existence fut aussi décousue que celle de Kleist, mais il la termina dans un cloître. On a dit qu'il y avait toujours eu de la folie en lui, et qu'il la tenait même de sa mère : Hoffmann, son ami, raconte en effet que la mère de Werner était hallucinée, et que, avant la naissance de son fils, elle se figurait devoir être la mère de Dieu. Déchiré entre des tendances contraires, porté par le romantisme vers le moyen âge et la hiérarchie catholique, il finit par se réfugier dans la religion et prêcha, non sans succès, dans les églises de Vienne.

Ses drames, malgré leur manque d'art, réussirent longtemps à émouvoir le public : c'est d'abord *les Fils de la Vallée* (1803), où il mettait en scène la chute des Templiers; puis *Luther*, où il glorifiait le réformateur de l'Allemagne, quitte à refaire ensuite son drame dans un sens absolument opposé, lorsqu'il eut embrassé la religion catholique; *la Croix sur la Baltique*, *Attila*, *la Mère des Macchabées*, œuvres bizarres et excentriques; enfin, son chef-d'œuvre, le

24 Février, qui est le type du drame fataliste moderne. Cette œuvre, avec tous ses défauts, est supérieure comme conception et comme exécution aux nombreuses imitations qui en ont été faites depuis. Malgré l'absurdité de la donnée, l'action est attachante, et l'auteur arrive même dans certains passages à la véritable beauté dramatique. On regrette, comme pour Kleist, que l'éducation et la réflexion n'aient pas mûri et dirigé ce prodigieux talent.

Après Werner, on ne peut guère que citer pour mémoire ses imitateurs : MÜLLNER (1774-1829), dont *la Faute ou l'Expiation* renferme quelques scènes dramatiques; — HOUWALD (1778-1845), dont *l'Image et le Phare* marquent déjà la décadence et la fin du drame fataliste; — et GRILLPARZER (1791-1872), poète lyrique à l'occasion, et qui, dans *l'Aïeule*, a réussi à s'approprier quelques-unes des beautés dramatiques de Werner.

3° *Poètes historiques*. — Frédéric KIND (1768-1843), auteur de contes, de romans, de poésies lyriques destinées aux albums, et de drames historiques, est surtout connu pour avoir écrit le livret du *Freyschütz* ou *Robin des Bois*, dont Weber fit la musique.

ŒHLENSCHLÆGER (1779-1850), poète à la fois allemand et danois, a joui longtemps d'une grande réputation en Allemagne et même en France, où la plupart de ses drames ont été traduits (*Aladin*, 1810; *Axel et Wælburg*; *Correggio* ou *la Mort du Corrège*, *1817*)[1].

4° *Poètes réalistes*. — IFFLAND (1759-1814) a été acteur en même temps qu'écrivain, et, comme tel, a visé surtout aux effets de scène, aux coups de théâtre capables d'impressionner vivement le public sans lui laisser d'émotion durable. Il avait commencé par tra-

---

[1]. On a vu plus haut (*Histoire de la littérature danoise*, p. 35) qu'Œhlenschlœger avait lui-même traduit ses œuvres en allemand, et c'est à ce titre que nous le faisons figurer ici parmi les poètes dramatiques de l'Allemagne.

duire des pièces de Picard et de Goldoni. Dans ses drames originaux (*le Criminel par ambition, les Chasseurs*, etc.), il n'a d'autre mérite que d'être irréprochablement moral; mais il n'a pas de plan, ses situations sont banales, et ses caractères dessinés d'après le réalisme le plus commun.

Kotzebue (1761-1819) n'est pas moins célèbre par sa prodigieuse fécondité que par sa fin tragique. Né à Weimar, il avait ressenti de bonne heure le goût le plus vif pour la poésie et pour le théâtre : il se rendit en Russie, où il dirigea quelque temps le théâtre allemand de Saint-Pétersbourg; puis à Vienne, où il devint, en 1797, directeur et poète du théâtre de la cour. Peu satisfait de son séjour en Autriche, il retourne en Russie, où il fut comblé de faveurs et passa presque tout son temps, sauf celui qu'il employait à faire quelques voyages en Allemagne. C'est pendant ces voyages qu'il rédigeait, moyennant un fort salaire du czar, ses rapports sur le mouvement des idées en Allemagne et en France, rapports qui achevèrent de le rendre méprisable et odieux à toute la jeunesse allemande. On l'accusait déjà de corrompre les mœurs par son théâtre; on vit encore en lui un espion du despotisme étranger, et, pendant qu'il s'arrêtait à Mannheim pour se mieux renseigner sur l'état des esprits, il fut assassiné par un étudiant fanatique, Charles Sand, qui, en montant sur l'échafaud, fut considéré comme un martyr de la liberté.

Kotzebue a toujours été très-sévèrement jugé en Allemagne, et comme homme, et comme poète. Il est vrai que son caractère dominant, qu'on retrouve dans ses œuvres comme dans sa vie, a été la vanité, la suffisance, le désir de briller par tous les moyens possibles, et en même temps l'habitude de ne pas s'arrêter aux scrupules de la conscience pour tout ce qui était de la probité politique ou littéraire. Pour séduire les spectateurs formés par Iffland, il s'attache de préférence au drame bourgeois ; mais il ne le traite pas avec les préoccupations morales de son devancier. Sans prétendre que son théâtre soit dangereux pour les mœurs, on peut cependant affirmer que la morale est trop sacrifiée dans ses drames, surtout dans *Misanthropie et Repentir* (1789), dans *l'Enfant de l'amour*, dans *la Prêtresse du Soleil* (1791), etc. Il cherche généralement à réhabiliter la femme tombée, et l'on voit, par cette tendance, quelle fâcheuse action il pouvait exercer sur le public. Il prétendait, il est vrai, enseigner la vertu et montrer les dangers du vice ; mais ce n'est point par quelques lieux communs de morale qu'un auteur peut détruire l'effet général, l'impression laissée par son œuvre, et cette impression est presque toujours mauvaise chez Kotzebue.

Au point de vue littéraire, le réalisme commun de son théâtre a pu séduire la foule pendant quelque temps ; mais il a beaucoup contribué, dans la suite, à rejeter le public et les poètes vers l'idéalisme romantique. Les effets dramatiques, chez lui, sont purement extérieurs, et le plan est encore plus défectueux que chez Iffland.

Kotzebue a écrit aussi des comédies qui ne sont généralement que des satires et des pamphlets ; il y attaque et y dénigre presque tous les hommes célèbres, Kant, Fichte, Gœthe. C'est surtout contre les romantiques qu'il dirige ses plaisanteries ; mais il le fait sans esprit et sans raison, de sorte que, dans cette lutte, on est bien obligé de s'intéresser aux Schlegel[1].

Quelque mauvais que soit le théâtre de Kotzebue, il l'est encore moins que celui de RAUPACH (1784-1852) dont il faut pourtant citer le nom parce qu'il a été longtemps poète en titre du théâtre royal de Berlin et que ses drames déclamatoires ont occupé la scène avec le plus grand succès vers 1830.

1. Dès 1798, il avait fondé, sans succès, une Revue opposée à l'*Athénée* des Schlegel. En 1804, l'aîné des deux frères, Auguste-Guillaume, dirigea contre lui de nombreuses épigrammes et une comédie satirique intitulée l'*Apologie de Kotzebue*.

5° *Romantiques purs*. — Un seul écrivain mérite d'être nommé dans ce genre illustré par Tieck : c'est IMMERMANN (1796-1840), auteur dramatique et romancier, mais dont les drames ont eu bien plus de succès que les romans. Il débuta, en 1822, par des pièces où il exagérait l'horrible et le bizarre (*le Val de Roncevaux*, *Périandre*), et continuait en tempérant un peu sa fougue romantique dans *Cardénio et Célinde* (1826), dans *la Tragédie au Tyrol*, dans *l'Empereur Frédéric II*, et dans sa trilogie d'*Alexis*. Mais rien n'égala le succès de *Ghismonda ou les victimes du silence* (1837), drame d'une action peu soutenue, tiré d'une ballade de Bürger.

Ses comédies valent en général mieux que ses drames; plusieurs sont charmantes, comme *le Prince de Syracuse*, *l'Œil de l'amour*, *les Caprices de la comtesse*, *les Travestissements*.

Son principal roman, *les Épigones* (1836), a le tort de rappeler trop souvent le *Wilhelm Meister* de Gœthe, et cette comparaison n'est pas à son avantage. Dans *Münchhausen*, il n'est guère plus original, et se rapproche de la manière de Jean-Paul.

Vers la fin de sa vie, Immermann s'adonna plus particulièrement à la poésie épique; il mourut, jeune encore, au moment où il travaillait à ses *Romances de Tristan et Yseult*. Il subissait alors, plus que jamais, l'influence du romantisme, non plus seulement des Schlegel et des Tieck, mais surtout des poètes français et anglais, de Victor Hugo, de Lamartine, de Walter Scott et de Bulwer.

Le genre qu'il représente et auquel il a donné, on ne peut le nier, un certain éclat, n'a jamais eu d'adversaire plus convaincu et souvent plus fort que le *comte de* PLATEN (1796-1835) dont le nom, à la suite de ces querelles, se trouvera toujours associé à celui d'Immermann. Disciple de Gœthe, poète lui-même, et poète lyrique assez populaire, bien que ses poésies, inspirées surtout de l'Orient, soient parfois un peu savantes, Platen consacra la plus grande partie de sa courte existence à combattre le romantisme, et notamment les dramaturges fatalistes, parmi lesquels il rangeait Immermann. Il les attaqua d'abord dans sa *Pantoufle de verre* (1823), puis dans sa *Fourchette fatale* (1826) et dans son *Œdipe romantique* (1828), dirigé spécialement contre le drame de *Cardénio et Célinde*. Immermann riposta par des *Xénies*, qui n'ont que le nom de commun avec celles de Schiller et de Gœthe, et par son petit poème satirique de *Tulifante* (*Tulifantchen*). Une redoutable coalition se forma contre Platen, dont la mémoire a été, depuis lors, aussi cruellement qu'injustement maltraitée par H. Heine et d'autres avocats du romantisme.

6° *Romantiques modérés*. — Nous désignons ainsi deux poètes morts à la fleur de l'âge, et qui tous deux auraient pu arriver, s'ils avaient vécu davantage, à doter la scène allemande de véritables chefs-d'œuvre; ce qu'ils ont produit pendant leur trop rapide carrière autorise à croire qu'ils se seraient tenus à égale distance du romantisme intempérant de leurs premiers maîtres et du rigorisme classique ou du prosaïsme commun de leurs adversaires.

L'un est *Michel* BEER (1800-1833), le frère du compositeur Meyerbeer : il obtint, à vingt-trois ans, un immense succès avec son drame du *Paria*, et, après sa mort, un succès non moins grand, mais plus justifié, avec son drame historique de *Struensee*, qui a été traduit en français. Sa correspondance avec Immermann est remplie de faits curieux et de théories littéraires intéressantes.

L'autre, plus apprécié que lui en Allemagne, est GRABBE (1801-1836), qui s'inspira de lord Byron et de Shakspeare, dans son *Don Juan*, dans *Faust* (1829), et dans ses drames historiques de *Frédéric Barberousse*, *Henri VI d'Allemagne*, *Napoléon*, *Annibal* et *la Bataille de Hermann*. Vers la fin de sa vie, il cherchait à rabaisser Gœthe et même Shakspeare, et semblait vouloir se tourner de préférence vers les modèles français : il est probable que l'âge aurait singulièrement mûri ce fécond et remarquable talent.

II. Théatre moderne. — 1° *Poètes tragiques de la nouvelle école.* — Michel Beer et Grabbe marquent déjà la transition entre le romantisme et la nouvelle école : chez eux l'imagination est subordonnée à l'histoire et à l'imitation des grands modèles classiques. Mais cette réforme paraît bien plus encore dans les poètes dont nous allons nous occuper maintenant.

Frédéric Halm (né en 1806), dont le vrai nom est *Munch de* Bellinghausen, appartient, comme poète lyrique, au groupe autrichien ; mais ses poésies (parues en 1850 et en 1867) sont moins remarquables et même moins lyriques que ses drames. Parmi ceux-ci, les plus brillants sont *Griseldis*, qui obtint un grand succès en 1835, et *le Gladiateur de Ravenne* (1857).

Frédéric Hebbel (1817-1863), qu'il ne faut pas confondre avec le poète lyrique Hebel, dont il a été parlé plus haut, se fit un nom dès ses débuts avec sa tragédie de *Judith* (1841), et continua le cours de ses triomphes avec *Marie-Madeleine*, *Hérode et Marianne*, et enfin, en 1862, avec son chef-d'œuvre, *les Nibelungen*. Il a écrit aussi des *Nouvelles* et des *Poésies* inférieures à ses drames, et pour lesquelles on peut le rattacher à l'école autrichienne.

Otto Ludwig (1815-1865), dont les romans ont une tendance réaliste prononcée, est bien plus sobre et plus élevé dans ses drames, qui ont tenu la scène avec honneur à partir de 1850. Son chef-d'œuvre, *les Macchabées*, est de 1854. Parmi ses œuvres posthumes, on distingue surtout ses *Études sur Shakspeare*, où il juge le grand poète anglais avec une originalité de vues parfois excessive.

Rudolphe Gottschall (né en 1823) s'est fait connaître comme l'un des critiques les plus autorisés de la Jeune Allemagne, et rédige encore aujourd'hui une importante revue (*Blætter für literarische Unterhaltung*). Ses poésies lyriques et ses essais épiques (de

1852 à 1864 : *Carlo Zeno, Poésies nouvelles, Maïa*, etc.) ne valent pas ses drames, où il a tiré un merveilleux parti de l'histoire moderne : *Ulrich de Hütten* (1843), *Maximilien Robespierre* (1846), *Lambertine de Méricourt* (1850), enfin, après cette date, son plus grand succès, *Catherine Howard*. Il a écrit aussi de bonnes comédies et une farce satirique fort goûtée de l'autre côté du Rhin, *la Princesse Rübezahl* (1867).

Paul HEYSE (né en 1830), dont les essais épiques ressemblent à ceux de Jordan et de Glassbrenner, et les romans à ceux de Freytag, a commencé, dans le drame, par imiter Shakspeare, comme faisaient tous ses émules (*Françoise de Rimini*, 1850), et, depuis, a cultivé avec succès la tragédie iambique, moitié romantique, moitié classique : ce qu'il a fait de mieux en ce genre est son drame des *Sabines*, couronné au grand concours de Munich en 1857. Fixé dans cette ville dès 1854, Heyse la quitta à la mort du roi Maximilien ; il vit depuis lors dans une retraite honorable, riche, indépendant et respecté comme l'un des plus brillants écrivains de l'Allemagne moderne.

Enfin, *Gustave* FREYTAG (né en 1816), aussi célèbre comme romancier que comme poète dramatique, est, avec le précédent, un de ceux qui passent pour avoir le plus complétement régénéré le théâtre contemporain. Ses romans d'actualité, ses contes, ses nouvelles, dénotent en général une forte tendance réaliste (*Doit et Avoir*, 1855; *le Diable en Allemagne; le Manuscrit perdu*, 1867). Il obtint un succès universel par son livre humoristique intitulé *Esquisses de la vie du peuple allemand* (1859-62), où l'art est à la hauteur de l'observation. Mais sa réputation est principalement fondée sur ses drames, où le réalisme historique est mitigé par une constante imitation des classiques (*Valentine*, 1847 ; *le Comte Waldemar*, 1850; *les Fabius*, 1859). Il a écrit aussi en 1854 une comédie piquante, *les Journalistes*.

2º *Poètes réalistes.* — Nous appelons ainsi ceux qui

cherchent avant tout à reproduire, non plus les faits et les caractères historiques, mais les situations et les actes de la vie réelle et vulgaire de tous les jours. Les poètes réalistes de la nouvelle école sont infiniment supérieurs à ceux de l'ancienne; ce n'est pas dans la prosaïque bourgeoisie qu'ils prennent leurs sujets d'étude, c'est dans l'histoire des grands hommes et des grandes époques contemporaines. Mais on ne peut citer que deux de ces écrivains qui aient fait preuve d'un talent réel dans cette difficile tentative. L'un, *George* BÜCHNER[1] (1813-1837), médecin, mort à la fleur de l'âge, comme Beer et comme Grabbe, appliqua l'anatomie à la tragédie : son œuvre unique, *la Mort de Danton*, remarquable par la sagacité de l'analyse, fut écrite en 1835 et publiée seulement après la mort de l'auteur, par son ami Gutzkow. Poursuivi pour ses opinions républicaines, Büchner avait dû se réfugier en Suisse.

L'autre, *Jules* MOSEN (1803-1867), poète lyrique et philosophique, avait débuté en 1831 par son *Chevalier Wahn*, imité d'une légende italienne; puis vinrent ses *Poésies*, qui sont restées en grande partie populaires; son poème d'*Ahasver* (1838) et d'autres poèmes moins épiques que lyriques; des romans généralement appréciés, et enfin des drames où il y a une exacte connaissance de l'histoire, mais dont l'action est trop souvent froide et dont le lyrisme détruit parfois l'intérêt : le meilleur est *Henri l'Oiseleur* (1836).

3° *Poètes bourgeois*. — Leur préoccupation est de peindre la société soit dans l'histoire, soit autour d'eux; mais ils la peignent surtout d'après ses petits côtés et sous son aspect le plus vulgaire. *Charlotte* BIRCH-PFEIFFER (1800-1868), dont la fécondité égala celle de Kotzebue, occupa longtemps les principales scènes de l'Allemagne avec des drames sans origina-

---

[1]. Ne pas confondre avec *Louis* BÜCHNER, philosophe matérialiste qui appartient au parti militant de la Jeune Allemagne.

lité, mais où il y a un talent réel d'arrangement et de mise en scène.

L'acteur *Ed.* DEVRIENT (né en 1801) a écrit une histoire du théâtre allemand et de l'art du comédien. Ses drames (réunis et publiés par lui en 1846) n'ont aucune originalité, mais sont nettement présentés, intéressants, naturels et parfois touchants. Il a fait jouer aussi quelques comédies, dirigées principalement contre les travers du beau sexe.

COMÉDIE. — On ne doit jamais s'attendre à la voir bien florissante en Allemagne. La plupart des auteurs que nous venons de passer en revue, et quelques-uns de ceux dont nous avons encore à parler, ont fait des comédies qui ont eu parfois un assez grand succès sur les scènes allemandes ; mais bien peu de ces œuvres ont les qualités que nous demandons en France à une bonne comédie.

Parmi les poètes qui se sont spécialement voués à ce genre, trois surtout ont joui d'une grande réputation en Allemagne depuis un demi-siècle : *Ch.* BLUM (1785-1844), qui a traduit ou imité habilement diverses pièces italiennes ou françaises, mais qui est moins heureux dans ses pièces originales ; — BENEDIX (1811-1873), auteur de comédies sentimentales et moralisantes, qui ont réussi sur la scène depuis ses débuts, en 1839, jusqu'à la veille de sa mort : sa dernière œuvre, la *Shakspearomanie* (1873), a été fort attaquée par les critiques ; — enfin HACKLÆNDER (né en 1816, et fixé à Stuttgart depuis 1849), qui a cultivé avec succès le roman bourgeois et surtout le roman humoristique (*la Vie du Soldat ; Nouvelles de Soldats ; le lieutenant Puhlmann*, 1865 ; *le Dernier Bombardier*, 1871, etc.), mais que ses comédies ont rendu bien plus célèbre encore ; quelques-unes méritaient les applaudissements du public, les premières surtout, comme *l'Agent secret* (1851) et *les Cures magnétiques* (1853). Les pièces qu'il a données depuis en assez grand nombre offrent un développement par trop romanesque, et l'auteur n'y creuse pas assez les situations ni les caractères.

Section II. — *Le roman.* — La même abondance de noms que l'on a rencontrée dans l'histoire du théâtre contemporain s'offre à nous pour celle du roman. Ici la division est plus simple et plus facile à faire ; il s'agit seulement de distinguer les genres entre lesquels se répartissent forcément les fictions en prose dans la plupart des littératures : romans de fantaisie, romans de propagande philosophique, politique ou religieuse, romans d'histoire et de géographie, et romans populaires.

1° *Romans de fantaisie.* — Le premier qui, vers la fin du siècle dernier, donna de l'éclat à ce genre, est considéré généralement aussi comme l'un des promoteurs du romantisme pur : c'est l'enthousiaste Wackenroder (1772-1798), l'apôtre du mysticisme dans l'art, l'auteur des *Épanchements du cœur d'un religieux dilettante* (1797)[1]. Sa courte existence fut tout entière consacrée à l'art, mais il ne comprenait que la peinture et la musique, et, dans la peinture même, il ne s'attachait qu'à l'idée, au symbole ; l'idée, pour lui, doit être avant tout religieuse : de là sa prédilection pour les œuvres sorties des couvents, œuvres qui, selon lui, ne peuvent atteindre la perfection que grâce à une sorte d'intervention divine. Son grand ouvrage, dont il n'eut pas le temps de donner la seconde partie, est composé d'une suite de tableaux, de récits et de scènes de la vie des artistes, où l'élément historique a été le plus souvent modifié ou dénaturé par l'auteur.

On peut donc considérer ce roman comme une œuvre de fantaisie au moins autant que de propagande, et, pour la couleur du style ainsi que pour les tendances, nous devons le regarder comme le premier modèle du roman vraiment *romantique.*

Il y a quelque ressemblance entre la manière de Wackenroder et celle des romanciers que nous allons

---

1. Pour l'influence de Wackenroder sur le romantisme, voir plus haut, p. 219.

nommer; il ne faut pourtant pas exagérer ce rapport, comme l'ont fait quelques critiques. Les romans de Richter et de Hoffmann sont avant tout humoristiques et fantastiques, et il est souvent difficile d'en retrouver les germes dans l'œuvre de Wackenroder. Leur principal point de contact avec celle-ci, c'est que, dans tous également, il y a un profond dédain du *réel*, peu d'expérience de la vie, un parfait abandon aux rêveries de l'imagination.

J.-P.-Frédéric RICHTER (1763-1825), que les Allemands appellent simplement JEAN-PAUL, et qu'ils ont quelquefois surnommé *l'Unique*, s'est tenu presque toujours à égale distance des classiques et des romantiques, et semblerait plutôt, à certains égards, se rattacher par avance à la Jeune Allemagne. Il n'aimait pas les romantiques, qu'il traitait d'*esprits féminins*, et pourtant il se sépara bien nettement, dans ses premières œuvres, des maîtres de Weimar, Schiller et Gœthe. Il a influé sur Hoffmann, Lamotte-Fouqué, Immermann; il a exagéré le développement du moi subjectif, recommandé par le romantisme, et accentué plus que d'autres le nihilisme humoristique, et pourtant il a raillé, au nom de la réalité, l'idéalisme de Fichte. C'est bien un esprit original dans toute la force du terme, et il est impossible de le ramener à une école ou à un principe quelconque.

Né dans les montagnes de la Franconie, il passa une enfance triste et malheureuse; ses études furent irrégulières, et il prit de bonne heure l'habitude de faire des extraits de toutes ses lectures, ce qui explique la multiplicité comme la confusion de ses connaissances. Ce fut la pauvreté qui le fit écrire : il débuta par des satires assez faibles, *les Procès groënlandais* (1783) et *les Papiers du Diable* (1789). Devenu précepteur, puis maître d'école, il se tourne vers l'idylle, et écrit la *Vie du maître d'école Wuz*, puis vers le roman d'éducation, et donne successivement *la Loge invisible* (1793) et *Hespérus* (1795).

Ce dernier ouvrage inaugure une nouvelle période

dans sa vie littéraire : jusque-là il s'était essayé dans divers genres, sans s'arrêter à rien de précis ; maintenant il se jette résolument dans le roman de fantaisie, sentimental et humoristique, qui devait faire sa gloire. Il passe quelque temps à Weimar, se trouve peu porté à l'admiration pour les grands hommes qu'il y voit, et se réfugie de plus en plus du réel dans l'idéal. C'est alors qu'il écrit *Quintus Fixlein* et *Siebenkæs* (1796), où l'ironie est la note dominante. *La Vallée de Campan* (1798) a une couleur toute différente : il y expose ses idées sur l'immortalité de l'âme. C'est qu'alors il entre dans une phase nouvelle : après avoir longtemps lutté pour se faire une position, il commence à pouvoir un peu mieux jouir de la vie, et semble n'avoir plus que du bonheur à attendre. Il se marie en 1801 et travaille à un livre de longue haleine, *Titan*, commencé l'année précédente, et qui parut en 1803 ; c'est une imitation du *Wilhelm Meister* de Gœthe, mais on y trouve de l'originalité dans le détail ; il y a surtout le personnage de Roquayrol, création remarquable et type de dépravation vigoureusement tracé.

Une fois qu'il est en possession du bonheur, et qu'il peut vivre tranquillement de la vie de famille, il se tourne vers les études sérieuses et veut répandre par ses ouvrages les idées les plus élevées sur l'art et sur l'éducation ; de 1804 à 1807, il écrit son *Esthétique* et son traité ou roman d'éducation, *Levana*, qui ont été traduits tous deux en français. Mais la vie lui réservait des amertumes à son déclin, comme elle lui avait offert des difficultés à son début : fixé depuis 1804 à Bayreuth, où il était heureux et honoré, il perd son fils unique en 1821 et cherche vainement à se consoler de cette perte en écrivant quelques ouvrages d'une teinte religieuse et mélancolique, comme *Selina*. Il mourut peu de temps après. La ville de Bayreuth lui éleva une statue, et sa gloire, en Allemagne, égala celle de Gœthe.

Le caractère général de son talent, c'est l'incertitude

et le vague ; aucun de ses ouvrages n'est achevé, pas même *Titan*, qu'il considérait comme son chef-d'œuvre. Vers la fin de sa vie, le vague de ses idées est encore augmenté par une sorte de mysticisme auquel il s'abandonne. En politique comme en religion, il est sentimental et décousu ; en philosophie, il est obscur et bizarre. Mais les Allemands l'admirent pour son *humour*, qui n'est assurément pas celui des Anglais ; en France, on aura toujours de la peine à le comprendre, et c'est un des auteurs qui perdent le plus à être traduits.

Il n'en est pas de même de *Théodore-Amédée* HOFFMANN (1776-1822), qui a été longtemps plus populaire en France qu'en Allemagne. Introduit chez nous dès 1823, sous un autre nom, il est vrai, et dans une contrefaçon [1], il fut préconisé en 1829 par Saint-Marc Girardin, et eut dès lors trente ans de succès en France. Son premier traducteur, Loewe-Weymar, adopta pour ses romans le titre de *Contes fantastiques*, que l'auteur n'avait pas appliqué à tous ses ouvrages [2], mais qui les caractérise d'une façon assez exacte. Pendant ce temps, Hoffmann était peu connu et peu estimé en Allemagne, où on lui reprochait d'être trop *réel* : ses romans paraissaient dans des revues, où on les lisait avec assez de plaisir ; puis, quand ils étaient publiés en volumes, ils ne retrouvaient plus la même faveur auprès du public.

Né à Kœnigsberg, d'une famille riche, il avait soigné son instruction et négligé son éducation : il n'avait pas eu sous les yeux, dans sa famille, des exemples fort édifiants, et le souvenir de son père lui fut toujours pénible. Quand sa famille fut ruinée,

1. Un M. Delatouche avait donné en 1823 un roman intitulé *Olivier Brisson*, dont e vra titre (Mlle *de Scudéry*) et le texte primitif furent rétablis en 1830 par Loewe-Weymar.
2. Il avait appelé ainsi son premier ouvrage : les *Morceaux fantastiques* (ou mieux *de fantaisie*) *à la manière de Callot*.

il comprit la nécessité du travail, et notamment de ses études de droit, qu'il avait négligées jusque-là : il parvint à se faire nommer dans la magistrature prussienne, et vaqua convenablement à ses fonctions, tout en écrivant quelques essais dans ses moments perdus, essais qu'il communiquait à quelques amis et qu'il oubliait ensuite. Après avoir été placé à Posen en 1800 et à Varsovie en 1803, il s'était marié dans cette dernière ville avec une jeune Polonaise, et avait noué avec Werner des relations qui furent bientôt rompues. Chassé de Pologne en 1806 à la suite des Prussiens, il se trouva réduit à la plus grande misère et donna des leçons de musique pour vivre ; il s'exerçait entre-temps à composer, et écrivit alors un *Requiem*, imité de Mozart, et qui ne manque pas de valeur.

En 1808 la fortune semble lui sourire : il devient directeur du théâtre de Bamberg ; mais cette situation lui manque deux ans après, et il est littéralement réduit à la mendicité. C'est alors qu'il s'adresse à Rochlitz, directeur de la *Gazette musicale de Leipzig*, qui, devinant la nature particulière du talent de Hoffmann, lui commande pour son journal des *articles de fantaisie*. Notre écrivain avait trouvé sa voie ; il s'y engagea résolument, et ne cessa depuis lors d'écrire dans le genre fantastique. Il est nommé en 1812 chef de musique des théâtres de Dresde et de Leipzig ; mais il perd bientôt cette place à la suite d'une dispute avec son directeur. La guerre avec la France, qui éveillait plutôt sa curiosité que son patriotisme, lui procura un gagne-pain : il dessina et fit graver des caricatures contre Napoléon. Une fois la paix rétablie, il arrive, à force de sollicitations, à se faire nommer conseiller à la cour de Berlin : il fait paraître alors ses *Esquisses fantastiques*, avec une préface de Jean-Paul qui assure leur succès. Il se lie en même temps avec Lamotte-Fouqué, et le prie de lui arranger son poème d'*Ondine* en opéra, dont il fait la musique, sans obtenir autre chose qu'un demi-succès.

Sur la fin de sa vie, tout en s'acquittant consciencieusement de ses fonctions, il s'adonne à la boisson, lui qui était la sobriété même auparavant. Il va souvent passer des nuits entières au cabaret, dans ces *Caves* qui jouent un si grand rôle dans ses contes, et là il cherche à s'exciter par le vin et le punch pour trouver du nouveau et du bizarre. Devenu triste et maladif, il ne peut plus écrire qu'en provoquant chez lui-même un rire forcé, convulsif; on dirait alors qu'il a la monomanie du grotesque; on a même prétendu qu'il était devenu réellement fou : il n'était qu'hypocondre, et ne sortait de sa tristesse que pour se jeter dans l'ironie et le sarcasme. Il meurt enfin, redoublant de grosse jovialité au milieu de ses souffrances.

Sa vie s'est presque toujours reflétée dans ses écrits, et l'on peut considérer ses contes comme une sorte d'autobiographie, de confession sincère. Dans la *Fenêtre du coin*, on trouve d'intéressants détails sur sa personne et sur son existence; trois ans avant sa mort, dans *le Petit Zacharie* (1819), il peint avec une cruelle précision les ravages de la maladie de la moelle épinière, dont il était atteint : comme Scarron, il veut faire rire de ses souffrances et en rit le premier. C'est ainsi probablement qu'il se croyait autorisé à appeler ses romans des *compositions historiques* : il croyait à la réalité de ses observations, bien qu'elles eussent pour objet un monde bizarre et fantastique, dont il était à la fois le créateur et le seul habitant réel.

Parmi ses contes, les plus faibles sont surtout ceux qu'il écrivit dans sa première jeunesse, comme *l'Élixir du diable*, *l'Esprit élémentaire*, *les Brigands* (où il a voulu faire une contre-partie des *Brigands* de Schiller); mais on lira toujours avec plaisir ses *Esquisses fantastiques*, sa *Nuit de la Saint-Sylvestre*, son *Chat Murr*, fine et ingénieuse satire de la bourgeoisie allemande; ses *Frères Sérapions*, où il met en scène une association de poëtes, de peintres et de musiciens qui passent leurs soirées à des conversations artistiques, entre lesquelles sont intercalée des contes.

Les personnages comiques nous plaisent d'autant mieux qu'ils ont souvent pour pendants et pour correctifs des types féminins d'une sensibilité à la fois idéale et vraie. Au milieu de ses inspirations originales, on retrouve parfois des réminiscences de l'Italien Gozzi, de l'Anglais Lewis et du graveur lorrain Callot ; mais Hoffmann s'approprie ses imitations avec un art tellement naturel qu'on a de la peine à s'apercevoir de ces emprunts. En somme, il a été l'expression la plus forte peut-être d'une époque qui, selon le mot d'un critique allemand, « l'a élevé, porté au pinacle et consumé » : chez aucun autre écrivain, la *fantaisie* n'a été à la fois plus hardie et plus maladive.

C'est à peine si l'on peut nommer, parmi ses émules et ses imitateurs, un écrivain de quelque valeur : le moins médiocre a été Guill. Hauff, de Stuttgart (1802-1827), qui, après avoir étudié la théologie à Tubingue, débuta dans le roman de fantaisie humoristique par *l'Homme dans la lune* (1825), et continua pendant les deux années suivantes, jusqu'à sa mort, par un *Almanach des Contes*, les *Mémoires de Satan* et *Lichtenstein*, qui obtinrent une certaine vogue à l'époque de leur apparition

Dans un genre un peu différent, mais dont la fantaisie est encore l'élément constitutif, on ne doit pas oublier les *Contes et Légendes* des *frères* Grimm, dans lesquels revivent toutes les superstitions et les fables du moyen âge allemand ; c'est une œuvre moitié historique, moitié fantastique, qui peut charmer les ennuis de l'homme désœuvré aussi bien que du philosophe et du chercheur. Ces deux frères, *Jacob* Grimm (1785-1863) et *Guillaume* Grimm (1786-1859), sont aussi célèbres par leur union que par leurs travaux ; bien que leurs qualités d'esprit fussent différentes, et que l'aîné fût plus porté vers l'érudition que son cadet, il est difficile de faire nettement la part de chacun d'eux dans leurs publications communes. Ils se mirent résolument à la tête du mouvement national entrepris par le romantisme en faveur de la langue et des antiquités allemandes; le moyen-âge devint eur principal objectif; leurs investigations n'étaient pas exclusives d'ailleurs, car Jacques Grimm s'occupa, entre autres publications, d'éditer les poésies de notre Chrestien de Troyes. C'est à lui que l'Allemagne doit aussi son grand dictionnaire de la langue allemande, œuvre colossale dont le dictionnaire de M. Littré peut nous donner quelque idée.

En religion, en philosophie et en politique, les frères Grimm ont trop souvent des idées vagues et obscures : on ne peut cependant nier leur indépendance, dont on a d'ailleurs la preuve dans leur liaison avec Bettina et avec notre historien Michelet. Ils ont exercé en somme une influence considérable sur la littérature et même sur le mouvement intellectuel de leur pays : l'École romantique et la Jeune Allemagne relèvent d'eux à bien des égards.

2° *Romans de propagande.* — Le plus ancien écrivain de ce genre, que nous pourrions, à la rigueur, rattacher à la période précédente, mais que ses opinions avancées et tout à fait modernes font mieux classer dans celle-ci, est PESTALOZZI, de Zurich (1745-1827), auteur de nombreux et remarquables ouvrages de pédagogie, auxquels on a reproché de développer l'égoïsme et de ne pas tenir assez de compte des sentiments religieux si naturels à l'enfance. Son principal roman d'éducation est intitulé *Lienhard et Gertrude* (1787).

KRUMMACHER (1768-1845), théologien et poète, est populaire en Allemagne pour ses excellentes *Paraboles*, dont la couleur chrétienne est tempérée par une nuance de philosophie humanitaire.

Tout le monde en France connaît les *Contes* du chanoine *Christophe* SCHMID (1768-1854), un des hommes qui ont le plus honoré le clergé catholique en même temps que la littérature allemande. On a pu, par esprit de parti, rabaisser la valeur littéraire de ses petits livres; mais on ne pourra jamais empêcher les jeunes générations, et souvent même les hommes faits, de lire avec intérêt *Henri d'Eichenfels*, les *Œufs de Pâques* et tant d'autres chefs-d'œuvre.

Dans un ordre d'idées bien différent, mais avec le même caractère de propagande que les précédents, se trouvent les nombreux romans de la *comtesse Ida de* HAHN-HAHN (née en 1805), qui sont presque tous fort médiocres, bien qu'ils aient eu un assez long succès, même dans les classes populaires. Ces romans ont pour but, en général, de vanter les bienfaits du régime aristocratique et de la vieille monarchie, et de prêcher en même temps l'émancipation de la femme et le relâchement des liens du mariage.

Dans la partie de ses œuvres qu'elle a écrites à ce point de vue, l'auteur s'est inspirée des premiers romans de George Sand ; mais elle est loin de rappeler son modèle par l'intérêt de la narration et le charme du style, même dans ses moins mauvais récits, comme *la comtesse Faustine*, *Ulrich* (1841), *Sigismond Forster* (1843), *Clelia Conti* (1846). Ce qui vaut mieux que ses romans, ce sont ses *Lettres orientales* (1844) et ses *Lettres de voyage*, également intéressantes, malgré la bizarrerie des idées. Enfin cette femme infatigable s'est essayée aussi dans la poésie, et a donné successivement un poème de *l'Australie*, des *Nuits Vénitiennes*, un recueil intitulé *Au delà des monts* et de *Nouvelles poésies*[1].

Fanny LEWALD (née en 1811) a travaillé, elle aussi, à l'émancipation des femmes, dans ses nombreux romans d'actualité, où l'on ne trouve pas beaucoup d'imagination, mais de la raison et de l'observation (*Clémentine*, 1842 ; *Jenny* 1843). Dans plusieurs de ses récits, elle a le mérite de chercher à réagir contre les tendances romanesques des jeunes filles. Enfin, un de ses meilleurs ouvrages, *le prince Louis-Ferdinand* (1849), est un roman historique et patriotique du temps de la bataille d'Iéna. Mariée en 1855 au professeur

---

1. La comtesse de Hahn-Hahn a embrassé la religion catholique en 1850.

Stahr, Fanny Lewald a fait et raconté, depuis, des voyages en Angleterre et en Écosse; déjà précédemment elle avait rapporté d'Italie un volume d'*Esquisses* (1847) fort estimées.

Dans les derniers temps, la Jeune Allemagne a fourni son large contingent au roman de propagande; parmi les trop nombreux auteurs qui se sont lancés dans cette voie, nous n'en citerons que quatre, plus connus que les autres : Willkomm, Kühne, Giseke et Bolanden.

Ernest WILLKOMM (né en 1810) se mit, dès ses débuts, à la tête du groupe ou de l'école du *Weltschmerz* (mot à mot *douleur du monde*), avec son roman des *Gens fatigués de l'Europe* (1838), des *Scènes de la vie moderne*, etc. On trouve déjà chez lui l'excès et la caricature de la Jeune Allemagne. Dans ses derniers romans, il abuse du socialisme et de l'histoire, dont il n'est pas souvent maître. Il a mieux réussi dans le roman purement biographique (*Byron*, 1839) et dans le roman philosophique populaire (*les Esclaves blancs*, 1845).

Gustave KÜHNE (né en 1806), qui fut, lui aussi, l'un des promoteurs de la Jeune Allemagne, est moins remarquable dans le drame que dans la critique et le roman. Ses *Portraits et Silhouettes* (1835) et sa revue *l'Europe* (depuis 1846) lui assignent un rang distingué parmi les critiques, et ses nombreux romans, dont le premier en date, les *Nouvelles d'un couvent*, remonte à 1838, sont assez souvent remarquables par la vigueur des peintures. Vers la fin de sa carrière, il a donné à ses récits une couleur de plus en plus philosophique et s'est fait l'apôtre convaincu de la tolérance religieuse.

GISEKE (né en 1827) a cultivé tous les genres de romans, mais s'est principalement attaché à poursuivre dans ses fictions l'émancipation de la philosophie (*les Titans modernes*, 1850). Il a écrit aussi des drames pratriotiques, comme *Jean Rathenow, bourgmestre de Berlin* (1855), où l'accent est surtout prussien; ou philosophiques, comme *les Deux Cagliostro*

(1858), où il attaque la supercherie du mesmérisme; ou encore historiques, comme *Maurice de Saxe* (1860).

Bolanden est actuellement le romancier populaire par excellence dans l'Allemagne catholique; on ne doit pas s'adresser, bien entendu, aux critiques protestants pour avoir sur son compte un jugement impartial : ils lui reprochent de maltraiter dans ses principaux romans (de 1857 à 1865) les chefs ou les protecteurs de la Réforme, et les Prussiens lui en veulent d'avoir rabaissé leur grand roi Frédéric II. La vérité est que les récits de Bolanden manquent souvent d'art, et ne peuvent guère servir de lecture qu'à la jeunesse inexpérimentée, dont on ne veut pas inquiéter la foi ou les mœurs.

3° *Romans historiques.* — Sauf deux ou trois exceptions, on ne rencontre dans ce genre qu'une foule de noms dont l'illustration éphémère est due à leur fécondité ou à un engouement inexplicable du grand public : tels sont ceux de la Viennoise *Caroline* Pichler (1769-1843), qui ne manque ni de talent ni de style, mais qui n'a ni art ni énergie dans ses tableaux, et dont les productions ont été innombrables depuis son premier roman d'*Agathocle* (1808) ; — *Charles* Spindler (1796-1855), non moins fécond ni moins populaire qu'elle, et que les Allemands ont appelé leur Alexandre Dumas (*le Bâtard*, 1826 ; *le Juif*, 1827 ; *le Jésuite*, 1828 ; etc.) ; — *Louise* Mühlbach (1814-1874), qui a traité, en prose comme en vers, les sujets les plus variés, mais dont le principal succès a été dû à son roman historique de *Frédéric II* (1853-1854), ainsi qu'au récit de quelques événements contemporains.

Son mari, *Théodore* Mundt (1808-1861), lui est de beaucoup supérieur comme romancier ; il débuta par une œuvre bizarre, mais grandiose, sa *Madonna* (1835), où il voulut montrer le spiritualisme transfigurant la matière. Il prit ainsi position à l'avant-garde chrétienne de la Jeune Allemagne, et s'éloigna de plus en plus, dans la suite, du gros de l'armée qui l'avait compté comme un des siens. Rêveur, sentimental, disciple enthousiaste de Hegel, il finit par se perdre dans ses abstractions, et en vint, pour défendre la cause du protestantisme, à dénigrer et à attaquer vivement la société moderne. Ses romans historiques portent presque tous la trace de cette préoccupation (*Thomas Münzer*, 1841 ; *Mirabeau*, 1858 ; *Robespierre*, 1859). On lira toujours plus volontiers ses *Esquisses parisiennes* (1857) et ses *Esquisses italiennes* (1858-60), où abondent les tableaux finement tracés.

Max RING, dans un ordre d'idées tout différent, s'est acquis une légitime réputation depuis une vingtaine d'années : après avoir débuté en 1849 par d'intéressantes *Esquisses sociales et politiques*, il a cultivé de préférence le roman d'histoire littéraire, depuis *Milton et son temps* (1857) jusqu'à *Laurier et Cyprès* (1872), où se trouvent des récits dramatiques tirés de la vie de quelques grands écrivains allemands.

Citons encore BRACHVOGEL (né en 1824), qui, après avoir tenté de régénérer le drame à la suite de Gottschall et consorts (*Narcisse*, 1857), a écrit de nombreux romans historiques dont les plus connus sont : *Benoni* (1859), *Beaumarchais* (1861), *Hamlet* (1867).

Au genre du roman historique se rattachent tout naturellement les récits de voyages, les fictions fondées sur la géographie et l'ethnographie. L'auteur le plus célèbre a été un nommé POSTL (1794-1864), que l'on admirait jadis sous le nom du *grand inconnu*, et que l'on ne connaît plus maintenant que sous son pseudonyme américain de SEALSFIELD. Entré fort jeune dans les ordres, il s'était enfui en Amérique, on ne sait trop pour quel motif, puis vint se fixer en Suisse (1832), où il a vécu jusqu'à sa mort. Il rapporta de son voyage dans le Nouveau-Monde des impressions vives et durables, qu'il fixa dans des écrits remarquables par une richesse de couleur et d'imagination jusque-là inconnue en Allemagne (*Esquisses de voyages transatlantiques*, 1834 ; *Scènes de la vie dans les deux hémisphères,* 1835; romans tirés de l'histoire de l'Amérique, comme *le Vice-Roi, le Premier Américain dans le Texas,* etc.). Dans ces romans, il se montre excellent peintre de la nature, et décrit admirablement la lutte des hommes contre le monde extérieur. Les Allemands lui reprochent d'avoir un style médiocre, mais lui accordent une grande *objectivité.* Il a écrit aussi, à ses débuts, quelques œuvres politiques qui le font considérer comme un des champions de la Jeune Allemagne.

GERSTÆCKER (1816-1872) représente, avec moins d'éclat que Sealsfield, le roman exotique; mais ses récits sont loin de manquer d'intérêt. Après avoir voyagé comme simple ouvrier, en sérieux observateur, dans les diverses contrées du Nouveau-Monde, il écrivit, sous l'impression de ses souvenirs, quelques romans attrayants, tels que *les Pirates du Mississipi* (1840), et, dans ses dernières années, de fidèles esquisses intitulées *Scènes de l'Amérique du Sud.*

4° *Romans populaires.* — Nous ne citerons, parmi les auteurs de ce genre, que les quatre noms les plus justement célèbres, ceux de Zschokke, d'Auerbach, de Holtei et de Reuter.

Henri ZSCHOKKE (1771-1848), qui s'est essayé aussi dans l'histoire, et non sans succès (*Histoire de Bavière,* 1813-1818), puis dans l'autobiographie (*Histoire de ma vie,* 1843, récit des plus attachants), doit surtout sa réputation de conteur populaire à ses nombreuses *Nouvelles,* à ses romans de chevalerie et de brigands, et à ses romans didactiques, philosophiques et historiques, dont la vogue a été considérable de 1795 à 1830. Il est populaire dans toute la force du terme, et par la nature de ses sujets, et par sa manière de raconter.

Berthold AUERBACH (né en 1812) est presque aussi connu en France qu'en Allemagne pour ses *Histoires villageoises de la Forêt-Noire,* œuvre d'un réalisme remarquable, parue de 1843 à 1854. Depuis lors, il s'est essayé avec moins de succès dans un genre plus élevé (*la Vie nouvelle,* 1852, où il débat les grandes questions sociales des temps modernes). Son dernier roman, *Waldfried* (1874), confus et dépourvu d'imagination, est indigne de ses premiers écrits.

HOLTEI (né en 1797), tour à tour comédien, directeur de théâtre, improvisateur, s'est rangé à l'origine parmi les recrues de la Jeune Allemagne (*Poésies*, 1826 ; *Poésies Silésiennes*, 1830), et plus tard, avec ses *Voix de la forêt* (1845), s'est acquis la réputation d'un poète lyrique simple et naturel : la gaieté fine et de bon aloi est la note dominante de son talent. Son théâtre, publié en 1845, contient de jolis vaudevilles. Dans le roman, il relève principalement des auteurs anglais modernes, de Dickens et de Thackeray : il peint à merveille les diverses conditions sociales et s'attache de préférence aux plus humbles (*Les Vagabonds*, 1852 ; *Un Tailleur*, 1854 ; *Christian Lammfell*, 1863 ; *la Vieille Fille*, 1869). Il a donné aussi, en 1862, son autobiographie, fort intéressante, sous le titre de *Quarante ans*.

Enfin, REUTER (1810-1874), emprisonné de 1833 à 1840 pour la hardiesse de ses opinions politiques, se fit connaître en 1853 seulement par ses premières poésies, peu lues aujourd'hui. Il occupait alors une situation très-convenable, mais il la gâta et ruina sa santé par son penchant à l'ivrognerie. Ses *Contes* et ses autres fictions manquent souvent d'intérêt; mais il obtint un succès vraiment populaire par ses romans humoristiques et autobiographiques, écrits en bas allemand, de 1860 à 1864.

Tel est le tableau, bien rapidement esquissé, du prodigieux mouvement littéraire de l'Allemagne pendant les cinquante dernières années. Il est difficile de prévoir où il s'arrêtera, ni quelle direction il pourra prendre avant la fin du siècle; ce qui ressort le plus clairement pour nous de cette étude, c'est que les Allemands ont une tendance bien prononcée, comme la plupart des autres peuples, à donner la préférence au drame et au roman sur tous les autres genres littéraires ; et que, dans le drame et le roman, l'élément historique, philosophique et populaire tend chaque jour à dominer davantage : là, comme dans la société, les questions politiques et religieuses sont plus que jamais à l'ordre du jour.

APPENDICE A L'HISTOIRE

DE LA

LITTÉRATURE ALLEMANDE

LITTÉRATURE HOLLANDAISE

CHAPITRE UNIQUE.

ous désignons sous ce titre la littérature des Pays-Bas septentrionaux, d'origine et de langue allemandes, qui, au moyen âge, parlaient le bas allemand (*platdeutsch*), et qui, depuis, ont modifié ou corrompu cette langue primitive, de façon à en former une langue nouvelle, illustrée par un certain nombre de monuments littéraires. Quant à la partie méridionale ou flamande des anciens Pays-Bas, sa langue comme sa position, ses traditions et ses aspirations politiques l'ont toujours rapprochée de la France, et l'histoire de son développement intellectuel devrait plutôt se rattacher à l'histoire de la littérature française. Nous nous bornerons à mentionner ici, en quelques mots, les principales phases qu'a traversées la littérature flamande proprement dite. Après s'être confondu assez longtemps avec le bas-allemand, le flamand, employé par les poètes populaires du XIIIe et du XIVe siècle, tels que VAN MAER-LAND (*traduction rimée de la Bible; dialogues sati-*

riques, etc.) et les auteurs inconnus des *Romans du Renard*, subit l'influence française à partir du moment où les ducs de Bourgogne établirent leur domination sur les provinces de la Flandre, du Hainaut et des Pays-Bas. Au xvie siècle, la Réforme y suscita, comme partout, un grand nombre de controverses, pour lesquelles on employa, non plus la langue vulgaire, mais le latin, dont la Renaissance venait de raviver l'étude, et qui jeta un si vif éclat dans les œuvres d'Erasme. C'est à peine si Paul MERULA (1558-1607) renonce une fois dans sa vie à l'usage du latin, pour écrire en flamand son *Tydtresor* ou histoire ecclésiastique. Le xviie siècle voit le flamand se modifier encore et se rapprocher de plus en plus du français, sous l'influence du latin, de l'espagnol et du wallon, employés par les savants et la bonne société. La Hollande, elle-même, à cette époque, est le pays de l'érudition, et toutes les provinces néerlandaises, réunies en république depuis qu'elles ont secoué le joug de l'Espagne, semblent vouées au culte de la philologie et de la littérature latine : c'est l'époque où Jansénius, Grotius, Bollandus et tant d'autres se font un nom par leurs écrits théologiques et historiques, tandis que de nombreux poètes latins enchantent l'Europe par leurs imitations de Virgile et d'Horace. Mais la Hollande conserve, pendant ce temps, sa langue et ses poètes propres, tandis que les provinces flamandes semblent oublier leur nationalité. Le xviiie siècle vint porter le dernier coup au flamand, par la fondation de l'Académie de Bruxelles (1769), qui assure désormais la prédominance de la langue française.

C'est au xvie siècle que la langue hollandaise commence à produire des monuments vraiment littéraires qui peuvent être regardés comme n'appartenant plus à la littérature allemande ; ce siècle et le suivant furent les deux périodes les plus brillantes de cette jeune littérature, dont la vieillesse et la décrépitude ont suivi son enfance, presque sans transition, à partir du xviiie siècle.

Le père de la poésie hollandaise, *Dirk* KOORNS-HERT *Volkertszoon* (1522-1590), est contemporain de l'introduction de la Réforme aux Pays-Bas et de la lutte des Provinces-Unies contre l'Espagne ; il a chanté la foi et la liberté nouvelles dans ses poésies religieuses et patriotiques, généralement allégoriques et morales, et surtout dans son poème en l'honneur de Guillaume de Nassau, surnommé le Taciturne. On a aussi de lui quelques ouvrages de controverse en prose. A côté de lui brillaient alors quelques champions de la poésie comme de l'indépendance néerlandaise : MARNIX *de Sainte-Aldegonde* (1538-1598), qui, bien que né à Bruxelles, écrivit dans le plus pur hollandais (*Psaumes* traduits en vers ; pamphlets politiques et religieux en prose) ; *Pierre* DATHENUS, autre traducteur des *Psaumes*, dont la version, faite sur les psaumes français de Marot, et non sur le texte hébreu comme celle de Marnix, servit longtemps aux chants religieux du culte public, etc.

La poésie plutôt savante et le perfectionnement de la versification et de la langue sont représentés surtout par Spieghel et Visscher. *Laurent* SPIEGHEL (1549-1612), que les Hollandais ont surnommé leur Ennius, comme ils ont appelé Visscher leur Martial, est connu principalement pour son *Miroir du cœur*, poème moral qui a quelque analogie avec l'*Essai sur l'homme*, que Pope écrira un siècle plus tard, mais qui manque souvent encore d'élégance et de clarté ; Spieghel n'en a pas moins le mérite d'avoir contribué, par ce poème, à fixer les règles de la prosodie et de la grammaire. Son émule, *Roemer* VISSCHER (1547-1620), travailla plus encore à cette œuvre patriotique, non-seulement par ses écrits, mais aussi par la fondation d'une société littéraire, le *cercle de Roemer*, qui réunit autour de lui l'élite des beaux esprits d'Amsterdam. Ses poésies légères et sérieuses, en fort grand nombre, se distinguent toujours par leur naïve délicatesse et par le fini de l'exécution. Visscher, qui resta catholique dans un milieu de plus en plus porté vers la Réforme, avait deux filles, dont la réputation poétique égala au moins la sienne : *Anne* Visscher (1584-1651), surnommée à tort la Sapho Hollandaise, car si elle a écrit quelques *chansons* ou *odes* profanes et des *romances*, elle est encore plus célèbre pour ses *Poésies morales* et ses *Cantiques*; et *Marie* Visscher (1594-1649), dont les poésies, analogues à celles de sa sœur, ont encore plus de grâce et de délicatesse.

L'âge d'or de la littérature hollandaise, préparé par le XVIe siècle, s'épanouit dans son plus vif éclat au XVIIe. Nulle part ailleurs le goût des plaisirs de l'intelligence ne fut aussi répandu qu'en Hollande, si l'on en juge par le succès et le nombre des sociétés littéraires ou *chambres de rhétorique*, et par la prodigieuse activité de leurs membres, dont les poésies et les discours, recueillis par les contemporains ou la postérité, remplissent des centaines de volumes. Il est évident que toutes ces productions n'ont pas, en général, une grande valeur, et qu'il y a bien peu de poètes véritables qui surnagent au milieu de ce fouillis; mais le fait n'en est pas moins significatif et glorieux pour ce petit pays, peuplé de négociants et d'agriculteurs, qui donnait une si grande importance aux choses de l'esprit. Quelques écrivains, d'ailleurs, se sont élevés, dans leur genre, aussi haut que les meilleurs modèles anciens ou étrangers.

Parmi les plus renommés figurent Hooft, Cats et Vondel, dont la gloire est européenne. *Corneille* van Hooft (1581-1647) est surtout remarquable par la pureté, la correction et l'élégance de son style : comme poète, il s'était formé à l'école et dans le cercle de Visscher, et par ses voyages en France et en Italie; ses drames (*Achille et Polyxène*, *Bato ou le Fondateur de la Batavie*, etc.), sa pastorale de *Granida* (1620), ses *Poésies anacréontiques* et ses *Sonnets* lui assignent un des premiers rangs parmi les génies poétiques de la Hollande. Comme prosateur, il se forma par la lecture et la traduction de Tacite, et put écrire ainsi, dans un style nerveux et concis, une *Histoire de Hollande* et une *Histoire de Henri le Grand* (Henri IV, de France) qui le mettent au nombre des bons modèles. Ce n'est pas, en outre, un de ses moindres mérites, que d'avoir formé Vondel, dont il encouragea les premiers essais.

Jacob CATS (1577-1660) est avant tout un poète populaire : il a été surnommé le *Bonhomme* ou le *La Fontaine de la Hollande*. Cet homme simple et bon, qui fut grand pensionnaire des Pays-Bas, de 1636 à 1651, sembla vouloir consacrer tout son talent et tous ses efforts à former le cœur autant qu'à orner l'esprit de ses compatriotes; sa *Bible de la jeunesse* et sa *Bible des paysans* contiennent une foule de poèmes et de poésies appropriés à tous les âges comme à toutes les conditions, *fables, chansons, idylles, poèmes didactiques*, dont la couleur et la tendance sont toujours morales, religieuses et philanthropiques; œuvre peut-être unique en son genre, naïve et simple, d'un style plein de charme avec ses négligences, et dont le succès dure encore parmi les classes les moins lettrées. Des autres productions poétiques de Cats, nous ne mentionnerons que son dernier ouvrage, une sorte d'autobiographie en vers, intitulée *Vie de quatre-vingt-deux ans*.

Joost VAN DEN VONDEL (1587-1679) est le plus grand poète de la Hollande. Né dans une famille pauvre et dépourvu d'instruction première, il se fit connaître de bonne heure par des œuvres qui portaient l'empreinte du génie, et eut le courage de se remettre à l'étude et de compléter son éducation littéraire à un âge et dans une position sociale (il était bonnetier) où une pareille tentative est des plus difficiles. Sa vie, une des plus longues dans l'histoire des lettres, fut exposée à plus d'une tribulation; ses opinions religieuses et la part qu'il prit à la résistance des arminiens ou remontrants contre les décisions du synode de Dordrecht, puis le noble courage avec lequel il flétrit, dans sa tragédie de *Palamède*, le meurtre juridique de Barneveldt, enfin sa conversion au catholicisme et les œuvres de propagande qu'il écrivit à la suite, lui valurent des persécutions et des ennuis de toute sorte; ses dernières années furent attristées par des chagrins domestiques et par la misère, mais rien ne put altérer la sérénité de son âme ni arrêter la fécondité de son génie. C'est à coup sûr une des plus belles physionomies que nous offre l'histoire littéraire de tous les temps et de tous les pays.

C'est au théâtre surtout qu'il a produit des chefs-d'œuvre. Il avait débuté dans la carrière dramatique par une tragédie sacrée, *Pascha ou la délivrance d'Israël* (1612), qui se ressentait encore de son manque d'instruction; puis, quand il eut lu et médité les anciens, il fit de rapides progrès dans l'art de peindre les personnages, de nouer l'intrigue, d'écrire et de versifier, et donna coup sur coup *le Sac de Jérusalem* (1620), *Hécube*, imitée de Sénèque (1621), *Palamède* (1625), pièce animée d'un généreux sentiment patriotique, qui lui valut les persécutions du pouvoir, mais n'en obtint qu'un succès plus éclatant et plus durable; et, plus tard, *Messaline* (1638), où l'on voulut voir des allusions injurieuses à une princesse vivante; puis *les Vierges* (histoire légendaire de sainte Ursule et de ses compagnes), *Gisbert d'Amstel, ou le Sac d'Amsterdam* (tirée de l'histoire nationale du XIIIe siècle), *l'Exil de Gisbert, Marie Stuart*, enfin *Lucifer* (1654) et *Jephté* (1659), tragédies bibliques, dont la première traite l'épisode de la chute des anges, que Milton prendra bientôt pour sujet de sa grande épopée. Le nombre des drames écrits par Vondel s'élève à trente-deux, et plusieurs, celui surtout de *Gisbert d'Amstel*, sont encore en vogue aujourd'hui.

Vondel fut aussi un poète satirique d'une rare énergie, dans son *Étrille* (contre les persécuteurs des arminiens), et un poète lyrique éminent, qui s'inspire volontiers du sentiment patriotique et de la religion, dans ses *Poésies mêlées*, ses *Contemplations sur Dieu*, ses *Mystères des Autels*, ses *Psaumes*, etc., qu'il écrivit généralement après sa conversion à la foi catholique. Il s'essaya même dans l'épopée, mais son poème de *Constantin le Grand* resta inachevé. En somme, son rôle littéraire a été des plus importants, et son principal mérite est d'avoir cherché à créer une poésie éminemment nationale, dont les littératures anciennes ou étrangères ont poli le style et renforcé les idées, sans avoir autre chose à revendiquer sur elle. Il est, avec Hooft, le chef et le plus brillant représentant de *l'école d'Amsterdam*, qui est, à proprement parler, l'école classique de la Hollande, tandis que Cats est à la tête d'un mouvement presque romantique, auquel on a donné le nom d'*école de Dordrecht*.

Autour de ces chefs se range toute une pléiade de poètes, dont les plus connus sont : *Jacob* WESTERBAAN (1579-1670), auteur d'élégies gracieuses, de poésies érotiques moins estimées, de divers poèmes didactiques, de traductions des Psaumes et d'auteurs anciens ; — *Constantin* HUYGHENS (1586-1687), père du célèbre astronome et mathématicien de ce nom, auteur de *Poésies hollandaises* et d'un assez bon poème champêtre, intitulé *Hofwick*, sans compter ses nombreux poèmes latins ; — *Philippe* ZWEERTS (1637-1696), dont les *Poésies érotiques* et les *Descriptions de Jardins* laissent souvent à désirer au point de vue du goût ; — *Jean* ANTONIDÈS (1647-1684), disciple immédiat de Vondel autant qu'imitateur des poètes latins, dont les tragédies eurent moins de succès que son poème descriptif de l'*Ystroom* (1671), qui est resté fort populaire ; — *Lucas* ROTGANS (1645-1710), qui se mit aussi à l'école des anciens, et donna un grand nombre de poèmes, tels que *la Kermesse* et une épopée historique de *Guillaume III*; etc.

Le théâtre, malgré es tentatives glorieuses de Vondel et de quelques autres poètes dont les efforts restèrent isolés, subit, dès la seconde moitié du xviiᵉ siècle, l'influence presque exclusive des auteurs français. C'est en 1617 que *Samuel* COSTER avait fondé à Amsterdam le premier théâtre permanent, sous le titre d'*Académie dramatique* : il écrivit, pendant trente ans, un grand nombre de tragédies et de comédies (1615-1644), dont plusieurs, son *Iphigénie* entre autres (1626), offrent de belles situations et des caractères assez bien soutenus ; mais il abusa de sa facilité, et son style est trop souvent négligé. Après lui et Vondel, on se contenta généralement d'imiter ou même de traduire les pièces françaises les plus en vogue sous le règne de Louis XIV.

La prose se développe parallèlement à la poésie ; mais, dans le grand nombre d'écrivains qui se firent alors un nom, il est difficile d'en trouver plus de deux ou trois dont les œuvres justifient le succès par un mérite complet ; ce sont : *Gérard* BRANDT (1626-1685), qui s'essaya aussi dans la tragédie, mais qui est surtout célèbre pour ses ouvrages historiques et ses biographies, notamment pour sa belle *Histoire de la Réformation hollandaise,* qui est encore admirée aujourd'hui ; — et, au-dessous de lui, *François* AARSSEN (mort en 1650), auteur d'un intéressant *Voyage historique et politique en Espagne,* et le médecin DAPPER (mort en 1690), qui a laissé des relations de voyages et des descriptions de diverses contrées de l'Europe.

Le xviiiᵉ siècle est une époque de décadence pour la littérature hollandaise ; le goût français, l'imitation de nos grands écrivains et souvent aussi des moins bons modèles, envahit la Hollande, y étouffe toute originalité, toute poésie, et amène le règne d'un purisme exagéré, d'une fausse élégance, du raffinement dans la pensée et de la recherche dans le style. Il faut cependant faire une exception en faveur de *Hubert* POOT (1689-1733), laboureur devenu poète par la force de sa vocation, et qui, sans avoir étudié les anciens autrement que dans les traductions, sans avoir d'autre modèle que les œuvres de Hooft, parvint à écrire une série de *poésies bibliques* et *érotiques*, d'*idylles*, d'*emblèmes*, d'*élégies*, etc., également remarquables par le naturel du style et par la richesse de l'imagination.

Mais le mauvais goût et l'imitation servile triomphent avec Bruyn (1671-1732), dont les *Poésies bibliques et morales*, les tragédies, le poème de *la Vie de Saint-Paul* et le reste, furent longtemps admirés, uniquement pour la pureté de leur style, et qui s'est fait aussi un nom par ses poèmes descriptifs, où les rivières de la Hollande jouent un si grand rôle que le nom de *riviéristes* a servi à désigner, avec Bruyn, tous ceux qui, comme lui, s'attachaient à décrire de préférence les cours d'eau plus ou moins poétiques de ces contrées. Arnold Hoogvliet (1687-1783), moins original encore, est tout aussi soigné dans sa versification, tout aussi élégant dans sa diction : après une traduction des *Fastes* d'Ovide, il donna un poème biblique d'*Abraham*, et commença même une épopée sur le Messie, dont il publia les fragments dans ses *Poésies mêlées*. Au milieu de tout ce fatras peu poétique, on rencontre pourtant quelques descriptions assez réussies. C'est, du reste, le caractère des époques de décadence de réussir généralement dans les descriptions, genre de travail qui exige avant tout de l'acquis, de l'habileté pratique et de la patience ; l'art véritable est pour ainsi dire remplacé par le savoir-faire, et le génie par les procédés.

C'est encore un signe de décadence que cette manie de chercher toujours des sujets de poèmes aux mêmes sources, comme si l'on devait trouver l'inspiration là où quelque grand génie l'a trouvée avant vous ! Les poètes hollandais du xviiie siècle s'adressent de préférence à la Bible ; mais ils n'en tirent que de plates et vulgaires amplifications, témoin Hoogvliet et son *Abraham*, Didric Smits et son *Belphégor* (1737), et bien d'autres. Smits s'est pourtant distingué dans la poésie descriptive, notamment avec son petit poème sur la rivière de la *Rotta* (1750).

D'autres cherchent leurs inspirations dans l'histoire ou dans la littérature ancienne, et ne sont guère plus heureux, comme KEMPHER avec sa tragédie d'*Hélène en Égypte* (1736). Ce même poète avait commencé par donner une traduction en vers d'Anacréon (1726). Feistama et Winter, par contre, imitent presque uniquement les auteurs français : *Sibrand* FEISTAMA (1693-1758), qui traduisit en vers le *Télémaque* et *la Henriade*, ainsi qu'un certain nombre de tragédies de Voltaire, et s'essaya aussi dans le drame, mais sans jamais faire autre chose que copier nos auteurs, bons ou médiocres; *Simon* VAN WINTER (1718-1795), qui traduisit aussi ou imita le théâtre de Voltaire, et donna un certain nombre de poèmes descriptifs, comme *l'Amstel*, ainsi qu'une imitation des *Saisons*, de Thomson.

Sa femme et son fils se firent un nom aussi par leurs traductions ou leurs compositions originales; sa femme surtout, *Wilhelmine* VAN WINTER, *née* VAN MERKEN (1722-1793), l'une des femmes poètes les plus célèbres de la Hollande, qui donna, seule ou en collaboration avec son mari, un grand nombre de poèmes narratifs ou descriptifs, une traduction des Psaumes, et des tragédies quelquefois tirées de l'histoire nationale et souvent supérieures à celles de Winter lui-même.

En dehors de cette foule d'imitateurs, qui font preuve de plus ou moins de talent, on est heureux de pouvoir signaler quelques poètes, incomplets encore, mais plus originaux, et qui n'ont demandé leurs meilleures inspirations qu'à eux-mêmes. Tels sont : LANGENDYK (1662-1735), qui mourut à l'hôpital, après avoir fait d'assez bonnes comédies, un Virgile travesti sous le titre bizarre d'*Énée endimanché*, ainsi que des *Contes de Hollande*, pièces de vers tour à tour gracieuses et humoristiques; — les deux frères jumeaux van Haren, l'un, *Guillaume* VAN HAREN (1713-1768), auteur d'un poème épique des *Aventures de Friso*, l'autre, *Onno-Zwier* VAN HAREN

(1713-1779), dont l'épopée lyrique des *Gueux* a le mérite d'être prise dans l'histoire nationale, mais manque de naturel et d'intérêt ; — le malheureux Nomsz., surtout (1738-1803), qui mourut à l'hôpital comme Langendyk, et, comme lui, écrivit quelques comédies originales, sans compter ses tragédies, qui ne sont pas toujours imitées du théâtre français, et dont plusieurs sont empruntées à l'histoire nationale, ses *Mélanges poétiques* (*Épîtres, Satires, Contes*, etc.), ses *Héroïdes* et son poème de *Guillaume Ier* (1779), qui renferme de beaux passages, mais a le tort de ressembler généralement à une chronique en vers plutôt qu'à une épopée.

Nomsz., dont l'activité littéraire remplit la seconde moitié du xviiie siècle, marque un progrès sensible dans la poésie hollandaise, et semble personnifier, mieux que tout autre, le mouvement nouveau qui emporte les bons esprits vers des régions moins communes, et auquel est due alors la renaissance momentanée de la littérature nationale. On imita encore les étrangers ; mais, en étudiant de préférence les auteurs anglais et allemands, on se rapprochait davantage des origines mêmes et du caractère propre de la Hollande. La conquête et la domination françaises, au commencement de ce siècle, détachèrent encore mieux les Pays-Bas de l'imitation de notre littérature, en mettant le patriotisme d'accord avec les aspirations de l'école nouvelle. C'est ainsi que *Jean-Frédéric* Helmers (1763-1813) s'illustrait par son poème de *la Nation hollandaise*, que la censure impériale ne laissa passer qu'avec d'absurdes corrections ; ses odes, ses tragédies, toutes ses compositions poétiques respirent le même patriotisme et l'élèvent bien au-dessus des poètes de convention de l'âge précédent.

Mais le véritable chef de ce mouvement fut *Rhynvis* Feith (1753-1824), qui, après avoir imité Young dans son poème du *Tombeau*, et d'autres écrivains anglais dans plusieurs poèmes philosophiques et descriptifs, composa des poèmes originaux (*le*

Bonheur de la paix, Ruyter, Charles-Quint, etc.), des odes, des tragédies et d'autres œuvres où il s'élevait au-dessus de ses devanciers par la force de la pensée comme par la beauté de son style. Il n'eut pas moins de succès comme prosateur avec ses *Discours*, ses lettres et son roman sentimental de *Ferdinand et Constantin*. On peut citer presque à côté de lui, pour l'énergie de leur sentiment et la mâle poésie de leurs vers, BAKKER (1715-1800), poète *riviériste* un peu maniéré, mais d'une rare véhémence dans ses *Satires* contre les Anglais; BELLAMY (1755-1795), poète satirique aussi, et, de plus, auteur d'admirables chants patriotiques; *Jérôme* VAN ALPHEN (1746-1803), dont les poésies sont d'un patriote et d'un chrétien, et qui a donné à la Hollande ses meilleures cantates; — enfin, plus près de notre époque, le poète populaire TOLLENS (1780-1846), qui, tout en continuant à vivre dans sa modeste boutique d'épicier, s'illustra par la composition de nombreuses poésies, dont la plus connue est le chant national de la Hollande, et de son célèbre poème de *Nova-Zembla* (1822).

La prose, au XVIIIe siècle et dans les premières années du XIXe, n'a produit que quelques œuvres vraiment marquantes. L'éloquence semble en général peu appréciée ou peu comprise des Hollandais; ni les assemblées politiques ni la chaire chrétienne n'ont eu d'orateur hors ligne. La presse n'a donné que des publications fort mêlées, où de rares articles rappellent les solides et piquantes pages du *Spectateur* anglais. C'est dans l'histoire et le roman seulement que les prosateurs se distinguent, et encore les œuvres d'élite ne sont-elles pas abondantes : les plus célèbres sont l'*Histoire de la patrie*, de Jean WAGENAAR (1709-1773), ouvrage volumineux s'il en fut, qui raconte l'histoire de la Hollande jusqu'en 1751, et qui est encore aujourd'hui en possession de la faveur publique; et les *Mémoires* de PAQUOT (1722-1803), pour servir à l'histoire littéraire des Pays-Bas.

Le roman, qui n'avait donné que des essais plus ou moins heureux dans la première moitié du xviii° siècle, prend désormais des allures plus franches et plus modernes avec les récits de Mlle Agathe DEKEN (1741-1804), dont les fables et les chansons ne sont pas moins populaires que ses romans, écrits la plupart en collaboration avec deux autres femmes de lettres, Mme WOLFF, née BEKKER, et Mlle Marie· BOSCH. Notre siècle a vu augmenter encore la faveur avec laquelle le public accueillait ce genre d'écrits, grâce aux romans historiques de Mlle TOUSSAINT, et surtout aux nouvelles de Jacob VAN LENNEP (1802-1868), poète remarquable et auteur dramatique fort estimé, dont les narrations, presque toutes empruntées à l'histoire du pays, contiennent d'excellentes peintures de mœurs ou de caractères, et des scènes d'une vérité saisissante. On a surnommé Lennep le Walter Scott hollandais : cette appellation ne semblera pas exagérée à tous ceux qui ont pu lire, même dans une traduction, les nouvelles réunies sous le titre de Nos Ancêtres, ou les romans de la Rose de Décama, du Fils adoptif, de Ferdinand Huyck et tant d'autres récits, vraiment dignes d'être signés par le grand conteur écossais.

TABLEAU
CHRONOLOGIQUE

B. — Nous donnons ici, autant qu'il nous a été possible, les dates exactes de la publication des ouvrages les plus connus ou des événements littéraires les plus importants; quand ces dates n'ont pu être précisées, nous les indiquons approximativement, avec la mention : *vers* telle année. On trouvera, dans ces tableaux, quelques dates ou même quelques noms qui n'ont pu être donnés dans le corps même de notre histoire; pour quelques autres, on remarquera de légères divergences, qui tiennent à ce que nous avons pu, en revoyant notre chronologie littéraire, rectifier de petites erreurs : ce sont donc les dates des tableaux qui doivent être adoptées dans ce cas.

LITTÉRATURES DU NORD

Première partie

LITTÉRATURE SCANDINAVE

ORIGINES. — ISLANDE.

IXIÈME SIÈCLE. — Égil ou Eigel, poète et historien, a écrit, dit-on, en islandais, des chroniques et des légendes qui figurent dans le recueil des *Sagas*.

— Ère des *Sagas*, recueillies dans la suite par divers écrivains, notamment par Saxo Grammaticus (1204). — Les Scaldes, poètes de cour et de combat, analogues à nos troubadours, fleurissent surtout en Islande. (Après le xe siècle commencent leur décadence et la corruption de la poésie populaire.)

Vers 1100. — Rédaction de *l'Ancienne Edda* par Sœmund Sigfusson, surnommé Frode ou le Savant.

Vers 1215. — Rédaction de *la Nouvelle Edda*, par Snorri Sturlason.

DANEMARK.

Vers 1186. — Histoire du Danemark (fabuleuse), écrite en latin par Swend Aagesen (Sueno Agonis filius).

1204. — Mort de Saxo Grammaticus, auteur d'une Histoire du Danemark (en latin), fondée presque uniquement sur les récits légendaires des *Sagas*.

XIIIe SIÈCLE. — Recueil de proverbes latins et danois, par le poète Peter Lolle ou Laale.

XIVe SIÈCLE. — Rédaction la plus ancienne des *Kœmpo-Viser* ou chants populaires des vieux Scaldes.

1478. — Fondation de l'Université de Copenhague.

— Le moine Niels écrit une chronique rimée, d'après Saxo Grammaticus.

Vers 1534. — Christian Hansen, auteur dramatique encore primitif, imite de préférence les *Carnavalades* allemandes.

1550. — Première traduction de la Bible en langue vulgaire.

1569. — Traduction en vers des *Psaumes*, par Hans Thomæsen.

1591. — Vedel ou Wedel, érudit et historien, publie un recueil d'anciens chants populaires ; il recherche, dans la suite, les vieilles légendes et les manuscrits danois.

Vers 1620. — Anders Arrebœ traduit les *Psaumes* en vers, et donne entre autres ouvrages, un *Hexaméron*, un *poème sur Christian IV*, des drames, etc.

1635. — Drame biblique de *Tobie*, en danois, par

Éric Pontoppidan l'ancien, auteur de nombreuses poésies latines et de quelques-unes en langue vulgaire.

Vers 1660. — Ouvrages de géographie et relations de voyages, en danois, par le pasteur Debes.

1666. — Fondation du *Mercure danois*, journal en vers, par Bording, auteur de nombreuses et médiocres poésies de circonstance.

1670. — Traduction d'Hésiode, en vers, par Gerner.

1672. — Poésies sacrées et profanes, fort médiocres, de Thomas Kingo.

1680. — *Satires* de Louis Pontoppidan, poète peu remarquable, imitateur des Allemands.

1688. — Succès des poèmes héroïques de Sorterup, où manque l'inspiration, mais qui ont le mérite d'imiter les *Kœmpo-Viser*.

1695. — L'historien Torfesen, qui écrit en latin, recueille les légendes et les manuscrits, et laisse des ouvrages estimables de critique et d'érudition.

1720. — *Journal de Littérature*, fondé à Copenhague par le savant et intelligent imprimeur du roi, Wieland (recherche des vieux poèmes nationaux).

— Épopée comique de *Peter Paars*, premier poème de Louis Holberg, qui n'a pas moins de succès, les années suivantes (jusqu'en 1754), avec ses satires, ses fables, ses romans, son Histoire du Danemark, ses comédies imitées des anciens ou de Molière, et surtout ses comédies originales (*le Ferblantier politique*, en 1722).

1728. — Incendie de Copenhague, où périssent la plupart des ouvrages du savant islandais Arne Magnussen (dont il ne reste qu'une traduction des *Eddas*, une *Vie de Sœmund* et quelques opuscules).

1740. — *Theatrum Daniæ*, de Hans Gram, philologue et antiquaire, qui donne, dans la suite, d'autres ouvrages latins, comme ses *Annales*.

1742. — Fondation de l'*Académie danoise*.

1743. — Roman théologique de *Menoza*, par Éric Pontoppidan le jeune, auteur de divers ouvrages philosophiques et religieux.

1745. — Fondation de la *Société historique du Danemark*; mouvement prononcé en faveur des travaux historiques et philologiques, accentué encore, dans la suite, par la revue *le Magasin danois* (1761) et par la *Société des Antiquaires du Nord*.

Vers 1750. — Langebek, qui sera l'un des fondateurs du *Magasin danois*, commence sa grande *Collection des historiens danois du moyen âge*.

1754. — Mort de Holberg, âgé de 70 ans (voir 1720).

1758. — Le roi Frédéric V, protecteur éclairé des lettres, fonde à Copenhague une *Académie des belles-lettres et des sciences*.

1764. — L'Académie de Copenhague couronne deux poèmes didactiques du Norvégien Christian Tullin, auteur d'élégies, d'idylles, de poèmes divers, où il imite généralement les Anglais.

Vers 1770. — Le Norvégien Wessel, poète élégant et assez original en somme, donne sa tragédie parodique de *l'Amour sans bas*, puis des comédies, des chansons bachiques, des épigrammes, des contes comiques en vers, etc.

— Succès de Tode, auteur généralement médiocre de fables, d'épîtres, de contes et de comédies.

1770. — Drame national de *Rolf Krage*, par Jean Ewald, qui donne, trois ans après, celui de *la Mort de Baldur*, puis des comédies, des poésies lyriques, etc. (Il avait commencé, avant cette date, par des cantates et un poème allégorique.)

1772. — Idylles en prose de Suhm, qui écrit ensuite une consciencieuse *Histoire du Danemark*.

Vers 1780. — Kall, historien et philologue, publie une *Histoire universelle* et des *Annales d'Islande*.

1785. — Poème épique de *Stærkodder*, de Christian Pram, auteur de tragédies, de comédies, d'opéras, de contes, le tout généralement médiocre, et collaborateur de la *Minerve*.

— Knud Rahbek fonde la revue littéraire la *Minerve*, et, six ans après, *le Spectateur danois*, consacré surtout à la critique dramatique ; directeur du théâtre de Copenhague, il a écrit lui-même des drames qui ne sont pas sans mérite.

1787. — Satires en prose d'André Heiberg, qui le font bannir pour toute sa vie du Danemark.

1789. — Satires en vers de Jean Zeitlitz (ou mieux Zetlitz), auteur de chansons estimées et d'un poème descriptif.

— Premier opéra donné, avec succès, par Jens Baggesen, poète danois et allemand, qui, outre ses œuvres dramatiques, publie dans la suite ses poésies lyriques (*Travaux de jeunesse*), des contes en vers, etc.

Vers 1790. — L'érudit Nyerup recherche avec soin les vieux monuments de la poésie nationale.

Vers 1800. — Philologues et antiquaires : Magens, Petersen, Munther (ou Munthe), qui écrit aussi des ouvrages d'histoire populaire.

1804. — L'Académie des belles-lettres de Copenhague donne un prix de mille thalers au poème de la *Délivrance d'Israël*, de Michel Hertz, auquel l'inspiration fait presque toujours défaut.

— Débuts du poète romantique Œhlenschlæger, avec son imitation épique de *l'Edda*. Il donne, dans la suite (jusqu'en 1850), des drames et des tragédies (*Palnatoke, Hakon Jarl*), des poèmes tirés de la mythologie du Nord, des contes orientaux, des ballades, un art poétique, etc. ; et, en prose, des Relations de voyage et des Mémoires. En 1833-34, il rédige la revue poétique le *Prométhée*. (Œhlenschlæger a écrit aussi en allemand.)

Vers 1810. — Travaux remarquables sur les antiquités du Nord, par Gudme et Paludan Müller. (Ce dernier a écrit aussi des poèmes romantiques et des drames lyriques.)

1811. — Fondation de l'université de Christiania, en Norvège.

1812. — Débuts d'Ingemann, poète et romancier, (chants patriotiques ; épopée du *Chevalier noir*; romans: *Ogier le Danois, Woldemar le Victorieux,* etc.).

1814. — Étude des antiquités danoises : Molbech et la revue poétique mensuelle *l'Athénée*.

Vers 1817. — Premiers succès dramatiques de Jean-Louis Heiberg, dont les comédies et surtout les vaudevilles sont applaudis jusque vers 1850.

Vers 1820. — Le philologue Rask remet en honneur l'étude des antiquités islandaises.

1833. — Steen Blicher, poète et romancier, publie une traduction d'Ossian et des *Nouvelles*.

1835 à 1850. — Succès universel d'Andersen, poète et conteur populaire. (En 1837, roman autobiographique de *l'Improvisateur;* puis *Nouvelles,* contes, drames, etc.).

SUÈDE.

XIIIe SIÈCLE. — Développement du *lek* ou chant dialogué, longtemps populaire en Suède, et analogue aux représentations dramatiques (mystères, moralités, etc.) des autres pays.

— Époque présumée des premières traductions en langue vulgaire de poèmes bibliques ou autres, primitivement écrits en latin.

XIVe SIÈCLE. — Rédaction la plus ancienne des *Folvisor* ou chants populaires et nationaux.

1477. — Fondation de l'université d'Upsal.

Vers 1480. — Chronique (fabuleuse) de la Suède, jusqu'en 1164, écrite en latin par Éric Olaï, doyen à Upsal.

Vers 1520. — Jon Areson imite, dans ses poèmes, les anciens chants nationaux.

1526. — Traduction du Nouveau Testament en langue vulgaire, par Laurent Andreæ.

1541. — Traduction de la Bible par Laurent Petri; sermons, cantiques et drames religieux de son frère Olaüs.

Vers 1620. — Chroniques et Histoire de Suède (en latin), par Jean Messenius, auteur de drames historiques médiocres, en langue vulgaire.

Vers 1630. — Stiernhielm, poète froid et maniéré, auteur de ballets, d'un poème du *Choix d'Hercule*, d'épigrammes; son style, élégant et correct, le fait passer pour un des créateurs de la poésie suédoise.

Vers 1650. — Sonnets de Rosenhane, imités de ceux de Ronsard et des Italiens.

Vers 1670. — Ouvrages philosophiques, historiques et politiques de Puffendorf (en latin). — Il ne faut pas le confondre avec le jurisconsulte et historien allemand de ce nom.

1685. — Spegel imite *la Semaine* de Du Bartas et quelques autres poèmes français. Il donne, dans la suite, de nombreux poèmes religieux et une imitation du *Paradis Perdu* de Milton (1705).

1710. — Fondation de l'Académie d'Upsal.

1733. — Fondation de la revue hebdomadaire l'*Argus*, par Olaf (ou Olaüs) Dalin, auteur célèbre d'un chant populaire (*la Liberté de la Suède*, 1742), de tragédies, de comédies et de poésies lyriques généralement médiocres, et d'une *Histoire de la Suède*, inachevée, qui vaut mieux.

1737. — Premier essai de comédie de caractère, par Charles Gyllenborg, qui se borne à imiter le théâtre français. — (Ne pas le confondre avec le comte de Gyllenborg; voir 1785.)

1740. — Biographie de Charles XII, par son chapelain Norberg.

1741. — Fondation de l'Académie de Stockholm.

1743. — *La Tourterelle affligée*, recueil d'élégies de Mme Nordenflycht, qui ne manquent ni de sentiment ni de style; suivies d'autres poésies plus maniérées (idylles, épithalames, etc.). Cette femme auteur fonda une réunion poétique dans sa maison.

1747. — Ouvrage remarquable sur les antiquités et la religion du Nord, par Gicæranson.

1752. — Roman presque original d'*Adalric et Gothilde*, de Mœrk, qui, en imitant surtout Fénelon et Barclay, a fondé en Suède le roman politique et moral.

1753. — Fondation de l'Académie suédoise, à Stockholm ; puis établissement d'un théâtre permanent dans cette ville.

1769. — Histoire de Suède, de Lagerbring (consciencieuse, mais inachevée).

Vers 1770. — Michel Bellmann, poète bachique, plein de verve et de talent (*Temple de Bacchus*, *les Noces de Sion*, etc.).

— *Biographie des hommes illustres de la Suède*, par Gezelius.

1772-1792. — Règne de Gustave III : commencement de la période vraiment florissante de la littérature suédoise. Ce roi lui-même a écrit de nombreux drames, des comédies et des divertissements, presque toujours en prose, imités du théâtre français, et généralement un peu déclamatoires.

1778. — Le *Courrier de Stockholm*, fondé par Kellgren et Charles Lenngren, combat l'imitation anglaise et allemande, mise à la mode dans les années précédentes ; mais Kellgren imite volontiers les poètes français dans ses odes et ses drames lyriques (1786 et années suivantes). Ses *Satires* (1796) sont fort estimées.

1785. — *Le Passage du Belt*, poème épique assez remarquable du comte Frédéric Gyllenborg, dont on estime aussi les satires, les fables, les odes, quelques tragédies et des poèmes toujours écrits avec une rare élégance.

Vers 1790. — *Poésies intimes* de Mme Marie Lenngren, souvent remarquables par la vérité du sentiment. Ses drames, imités du théâtre français, ont moins de valeur.

1790. — Mauvais drame d'*Odin*, par Charles-Gustave de Léopold, qui donne, dans la suite, d'autres tragédies, soi-disant classiques, sans autre valeur que la correction et l'élégance ; puis des odes, sonores et creuses, des contes poétiques, des épîtres, des satires et des contes moraux en prose.

1793. — Mort prématurée de Lidner, qui avait débuté avec succès, à vingt ans, par des *Fables* assez médiocres. Poète de circonstance, souvent inspiré dans ses odes, ses poèmes, ses cantates; moins heureux dans ses drames et son opéra de *Médée*. Son style est inégal et peu châtié[1].

Vers 1800. — Poésies diverses de Charles-Gustave Brinkmann (pseudonyme Selmar), qui fut aussi philosophe et diplomate.

1800-1830. — Brillante carrière poétique de Miche. Franzen, l'un des précurseurs du romantisme, bien qu'il imite encore trop volontiers les poètes français du XVIIIe siècle dans ses drames, ses comédies et ses poèmes épiques. Il a surtout de la valeur comme poète lyrique. Ses romans sont faibles. Ses *Sermons*, fort estimés, ont paru en 1841.

1801. — Poésies de Silverstolpe, qui a donné, dans la suite, une *Histoire de Suède*, une *Grammaire* et un *Journal de la littérature suédoise*. Ses poésies (fables, etc.) sont généralement médiocres et trop imitées des littératures étrangères.

1811. — Les adeptes du romantisme fondent la *Société gothique*, qui a pour organes l'*Iduna*, le *Polyphème* et le *Phosphoros*, tandis que l'école classique est soutenue par le *Journal de la Littérature*.

1812 à 1822. — *La Harpe du Nord* ou les chants populaires d'Atterbom, un des chefs de l'école romantique, qui a donné, en outre, un poème de *l'Ile du Bonheur*, des odes, des élégies, etc.

1813. — Excellents *Chants d'église* publiés (de 1807 à 1813) par l'évêque Wallin, poète remarquable dans l'ode, l'élégie et le poème didactique (surtout dans *le Mal du pays*).

1817. — Poème épique de *Wladimir*, par Stagnelius, un des coryphées du romantisme, auteur de poésies lyriques généralement tristes (comme *les Lis de Saron*) et de drames nationaux où domine le sentiment mystique.

---

1. Une erreur typographique nous l'a fait appeler *Sidner* à la p. 37 de ce volume; c'est *Lidner* qu'il faut lire.

1819. — *Histoire du peuple suédois*, d'Anders Magnus Strinholm (terminée seulement en 1823).

Vers 1820. — Poésies lyriques et drames de Bœrjesson.

1820 — Traduction du *Paradis perdu*, par le poète islandais Thorlaksen.

1820-1830. — Liliegrenn publie les vieux manuscrits et les monuments de l'ancienne littérature suédoise.

1823. — Débuts de Nicander, poète romantique, descriptif et dramatique (tragédie du *Glaive runique*).

1825. — La *Saga de Frithiof*, chef-d'œuvre de Tegner, le meilleur poète suédois moderne. Il avait débuté en 1811 avec un poème de *la Suède*, couronné par l'Académie de Stockholm, et continué par de nombreuses poésies lyriques, des chants patriotiques, un poème d'*Axel*, en forme de romances (1822), etc.

1826-1832. — *Chronique de Suède* et *Histoire du peuple suédois*, de Geiier, plus estimé comme historien que comme poète lyrique et dramatique. (Son activité poétique s'étend de 1834 à 1844.)

1828. — Mort prématurée de Sicœberg (pseudonyme Vitalis), poète romantique distingué, dont la mélancolie est la note dominante (poésies sérieuses et comiques, élégies, épigrammes et odes, dont la plus célèbre a pour titre : *Gustave-Adolphe*).

1830-1843. — Période brillante de Runeberg, poète lyrique, élégiaque, dramatique, et qui excelle surtout dans l'épopée idyllique et dans la chanson.

1834. — Poème historique de *la Bataille de Brunkeberg*, de Fryxell, couronné par l'Académie suédoise. Ce poète, plein de verve et d'imagination, a donné, avant et après cette date, des poésies lyriques estimées, un drame populaire, et publié des recueils de vieux chants nationaux.

1835-1850. — Succès des romans de Frédérica Bremer.

1836. — Poème mythologique et national de *Gylfe*, le meilleur de ceux qu'a écrits le romantique Ling, auteur de drames également tirés de l'histoire légendaire de la Suède.

1846. — Travaux d'Hildebrand sur les antiquités suédoises.

Deuxième partie.
LITTÉRATURE ALLEMANDE.

Vers 388. — Mort d'Ulphilas (ou Wulfilas), évêque des Goths, traducteur de la Bible.

VIIe SIÈCLE. — Divers monuments de la vieille langue germanique, tels qu'une traduction de la Passion par l'évêque Isidore de Séville, des formules magiques, etc.

VIIIe SIÈCLE. — Vieux poèmes ou chants de *Hildebrand et Hadubrand*, et de *Muspilli* (ou la fin du monde), etc.

Vers 800. — Écoles fondées par Charlemagne ; écrivains latins et théologiens, tels que Raban Maur.

IXe SIÈCLE. — *L'Harmonie des Évangiles*, de Tatien, et celle du moine Ottfried.

881. — Le *Cantique des Cantiques*, de Williram.

882. — Le poème ou *Chant de Louis* (sur la défaite des Normands par Louis III, roi d'Austrasie et de Neustrie, à Saucourt).

Vers 900. — Poème biblique de l'*Héliand*.

Xe SIÈCLE. — Compilation poétique du *Passionnal* (recueil de légendes pieuses, de plus de cent mille vers).

— Chronique de Charlemagne, par un moine de Saint-Gall.

— Le moine Notker Labeo traduit en langue vulgaire une partie des *Psaumes* et de *la Consolation* de Boèce. (Il a écrit surtout en latin.)

Vers 980. — Drames de la religieuse Rhoswitha (écrits en latin).

XIe SIÈCLE. — Poème de *Merigarto* ou de la création de la terre (fragments).

XIIᵉ SIÈCLE. — Fragments de sermons et de traductions ou de paraphrases des livres saints.

— Chronique universelle, ou *Chant* de Saint-Annon (appelé aussi *Cantique*; on lui assigne quelquefois, sans preuve suffisante, la date de 1183). Ce poème a été édité au XVIIᵉ siècle, par Opitz.

— *Chronique des Empereurs* (vers 1150) : recueil de légendes fabuleuses sur l'histoire ancienne et moderne.

— Rédaction primitive du poème du Renard (*Reinhart Fuchs*), attribuée à Henri le Glichesère, et faisant partie de la *Légende des Bêtes* (vers 1150).

— Le *Heldenbuch* ou *Livre des Héros*, poèmes et légendes épiques, relatifs surtout à Etzel ou Attila et à Théodoric ou Dietrich de Bern (remaniés sans doute au XIIᵉ siècle).

— Poème du *roi Rother* ou *Ruother* et autres poèmes légendaires.

1155. — Entrevue de l'empereur Frédéric Iᵉʳ Barberousse, à Turin, avec Hugues de Baux (origine de la poésie chevaleresque ou du *Minnegesang*, imitée des troubadours provençaux).

1173. — Poème de la *Vie de la Vierge Marie*, par le prêtre Wernher de Tegernse.

— Le prêtre Conrad imite ou traduit notre *Chanson de Roland*.

Vers 1180. — Le poème d'*Alexandre*, du curé Lamprecht (ou Lambert).

— Les premiers cantiques en langue vulgaire, par Spervogel.

— Les premiers minnesinger, avec le chevalier de Kurenberg, Ditmar von Eist, etc.

1183. — Henri de Weldeck (ou Veldecke), auteur d'une *Énéide* et de divers autres poèmes.

1190. — L'empereur Henri VI, minnesinger.

Vers 1200. — Épopées de *Gudrun* et des *Nibelungen*.

— Poème de *Tristan et Yseult*, de Gottfrid (ou Godefroy) de Strasbourg.

— Herbort de Fritzlar : poème de la *Guerre de Troie*.

— Wolfram d'Eschenbach : poèmes chevaleresques de *Willehalm*, de *Titurel*, de *Lohengrin* et surtout de *Parcival*.

— Hartmann von der Aue : poèmes chevaleresques d'*Érek*, d'*Ivein* et du *Pauvre Henri* (son chef-d'œuvre) ; poème religieux de *saint Grégoire du Rocher*.

— Walther von der Vogelweide, poète chevaleresque et mystique.

1206 ou 1207. — Tournoi poétique (plus ou moins fabuleux) de la Wartbourg, à la cour du comte Hermann de Thuringe, entre Henri d'Ofterdingen, Klingsor de Hongrie et cinq autres minnesinger célèbres.

1229. — Poème allégorique et moral de *Bescheidenheit (Modération)* de Freidank.

Vers 1230. — Poème de *Flor et Blanchefleur*, d'un minnesinger inconnu, peut-être de Conrad de Flecke (imité de ceux de Gottfrid de Strasbourg).

— Poésies *villageoises* de Nithart.

— Henri d'Ofterdingen, minnesinger.

— Rodolphe d'Ems : chronique en vers ; poème de *Barlaam et Josaphat*.

Vers 1250. — Le roi de Bohême Wentzel (ou Wenceslas), protecteur des poètes souabes, et poète lui-même.

— Ulrich de Lichtenstein, minnesinger.

— Le Stricker (ou Arrangeur), auteur présumé d'un poème de *Roland*, d'un poème satirique du *Curé Amis* et d'un recueil de *Fables* qui remonte à 1230.

— Le comte Otto de Botenlaube, minnesinger.

Vers 1265. — Le Tannhæuser, minnesinger.

1270. — Poème allégorique et moral du *Renner (Coureur)* de Hugo de Trimberg (une des plus remarquables compositions du moyen âge).

1287. — Mort de Conrad de Wurzbourg, auteur d'une épopée inachevée de la *Guerre de Troie*, d'un poème d'*Engelhard et Engeltrud*, etc.

1289. — Mort du comte de Leiningen, minnesinger.

Fin du XIIIe siècle. — Albert de Scharfenberg reprend et termine le poème de *Titurel* (laissé inachevé par Wolfram d'Eschenbach).

— Décadence de la poésie des minnesinger, avec la mode des poèmes mystiques et des chroniques rimées.

— Chronique rimée de Limbourg ; chants populaires.

— Apparition des premiers meistersænger, avec Henri de Meissen, dit Frauenlob.

Commencement du XIVe siècle. — Origine du drame, avec les premières représentations des *mystères* et autres *jeux* en latin d'abord, puis en langue vulgaire ; et, plus tard, des *intermèdes, mascarades, carnavalades* (comédies).

Vers 1340. — Les *Pierres précieuses* ou *Edelsteine* d'Ulrich Boner (recueil de fables)

— Sermons populaires de Tauler.

Vers 1380. — Henri le Teichner, poète moraliste et satirique.

Fin du XIVe siècle. — Commencement de l'âge d'or des meistersænger, surtout dans le midi de l'Allemagne, à Nuremberg et à Augsbourg (v. les débuts à la fin du XIIIe siècle.)

Commencement du XVe siècle. — Floraison des pièces de carnaval, grossières d'abord et sans art, relevées ensuite par les trois Hans (surtout Hans Sachs, au siècle suivant).

Vers 1430. — Derniers minnesinger, généralement médiocres, comme le sire de Bregen et Oswald de Wolkenstein ; fin de la poésie chevaleresque.

1438. — Invention de l'imprimerie, à Strasbourg, par Guttenberg.

Vers 1450. — Rédaction des *Livres populaires* ou remaniement en prose des vieux romans de chevalerie et de quelques poèmes moraux ou didactiques, de légendes pieuses, etc.

— Chansons bachiques et *priamèles* de Hans Rosenblüt, meistersænger.

1466. — Impression de l'une des plus anciennes

traductions allemandes de la Bible (la plus ancienne remonte à l'an 1343).

Vers 1480. — Légendes, satires, poésies morales et patriotiques du barbier Hans Foltz, meistersænger.

1483. — Histoire populaire et satirique de *Til Eulenspiegel*.

1494. — *Le Vaisseau des Fous*, poème allégorique et satirique de Seb. Brandt.

1498. — Nicolas Baumann rédige en haut allemand et Henri d'Alkmar (Hollandais) en bas allemand (peut-être un peu avant) le poème populaire du *Renard (Reineke Vos)*.

Vers 1500. — Histoire satirique du *Curé de Kalenberg*, rédigée par le Frankfürter.

— Le prédicateur catholique Geiler de Keysersberg consacre cent dix sermons au commentaire du *Vaisseau des Fous* (voir 1494).

— Nombreux ouvrages latins de l'humaniste Reuchlin (notamment des drames, à partir de 1498).

1502. — L'empereur Maximilien Ier fait exécuter une copie du poème de *Gudrun* (v. vers 1200); on le regarde quelquefois comme l'auteur du poème chevaleresque de *Theuerdank*, attribué généralement à Melchior Pfinzing, et dont le plan, du moins, paraît lui appartenir.

1507. — Traduction de la Bible, par Ottmar (v. 1466).

1511. — *Éloge de la Folie*, en latin (*Encomium Moriæ*), d'Érasme, auteur de nombreux ouvrages latins (*Colloques*; *Traduction du Nouveau Testament*, 1516; etc.).

1517. — Luther et la Réforme.

— L'humaniste luthérien Ulrich de Hütten, écrivain satirique et l'un des principaux auteurs du pamphlet latin intitulé : *Lettres de quelques hommes obscurs*

1519. — Pamphlets et poèmes satiriques contre Luther (en allemand), par le prédicateur catholique Murner.

1523. — Chant en l'honneur de Luther, par le savetier et meistersænger Hans Sachs, un des premiers partisans de la Réforme, et auteur de nombreuses poésies morales et satiriques, de drames et de comédies, etc.

— Ouvrage latin sur l'éducation, du réformateur Zwingli (traduit aussitôt en allemand sous les yeux de l'auteur). — Plus tard, cantiques religieux du même.

1528. — Publication des *Proverbes* allemands de Jean Schnitter, dit Agricola, auteur de nombreux ouvrages latins.

1534. — Traduction de la Bible, par Luther (commencée en 1521), premier monument de la prose allemande moderne. On a de lui, en outre, des pamphlets, des sermons, des mémoires, et des cantiques et d'autres poésies.

1536. — Premiers drames (bibliques), divisés en actes et en scènes, par Paul Rebhuhn.

1538 — Pièces de carnaval et autres œuvres dramatiques du poète moraliste George Wickram, dont le chef-d'œuvre, le roman du *Fil d'or*, n'a été imprimé qu'en 1665.

1548. — L'*Ésope* ou recueil de quatre cents fables de Burkhard Waldis.

Vers 1550. — Fin de l'âge d'or des meistersænger.

— *Cantiques* d'Érasmus Alberus, disciple de Luther, qui, dès 1531, a écrit des satires contre la papauté. On a aussi de lui quarante-neuf fables, souvent originales.

1570 et années suivantes. — Cantiques, poèmes, satires, fables de Jean Fischart.

1580. — Première rédaction moderne de la légende du *Docteur Faust* et de celle du *Juif errant* (livres populaires).

1594. — Cantiques de Philippe Nicolaï.

1595. — Poème satirique du *Froschmœuseler*, de Rollenhagen (nombreuses éditions ensuite).

1597. — Rédaction définitive de la légende populaire et satirique du *Lallenbuch* (sur un texte du xive siècle).

Vers 1600. — Succès de Jacques Ayrer, poète lyrique et dramatique, qui imite Hans Sachs. (Son *Opus Theatricum*, recueil de trente comédies et tragédies, parut en 1610; Ayrer mourut en 1605 ou, selon d'autres, en 1618 seulement.)

1600. — Le duc de Brunswick fait venir des comédiens anglais.

1612. — Premiers ouvrages, mystiques et profonds, mais souvent peu intelligibles, du *théosophe* Jacob Bœhme, simple artisan (jusqu'à sa mort, en 1624).

1617. — Société des *Fructifiants* ou *Ordre du Palmier* (ou des *Palmes*), fondée par Opitz, Gryphius, Logau, etc. — Préoccupation exclusive de la langue; hiérarchie organisée; noms d'emprunt.

Vers 1619. — Poème allégorique sur les malheurs de l'Église à l'approche de la guerre de trente ans, par l'abbé Valentin Andreæ, poète populaire, quelquefois satirique (dont les débuts remontent à 1612).

1624. — La *Poétique allemande* de Martin Opitz de Boberfeld, fondateur de la première école silésienne, qui imite les anciens dans toutes ses poésies, surtout dans son théâtre, et a le mérite, en outre, de rechercher et de publier les vieux poètes allemands.

1626. — Poésies morales et lyriques de Zinkgref (1e école silésienne), éditeur d'Opitz.

1638. — Épigrammes et poésies morales de Logau (1e école silésienne).

1639. — Publication des pièces d'André Gryph ou Gryphius, qui imite généralement les anciens ou le théâtre français (surtout à travers les drames du Hollandais van den Vondel).

Vers 1640. — Schupp (ou Schuppe), prédicateur, satirique et romancier.

1640. — Mort prématurée de Paul Fleming (1re école silésienne), poète de grand mérite, peu connu de son vivant (odes, sonnets, chansons, inspirés par un sentiment vrai et les souvenirs de son voyage en Orient).

1641. — Mort prématurée de Scultetus (1re école silésienne), poète de sentiment. Ses œuvres, sauf les poésies religieuses, parues à sa mort, n'ont été publiées que par Lessing, en 1771.

— Cantiques de Weckherlin, puis sonnets et épigrammes (débuts en 1618, jusqu'à sa mort en 1650).

1644. — La *Société de la Pegnitz* ou *Ordre fleuri et couronné des bergers*, à Nuremberg. — Soin puéril de la versification ; noms de bergers (peu d'auteurs connus).

1645. — Imitation des auteurs espagnols (roman picaresque), par Moscherosch (mort en 1669).

1650. — Schirmer, poète lyrique de la deuxième école silésienne, est nommé poète officiel de la cour de Dresde.

— Publication (douze ans après sa mort prématurée) des poésies de Sibylla Schwartz (1re école silésienne)

— Satires (en vers prosaïques) de Lauremberg, dont les comédies avaient été publiées dès 1635.

1654. — Poésies (imitées ou traduites de poètes orientaux) d'Adam Olearius (1re école silésienne), dont les relations de voyage ont paru en 1647.

1659. — Romans soi-disant historiques, mais surtout religieux et moraux, de Buchholtz (ou mieux Bucholtz), à l'imitation de ceux de Mlle de Scudéri. Ses *Psaumes en vers* et ses *Cantiques* avaient paru dès 1640 et 1651.

Vers 1660. — Roman satirique de *Simplicissimus*, de Grimmelshausen (pseudonyme Greifenstein von Hirschfeld), qui avait débuté par des romans bibliques en 1647.

— Hoffmannswaldau (2e école silésienne), traducteur de Guarini, met à la mode les *Héroïdes* ou lettres de héros anciens, et d'autres poésies fades et maniérées. (Ses œuvres ne furent publiées qu'en 1673 et années suivantes.)

1661. — Premières tragédies de Lohenstein, chef de

la deuxième école silésienne, aussi médiocre dans ses drames que dans ses poésies et son roman patriotique de *Hermann et Thusnelda* (publié seulement en 1689, après sa mort.)

1664. — Satires en vers, correctes et sensées, de Joachim Rachel.

1667. — Cantiques et *Lieder* religieux de Paul Gerhard (mort en 1676).

1671. — Premiers romans satiriques et moraux de Christian Weise, connu aussi par ses poésies (d'un goût assez indépendant), publiées seulement en 1691.

Vers 1680. — Prédications humoristiques du moine augustin Ulrich Megerle, dit Abraham a Sancta Clara (connu surtout par son sermon satirique de *Judas l'archicoquin*).

— Sermons, traités religieux, cantiques et chants divers de Spener, qui réagit par son exemple contre le mauvais goût de la deuxième école silésienne.

1682. — L'allemand est employé, pour un traité politique, par Samuel Pufendorf (et non Puffendorf), dont les autres ouvrages sont en latin, sauf un second opuscule en langue vulgaire, paru l'année de sa mort, en 1694.

1688. — Succès étonnant des romans (genre sentimental et ennuyeux) de Henri Ziegler, mort en 1697. (Son homonyme, Gaspar Ziegler, de la 2ᵉ école silésienne, avait publié des chansons et des madrigaux en 1648 et 1653.)

Vers 1690. — Épîtres, odes, élégies et cantiques de Canitz (2ᵉ école silésienne), qui, en imitant Boileau, tend à s'affranchir du mauvais goût de son école.

1694. — Fondation de l'université de Halle en Prusse, illustrée dès l'origine par les cartésiens Franke et Thomasius. Celui-ci (mort en 1728) est le premier philosophe qui professe en allemand.

1695. — *Poésies galantes* de Neukirch (3ᵉ école silésienne), qui, dans la suite, traduit le *Télémaque* en vers et publie encore des *Poésies mondaines* (1727).

1697. — *Épigrammes* de Wernicke ou Warnecke, poète estimable de la 2ᵉ école silésienne, célèbre aussi par ses ouvrages de critique, à l'occasion de sa querelle avec Postel (voir 1700). Ses *Satires* et autres poésies parurent en 1704.

1698. — Odes, cantiques, *Prières*, etc., de Gasp. Neander (1ʳᵉ école silésienne), dont le vrai nom est Neumann.

Vers 1700. — Drames et surtout opéras de Postel (3ᵉ école silésienne), joués à Hambourg.

— Fondation de l'Académie des sciences de Berlin par Leibnitz, qui, tout en n'écrivant guère en allemand, fait tous ses efforts pour développer et régulariser la langue vulgaire.

1713. — Premiers ouvrages de Christian Wolf, disciple de Leibnitz, qui crée la langue philosophique vulgaire. (Ses écrits, jusqu'en 1743, sont presque tous intitulés *Pensées rationnelles*.)

1721. — Bodmer et Breitinger (à Zurich) publient leurs *Discours des peintres*, premier manifeste de l'école suisse, où ils recommandent surtout l'imitation des Anglais.

1726. — Gottsched (à Leipzig) publie sa *Critique rationnelle*, première déclaration de principes de son école ou *Société allemande*. Il s'occupe surtout du théâtre et propage le goût français par ses drames et ses poésies comme par ses ouvrages de critique. Son influence va en croissant jusque vers 1742.

1729. — Premières poésies de Hagedorn, imitées surtout d'Horace et des Anglais. Il publie, dans la suite, ses *Fables* et ses *Contes* (1738), puis des *Chansons*, des *Épîtres*, des *Épigrammes*, etc.

— Poème descriptif et didactique des *Alpes*, de Haller : grand succès, malgré la faiblesse du style. Plus tard (1734), autre poème sur *l'Origine du mal*.

1731. — Poème héroïque d'*Auguste au camp*, de Kœnig (3ᵉ école silésienne), dont les poèmes dramatiques avaient paru en 1713, et dont les *Poésies* furent publiées en 1745, après sa mort, par Rost.

1732. — Rupture de Bodmer avec Gottsched, à l'occasion d'une traduction de Milton, publiée par le premier.

1734. — Poème du *Massacre de Bethléem*, traduit de Marini par Henri Brockes, qui, plus tard, imitera de préférence les poèmes descriptifs des Anglais, surtout de Thomson.

1735 (et années suivantes). — Poésies de Zinzendorf, fondateur de la communauté de Herrnhut ou des Frères moraves, et auteur de plus de deux mille cantiques.

1739. — *Écrits satiriques et sérieux* de Liscov, qui imite les anciens et les Anglais.

1740. — Breitinger, poète et critique de l'école suisse (voir 1721), publie son *Traité des comparaisons*, et, plus tard, sa *Poétique* et divers autres ouvrages.

— Réunion à Halle (et plus tard à Halberstadt) des poètes *anacréontiques* Gleim, Uz, Kleist, etc.

Vers 1741. — Tragédies et comédies d'Élie Schlegel, collaborateur de la *Revue de Brême* (voir 1745).

1741. — Revue poétique des *Récréations de la raison et de l'esprit*, fondée à Leipzig par Schwabe, disciple de Gottsched et traducteur de *Zaïre*.

1743. — Publication, un an après la mort de l'auteur, des poésies de Drollinger, poète indépendant, surtout philosophique et religieux.

1744. — Traductions et imitations d'Horace par Lange.

1745. — Pyra et Lange publient leurs *Chansons de Tirsis et Damon*. (Ils avaient déjà donné en commun leur *Temple de la Poésie*, en 1732.)

— Comédie des *Médecins*, de Mylius, auteur de divers opuscules et fondateur d'une revue (*le Libre Penseur*) en 1746.

— Gærtner et quelques autres disciples séparés de Gottsched fondent (à Leipzig) les *Nouvelles Récréations de la raison et de l'esprit* (voir 1741), qui deviendront bientôt (à partir de 1747) la *Revue de Brême* (*Bremer Beitræge*), avec la collaboration de Cramer, de Klopstock, de Gellert, etc.

1746. — *Fables* et roman sentimental de Gellert

puis Contes, poèmes didactiques, essais dramatiques, etc.

1747. — Bodmer donne son poème épique de *Noé*, après divers autres poèmes ou drames également médiocres (Zurich ; voir 1721 et 1732).

1747-1754. — Première période de Lessing : Comédies, Fables en vers, Contes, *Bibliothèque théâtrale*, *Bagatelles*, etc.; vie nomade, nombreux voyages et séjour à Wittemberg, à Berlin et ailleurs.

1748. — Fables, naïves mais sèches, de Lichtwer.

1748-1756. — Klopstock publie les premiers chants de son *Messie* (1748), des odes et le drame de *la Mort d'Adam* (1756). Séjour à Zurich (1750), puis en Danemark.

1749 et années suivantes. — Chansons anacréontiques et odes de Pierre Uz (ou Utz).

1750. — Ouvrage de Baumgarten sur l'*Esthétique* (premier emploi de ce mot).

1751. — Dixième édition des Satires en prose de Rabener, qui a laissé aussi des Contes et des Lettres.

— Poème épique de *Hermann*, du major Schœnaich (école de Gottsched), qui a écrit, en outre, des tragédies, un poème de *Henri l'Oiseleur* (1757), des Odes et des Satires (1761), etc.

1752-1758. — Première période de Wieland : son poème de la *Nature*; séjour en Suisse et poésies religieuses (1753); drame de *Jeanne Gray* (1758).

1754. — Traduction du poème anglais des *Nuits*, d'Young, par Arnold Ebert.

— Premières œuvres de Dusch, disciple de Gottsched, qui, après avoir traduit ou imité le poète anglais Pope, écrit des satires et des poèmes héroï-comiques non dénués de mérite.

Vers 1755. — Éclat jeté par Gleim, connu déjà par ses *Premières Chansons* (1744-47); *Fables*, *Chants d'un grenadier prussien* (1758); et, plus tard, essais dramatiques de 1760 à 1770 (voir aussi 1774).

1755. — Épigrammes du poète-mathématicien Kæstner (qui paraissent jusqu'en 1772).

1755-1760. — Seconde période de Lessing (séjour à Leipzig, puis retour à Berlin) : drame en prose de *Sarah Sampson; Lettres* (périodiques) *sur la littérature contemporaine* (avec Nicolaï et Mendelssohn); Fables en prose; tragédie de Philotas (en prose); traduction de quelques comédies de Diderot.

1758. — Premières poésies (patriotiques) de Louise Karsch ou Karschin, femme d'un artisan, patronnée par Gleim et Ramler, comme représentant la poésie *naturelle*. (Ses autres poésies parurent en 1764 et 1772.)

— Mort de Méta ou Marguerite Klopstock. (Lettres et divers ouvrages posthumes.)

— Mort prématurée de Cronegk (ou Kronegk), jeune poète d'avenir, couronné cette année-là même pour sa tragédie de *Codrus*.

1759. — Mort d'Ewald de Kleist, auteur d'un poème, déjà remarquable, du *Printemps*.

Vers 1760. — Succès des sermons de Zollikofer, prédicateur à Leipzig, qui, longtemps après, publiera un recueil estimé de *Cantiques* (1786).

— Poésies froides et peu originales (imitation française) de Gœtz, encouragé par Frédéric II, patronné et édité par Ramler.

1760-68. — Seconde période de Wieland : *Don Sylvio de Rosalva*, roman; *Musarion*, poème; roman autobiographique d'*Agathon* (1767); traduction de Shakspeare.

1762. — Hamann : *Croisades du philologue Pan*; avant et après cette date, nombreux ouvrages, non dénués de mérite, mais gâtés par une érudition indigeste, une philosophie obscure et confuse, et des idées souvent fausses.

— *Idylles* en prose, de Gessner, peintre, graveur et poète suisse (1730-1787).

1763. — Poème de *Daniel dans la Fosse aux Lions*, de Ch. Moser, qui a écrit aussi des cantiques.

1764. — Première traduction allemande des prétendus poèmes d'Ossian.

— Winckelmann : *Histoire de l'art dans l'antiquité.*

— Épopée comique de *Wilhelmine ou le Pédant fiancé*, de Thümmel, qui publiera, dans la suite, d'intéressantes relations de voyages (1791).

1765. — Ouvrage remarquable de Kant sur *les Sentiments du beau et du sublime.* (Ses premiers écrits datent de 1755.)

— *Le Renommiste*, poème héroï-comique de Zachariæ, qui a surtout imité les Anglais (poème didactique des *Jours*, traduction de Milton, etc.); plus tard, traductions du théâtre espagnol et essais dramatiques (1772).

1766. — Mort prématurée de Th. Abbt, auteur de quelques traités moraux et philosophiques, parus l'année précédente. (Ses œuvres complètes furent publiées en 1768.)

1766-68. — Période la plus florissante de Lessing : le *Lacoon; Minna de Barnhelm* (comédie jouée en 1767); *Lettres archéologiques* et *Dramaturgie de Hambourg* (1768).

1767. — Le *Phédon* de Moïse Mendelssohn, philosophe israélite (1729-1786), auteur enthousiaste qui, dans tous ses ouvrages, s'inspire de Spinosa, mais manque généralement de fond.

— Opéras, tragédies et comédies de Christian-Félix Weisse (1726-1804), qui paraissent jusqu'en 1783. (Ses poésies lyriques, 1772; l'*Ami des enfants*, 1776-82; nombreuses traductions, etc.)

— Lavater : *Chants suisses*, puis (1771) *Cantiques chrétiens* et (1775) célèbres *Fragments physiognomoniques.*

1768. — Sermons estimés de Spalding (1714-1804), auteur de traités philosophiques et religieux depuis 1748. — *Cantiques* (1765). — Sa *Religion*, à tendances rationalistes (1797), le rattache à l'école de Wieland.

— Mort de Reimarus, disciple de Leibnitz et de Wolf, qui n'a rien publié de son vivant, mais dont Lessing éditera les œuvres, fort hardies pour l'époque (voir 1770-1775).

— Gerstenberg : drame d'*Ugolin* (précédé de *Lettres sur l'imitation des Anglais*, et du *Chant du Scalde*; — école de Klopstock).

1769. — Poésies et Fables d'Adolphe Schlegel, connu, depuis 1766, pour ses *Chants spirituels* et, plus tard, pour ses sermons.

— *Fragments* et *Forêts critiques* de Herder (depuis 1766); autres ouvrages de critique littéraire en 1773. — Durant cette période, séjour à Riga, puis à Strasbourg, voyage en France, etc.

1769-1790. — Le *Magasin* de Bertuch (disciple de Wieland) publie des traductions de chefs-d'œuvre étrangers, surtout espagnols.

1770. — Boïe fonde à Gœttingue le premier *Almanach des Muses* qui ait paru en Allemagne, avec la collaboration de Klopstock, Ramler, Gleim, Denis, etc.

— Fondation, à Copenhague, du *Surveillant du Nord*, par Cramer, un des membres actifs de l'*Union de Gœttingue*, qui avait déjà publié des poésies religieuses en 1765.

— L'*Union de Gœttingue* ou *Hainbund*, avec Bürger (*Sonnets*, *Ballades*) et d'autres poètes d'avenir.

— Drames bourgeois, généralement ennuyeux, de J.-J. Engel, plus connu aujourd'hui pour ses romans politiques et moraux (*le Miroir des Princes*, *Laurent Stark*), non moins médiocres, et pour son ouvrage rationaliste du *Philosophe cosmopolite* (paru seulement en 1801).

— Œuvres de Jean-George Jacobi (1740-1814), frère du philosophe Fr.-Henri Jacobi. — Outre ses ouvrages en prose, il a donné des *Poésies* en 1764 et années suivantes, et des *Chansons* (1784).

— Premières poésies de Gœthe, publiées à Leipzig sans son aveu. Dans les cinq années précédentes, il avait composé déjà un poème et des comédies, qu'il publiera plus tard; puis, les deux années suivantes, des articles dans les *Annonces savantes de Francfort*.

1770-1775. — Quatrième période de Lessing : après avoir plusieurs fois changé de résidence depuis dix ans, il se fixe pour les onze dernières années de sa vie à Wolfenbüttel, chez le duc de Brunswick. — *Emilia Galotti*, drame (1772); publication (1775) des dissertations de Reimarus ou *Fragments d'un inconnu* (voir 1768).

1772. — Hœlty : poésies lyriques et élégies.

1772-1780. — Troisième période de Wieland : roman politique du *Miroir d'or*; séjour à Weimar; le *Mercure allemand* (1773); les *Abdéritains*, roman (1776); le poème d'*Obéron* (1780).

1773. — *Bibliothèque allemande universelle* de Fréd. Nicolaï, collaborateur de Lessing pour les *Lettres sur la littérature* (voir 1755-1760). — Roman philosophique de *Sebaldus Nothanker*, et, plus tard, nombreux ouvrages de critique et divers.

— Klopstock publie les derniers chants du *Messie* (il avait donné la troisième partie en 1768). — Avant et après cette date, drames bibliques de *Salomon* et de *David*, et *bardites* ou drames nationaux de *Hermann* (1769, 1784, 1787).

1773-1776. — Gœthe : drame de *Gœtz de Berlichingen*; puis *Clavijo*, drame, et *Werther*, roman (1774). Il se fixe à Weimar, en 1776, et ne publie presque rien pendant quelques années.

1774. — Lenz : *Observations sur le théâtre*, et, dans la suite, drames et *Pandemonium germanicum* (ouvrage de critique et d'histoire littéraire).

— Premiers drames de Gotter (1746-1797), un des membres du Hainbund (voir 1770). Ses poésies paraîtront en 1787, et son théâtre complet en 1795.

Vers 1775. — Le peintre et poète Fréd. Müller, disciple de Klopstock, de Gessner et de Voss : Odes, Idylles, Ballades, etc. — Drame médiocre de *Faust* (en 1778).

1775. — Gleim : poème mystique de *Halladat ou le Livre rouge*.

— Poésies et œuvres diverses de Matth. Claudius (pseudonymes *Asmus* et le *Messager de Wandsbeck*, nom d'un journal paraissant près de Hambourg), publiées sous le titre de : *Asmus omnia sua secum portans*. (Il y a souvent de l'inspiration dans ses poésies lyriques.)

— Parodie de *Werther*, par Bretschneider, auteur (avant et après cette date) d'un poème comique, de poésies et de fables (1781), de romans divers et de relations de voyages.

1776. — Imitation de *Werther* dans le roman de *Karl Siegwart*, de Martin Miller, auteur de *Chansons* parues avant cette date.

— Leisewitz : drame de *Jules de Tarente*.

— Max. Klinger est couronné à Hambourg pour son drame des *Jumeaux*, et inaugure la période dite *d'assaut et de tumulte*, dont le nom vient d'un drame de lui (*Sturm und Drang*), joué en 1778.

— Herder se fixe à Weimar jusqu'à sa mort. — Voyage en Italie (1778); les *Voix des peuples* (1779); la *Poésie des Hébreux*.

1777. — Poésies lyriques de Schubart (musicien et compositeur distingué); elles lui attirent les persécutions du duc de Wurtemberg.

— Autobiographie de J.-J. Moser, auteur de nombreux cantiques et de divers ouvrages en prose (philosophiques et politiques).

1778. — Drames et comédies de Wolfgang de Dalberg, intendant du théâtre de Mannhein, qui imite surtout Shakspeare. C'est lui qui encouragea les débuts de Schiller. (Ne pas le confondre avec ses deux frères, plus âgés que lui, également connus comme littérateurs.)

1779. — Poésies des frères Stolberg; plus tard, en 1787, essais de tragédies avec chœurs.

— Poésies lyriques de Ramler, médiocre imitateur d'Horace ; dans la suite, traductions de poètes anciens, fables (1790), etc.

— Romans mystiques de Jung-Stilling (1740-1817); divers ouvrages avant cette date, et, plus tard, *Années d'apprentissage de Stilling* (1804) et autres ouvrages autobiographiques; poésies posthumes.

1779-1790. — Gœthe fait jouer à Weimar son *Iphigénie* en prose (publiée en vers huit ans après); il compose *Egmont* (imprimé seulement en 1788) et *Torquato Tasso*, d'abord en prose (mis en vers et publié en 1790). — Voyage d'Italie (1786-88); second voyage d'Italie et premiers fragments de Faust en 1790.

1780-1785. — Première période de Schiller (tumulte et révolte), avec les *Brigands*, qu'il publie et fait jouer à Mannheim (1781), quatre ans après les avoir commencés. — Sa fuite de Stuttgart; séjour à Mannheim, puis chez Mme de Wolzogen, etc.; retour à Mannheim (1783-85). — Drames de *Fiesque* et d'*Intrigue et Amour* (1784). — Premier recueil de ses poésies lyriques. — Premier numéro de la *Thalie du Rhin* (1785).

1781. — Mort de Lessing, trois ans après la représentation de son drame philosophique de *Nathan le Sage*.

— Poème de *Renaud et Angélique*, de H. de Nicolay, imitateur de Wieland et de l'Arioste.

— Roman philosophique de *Woldemar*, de Fr.-Henri Jacobi, qui, plus tard, attaquera le système de Kant.

1782. — Relation d'un voyage autour du monde, par Adam Forster, qui, dans la suite, traduira le poème sanscrit de *Sacountala* (1790).

1783. — Poème idyllique de *Louise*, de Henri Voss (achevé en 1795 seulement). Voss avait donné auparavant des idylles et une traduction de *l'Odyssée*.

— Fables de Pfeffel, auteur médiocre d'*Essais poétiques*, dès 1761, puis d'idylles, de drames ou tragédies, etc.

1784. — Herder: *Philosophie de l'histoire*. (Divers ouvrages de philosophie et de théologie avant et après cette date.)

— Traduction d'*Ossian* et poésies du jésuite autrichien Denis (*le barde Sined*), qui imite surtout Klopstock.

— Zimmermann : *Traité de la solitude.*

1785-1794. — Seconde période de Schiller (apaisement et réflexion philosophique). — Premier voyage à Weimar (1787); *don Carlos.* — Schiller, nommé professeur à Iéna (1788), publie son *Histoire du soulèvement des Pays-Bas.* — Son mariage. — *Histoire de la guerre de trente ans* (1792). — Liaison avec Gœthe (1794).

1786. — *Contes populaires des Allemands* (avec nuance ironique) de Musæus, qui a imité Wieland dans le roman satirique.

— *Histoire universelle* (terminée seulement en 1808) de Jean de Müller, auteur d'une remarquable *Histoire de Suisse* et d'une intéressante *Correspondance.*

— Poésies et poèmes descriptifs de Matthison, déjà connu par ses *Chansons* (1781), et qui publiera plus tard d'autres poésies et des mémoires ou *Souvenirs* (1811).

1787. — Poème de *Doolin de Mayence* (imitation de Wieland), par Alxinger. — Poésies diverses de cet auteur en 1780; poème de *Bliomberis* en 1792.

— Reinhold professe le kantisme à Iéna.

— *Lienhard et Gertrude*, roman de propagande de Pestalozzi, connu surtout, dans la suite, pour ses ouvrages de pédagogie.

— Roman d'*Ardinghello*, de Heinse, auteur de plusieurs autres romans et de *Lettres sur l'Italie.*

— Ouvrages historiques d'Archenholtz (*l'Angleterre et l'Italie*, et, plus tard, *Annales, Histoire de la guerre de sept ans*, etc.).

1788. — *L'Énéide travestie*, de Blumauer.

— *Principes de morale et de politique*, de Garve, un des adversaires de Kant, et auteur de divers traités de philosophie banale.

1789. — La *Critique de la raison pure*, de Kan-

.(publiée dès 1781), commence à être l'objet de vives attaques et d'un rare enthousiasme. — La *Raison pratique* de Kant a paru en 1787.

— Drames réalistes de Kotzebue; succès de *Misanthropie et Repentir*, et, les années suivantes, de *la Prêtresse du soleil*, puis de nombreuses comédies.

1790. — Fréd. Aug. Müller : poème de *Richard Cœur de Lion*, mauvaise imitation de Wieland.

1792. — Gottlob Schulze attaque le kantisme dans son *Énésidème*. (Autres ouvrages philosophiques avant et après cette date.)

1793. — Poésies lyriques (sentimentales) de Salis-Seewis, publiées de son vivant par Matthison.

— *Voyages en zigzag* de Hippel, auteur de poésies lyriques, de cantiques, de romans humoristiques (dès 1778).

1794. — Lichtenberg : *Commentaires humoristiques* (en prose) *sur les dessins de Hogarth*.

1794-1798. — Gœthe publie son *Reineke Fuchs*. — Liaison avec Schiller; collaboration aux *Heures*, à l'*Almanach des Muses*, aux *Xénies*. — *Années d'apprentissage de Wilhelm Meister* (1796); *Hermann et Dorothée* (1798).

1795. Hœlderlin : roman ou poème d'*Hypérion*.

— Roman d'*Hespérus*, de Jean-Paul-Fréd. Richter, connu dès 1783 par des ouvrages fantastiques (*Procès groënlandais*, puis les *Papiers du diable*, 1788; *la Loge invisible*, 1793). — Il donne, dans la suite : *Siebenkæs* (1796); la *Vallée de Campan* (1798); une *Esthétique*, et, en 1804-1807, un roman d'éducation, *Levana*.

— *Traité de la paix perpétuelle* de Kant (après divers ouvrages, comme la *Critique du jugement*, 1790).

1795 et années suivantes. — Troisième période de Schiller (chefs-d'œuvre dramatiques). — Revue poétique des *Heures* (1795-97); opuscules divers; *Xénies* (1796); *Almanach des Muses* (1795-1800); *Wallenstein* (1799). Il se fixe à Weimar, et donne *Marie*

Stuart (1800), *la Pucelle d'Orléans* (1801), etc. (voir 1805).

1797. — Wackenroder : roman mystique et artistique des *Épanchements du cœur d'un religieux dilettante*.

— Schelling : *Philosophie de la nature*. — Ses premiers ouvrages sont de 1795 ; les suivants (philosophie et religion, etc.), de 1804. — Il a écrit aussi des poésies romantiques sous le pseudonyme de Bonaventura.

1798. — Théâtre (réaliste) d'Iffland, publié jusqu'en 1802 et 1807. (Ses premiers essais dramatiques remontent à 1781.)

— Bouterwek (auteur estimé d'une *Histoire de la poésie*) publie un roman philosophique, *le Comte Donamar* ; il propage le kantisme dans son roman de *Septime*.

— Fichte : *Système de morale*, et, plus tard, *Traité du bonheur* (1806), *Cours de droit naturel*, *Discours (patriotiques) à la nation allemande* (1808), etc.

— *Histoire de la philosophie*, de Tennemann (jusqu'en 1820). — Abrégé de cette histoire, en 1812. — (Divers écrits philosophiques depuis 1791.)

— *Lettres idéalistes* de Tiedemann, adversaire de Kant. — Ses premiers ouvrages sont de 1771 ; plus tard, *Histoire de la philosophie* ; *Manuel de psychologie* (1804), etc.

1798-1800. — Propagande romantique entreprise par *l'Athénée*, revue littéraire des frères Schlegel et d'Adam Müller.

Vers 1800. — Usteri (1753-1827) : *Idylles villageoises*, en dialecte de Zurich, et *Chansons populaires*.

— Langbein : poèmes comiques, romans burlesques, fables, nouvelles, comédies jusque vers 1830. (Ses premières poésies ont paru en 1788.)

— Auguste Lafontaine : nombreux romans de famille, du genre sentimental, oubliés aujourd'hui, publiés (en partie sous des pseudonymes) de 1788 à 1822, et fort goûtés alors.

1800. — Principaux ouvrages de Heeren, sur l'histoire

et la politique des peuples anciens et modernes. — Ses premiers opuscules sont de 1788; sa grande *Histoire des États européens* ne paraîtra qu'en 1829.

1801. — Tiedge : poème didactique d'*Uranie* (précédé et suivi de diverses poésies, d'élégies, etc.).

— Poésies de Seume; dans la suite, contes et relations de voyages.

— Mort prématurée de Novalis (Hardenberg), un des chefs du romantisme (*Poésies*; roman de *Henri d'Ofterdingen*).

1802. — Frédéric Schlegel, déjà connu par son roman ou poème de *Lucinde* (1799) et par d'autres compositions (comme *Roland*), donne un drame d'*Alarcos*. — Ses ouvrages les plus connus, dans la suite, sont : un livre sur l'Inde ancienne (1808), un cours d'histoire (1811), une histoire de la littérature (1812), etc.

1803. — Mort de Klopstock, qui a donné, en 1799, une édition complète de ses œuvres.

— Mort de Herder, après la publication de son *Adrastée* (1801) et de son *Romancero du Cid* (1802).

— *Poésies allemanniques* (pastorales) de J.-P. Hebel, en dialecte du Schwarzwald. — Dans la suite, et jusqu'en 1822, Hebel donnera des contes, des récits bibliques, etc.

1804. — *Légendes* (en vers) de Kosegarten, dont les premiers essais dramatiques sont de 1779, les poésies (odes, rhapsodies, etc.) de 1789 et années suivantes, et qui publiera encore d'autres recueils de vers jusqu'à sa mort, en 1818.

— Traduction de Platon, par Schleiermacher, auteur de sermons estimés, de *Lettres sur Lucinde* (1799) et de divers ouvrages philosophiques avant et après cette date.

1804 et années suivantes. — Nombreux ouvrages de Fries, disciple de Kant.

1805. — Mort de Schiller, qui a donné sa *Pucelle d'Orléans* en 1801, sa *Fiancée de Messine* en 1803 et son *Guillaume Tell* en 1804.

— *Paraboles* (en prose) de Krummacher, qui a écrit, en outre, diverses poésies, des *Paramythies*, des drames, etc.

1806. — Publication du poème religieux de *Donatoa* et d'odes, souvent inspirées, de Sonnenberg (un an après sa mort).

— Débuts romantiques d'Achim d'Arnim avec ses *Gardiens de la Couronne*, puis *Dolorès*, le recueil du *Cor merveilleux* (1808), divers romans, des drames, des nouvelles, des poésies lyriques, etc. (Ses œuvres complètes ne seront publiées que huit ans après sa mort, de 1839 à 1846.)

— *Élégie de Rome*, de Guillaume de Humboldt (1767-1836), dont les nombreux ouvrages poétiques et critiques ont paru depuis 1792. (Ses travaux sur la littérature sanscrite sont de 1826.)

1808. — *Cours de littérature dramatique* de l'aîné des Schlegel (Auguste-Guillaume), qui s'est déjà mis, depuis dix ans, à la tête du mouvement romantique, avec ses poésies et ses ouvrages de critique et de propagande.

— Brentano et Arnim publient le recueil de poésies populaires intitulé *le Cor merveilleux* (ou *enchanté*) *de l'enfant*. — Brentano, qui a débuté en 1801 avec son roman de *Godwi*, a donné ou donnera dans la suite un grand nombre de nouvelles, de poésies, de contes, de drames, etc., ainsi que sa rédaction de la *Vie de la sainte Vierge*, à la suite de ses relations avec la sœur Emmerich (1818-1824).

— Poésies lyriques de Kind, qui a publié ses premiers essais dès 1792; romans, poèmes dramatiques, contes et poésies diverses dans la suite.

— Roman historique d'*Agathocle*, de Caroline Pichler, qui exploitera ce genre à l'excès pendant près d'un demi-siècle.

— *Traité de la Nature*, d'Alexandre de Humboldt, connu, dès 1790, par ses ouvrages scientifiques, et, plus tard, par ses relations de voyages, un traité politique, son *Cosmos*, etc.

1808-1814. — Gœthe publie, sous le nom de *tragédie*, le premier *Faust*, complet. — Dans les années précédentes, aucune œuvre capitale : ouvrages d'esthétique et divers ; imitation des littératures étrangères (comme dans son drame de *la Fille naturelle*). — En 1809, *les Affinités électives*, roman ; puis *Réalité et poésie*, mémoires (1811-1814).

1809. — Adam Müller, un des chefs du romantisme, fonde la revue de *Phébus*, avec Henri de Kleist ; ses traités *De l'idée du beau*, puis *De l'idée de l'État*.

Vers 1810. — Zschokke : nouvelles, romans de chevalerie ou historiques ; puis *Histoire de Suisse* ; *Histoire de Bavière* (1818) ; écrits piétistes, médiocres ; enfin *Histoire de ma vie* (1843).

1810. — *Almanach poétique* de Baggesen, qui a écrit surtout des épigrammes et des poésies lyriques estimées.

— Drames historiques et patriotiques de Henri de Kleist (v. 1809) ; comédie remarquable de *la Cruche cassée*.

— Drame historique d'*Aladin*, du poète danois OEhlenschlæger, qui en donnera plusieurs autres dans la suite (notamment *la Mort du Corrège*, 1817).

— Remarquable *Histoire des mythes de l'Asie*, par Gœrres (1776-1848), auteur d'ouvrages politiques absolutistes (à partir de 1797), de traités philosophiques (*la Foi et la Science*, 1805), de livres de critique et d'art, etc. Il fonde en 1814 le *Mercure du Rhin*, et écrit en 1819 son traité de *l'Allemagne et la Révolution*.

1811. — *Le Mesmérisme ou Magnétisme animal*, publié à Berlin par Mesmer (1734-1815). — Élevé par les jésuites, Mesmer a étudié les sciences à Vienne, en Autriche, s'est fixé à Paris en 1778 et a obtenu un grand succès chez nous par ses expériences. Son premier *Mémoire sur le magnétisme animal* parut à Genève en 1779.

— Niebuhr commence la publication de son *Histoire romaine*.

1812. — Drame fataliste du 29 *Février*, de Müllner, connu par ses romans et diverses poésies depuis 1799, et par ses drames à partir de 1812 (le plus connu est *la Faute ou l'Expiation*, 1820).

— Publication des poésies et des drames patriotiques de H. Joseph Collin, imités de Shakspeare et tirés de l'histoire ancienne. — Son jeune frère, Matthieu, qui a écrit surtout des opéras (publiés en 1817), appartient à la même école.

— *Contes* des frères Grimm ; travaux nombreux d'histoire et de philologie, principalement sur les antiquités et les légendes de l'Allemagne, et publication de vieux poèmes (de 1812 à 1817). — Le plus jeune, Jacob Grimm, a écrit seul de remarquables ouvrages sur la langue (grammaire, dictionnaire, etc.).

— Hegel commence la publication de sa *Logique* (jusqu'en 1816). — Ses premiers ouvrages sont de 1801 ; plus tard viennent son *Esthétique*, sa *Philosophie du Droit* (1821), etc.

1812-1817. — Tieck, converti au romantisme dès 1799, publie ses principaux drames, ses contes, ses nouvelles et son *Phantasus*.

1813. — Mort de Wieland, qui, dans sa quatrième période, a publié *le Musée attique* (traduction d'auteurs anciens), des romans philosophiques (*Peregrinus, Protée, Agathodémon, Aristippe*) et un dialogue d'*Euthanasie*.

— Mort, au champ d'honneur, de Théod. Kœrner, poète patriotique, auteur d'hymnes guerriers et de tragédies imitées de Schiller.

— Arndt : chants patriotiques et pamphlets contre la France.

— Le *Pierre Schlemihl* de Chamisso, qui avait écrit un poème de Faust en 1803, et a donné plus tard, outre ses relations de voyages et d'autres ouvrages en prose, un poème de *Salaz y Gomez* (1829), divers poèmes et des poésies lyriques publiés en 1829-35. (Édition complète et posthume en 1842.)

1814. — *Poésies chrétiennes* ou chants patriotiques de Schenkendorf (débuts poétiques en 1808; poème épique d'André Hofer, etc.).

— *Sonnets cuirassés* ou poésies patriotiques de Rückert, plus connu dans la suite comme poète orientaliste (*Roses orientales*, 1822; Almanach ou *Album des Dames*, avec Lamotte-Fouqué, 1815-1831).

1815. — Poème d'*Ondine*, ou épisode des *Saisons*, recueil de poésies, de romans et de nouvelles, de Lamotte-Fouqué, connu déjà par ses *Pièces dramatiques de Pellegrin* (1804), par son roman d'*Alwin* (1807), par des poésies lyriques et par un drame de *Sigurd* (1810). Il donnera, dans la suite, une épopée de *Charlemagne* (1816), des drames nationaux et d'autres poésies, dont le dernier recueil (posthume) paraît en 1846.

— Poésies lyriques de Knebel (1744-1834), auteur d'une traduction de Properce (1798) et de divers recueils de vers, de lettres, etc.

— *Le 24 Février*, drame fataliste de Zach. Werner, connu déjà par ses poésies (dès 1789) et par ses drames des *Fils de la Vallée* (1803), de *Luther*, de la *Croix sur la Baltique*, d'*Attila*, etc.

1816. — *Les Œufs de Pâques*, du chanoine Christophe Schmid, auteur de nombreux et charmants contes pour l'enfance, depuis 1806 jusque vers 1830.

1817. — *L'Aïeule*, drame fataliste de Grillparzer, émule, en ce genre, de Müllner et de Werner.

1818. — Publication, un an après la mort prématurée de leur auteur, Ernest Schulze, du poème de *la Rose enchantée* et de l'épopée romantique de *Cécilie*. (Schulze avait donné des élégies et diverses poésies en 1813.)

— Traduction (jusqu'en 1826) des grandes épopées italiennes, par Streckfuss, qui avait publié précédemment des poésies (1804 et années suivantes), des poèmes (1808 et ann. suiv.) et des tragédies.

— Krug: drame de *Henri l'Oiseleur*, et, dans la suite, poésies diverses (1820 et ann. suiv.) et poème historique de *Scanderbeg* (1823).

— Louis Uhland, chef de l'école souabe, connu

déjà depuis quelques années par ses poésies lyriques et surtout par ses *Lieder* (dont le grand succès est postérieur à 1830), donne un drame d'*Ernest de Souabe* où il fait revivre le moyen âge vrai ; mêmes qualités dans son *Louis de Bavière*, l'année suivante.

— Ouvrages philosophiques de Klein, un des bons interprètes de Schelling.

1819. — Succès des *Lieder* de Justin Kerner (école souabe), dont les premières poésies remontent à 1813, et les premiers écrits en prose à 1811. — Ceux-ci sont généralement mystiques, surtout dans la suite, lors de ses rapports avec la visionnaire de Prévorst (1830). — Il a donné de nouvelles poésies lyriques à différentes dates, jusqu'en 1834.

1820. — *Le Chat Murr*, un des meilleurs contes de Théodore-Amédée Hoffmann, dont les *Esquisses fantastiques* et d'autres romans ou contes ont paru depuis 1814, le *Petit Zacharie* et les *Frères Sérapions* en 1819, etc.

1821 et ann. suiv. — Drames fatalistes de Hoswald (école de Werner et Müllner), dont les poésies et les contes ont paru dès 1817 et ann. suiv.

1822. — *Chants grecs* de Wilhelm Müller, un des représentants de la poésie *naturelle* (divers essais et poésies lyriques dès les années précédentes ; puis poème de *Missolonghi*, 1826 ; publication de ses poésies complètes après sa mort, qui arrive en 1827).

— Mort de Louise Brachmann, dont les *Ballades*, les *Fleurs romantiques* et d'autres poésies sont publiées en 1824.

1823. — Waiblinger (école souabe) donne ses *Chants grecs* et un roman philosophique de *Phaéton* (1823) ; puis une tragédie et des poésies parues après sa mort prématurée, survenue en 1830.

— *Histoire des Hohenstaufen*, de Raumer, déjà connu par divers ouvrages depuis 1809, par une *Histoire ancienne* (1821) et, plus tard, par une *Histoire générale de l'Europe* (1832 et ann. suiv.).

1824. — *Guerre aux Philistins*, poésies romantiques d'Eichendorff (qui a débuté en 1815 par des poésies lyriques). — Dans la suite, drames et tragédies ; puis, à partir de 1837, nouvelles poésies où l'auteur rompt désormais avec le romantisme.

— *Rodolphe de Habsbourg*, le meilleur des poèmes épiques nationaux de l'archevêque hongrois Pyrker, (1772-1847), qui a écrit aussi des poésies lyriques.

— *Walladmor*, le premier des nombreux romans historiques de Willibald Alexis (pseudonyme de Hæring), qui le donne d'abord comme une traduction de Walter Scott. C'est ce romancier qu'Alexis imitera constamment (jusqu'après 1850).

1824 et ann. suiv. — *Biographies* de Varnhagen von Ense, connu déjà, dès 1804, par sa collaboration à l'*Almanach des Muses* de Chamisso, puis par des Contes et divers ouvrages de critique (1807), et par des poésies (1816). Il donnera, dans la suite, des *Mémoires* intéressants.

1825. — Jubilé, à Weimar, en l'honneur de Gœthe, comblé depuis vingt ans d'honneurs et de dignités par les souverains de l'Allemagne et de l'Europe. — Ses dernières productions avant cette date sont : le *Voyage d'Italie* (1817) ; le *Divan oriental de l'Occident* (1819) ; les *Années de voyage de Meister* (1821); la *Campagne de France* (1822), et diverses revues de littérature et d'esthétique, ainsi que des ouvrages de science (*Théorie des couleurs*, etc.).

— Poésies (lyriques) de Mahlmann, qui avait donné déjà des *Contes et Nouvelles* en 1802, puis des drames, des romans, etc.

— Roman humoristique de *l'Homme dans la lune*, de Hauff, qui écrira, dans la suite, les *Mémoires de Satan* et d'autres fictions analogues.

— *Histoire générale de l'Allemagne*, d'après des documents nouveaux, par Luden, auteur de nombreux et remarquables travaux historiques depuis 1805.

1826. — *Reisebilder* (ou *Esquisses de voyages*) de

Henri Heine (parus jusqu'en 1833). — Ses premières poésies sont de 1822; ses tragédies, de 1823; le *Livre des chants* (*Liederbuch*) paraîtra l'année suivante et en 1829. — Nombreux ouvrages de critique et d'histoire littéraire dans la suite.

— Premières poésies de Holtei, qui se rallie à la Jeune Allemagne (surtout dans ses poésies de 1830 et de 1845). — Plus tard, *Théâtre* (composé surtout de vaudevilles) en 1845, et romans, imités des Anglais, après 1850.

— Spindler commence la publication de ses trop nombreux romans historiques.

1826-1837. — Période brillante d'Immermann, qui, après avoir débuté un peu auparavant avec ses drames romantiques du *Val de Roncevaux* et de *Périandre*, et des poésies lyriques, donne successivement le drame de *Cardénio et Célinde* (1826), la trilogie d'*Alexis*, des comédies, des romans, comme *les Épigones* (1836) et *Münchhausen*, ses romances de *Tristan et Yseult*, et, enfin, son drame de *Ghismonda* (1837), qui obtient le plus grand succès.

1827. — Poésies lyriques de Zedlitz (école autrichienne); suite en 1832. — Ses drames paraissent de 1819 à 1833; son poème de *Waldfræulin*, en 1843; ses Chants militaires (*le Livre du Soldat*), en 1850.

— *Histoire de l'empire ottoman*, de Hammer, dont les premières études et les poèmes sur l'Orient remontent à 1796.

1828. — Succès des poésies lyriques de Gustave Schwab, l'émule d'Uhland, parues dès 1820, en même temps que son édition des poésies de Paul Fleming (voir 1640), puis en 1827, 1828, 1835. — *Romances* (1823), traduction de Lamartine; nombreux ouvrages en prose, dans la suite, sur la littérature allemande, et principalement sur Schiller.

— *L'Œdipe romantique*, comédie satirique contre le romantisme, par le comte de Platen, qui a dirigé précédemment contre cette école deux autres comédies, *la Pantoufle de verre* (1823) et *la Fourchette fatale* (1826), ainsi que son poème de *Tulifante* et des poésies diverses.

— *Histoire de la littérature allemande*, de Wolfgang Menzel, auteur de nombreux ouvrages dans la suite (notamment de *Mémoires sur la littérature moderne*, 1836).

1829. — Épopée de *Wlasta*, d'Egon Ebert, suivie de plusieurs autres du même genre, de drames et de poésies lyriques jusqu'après 1850. (Les premières avaient paru en 1824).

— Poésies épiques et lyriques de Gruppe; puis, *Almanach des Muses*, romans divers, Histoire de la littérature allemande, etc.

— Poésies chrétiennes de Knapp, qui ne publiera ses *Fleurs d'automne* qu'après 1850.

— Drame romantique de *Faust*, de Grabbe (après son *Don Juan*). Dans la suite, il ne donnera plus que des drames historiques (*Frédéric Barberousse, Napoléon, Henri VI*, etc.).

— Œuvres diverses de Bœrne (*Feuilles dramaturgiques*, etc.). Il était connu, dès 1818, par des articles de journaux et divers opuscules. — Dans la suite : *Lettres de Paris* (1831). — Il est l'un des chefs de la Jeune Allemagne.

— Poésies lyriques du roi Louis de Bavière (jusqu'en 1839).

Vers 1830. — Comédies de Ch. Blum, généralement sentimentales et imitées des littératures étrangères. — Ses œuvres paraissent en 1839.

1830. — Anastasius Grün (pseudonyme du comte d'Auersperg) débute par des poésies lyriques et des romances (*le Dernier des Chevaliers*). — Ses autres poésies, poèmes lyriques et satiriques, etc., paraîtront de 1835 à 1850.

— Poésies lyriques (politiques) de Ch. Simrock, plus connu aujourd'hui par ses publications de *Livres populaires* et ses imitations de légendes ou de vieux poèmes allemands (1835-1850).

— Succès des drames réalistes et plats de Raupach,

qui a débuté en 1821 et années suivantes, avec des drames, des romans et des poésies diverses.

— *Lettres d'un mort* (humoristiques) de Pückler-Muskau, connu dès 1811 par ses poésies, puis par des romans, des relations de voyages (publiées dans le *Journal d'Augsbourg*), etc.

— *Histoire universelle* de Rotteck, ouvrage fortement raisonné. — Même année : remarquables ouvrages de droit du même auteur, qui a débuté en 1814 par divers opuscules historiques et politiques.

1832. — Mort de Gœthe, au moment où il mettait la dernière main au second *Faust*, qui paraît l'année suivante. — Sa *Correspondance avec Schiller* a été publiée en 1829.

1833. — Poésies lyriques de Lenau (ou Niembsch de Strehlenau). — Plus tard, drames de *Faust* (1835), de *Savonarole* (1837), des *Albigeois* (1842), de *Don Juan*, etc.

— Poésies de François de Gaudy, qui a traduit Béranger en collaboration avec Chamisso, et donnera, dans la suite, des *Nouvelles vénitiennes*, du genre humoristique (1838).

— Mort prématurée de Michel Beer, auteur d'un drame romantique, *le Paria*, et d'une tragédie historique, *Struensee*, également remarquables.

1834. — Le *Bréviaire des laïques*, livre de propagande philosophique de Léop. Schefer, auteur de divers autres ouvrages analogues, mais plus connu aujourd'hui par ses poésies orientales (imitées de Rückert) et par ses nouvelles ou d'autres productions généralement postérieures à 1850.

— *Campagnes esthétiques* de Wienbarg, l'un des chefs de la Jeune Allemagne.

— Publication, par Varnhagen von Ense, des œuvres posthumes de sa femme, Rachel Lewin [1] (sous le titre de *Rachel*). Ce sont des lettres et divers ou-

---

[1]. Et non pas *Sewin*, comme une erreur typographique nous l'a fait appeler à la page 203 de ce volume.

vrages de critique et de politique, sérieux et bien écrits.

1835. — Débuts de Fréd. Halm (pseudonyme de Münch de Bellinghausen), avec son drame de *Griseledis*. (Ses principaux drames, comme le *Gladiateur de Ravenne*, et ses poésies ne paraîtront qu'après 1850.)

— Roman sceptique de *Wally*, de Charles Gutzkow, dont les autres ouvrages sont : une Histoire de la littérature allemande contemporaine (1836); des romans (*Maha-Guru*, etc.); des drames (*Néron*, *Uriel Acosta*), des comédies, des écrits politiques, etc. — Son activité littéraire se prolonge bien au delà de 1850 (il est mort à la fin de 1878).

— *Caractéristiques modernes* de Henri Laube, dont les premiers ouvrages et quelques nouvelles sont de 1833-34. — Dans la suite, nombreux romans et drames à tendance humanitaire et libérale, souvent excessive; *Histoire de la littérature allemande*, etc.

— *Madonna*, premier roman (mystique) de Théod. Mundt, qui cultive surtout, ensuite, le roman historique à tendances protestantes (*Thomas Münzer*, 1851; les autres après 1850). — Ouvrages de critique et divers, avant et après 1850.

— Premiers romans *exotiques* (géographie et voyages) de Postl ou le *grand inconnu* (pseudonyme américain : Sealsfield), qui avait écrit en anglais dès 1828, puis, en allemand, des *Esquisses de voyages transatlantiques* (1834), et donne ensuite de nombreux romans dans les deux langues.

— *La Vie de Jésus*, du Dr Strauss, premier essai d'exégèse rationaliste.

1836. — Drame réaliste de *Henri l'Oiseleur*, de Jules Mosen, connu déjà par ses poésies lyriques, son épopée philosophique du *Chevalier Wahn* (1831), etc. Plus tard, poème d'*Ahasver* (1838), romans, etc.

— Premières poésies lyriques de Kopisch. Les suivantes en 1838, etc.

1837. — Publication, après la mort de l'auteur, de la tragédie réaliste de *la Mort de Danton*, écrite par George Büchner en 1835.

— *Nouvelles* de Henri Steffens (1773-1845), du genre romantique sérieux (sans ironie). — On a du même écrivain des mémoires fort intéressants sur l'histoire littéraire de son temps (1840).

— *Histoire des Papes*, de Ranke. (Autres ouvrages historiques en 1824, 1827, etc.)

— Premiers écrits historiques de Gervinus, qui donnera, dans la suite, une *Histoire de la poésie allemande*, et d'autres ouvrages d'histoire, de critique et de politique.

1838. — Poésies lyriques de Mœrike (école souabe), qui avait débuté par des poésies, d'une teinte plus romantique, en 1832.

— *Les Nuits* ou premières poésies de Ch. Beck (école autrichienne). — Autres poésies dans la suite (1844, etc.).

— Premières poésies de Freiligrath, dont les autres poésies (toujours politiques) et les écrits en prose sont presque tous postérieurs à 1850.

— *Les Gens fatigués de l'Europe*, roman de propagande politique et sociale de Willkomm (école du *Weltschmerz*). — Plus tard, romans biographiques (*Byron*, 1839), philosophiques (*les Esclaves blancs*, 1845); *Scènes de la vie moderne*, etc.

— *Nouvelles d'un couvent*, roman de propagande de Gust. Kühne, qui a débuté comme critique avec ses *Portraits et Silhouettes* (1835). — Plus tard, il dirige la Revue de *l'Europe* (1846 et suiv.).

1839 et ann. suiv. — Comédies d'intrigue et sentimentales, fort nombreuses, de Benedix (jusqu'à nos jours).

1840. — *Chants d'un veilleur cosmopolite*, premières poésies lyriques de Dingelstedt, dont les autres poésies sont de 1850 et ann. suiv.

— *Chansons non politiques*, c'est-à-dire politiques et satiriques, de Hoffmann de Fallersleben. — Romances et poésies diverses dans la suite.

— Poésies lyriques de Geibel (les autres en 1843 et ann. suiv.).— Il avait débuté par des *Études sur l'anti-*

quité ; dans la suite, traductions d'auteurs étrangers, surtout drames (*Sophonisbe, les Nibelungen,* etc.).

— Essais d'épopées sur les héros de la Réforme en Suisse, par Frœhlich (renouvelés en 1845). — On avait déjà, de ce poète, des Fables (1825, 1829), des Elégies (1835), des Poésies morales, etc.

— *Histoire de la Günderode* (lettres), par Mme Bettina von Arnim, née Brentano, connue déjà par sa correspondance avec Gœthe (*Lettres de Gœthe et d'une enfant*). — Plus tard, dialogues intitulés : *Ce livre appartient au roi* (1843), et (surtout après 1850) nombre d'autres ouvrages généralement religieux, philosophiques et politiques.

1840 et ann. suiv. — Succès des romans exotiques de Gerstæcker (*Esquisses du Nouveau-Monde,* etc.).

Vers 1840. — Succès des drames bourgeois de la comédienne Birch-Pfeiffer (dont les œuvres paraissent en 1847).

1841. — Poésies lyriques de Prutz (dont la suite paraîtra en 1843 et en 1849). — Plus tard, romans, drames, comédie des *Couches politiques,* etc.

— *Poésies d'un vivant,* de Herwegh (suite en 1844).

— *Judith,* première tragédie de Fréd. Hebbel, auteur de poésies, de nouvelles et (après 1850) d'un drame célèbre des *Nibelungen.*

— Feuerbach attaque la religion révélée dans un livre sur le christianisme ; nombreux ouvrages de philosophie matérialiste dans la suite.

1842. — *Clémentine,* roman de Fanny Lewald ; nombreux romans dans la suite ; récits de voyages ; *Esquisses* (1847), etc.

1843. — Poésies lyriques de Kinkel, et, plus tard, poème épique d'*Othon l'Archer* (1846), *Histoire des arts plastiques,* etc.

— *Ulrich de Hütten,* drame de Gottschall, suivi de *Robespierre* (1846), de *Lambertine de Méricourt* (1850), de comédies, etc. — Poésies lyriques et épiques à diverses dates ; ouvrages, en prose, de critique et d'histoire littéraire (surtout après 1850).

— Fr. Fœrster : suite du *Pierre Schlemihl* de Chamisso.

1843 et années suivantes. — *Histoires villageoises de la Forêt-Noire* (romans populaires), d'Auerbach. — Autres romans après 1850.

1844. — Poème de *Reineke Fuchs*, de Glassbrenner. — Essais épiques et romans humoristiques dans la suite.

1845. — Poésies lyriques d'Alfred Meissner ; puis, poème de *Ziska* (1846) ; *Études révolutionnaires* (1848) ; drames et romans après 1850.

— *La Coupe et le Glaive*, poésies lyriques de Maurice Hartmann ; plus tard (après 1850), épopée idyllique d'*Adam et Ève*, et autres poèmes ou poésies.

— Publication de l'*Histoire du dix-huitième et du dix-neuvième siècle*, de Schlosser (1776-1861), ouvrage remarquable à tous les points de vue, commencé en 1836. — Autres écrits historiques dans la suite.

1846. — Publication des drames bourgeois et des comédies de Devrient, fils du célèbre acteur de ce nom. — Autres comédies après cette date.

— Romans de propagande aristocratique de la comtesse de Hahn-Hahn (depuis 1841).—Précédemment : poésies, lettres orientales (1844), etc.

1846-1848. — Poésies orientales et poèmes de Daumer (*Mahomet ; Imitations de Hafi*, etc.). — Autres poésies après 1850 (*Images de femmes*).

1847. — Tragédie de *Valentine*, de Gust. Freytag, suivie de celle de *Waldemar* (1850), et, après cette dernière date, de comédies et de romans justement célèbres.

1849. — *Esquisses sociales et politiques* de Max. Ring. — Romans d'histoire littéraire après 1850.

1850 et années suivantes. — Bodenstedt : *Poésies (orientales) de Mirza Schaffy*. — Il a débuté par des récits de voyages en Orient, puis par des traductions et des imitations de poètes orientaux. — Ouvrages de critique et d'histoire littéraire dans la suite.

— Poésies, contes et romans de Reuter.

— *Françoise de Rimini* (1850), drame de Paul Heyse; puis drames, essais épiques, etc.

— Romans et drames d'Otto Ludwig; ouvrages de critique et divers.

— Comédies et romans réalistes de Hacklænder.

— Drames et romans historiques de Brachvogel.

— Romans historiques de Louise Mühlbach.

— *Les Titans modernes* (1850), puis autres romans philosophiques de Giseke.

— Romans catholiques de Bolanden.

Appendice à la deuxième partie.

LITTÉRATURE HOLLANDAISE.

1283. — Van Maerland commence une traduction rimée du *Speculum historiæ* de Vincent de Beauvais; il a écrit aussi des dialogues satiriques et une traduction versifiée de la Bible, qui peuvent être considérés, avec l'ouvrage précédent, comme les plus anciens monuments de la langue néerlandaise proprement dite.

XIVe SIÈCLE. — Rédaction, par des auteurs inconnus, des divers romans du *Renard*.

1511. — Un auteur anonyme fait imprimer à Anvers le roman populaire (rimé) intitulé *Histoire de Seghelyn de Jérusalem*.

1567. — Psaumes en vers de P. Datheens ou Dathenus (mort en 1590).

Vers 1570. — Psaumes en vers de Marnix de Sainte-Aldegonde, qui a écrit aussi des pamphlets en prose, et auquel on attribue, sans preuve suffisante, un chant national des Hollandais (voir 1577).

1577. — *Le Miroir du monde*, poème didactique médiocre (sur la cosmographie) du maître d'école Pieter Heyntz (1537-1597), auteur présumé du chant patriotique de *Guillaume de Nassau* (attribué aussi à Marnix de Sainte-Aldegonde et à Koornhert).

Vers 1580. — Poésies légères et sérieuses de Roemer Visscher, qui a fondé le *Cercle de Roemer*, une des plus brillantes réunions littéraires de la Hollande. — Il abuse généralement de l'allégorie, et ses épigrammes sont presque toujours grossières.

— Le *Hertsspieghel* ou *Miroir du cœur*, poème allégorique et moral de Laur. Spieghel.

1583. — Publication d'une partie des poésies (religieuses et patriotiques) de Dirk Koornshert (ou Coornhert) Volkertszoon.

Vers 1600. — Le *Tydtresor* ou histoire ecclésiastique, écrit en hollandais par Paul Merula, dont le vrai nom est van Merle (1558-1607). Les autres ouvrages de cet historien sont tous écrits en latin. — Son *Tydtresor* fut achevé et publié par son fils [1].

XVIIe SIÈCLE. — Période florissante des *chambres de rhétorique*, ou sociétés littéraires et surtout poétiques, qui ont commencé dès le quatorzième siècle, et ont été d'abord analogues aux réunions des meistersænger allemands.

Vers 1610. — Jac. Cats, chef de l'école poétique de Dordrecht, est à la tête d'un mouvement presque romantique, par opposition à l'esprit classique de Hooft et de Vondel. — Il a laissé des fables, des chansons, des idylles, des poèmes didactiques ou autres (surtout une *Bible de la jeunesse* et une *Bible des paysans*), et, vers la fin de sa carrière, un poème autobiographique intitulé *Vie de quatre-vingt-deux ans*. — Ses œuvres complètes (moins la dernière) parurent en 1655.

— Jac. Westerbaan : élégies, psaumes, poèmes didactiques et descriptifs, poésies érotiques.

1610. — Poème allégorique et moral, aujourd'hui oublié, de Zach. Heins (1570-1640).

---

[1]. Il ne faut pas confondre ce *Paul* Merula avec un historien italien du siècle précédent, nommé *George* Merula.

1612. — Débuts poétiques de Joost van den Vondel, avec son drame de *Pascha ou la délivrance d'Israël*. — Ses drames suivants les plus connus sont : *le Sac de Jérusalem* (1620), *Hécube* (1621) et surtout *Palamède* (1625). — Ses *Fables* paraissent en 1617. — (Voir pour la suite à 1637.) — Vondel est, avec Van Hooft, à la tête de l'école classique d'Amsterdam.

1614. — Tragédie d'*Achille*, de Corn. van Hooft, l'un des chefs de l'école classique, connu déjà par sa pastorale de *Granida* (1602), par ses sonnets, qu'il a introduits d'Italie, et par ses poésies anacréontiques. — Sa meilleure tragédie, *Bato*, tirée de l'histoire nationale, est de 1628. On peut considérer Hooft comme le vrai fondateur du théâtre hollandais moderne. Il a donné, en prose, une traduction de Tacite, une *Histoire de Hollande* et une *Histoire de Henri le Grand*.

1615. — Impression, à Anvers, du roman populaire (anonyme) de *Marie de Nimègue*, dont l'héroïne est une sorte de Faust féminin.

1616. — Poésies hollandaises de Daniel Heinsius, le célèbre philologue (1580-1655), dont on estime surtout les hymnes chrétiens. — Il a laissé, en plus grand nombre, des poésies latines.

1617. — *Le Miroir de l'amour*, l'un des plus anciens drames hollandais, de Colyn van Ryssel.

— Coster fonde, à Amsterdam, un théâtre permanent (le plus ancien de la Hollande), sous le nom d'*Académie dramatique* (voir 1626 et 1637).

Vers 1620. — Anne Visscher (fille de Roemer Visscher) : odes, chansons, romances, cantiques, poésies morales.

— Cantiques religieux (remarquables) de Dirk Camphuisen (ou Kamphuisen).

— Poésies hollandaises et poème champêtre d'*Hofwick*, de Constantin Huyghens (qui a écrit aussi en latin).

— Le savant Hugo Grotius (ou de Groot)

(1583-1645) s'essaye avec succès dans le poème didactique (moral et religieux).

1624. — Poème allégorique de *Jonas*, de Dirk Pers, libraire à Amsterdam; la versification en est facile, comme celle de son *Bellérophon* (1626).

1626. — Succès de l'*Iphigénie* de Samuel Coster (ou Koster), le fondateur du théâtre d'Amsterdam (voir 1617), auteur d'un grand nombre de tragédies (la plus remarquable est sa *Polyxène*, 1644). — Ses comédies sont faibles, comme, du reste, celles de tous ses contemporains.

Vers 1630. — Poésies légères (érotiques), généralement gracieuses, sonnets, etc., de Marie Visscher (la seconde fille de Roemer Visscher), devenue Mme van Krombelg.

1637. — Vondel (voir 1612) continue le cours de ses succès dramatiques avec son chef-d'œuvre, *Gysbrecht* (ou *Gisbert*) *d'Amstel, ou le Sac d'Amsterdam*, dont la représentation inaugure la nouvelle salle de spectacle de la capitale. Il donne sa *Messaline* l'année suivante, puis des satires, des poésies, des psaumes et divers poèmes, qui remplissent cette partie de sa carrière (voir 1679).

Vers 1650. — Chansons de Jérôme Swers (1627-1696).

— Jérémie de Dekker (ou Decker), poète moral et satirique, auteur d'un remarquable *Éloge de l'avarice*.

1650. — Mort de Franç. Aarssen, auteur d'un voyage historique et politique en Espagne.

1651. — *La Plainte de Doris*, une des meilleures élégies de Jean van Heemskerk (1597-1656), déjà connu par son roman de l'*Arcadie* (1633), imité, comme presque tous ceux de ses contemporains, de l'*Astrée* du Français d'Urfé.

1659. — Poème didactique du *Jugement dernier*, de Gérard Brandt, auteur de tragédies médiocres, d'épigrammes et de satires remarquables, mais surtout célèbre par ses ouvrages historiques et biographiques, dont le meilleur est son *Histoire de la Réformation hollandaise.*

Vers 1670. — Poésies érotiques et poèmes descriptifs (*les Jardins*, etc.) de Phil. Zweerts.

1671. — Poème descriptif de l'*Ystroom*, de Jean Antonidès (dont le vrai nom est Antoniszoon, et surnommé aussi Van der Goes, du nom de sa ville natale). — Ce poète, d'un remarquable talent, avait donné déjà un poème sur la paix de Breda (1667). Ses tragédies sont moins estimées.

1679. — Mort de Vondel (voir 1612 et 1637). Les œuvres les plus remarquables de sa dernière période sont ses drames de *Lucifer* (1654) et de *Jephté* (1659), et son essai épique de *Jonas* ou Jean-Baptiste (1662).

1690. — Mort du médecin Dapper, auteur de relations de voyages.

Vers 1710. — Bruyn: poésies bibliques et morales; poème de la *Vie de saint Paul*; tragédies; poèmes descriptifs (genre *riviériste*).

1710. — Poème burlesque de *la Kermesse au village*, de Lucas Rotgans, auteur d'une épopée fort médiocre de *Guillaume III*.

1716. — Poèmes comiques (sur la mythologie ancienne) d'Hubert Poot, que ses idylles et ses élégies mettent au premier rang des poètes de la nature en Hollande. — Il a écrit aussi des poésies érotiques et bibliques, des *Emblèmes* ou poésies morales, etc.

Vers 1720. — Succès des comédies (surtout du *Don Quichotte*) de Langendyk; elles ne furent publiées qu'en 1751. — On a encore, de ce poète vraiment remarquable, des *Contes de Hollande*, un *Énée endimanché*, etc.

1727. — Poème d'*Abraham*, d'Arnold Hoogvliet, un des meilleurs en ce genre. — On a de lui, en outre, une traduction d'Ovide et des *Poésies mêlées*.

Vers 1730. — Weyerman (Jacques-Campo), historien.

1735. — Tragédies romaines et drames allégoriques de Feistama (ou Feitama), médiocre imitateur du théâtre français, qui a passé quatorze ans à limer sa traduction de la *Henriade*, et en a mis trente à traduire le *Télémaque* en vers.

1736. — Tragédie de *Scipion*, de Corneille Zweers ou Zweert (mort en 1774), auteur de nombreuses tragédies (école française), comme *Sémiramis* (1729), *Mérope* (1746), etc.

— Tragédie d'*Hélène en Égypte*, de Kempher, déjà connu, depuis 1726, par une traduction d'Anacréon, en vers.

1737. — Poème biblique de *Belphégor*, de Dirk ou Didric Smits, un des *riviéristes* les plus estimés, dans la suite, pour son poème descriptif de la *Rotta*, qui paraîtra en 1750.

1741. — Poème épique de *Friso*, de Guillaume van Haren, fort estimé aussi comme poète lyrique, ainsi que son frère (voir 1772).

Vers 1750. — Poèmes descriptifs et satires de Bakker, riviériste distingué. — Œuvres publiées seulement en 1773.

— *Histoire de la patrie*, de Jean Wagenaar.

1753. — Commencement de la publication (jusqu'en 1770) des célèbres *Mémoires* de Paquot, pour servir à l'histoire littéraire des Pays-Bas.

1759. — Poème descriptif de l'*Amstel*, de Simon van Winter, imitateur de Voltaire dans ses tragédies (*Monzongo*, *Menzikoff*, etc.), et, plus tard, de Thomson dans ses *Saisons* (1779).

1768. — Poème remarquable de *David*, de Wilhelmine van Winter, femme du précédent (née van Merken), auteur célèbre de tragédies médiocres (*Artémire*, 1745; *les Camisards*, etc.), de fables insignifiantes, de poèmes allégoriques et moraux, descriptifs ou narratifs, d'épîtres (1762), de psaumes, etc.

1769. — Fondation de l'Académie de Bruxelles, qui assure la prédominance du français dans les provinces belges. Les sociétés littéraires, en revanche, se multiplient de plus en plus en Hollande.

1770. — Tragédie patriotique du *Siège de Harlem*,

de la baronne de Lannoy (1738-1782), dont les autres drames (*Léon le Grand, Cléopâtre*, 1767, etc.) sont généralement faibles, ainsi que ses odes, ses épîtres, ses satires et ses épigrammes. (Poésies diverses parues en 1780 et 1782.)

1772. — Épopée lyrique des *Gueux*, d'Onno-Zwier van Haren le jeune (voir 1741), poète estimable dans ses odes et remarquable dans sa célèbre *Cantate du Messie* (1777).

— Poèmes satiriques de la veuve Wolff, née Élisabeth Bekker (1738-1804), auteur de comédies, de poésies diverses, et surtout de romans longtemps célèbres, en collaboration avec Mlle Deken (voir 1782).

1779. — Poèmes héroïques ou *Chants néerlandais* de Jérôme van Alphen, auteur de *Cantates* remarquables (1783 et ann. suiv.), et d'autres poésies, religieuses et patriotiques.

— Poème de *Guillaume Ier*, de Nomsz., prosaïque comme ses autres productions en ce genre. — Nomsz., qui a imité les Français dans ses tragédies et ses comédies, est plus original et plus poète dans ses *Héroïdes* et surtout dans ses *Mélanges poétiques* (épîtres, satires, contes, etc.).

Vers 1780. — Satires et poésies diverses de Jacob van Dyk (né en 1745), simple artisan, doué d'un talent remarquable et primesautier.

1780. — École poétique fondée à Utrecht par Bellamy, Feith et quelques autres (poésie indépendante et sentimentale; suppression de la rime).

1782 (jusqu'en 1800). — Romans populaires d'Agathe Deken, en collaboration avec Mme Wolff et Mlle Marie Bosch. — Mlle Deken s'était déjà fait connaître par des fables et des chansons estimées.

1783. — *Le Tombeau*, puis *la Vieillesse* et *la Solitude*, heureuses imitations des poèmes philosophiques et descriptifs des Anglais, par Rhynvis Feith, un des bons poètes de ce siècle, couronné dès 1779 pour un poème sur *le Bonheur de la paix*, et souvent couronné depuis. — Dans ses tragédies, il est en progrès sur ses contemporains (*Thyrza*, 1784; *Jeanne Grey*, 1791; *Inès de Castro*, 1793, et surtout *Mucius Cordus*, 1795). — *Mélanges poétiques* (1788). — En prose, depuis 1783, romans du genre sentimental et ennuyeux (voir 1824).

1785. — Remarquables *Chants patriotiques* de Jacques Bellamy; puis satires, gracieuses narrations poétiques, poésies lyriques (1791), etc.

1806. — *Mélanges* (poèmes, narrations poétiques et diverses poésies) de Willem Bilderdijk (1756-1831), un des chefs du mouvement poétique au xixe siècle. — Outre ses nombreux poèmes comiques et satiriques, parus après cette date, ses poèmes descriptifs, ses poésies lyriques (1814 et suiv.), il a écrit (généralement en collaboration avec sa seconde femme) des tragédies remarquables, publiées presque toutes en 1808.

1809. — Petits poèmes descriptifs, toujours excellents, et, plus tard, poésies lyriques de Helmers, connu surtout pour son beau poème de *la Nation hollandaise* (1812), expurgé par la censure de Napoléon.

1818. — Fondation de l'*Almanach des Muses néerlandaises*, organe de la nouvelle école poétique.

1819. — Poème de *Nova-Zembla*, chef-d'œuvre de l'épicier Tollens, poète romantique et populaire, qui s'est fait connaître auparavant par sa remarquable tragédie de *Lucrèce* (1805), puis par ses *Poésies d'amour* (1810), par des chants nationaux, des poèmes allégoriques (1818), et qui a donné, dans la suite, un grand nombre d'autres œuvres justement célèbres (idylles, poésies lyriques, poèmes patriotiques, etc.).

1824. — Mort de Feith (voir 1783). — Il a donné, depuis la fin du siècle dernier, des poèmes historiques originaux, tels que *Ruyter*, *Charles Quint*; des *Ballades* (1804); et, en prose, des *Discours*, des *Lettres*, etc.

1827. — Mlle Toussaint (née en 1812 et devenue, dans la suite, Mme Bosboom, par son mariage avec un peintre distingué) débute avec succès dans le roman, et cultivera ce genre pendant un demi-siècle.

1837. — *La Rose de Décama*, le meilleur des nombreux romans de Jacob van Lennep, connu aussi, plus tard, pour son poème descriptif de *l'Architecture* (1842), ses poèmes nationaux (1843 et ann. suiv.), ses *Idylles académiques,* ses poésies lyriques, ses drames, comédies et vaudevilles, mais renommé principalement pour ses nouvelles et ses romans (dans le genre de Walter Scott), tels que *Nos Ancêtres* (nouvelles), *le Fils adoptif, Ferdinand Huyck,* etc.

1840. — Remarquables *Ballades* de Théod. van Ryswyck, poète primesautier, sans instruction première, qui veut faire revivre l'élément flamand dans la littérature hollandaise. (*Nouvelles Ballades* en 1844, et autres poésies dans la suite.)

1843. — Poème lyrique et romantique de *Chatterton,* de Louis ten Kate.

1849. — Mlle Toussaint (v. 1827) fonde et rédige jusqu'à nos jours l'*Almanach du beau et du bien,* revue littéraire excellente. — Son roman le plus célèbre pendant cette période est intitulé *les Anglais à Rome* (1840); d'autres romans ont le même succès jusqu'après 1850.

INDEX ALPHABÉTIQUE [1]

A

Aagesen (Swend), *33*, 316.
Aarssen, *308*, 363.
Abbt (Thomas), 338.
Abraham a Sancta Clara, *94*, 333.
Académie danoise, 34.
Académie suédoise, 40.
Agricola, *82*, 330.
Alberus (Erasmus), *84*, 329.
Alexis (Willibald), 352.
Alkmar (Henri d'), *79*, 329.
Almanach des Muses, 339, 367.
Alphen (Van), *312*, 366.
Alxinger, *128*, 343.
Amis (le curé), 70.
Andersen, *37*, 320.
Andreæ, *84*, 320, 331.
Antonidès ou Antonisz., *307*, 364.
Archenholtz, 202, 343.
Areson (Jon), *39*, 320.
Arndt, *248*, 349.
Arnim (Achim d'), *226*, 347.
Arnim (Mme d'), v. Bettina.
Arrèboë, *30*, 316.

Athénée (revue), 345.
Atterbom, *44*, 323.
Auerbach, *298*, 359.
Auersperg, v. Grün.
Ayrer, *89*, 331.

B

Baggesen, *39*, 271, 319, 348.
Bakker, *312*, 365.
Baumann, *79*, 329.
Baumgarten, 336.
Beck (Charles), *263*, 357.
Beer (Michel), *281*, 355.
Bekker (Mlle), v. Wolff (Mme).
Bellamy, *312*, 366, 367.
Bellinghausen, v. Halm.
Bellmann, *41*, 322.
Benedix, *285*, 357.
Bertuch, *129*, 339.
Bettina d'Arnim, *268*, 358.
Bilderdijk, 367.
Birch-Pfeiffer (Mme), *284*, 358.
Blicher (Steen), *37*, 320.
Blum (Charles), *285*, 354.
Blumauer, *129*, 343.
Bodenstedt, *249*, 359.

---

[1]. Les chiffres en caractère *italique* renvoient au corps même de l'ouvrage ; les autres, au tableau chronologique.

Bodmer, *94*, *334-35-36*.
Bœhme (Jacob), *85*, *331*.
Bœrjesson, *46*, *324*.
Bœrne, *267*, *354*.
Boïe, *198*, *339*.
Bolanden, *296*, *360*.
Bonaventura, v. Schelling.
Boner (Ulrich), *328*.
Bording, *30*, *317*.
Bosboom (Mme), v. Toussaint (Mlle).
Bosch (Mlle), *313*, *366*.
Botenlaube (Otto de), *61*, *327*.
Bouterwek, *211*, *345*.
Brachmann (Louise), *247*, *351*.
Brachvogel, *297*, *360*.
Brandt (Gérard), *308*, *363*.
Brandt (Sébastien), *78*, *329*.
Bregen (le sire de), *70*, *328*.
Breitinger, *94*, *334*, *335*.
Bremer (Mlle), *46*, *324*.
Brentano, *228*, *347*.
Bretschneider, *204*, *341*.
Brinkmann, *323*.
Brockes (Henri), *104*, *335*.
Brunswick (le duc de), *331*.
Bruyn, *309*, *364*.
Buchholtz (ou Bucholtz), *90*, *332*.
Büchner (George), *284*, *356*.
Bürger, *197*, *339*.

C

Camphuisen, *362*.
Canitz, *88*, *333*.
Cats (Jacob), *305*, *361*.
Chambres de rhétorique, *361*.
Chamisso, *241*, *349*.

Charlemagne, *55*, *325*.
Claudius, *173*, *341*.
Collin, *276*, *349*.
Conrad (le prêtre), *66*, *326*.
Conrad de Flecke, *327*.
Conrad de Wurzbourg, *65*, *69*, *327*.
Coornhert, v. Koornshert.
Coster, *308*, *362*, *363*.
Cotta de Cottendorf, *172*.
Cramer (André), *96*, *103*, *339*.
Cronegk, *337*.

D

Dalberg (Wolfgang), *172*, *341*.
Dalin, *40*, *321*.
Dapper, *308*, *364*.
Dass, *30*.
Datheens (ou Dathenus), *303*, *360*.
Daumer, *249*, *359*.
Debes, *31*, *317*.
Decker (ou Dekker), *363*.
Deken (Mlle), *313*, *366*.
Denis, *343*.
Devrient, *285*, *359*.
Dingelstedt, *269*, *357*.
Ditmar von Eist, *326*.
Drollinger, *100*, *335*.
Dusch, *336*.
Dyk (Jacob van), *366*.

E

Eber (Paul), *84*.
Ebert (Arnold), *104*, *336*.
Ebert (Egon), *273*, *354*.

Eddas (les), 6, 315.
Egil (ou Eigel), 315.
Eichendorff, 247, 352.
Emmerich (la sœur), 347.
Engel, 339.
Érasme, 82, 329.
Ewald (Jean), 33, 318.

F

Faust (légende), 330.
Feistama (ou Feitama), 310, 364.
Feith, 311, 366, 367.
Feuerbach, 358.
Fichte, 212, 345.
Fischart (Jean), 84, 330.
Fleming, 87, 331.
Flore et Blanchefleur (poème), 66.
Fœrster (Fréd.), 246, 359.
Folkvisor (poèmes), 38, 320.
Foltz (Hans), 75, 329.
Forster (Adam), 203, 342.
Fouqué, v. Lamotte-Fouqué.
Franke, 89, 333.
Frankfürter, 79, 329.
Franzen (Michel), 43, 323.
Frauenlob, v. Meissen.
Frédéric Ier, Barberousse, 60, 326.
Frédéric V (Danemark), 318.
Freidank, 70, 327.
Freiligrath, 270, 357.
Freytag, 283, 359.
Fries, 211, 346.
Frœhlich, 273, 358.
Fructifiants (Société des), 331.
Fryxell, 46, 324.

G

Gærtner, 92, 335.
Garve, 204, 343.
Gaudy (Fr. de), 271, 355.
Geibel, 272, 357.
Geiier, 46, 324.
Geiler de Keysersberg, 78, 329.
Gellert, 93, 335.
Gerhard (Paul), 333.
Gerner, 30, 317.
Gerstæcker, 298, 358.
Gerstenberg, 116, 339.
Gervinus, 357.
Gessner, 337.
Gezelius, 43, 322.
Giœranson, 43, 321.
Giseke, 295, 360.
Glassbrenner, 274, 359.
Gleim, 100, 335-36-41.
Glichesère, 326.
Gœrres, 348.
Goes (Van der), v. Antonidès.
Gœthe, 174, 339-40-42, 344, 348-52-54.
Gœtz, 100.
Gotter, 198, 340.
Gottfried de Strasbourg, 67, 326.
Gottschall, 282, 358.
Gottsched, 91, 334-35.
Gottsched (Mme), 92.
Grabbe, 281, 354.
Gram, 35, 317.
Greifenstein von Hirschfeld, v. Grimmelshausen.
Grillparzer, 277, 350.

Grimm (les frères), 292, 349.
Grimmelshausen, 90, 332.
Grotius (ou de Groot), 362.
Grün (Anast.), 257, 354.
Gruppe, 273, 354.
Gryph (ou Gryphius), 89, 331.
Gudme, 37, 319.
Gudrun (poème), 73, 326.
Gustave III, 322.
Gutzkow, 268, 356.
Gyllenborg, 321-22.

H

Hacklænder, 285, 360.
Hæring, v. Alexis.
Hagedorn, 98, 334.
Hahn-Hahn (comtesse de), 294, 359.
Hainbund (ou *Union de Gœttingue*), 339.
Haller, 97, 334.
Halm (Fréd.), 282, 356.
Hamann, 147, 337.
Hammer, 353.
Hansen, 29, 316.
Hardenberg, v. Novalis.
Haren (les frères Van), 310, 365-66.
Hartmann von der Aue, 67, 69, 327.
Hartmann (Maurice), 263, 359.
Hauff, 292, 352.
Haug, 272.
Hebbel (Fréd.), 282, 358.
Hebel (J.-P.), 247, 346.
Heemskerk (Jean van), 363.
Heeren, 346.

Hegel, 213, 349.
Heiberg, 37, 319-20.
Heine (Henri), 265, 353.
Heins (Zacharie), 361.
Heinse (Guillaume), 201, 343.
Heinsius, 362.
Heliand (poème), 56.
Helmers, 311, 367.
Henri VI, empereur, 326.
Henri d'Ofterdingen, 327.
Herbort de Fritzlar, 65, 327.
Herder, 147, 339-41-42-46.
Hertz, 319.
Herwegh, 358.
Heyntz, 360.
Heyse (Paul), 283, 360.
Hildebrand, 46, 325.
Hippel, 200, 344.
Hœlderlin, 200, 344.
Hœlty, 120, 340.
Hoffmann (Théod.-Amédée), 289, 351.
Hoffmann de Fallersleben, 269, 357.
Hoffmannswaldau, 88, 332.
Holberg, 31, 317-18.
Holtey, 299, 353.
Hooft (Van), 304, 362.
Hoogvliet, 309, 364.
Houwald, 277, 351.
Hrostwitha, v. Rhoswitha.
Hugo de Trimberg, 77, 327.
Humboldt (Alexandre), 204, 347.
Humboldt (Guillaume), 347.
Hütten (Ulrich de), 82, 84, 329.
Huyghens (Constantin), 307, 362.

INDEX ALPHABÉTIQUE.

I

Iffland, 277, 345.
Immermann, 280, 353.
Ingemann, 36, 319.

J

Jacobi (J.-George), 339.
Jacobi (Fr.-Henri), 201, 342.
Jean-Paul, v. Richter.
Jordan, 274.
Juif-Errant (légende), 330.
Jung-Stilling, 202, 342.

K

Kæstner, 101, 336.
Kall, 34, 318.
Kamphuisen, v. Camphuisen.
Kant, 206, 338-43-45.
Karl Meinet (poème), 67.
Karsch ou Karschin (Louise), 100, 337.
Kate (Louis ten), 368.
Kellgren, 41, 322.
Kempher, 310, 365.
Kerner (Justin), 256, 351.
Kind, 277, 347.
Kingo, 30, 317.
Kinkel, 271, 358.
Klein, 351.
Kleist (Ewald), 100, 335-37.
Kleist (Henri), 275, 348.
Klingsor, 171, 341.
Klinger, 327.
Klopstock, 104, 335-36-40, 346.

Klopstock (Marguerite), 105, 337.
Knapp, 271, 354.
Knebel, 270, 350.
Kœmpo-Viser (poèmes), 29, 316.
Kœnig, 89, 334.
Kœrner (Théod.), 248, 349.
Koornshert, 303, 361.
Kopisch, 271, 356.
Kosegarten, 150, 346.
Koster, v. Coster.
Kotzebue, 278, 344.
Krombelg (Mme van), v. Visscher (Marie).
Kronegk, v. Cronegk.
Krug, 272, 350.
Krummacher, 293, 347.
Kühne, 295, 357.
Kurenberg, 326.

L

Lafontaine (Aug.), 202.
Lagerbring, 42, 322.
Lallenbuch (livre populaire), 331.
Lambert, v. Lamprecht.
Lamotte-Fouqué, 234, 350.
Lamprecht, 65, 326.
Langbein, 129, 345.
Lange, 101, 335.
Langebek, 34, 318.
Langendyk, 310, 364.
Lannoy (la baronne de), 366.
Laube, 269, 356.
Lauremberg, 90, 332.
Lavater, 120, 338.
Légende des bêtes, 326.

Leibnitz, *88*, *334*.
Leiningen (Fréd. de), *61*.
Leisewitz, *171*, *341*.
Lenau, *260*, *355*.
Lennep (Van), *313*, *368*.
Lenngren, *322*.
Lenngren (Mme), *42*, *322*.
Lenz, *199*, *340*.
Léopold, *42*, *322*.
Lessing, *130*, *336-37-38-40*, *342*.
Lewald (Fanny), *294*, *358*.
Lewin (Rachel), *203*, *355*.
Lichtenberg, *129*, *344*.
Lichtenstein (Ulrich de), *327*.
Lichtwer, *101*, *336*.
Lidner, *37*, *322*.
Liebeskind, *151*.
Liliegren, *46*, *324*.
Ling, *45*, *324*.
Liscov, *99*, *335*.
Livre des Héros, *326*.
Livres populaires, *328*.
Lœwenhalt, *87*.
Logau, *88*, *331*.
Lohenstein, *88*, *332*.
Lolle ou Laale (Peter), *316*.
Louis de Bavière, *247*, *354*.
Luden, *352*.
Ludwig (Otto), *282*, *360*.
Luther, *84*, *329-30*.

M

Maerland (Van), *301*, *360*.
Magens, *35*, *319*.
Magnussen (Arne), *34*, *317*.
Mahlmann, *271*, *352*.
Manesse, *63*.

Marnix de Sainte-Aldegonde. *303*, *360*.
Matthison, *199*, *343*.
Maximilien Ier, *70*, *329*.
Megerle, v. Abraham a Sancta-Clara.
Meissen (Henri de) ou Frauenlob, *328*.
Meissner, *264*, *359*.
Meistersænger, *74*, *328-30*.
Mendelssohn, *337-38*.
Menzel (Wolfgang), *270*, *354*.
Merken (Van), v. Winter (Wilhelmine van).
Merle (Van) ou Merula, *302*, *361*.
Mesmer, *348*.
Messenius, *39*, *320*.
Miller, *199*, *341*.
Minnesinger, *61*, *326-28*.
Mœrike, *256*, *357*.
Mœrk, *42*, *321*.
Molbech, *37*, *320*.
Moscherosch, *90*, *332*.
Mosen (Jules), *284*, *356*.
Moser (Ch. et J.-J.), *115*, *337*, *341*.
Mühlbach (Louise), *296*, *360*.
Müller (Danemark), *37*.
Müller (Fréd.-Aug.), *128*, *344*.
Müller (Jean de), *202*, *343*.
Müller (Adam), *219*, *345*, *348*.
Müller (Wilhelm), *256*, *351*.
Müller (Frédéric), *271*, *340*.
Müller (Paludan), *319*.
Müllner, *277*, *349*.
Münch de Bellinghausen, v. Halm.
Mundt, *296*, *356*.

Münthe ou Munther, 37, 319.
Murner, 78, 329.
Musœus, 343.
Mylius, 131, 335.
Mystères (en Allemagne), 80.

N

Neander, 88, 334.
Neukirch, 89, 333.
Neumann, v. Neander.
Nibelungen (poëme), 70, 326.
Nicander, 45, 324.
Nicolaï (Philippe), 330.
Nicolaï (Frédéric), 181, 337, 340.
Nicolay (H. de), 128, 342.
Niebuhr, 202, 348.
Niels, 316.
Niembsch, v. Lenau.
Nithart, 327.
Nomsz., 311, 366.
Norberg, 42, 321.
Nordenflycht (Mme), 41, 321.
Notker Labeo, 325.
Novalis, 220, 346.
Nyerup, 34, 319.

O

Œhlenschlæger, 39, 277, 319, 348.
Olaï (Éric), 320.
Olearius, 88, 332.
Opitz, 87, 331.
Ossian, 337, 343.
Ottfried (le moine), 57, 325.
Ottmar, 329.

P

Palmier (ordre du), 331.
Paquot, 312, 365.
Passionnal (poëme), 69.
Pegnitz (Société de la), 332.
Pellegrin, v. Lamotte-Fouqué.
Pers (Dirk), 363.
Pestalozzi, 293, 343.
Petersen, 37, 319.
Petri (Laurent et Olaüs), 39, 320.
Pfeffel, 101, 199, 342.
Pfinzing (Melchior), 329.
Pichler (Caroline), 296, 347.
Platen, 280, 353.
Pontoppidan, 30, 317.
Poot, 308, 364.
Postel, 89, 334.
Postl, v. Sealsfield.
Pram, 34, 318.
Prutz, 269, 358.
Pückler-Muskau, 204, 355.
Pufendorf (Samuel), 333.
Puffendorf (Suède), 40, 321.
Pyra, 101, 335.
Pyrker, 352.

R

Raban-Maur, 325.
Rabener, 93, 336.
Rachel (Joachim), 90, 333.
Rachel (Lewin), v. Lewin.
Rahbek, 34, 318.
Ramler, 100, 341.
Ranke, 202, 357.
Rask, 37, 320.

Raumer, *202*, 351.
Raupach, *279*, 354.
Rebhuhn, 330.
Reimarus, *143*, 338.
Reinhold, *208*, *211*, 343.
Renard (poèmes du), 329, 360.
Reuchlin, *82*, 329.
Reuter, *299*, 360.
Revue de Brême, 335.
Rhoswitha, 325.
Richter (Jean-Paul), *287*, 344.
Ring, *297*, 359.
Rodolphe d'Ems, *69*, 327.
Rollenhagen, 330.
Rosenblüt, *75*, 328.
Rosenhane, *40*, 321.
Rotgans, *307*, 364.
Rotteck, 355.
Rückert, *249*, 350.
Runeberg, *46*, 324.
Ryssel (Van), 362.
Ryswyck (Théod. van), 368.

S

Sachs (Hans), *75*, 330.
Saint-Annon (poème), 326.
Saint-Gall (le moine de), *57*, 325.
Salis-Seewis, *199*, 344.
Saxo Grammaticus, *29*, 316.
Scharfenberg, *68*, 328.
Schefer, *249*, 355.
Schelling, *212*, 345.
Schenkendorf, *248*, 350.
Schiller, *153*, 342-43-44-46.
Schirmer, *88*, 332.
Schlegel (Élie), *97*, *215*, 335.
Schlegel (Adolphe), *215*, 339.

Schlegel (Aug.-Guill.), *216*, 345-47.
Schlegel (Frédéric), *218*, 346.
Schleiermacher, *204*, 346.
Schlosser, 359.
Schmid (Christophe), *293*, 350.
Schnitter (Jean), v. Agricola.
Schœnaich, *92*, 336.
Schubart, *171*, 341.
Schulze (Gottlob), *212*, 344.
Schulze (Ernest), *272*, 350.
Schupp (ou Schuppe), *90*, 331.
Schwab (Gustave), *256*, 353.
Schwabe, *92*, 335.
Schwartz (Sibylla), *87*, 332.
Scultetus, *87*, 332.
Sealsfield, *297*, 356.
Selmar, v. Brinkmann.
Seume, *199*, 346.
Sidner (erratum), v. Lidner.
Silésiennes (écoles), *87*.
Silverstolpe, *43*, 323.
Simrock, *273*, 354.
Sined (le barde), v. Denis.
Sicœberg, *45*, 324.
Smits, *309*, 365.
Snorri Sturlason, *7*, *18*, 316.
Sœmund Sigfusson, *7*, 316.
Sonnenberg, *115*, 347.
Sorterup, *30*, 317.
Spalding, 338.
Spegel, *40*, 321.
Spener, *89*, 333.
Spervogel, 326.
Spieghel, *303*, 361.
Spindler, *296*, 353.
Stagnelius, *44*, 323.
Steffens (Henri), 357.

Stiernhielm, *40*, 321.
Stilling, v. Jung-Stilling.
Stolberg (les frères), *172*, 341.
Strauss (le Dr), 356.
Streckfuss, *273*, 350.
Strehlenau, v. Lenau.
Stricker (le), *66*, 327.
Strinnholm, *46*, 324.
Suhm (ou Suhme), *34*, 318.
Surveillant du Nord (revue), 339.
Swers (Jérôme), 363.

T

Tannhæuser (le), 327.
Tatien, 325.
Tauler, *83*, 328.
Tegner, *45*, 324.
Teichner (Henri le), 328.
Tennemann, *204*, 345.
Théâtre allemand (le), *80*, 328.
Thomæsen, 316.
Thomasius, *89*, 333.
Thorlaksen, 324.
Thümmel, *201*, 338.
Tieck (Louis), *223*, 349.
Tiedemann, *204*, 345.
Tiedge, *115*, 346.
Til Eulenspiegel (livre populaire), *79*, 329.
Tode, *33*, 318.
Tollens, *312*, 367.
Torfesen, *31*, 317.
Toussaint (Mlle), *313*, 367-68.
Tullin, *32*, 318.

U

Uhland, *250*, 350.
Ulphilas (ou Ulfilas), *53*, 325.
Usteri, 345.
Uz (ou Utz), 100, 335-36.

V

Varnhagen von Ense, *203*, 352, 355.
Varnhagen (Mme), v. Lewin (Rachel).
Vedel, *31*, 316.
Veldecke, v. Weldeck.
Visscher (Roemer), *303*, 361.
Visscher (Anne et Marie), *304*, 362-63.
Vitalis, v. Sicæberg.
Vondel (Van den), *305*, 362-63-64.
Voss (Henri), *198*, 342.

W

Wackenroder, *219*, *286*, 345.
Wagenaar, *312*, 365.
Waiblinger, *256*, 351.
Waldis (Burkhardt), 330.
Wallin, *46*, 323.
Walther von der Vogelweide, *69*, 327.
Wartbourg (tournoi de la), 327.
Weckherlin, *84*, 332.
Weise (Christian), *89*, 333.
Weisse (Christ.-Félix), 338.
Weldeck (Henri de), *66*, 326.

Wenceslas (le roi) ou Wentzel, 327.
Werner (Zacharie), 276, 350.
Wernher de Tegernsee, 68.
Wernicke, 88, 334.
Wessel, 33, 318.
Westerbaan, 307, 361.
Weyerman, 364.
Wickram, 85, 330.
Wieland (Martin), 117, 336, 337, 340, 349.
Wieland (Danemark), 317.
Wienbarg, 268, 355.
Williram, 325.
Willkomm, 295, 357.
Winckelmann, 146, 338.
Winter (Simon van), 310, 365.
Winter (Wilhelmine van), 310, 365.
Wolff (Mme), 313, 366.

Wolfram d'Eschenbach, 67, 68, 327.
Wolkenstein (Oswald de), 70, 328.

Z

Zachariæ, 118, 338.
Zedlitz, 257, 353.
Zeitlitz ou Zetlitz, 34, 319.
Ziegler, 88, 333.
Zimmermann, 129, 343.
Zinkgref, 87, 331.
Zinzendorf, 103, 335.
Zollikofer, 204, 337.
Zschokke, 298, 348.
Zweers ou Zweert (Corneille), 365.
Zweerts (Philippe), 307, 364.
Zwingli, 84, 330.

TABLE DES MATIÈRES

Pages.

Préface, page. 1
Introduction. 1

LITTÉRATURES DU NORD

PREMIÈRE PARTIE.

LITTÉRATURE SCANDINAVE

Littérature scandinave, chapitre unique 5
   § Ier. — Origines communes des littératures scandinave et germanique. — La Mythologie du Nord. — Les Eddas 6
SECTION Ire. — Mythes scandinaves 7
SECTION II. — Légendes héroïques de l'Edda. 25
SECTION III. — Influence de la mythologie scandinave sur les légendes germaniques du moyen âge 27
   § II. — Littérature danoise. 28
   § III. — Littérature suédoise. 38

DEUXIÈME PARTIE.

LITTÉRATURE ALLEMANDE

CHAPITRE Ier. — Époque de préparation, ou origines et formation de la langue et de la littérature 49

	Pages.
§ Ier. — La nation germanique; les vieilles traditions; la langue primitive	49
§ II. — Charlemagne et son époque; la littérature héroïque et religieuse	54
CHAPITRE II. — Première floraison, ou âge classique de la littérature du moyen âge	54
§ Ier. — La féodalité et les premiers monuments de la poésie chevaleresque	59
§ II. — L'épopée chevaleresque et ses divers cycles	64
§ III. — L'épopée nationale et populaire. — Les Nibelungen. — Gudrun	70
§ IV. — Les Meistersænger ou maîtres chanteurs	74
§ V. — La poésie morale et populaire. — La satire et le drame	76
CHAPITRE III. — Époque de transition entre le moyen âge et les temps modernes	76
§ Ier. — Progrès des sciences; naissance de la prose. — La Renaissance et la Réforme	81
§ II. — La littérature savante et artificielle au XVIIe siècle; les écoles silésiennes	86
§ III. — Les écoles rivales de Gottsched et de Bodmer.	90
§ IV. — Les poètes indépendants vers le milieu du XVIIIe siècle	96
CHAPITRE IV. — Deuxième floraison, ou âge classique moderne	102
§ Ier. — Les précurseurs	102
SECTION Ire. — Klopstock et Wieland	102
— Klopstock	104
— Wieland	121
SECTION II. — Lessing et Herder	133
— Lessing	134
— Herder	146
§ II. — Schiller, ou la poésie idéale	153

	Pages.
§ III. — Gœthe, ou la poésie réelle.	173
§ IV. — Écrivains secondaires de la fin du xviiie siècle	197
CHAPITRE V. — Époque de révolution ou ère contemporaine	205
§ Ier. — La révolution philosophique. — Kant et ses successeurs.	205
§ II. — L'école romantique; ses chefs; les deux Schlegel; Novalis; Tieck.	213
§ III. — Le mouvement poétique du xixe siècle; les adeptes du romantisme et de la Jeune Allemagne.	225
SECTION Ire. — Les adeptes du romantisme	226
SECTION II. — Poètes patriotiques et orientalistes.	248
1º Poètes patriotiques.	248
2º Poètes orientalistes.	249
SECTION III. — Poètes de l'école souabe.	250
SECTION IV. — École autrichienne.	257
SECTION V. — La Jeune Allemagne.	264
SECTION VI. — Poètes indépendants.	270
1º Poètes lyriques	270
2º Poètes épiques et didactiques	272
§ IV. — Le drame et le roman au xixe siècle	274
SECTION Ire. — Poètes dramatiques	274
I. — Théâtre romantique	275
II. — Théâtre moderne	282
SECTION II. — Le roman.	286
1º Romans de fantaisie	286
2º Romans de propagande	293
3º Romans historiques.	296
4º Romans populaires	298

APPENDICE

A L'HISTOIRE DE LA LITTÉRATURE ALLEMANDE.

Littérature hollandaise, chapitre unique 301

TABLEAU CHRONOLOGIQUE

LITTÉRATURES DU NORD.

Première partie.   Pages.

Littérature scandinave. 315
Origines. — Islande. 315
Danemark 316
Suède 320

Deuxieme partie.

Littérature allemande 325

APPENDICE A LA DEUXIÈME PARTIE.

Littérature hollandaise. 360
Index alphabétique 369

FIN.

ACHEVÉ D'IMPRIMER
LE PREMIER JUIN MIL HUIT CENT SOIXANTE-DIX-NEUF

PAR A. QUANTIN

POUR

ALPHONSE LEMERRE, ÉDITEUR

A PARIS

www.ingramcontent.com/pod-product-compliance
Lightning Source LLC
Chambersburg PA
CBHW050420170426
43201CB00008B/475